Elogios a A Arte de Enganar a Si Mesmo

O prof. Gaziri envolve o leitor desde o início com uma introdução histórica divertida e preocupante. Ele então nos guia para a jornada de nossas vidas. Utilizando uma abordagem biopsicossocial, Gaziri conduz o leitor por uma expedição sobre como pensamos, por que pensamos o que pensamos e como podemos mudar isso. Esse soberbo professor e mestre do comportamento humano chega com este livro em um momento muito oportuno e nos faz pensar sobre como buscamos a liderança dentro e fora de nós mesmos. Eu quero mais, Gaziri. Por favor, continue nos ensinando.

—**Victor G. Carrion**,
Professor na Escola de Medicina de Stanford

Um compêndio lúcido dos erros de raciocínio que nos impedem de descobrir verdades claras sobre o mundo enquanto nos empurram para a polarização política.

—**Richard E. Nisbett**,
Professor emérito de psicologia na University of Michigan

Uma análise envolvente e convincente das causas da polarização e das distâncias que percorremos para nos convencer de que estamos certos, apesar de todas as evidências contrárias.

—**Vanessa K. Bohns**,
Professora de comportamento organizacional
na Cornell, autora de *Você Tem Mais Influência do Que Imagina*

Melhor do que qualquer livro que já li, descreve e explica as muitas maneiras pelas quais nos enganamos. Felizmente, também fornece dicas úteis sobre como podemos ver o mundo com mais precisão.

—**Robert B. Cialdini**,
Professor emérito de psicologia na Arizona State University,
autor de *As Armas da Persuasão* e *Pré-suasão*

Tempos difíceis como estes exigem maior compreensão... e é exatamente isso que *A Arte de Enganar a Si Mesmo* oferece. Luiz Gaziri tem um olhar apurado para as pesquisas que revelam de forma mais clara como podemos ser facilmente enganados pelas informações que a vida cotidiana nos disponibiliza e acabamos acreditando em afirmações comprovadamente falsas. Ele também tem talento para apresentar as pesquisas de forma clara e envolvente. Se você deseja melhorar suas habilidades de pensamento crítico e se divertir ao longo do caminho, este livro é para você.

—Thomas Gilovich,
Professor de psicologia na Cornell

Este é um livro incisivo e oportuno sobre uma das questões mais urgentes dos dias atuais. Ler o relato de Gaziri sobre o problema pode deixá-lo desconfortável, mas ouvir suas soluções lhe dará esperança.

—Daniel H. Pink,
Autor best-seller Nº 1 do *New York Times* de *Motivação 3.0, Quando* e *Vender É Humano*

Um passeio inteligente e encantador pelas muitas razões que levam as pessoas a acreditar que são inteligentes, encantadoras e, acima de tudo, corretas! Grande ciência, grandes histórias, grande sabedoria. Não perca.

—Daniel Gilbert,
Professor de psicologia em Harvard, autor do best-seller do *New York Times Felicidade por Acaso*

Embarque com o Luiz nesta jornada de conhecimento e autoconhecimento, aprenda como deixar de se enganar e não deixe mais que quem você é hoje o impeça de ser quem você pode ser.

—Ricardo Amorim,
Economista e colunista da revista *IstoÉ*

A Arte de Enganar a Si Mesmo é uma incrível compilação das mais importantes descobertas científicas das últimas décadas sobre comportamento humano. Luiz Gaziri é um craque em traduzir a linguagem acadêmica para um texto vibrante, que empolga o leitor a cada página.
Um livro que todo pai e professor deveria ter na cabeceira, para ajudar a desenvolver a humildade científica nas futuras gerações.

—Marcos Piangers,
Autor de *O Papai É Pop*

A Arte de Enganar a Si Mesmo

Copyright © 2023 da Starlin Alta Editora e Consultoria Eireli.
ISBN: 978-85-508-2236-5

Impresso no Brasil — 1ª Edição, 2023 — Edição revisada conforme o Acordo Ortográfico da Língua Portuguesa de 2009.

Todos os direitos estão reservados e protegidos por Lei. Nenhuma parte deste livro, sem autorização prévia por escrito da editora, poderá ser reproduzida ou transmitida. A violação dos Direitos Autorais é crime estabelecido na Lei nº 9.610/98 e com punição de acordo com o artigo 184 do Código Penal.

A editora não se responsabiliza pelo conteúdo da obra, formulada exclusivamente pelo(s) autor(es).

Marcas Registradas: Todos os termos mencionados e reconhecidos como Marca Registrada e/ou Comercial são de responsabilidade de seus proprietários. A editora informa não estar associada a nenhum produto e/ou fornecedor apresentado no livro.

Erratas e arquivos de apoio: No site da editora relatamos, com a devida correção, qualquer erro encontrado em nossos livros, bem como disponibilizamos arquivos de apoio se aplicáveis à obra em questão.

Acesse o site www.altabooks.com.br e procure pelo título do livro desejado para ter acesso às erratas, aos arquivos de apoio e/ou a outros conteúdos aplicáveis à obra.

Suporte Técnico: A obra é comercializada na forma em que está, sem direito a suporte técnico ou orientação pessoal/exclusiva ao leitor.

A editora não se responsabiliza pela manutenção, atualização e idioma dos sites referidos pelos autores nesta obra.

Dados Internacionais de Catalogação na Publicação (CIP) de acordo com ISBD

G289a   Gaziri, Luiz
A arte de enganar a si mesmo: uma visão científica da polarização política e outros males (nem tão) modernos da sociedade / Luiz Gaziri. - Rio de Janeiro : Alta Books, 2023.
416 p.; 15,7cm x 23cm.

Inclui índice.
ISBN: 978-85-508-2236-5

1. Autoajuda. I. Título.

2023-1775
CDD 158.1
CDU 159.947

Elaborado por Odílio Hilário Moreira Junior - CRB-8/9949

Índice para catálogo sistemático:
1. Autoajuda 158.1
2. Autoajuda 159.947

Produção Editorial
Grupo Editorial Alta Books

Diretor Editorial
Anderson Vieira
anderson.vieira@altabooks.com.br

Editor
José Ruggeri
j.ruggeri@altabooks.com.br

Gerência Comercial
Claudio Lima
claudio@altabooks.com.br

Gerência Marketing
Andréa Guatielho
andrea@altabooks.com.br

Coordenação Comercial
Thiago Biaggi

Coordenação de Eventos
Viviane Paiva
comercial@altabooks.com.br

Coordenação ADM/Finc.
Solange Souza

Coordenação Logística
Waldir Rodrigues

Gestão de Pessoas
Jairo Araújo

Direitos Autorais
Raquel Porto
rights@altabooks.com.br

Assistentes da Obra
Ana Clara Tambasco
Erick Brandão

Produtores Editoriais
Illysabelle Trajano
Maria de Lourdes Borges
Paulo Gomes
Thales Silva
Thiê Alves

Equipe Comercial
Adenir Gomes
Ana Claudia Lima
Andrea Riccelli
Daiana Costa
Everson Sete
Kaique Luiz
Luana Santos
Maira Conceição
Nathasha Sales
Pablo Frazão

Equipe Editorial
Andreza Moraes
Beatriz de Assis
Beatriz Frohe
Betânia Santos
Brenda Rodrigues

Caroline David
Elton Manhães
Gabriela Paiva
Gabriela Nataly
Henrique Waldez
Isabella Gibara
Karolayne Alves
Kelry Oliveira
Lorrahn Candido
Luana Maura
Marcelli Ferreira
Mariana Portugal
Marlon Souza
Matheus Mello
Milena Soares
Patricia Silvestre
Viviane Corrêa
Yasmin Sayonara

Marketing Editorial
Amanda Mucci
Ana Paula Ferreira
Beatriz Martins
Ellen Nascimento
Livia Carvalho
Guilherme Nunes
Thiago Brito

Atuaram na edição desta obra:

Revisão Gramatical
Paulo Henrique Aragão
Fernanda Lutfi

Diagramação
Rita Motta

Capa
Marcelli Ferreira

Editora afiliada à:

ASSOCIADO

Rua Viúva Cláudio, 291 — Bairro Industrial do Jacaré
CEP: 20.970-031 — Rio de Janeiro (RJ)
Tels.: (21) 3278-8069 / 3278-8419
www.altabooks.com.br — altabooks@altabooks.com.br
Ouvidoria: ouvidoria@altabooks.com.br

Sumário

PREFÁCIO..1

PRÓLOGO..3

    Não Ver para Crer 4

    Não Ouvir para Crer 10

    Não Julgar para Crer 11

    Não Pensar para Crer 14

    Por que Eu Escrevi Este Livro 16

01. JUSTIFICANDO O PASSADO **25**

    Zona de Desconforto...26

    A um Passo do Paraíso ou do Inferno?...................................30

    Racionalizando a Corrupção...35

    Uma Maratona para Justificar o Primeiro Passo 39

    Digo o Que Acredito, ou Acredito no Que Digo? 43

    Quão Difícil É Mudar de Opinião?...45

02. EM BUSCA DA (MINHA) VERDADE **51**

    E a "Verdade" Vos Aprisionará...52

    Racionais Moderados 60

    Racionais Apenas para um Lado 64

    Se Estou Certo, Não Preciso Fazer Nada!...............................68

03. O NASCIMENTO DE UM EXTREMISTA......................**71**

Dados e Crenças..72

Mesmo Jogo, Avaliações Diferentes...............................74

Deixando de Seguir em 3, 2, 1...77

Pagodeiros e Metaleiros..81

04. INFLUENCIADOS PELA MÍDIA? **85**

#MídiaLixo 86

Eu? Nunca! Os Outros? Sempre!.....................................90

O Desconhecido Poder da Mídia 92

Médicos > Pedreiros 96

05. A MÍDIA QUE VOCÊ DEVE TEMER **99**

Você Está Sendo Manipulado Sem Saber? 100

Jogo Sujo Digital 102

Fake News Hoje, Verdade Amanhã 107

Penso, Logo Acredito...112

Detector de Baboseiras 114

06. NÃO POSSO MAIS VIVER SEM MIM...................**119**

Ignorância Invisível..120

Eu Me Amo 125

Eu Não Presto 129

Eu Não Vejo Que Me Amo..132

07. TROPEÇANDO NA CIÊNCIA..............................**137**

Chocolate, Prêmio Nobel, Armas, Violência e Vacinas 138

Rebeldes Sem Causa...141

Causalidade, Não Casualidade......................................149

Por que Não Perguntar às Pessoas Diretamente?.......156

Mais Ferramentas na Caixa Científica 157

Agora Prove Que Você Pode Estar Errado!....................160

Um por Todos, ou Todos por Um? 163

08. JOÃO VAI COM OS OUTROS **167**

Feitos para Pertencer 168

A Rejeição Dói? 173

Ovelhas Brancas 175

Meu Grupo É Melhor do Que o Seu.....................................178

Meu Corrupto Favorito 182

Whats Town...184

09. SE ELES DANÇAM, EU DANÇO **189**

Grupo Mínimo, Perda Máxima 190

O Outro Lado da Força É Fraco 194

"Eles" Merecem..195

Crianças Adultas? Ou Adultos Crianças?.............................200

O Quebra-cabeça dos Conflitos Sociais 204

Quando Nós Nos Tornamos Eu 206

Maçãs e Barris 209

Um Erro Fundamental e Fatal..212

Você Teria Feito o Mesmo? 216

10. ANÔNIM@S, ANALÓGICOS E DIGITAIS **221**

Sozinho na Multidão? 222

Freeeeedoooooooooom...223

#StopTheSteal, #BrazilWasStolen 227

@Quem_É_Você?..231

11. BOCA PRA FORA, CRÂNIO PARA DENTRO **235**

#SomosTodosRacistas 236

Natural Não Faz Mal? 239

Desconforto Que Gera Resultados 241

Prevenindo a Discriminação 243

Organizando o Mundo...246

Avarentos Cognitivos 250

Eles São Todos Iguais 253

AR-phone 258

12. MERITOUTOPIA **261**

Mulheres Que (Não) São Capazes 262

Quanto Mérito Existe na Meritocracia? 266

Kill The Poor 268

Criança Feliz, Criança Infeliz 274

13. CIDADÃO DO BEM, CIDADÃO DO MAL **279**

Raquetes e Pistolas 280

Onde Mora o Perigo 283

Armas Não Matam Pessoas? 287

Vamos Banir Carros? 294

Um Fenômeno com Várias Possíveis Causas 300

14. EU SEI UM SEGREDO **315**

Teorias da Conspiração e Conspirações 316

Quando Teorias da Conspiração Surgem ou Revivem? ... 320

Quem São os Conspiracionistas? 326

Separando o Provável do Improvável 339

Filmes Iguais, Atores e Produtores Diferentes 351

Teorias da Conspiração: Boas ou Ruins? 354

Malucos e Cientistas 360

EPÍLOGO **365**

REFERÊNCIAS **371**

ÍNDICE **401**

Prefácio

Todo ser é antes de tudo Conatus. Esforço de preservação do próprio ser. Assim, mesas lutam para conservar sua forma, sua essência de mesa. Viventes se batem para preservar a vida. E humanos também o fazem, com tudo que têm direito, em nome de suas vidas humanas. Lançam mão de todos os recursos de que dispõem. Sendo o mais precioso deles, o pensamento.

Entretanto, sabemos bem, nem tudo que passa pela nossa cabeça nos potencializa, nos alegra. De fato, não é todo pensamento que promove passagem para um estado mais vivo e perfeito do nosso ser.

Em meio a tudo que em nossa consciência pode nos entristecer, deteriorar e decompor estão as inconsistências, as incongruências, as incompatibilidades. Como duas afirmações excludentes. Sendo uma verdadeira, a outra não pode sê-lo.

Isso ocorre, por exemplo, quando uma evidência percebida no mundo se choca com uma crença de longa data, consolidada e parte integrante de nossa identidade. O custo de reconhecer o equívoco daquilo em que acreditávamos — e que defendemos por muito tempo com unhas e dentes, investindo muitas vezes todo o nosso ser — é altíssimo. Resta-nos, portanto, o menos custoso. Negar a evidência. Ignorar a percepção. Virar as costas para o real. E, na iminência da queda do meteoro, supor que a solução seja simplesmente não olhar para cima. Afinal, o que os olhos não veem, o coração não sente, não é mesmo!?

Pois bem, o livro *A Arte de Enganar a Si Mesmo*, que você tem nas mãos, é uma preciosidade. Maravilhosamente escrito, seu autor oferece abordagem rigorosa sobre as dissonâncias cognitivas que atravessam, sem pedir muita licença, nossas existências. E discute, com rara inteligência e senso de oportunidade, como costumamos proceder para minimizar seus efeitos afetivos danosos.

Que o leitor não perca uma linha, sob pena de comprometer a degustação mais fina e saborosa. Eis a minha sincera sugestão.

Prof. Clóvis de Barros Filho,
Universidade de São Paulo

Prólogo

Não Ver para Crer

No dia 30 de janeiro de 1997, membros do culto Heaven's Gate pagaram mais de US$3.600,00 por um sofisticado telescópio que os possibilitaria enxergar algo que esperavam há mais de 20 anos. Na época, o cometa Hale-Bopp orbitava próximo ao sol, e seu brilho podia ser visto a olho nu no mundo inteiro. O líder do grupo, Marshall Applewhite, acreditava que a chegada do cometa era um **sinal dos extraterrestres** que, de acordo com a profecia, salvariam os membros do Heaven's Gate do plano terrestre e os guiariam a um "nível de existência superior ao humano". A crença do grupo era a de que uma **nave espacial** viajava colada à cauda do Hale-Bopp, com o intuito de **coletar suas almas** quando estivesse próxima à Terra. Após terem suas almas coletadas, as pessoas do grupo seriam **transformadas em seres superevoluídos**, muito superiores aos humanos. No entanto, para que isso acontecesse, os membros deveriam livrar-se de seus "receptáculos terrestres" — seus corpos. O investimento feito no telescópio era de grande valia para o grupo, já que o instrumento os permitiria acompanhar com precisão o deslocamento do cometa e da nave espacial, auxiliando-os a decidir **quando** seria o momento preciso da salvação.

No entanto, um fato curioso aconteceu no dia 7 de fevereiro daquele ano, quando alguns membros retornaram à loja onde haviam comprado o telescópio para devolvê-lo e pedir um reembolso. Ao serem questionados pela gerente do estabelecimento sobre o motivo da devolução, um dos membros afirmou: *"O telescópio está com defeito, nós enxergamos o cometa perfeitamente, mas não conseguimos avistar a nave espacial que está viajando atrás dele."*

O sorriso no rosto dos membros do Heaven's Gate após a revelação de Applewhite.
Foto: Daniel X. O'neaL

> " Eu sei que você provavelmente deve estar esboçando um sorriso neste momento, mas faz isso sem saber que também é vítima de crenças similares a essa e que, frequentemente, comporta-se de forma parecida aos membros desse culto. "

Tragicamente, no dia 26 de março de 1997, 39 membros do culto foram encontrados mortos em uma mansão em San Diego, Califórnia, vítimas de suicídio coletivo. Todos usavam roupas e tênis idênticos, tinham US$5,75 em seus bolsos e jaziam em suas camas com as cabeças cobertas por um manto roxo.

O fenômeno que levou os membros do Heaven's Gate a descartarem as evidências de que não havia uma nave espacial atrás do cometa é conhecido pelos cientistas como **Dissonância Cognitiva**, que demonstra que o ser humano tem enormes dificuldades em aceitar fatos contrários às suas crenças.

A Dissonância Cognitiva é o desconforto causado quando uma pessoa é exposta a duas cognições conflitantes.

Como um exemplo, a cognição:

> **Eu acredito que uma nave espacial viajando junto ao cometa Hale-Bopp coletará minha alma e me conduzirá a um nível de existência superior ao humano."**

É conflitante com:

> **Eu procurei a nave espacial usando um poderoso telescópio, mas enxerguei apenas o cometa."**

Para reduzir esse desconforto e passar a sentir-se bem novamente, o indivíduo tem duas opções:

1. **Deixar de acreditar no culto.**
2. **Tentar convencer a si mesmo de que sua crença é correta: "O telescópio está com defeito."**

Se você possui uma crença tão enraizada que está disposto, inclusive, a morrer por ela quando confrontado com informações que colocam essa crença em risco, o caminho mais confortante **sempre é colocar a culpa no telescópio e manter sua crença viva**. Milhares de experimentos científicos inspirados por Leon Festinger, o renomado cientista que desenvolveu a Teoria da Dissonância Cognitiva, comprovam que o ser humano encontra as mais bizarras justificativas para **manter suas crenças intactas**, principalmente quando o indivíduo sente que sua imagem como **inteligente, bom decisor, honesto e racional** está sendo ameaçada.

Em 1954, Festinger e outros cientistas se infiltraram em um culto similar ao Heaven's Gate para estudar o comportamento de seus membros. A líder do culto, Dorothy Martin, dizia receber mensagens de extraterrestres e que, em meados daquele ano, os alienígenas a "informaram" que uma grande inundação **acabaria com a vida na Terra** no dia 21 de dezembro.[1] No dia 17, Dorothy afirmou ter recebido uma ligação de um "habitante do planeta Clarion", informando-a de que uma nave espacial pousaria em seu jardim às 16h para salvar os membros de seu culto da catástrofe que se aproximava. Como você pode imaginar, o disco voador não veio. Às 17h30, sem sinais da nave, os membros do culto chegaram à conclusão de que os extraterrestres não haviam pousado por uma razão: aquela havia sido apenas uma **sessão de treinamento**. Segundo Dorothy, para embarcar com segurança no disco voador, todos deveriam se livrar dos **objetos de metal** de suas roupas e corpos, como zíperes, anéis, botões, colares e pulseiras. O treinamento apenas teria tido o intuito de verificar que os terráqueos não cometeriam falhas no momento real do resgate. Cognições como **"foi só um treinamento"**, e **"os alienígenas abortaram o resgate porque alguém se esqueceu de arrancar o suporte de seu sutiã"**, certamente serviram para trazer conforto e manter viva a crença do grupo após pensamentos como **"eu acreditei em uma mulher que me disse que alienígenas viriam me resgatar de uma grande inundação, fiquei aguardando uma nave espacial, mas ela nunca chegou"**.

Mais tarde naquele mesmo dia, Martin disse ter recebido uma nova mensagem informando-a de que um disco voador os resgataria à 1h30 do dia 18. O grupo esperou até às 3h30 e, novamente, os extraterrestres os decepcionaram. No dia 20 de dezembro, um dia antes da catástrofe profetizada, boas notícias: Dorothy Martin afirmou receber a mensagem de que um ser espacial os visitaria pontualmente à meia-noite e os conduziria até um disco voador escondido em um local secreto, onde os membros do grupo poderiam embarcar com segurança. O ser espacial não chegou à meia-noite, nem à 1h, nem às 2h ou às 3h. Os membros ficaram atônitos, em silêncio, por horas. Porém, às 4h45, Dorothy Martin anunciou ao grupo que recebeu a surpreendente mensagem: **"O Deus da Terra poupou o planeta da destruição, o cataclismo foi adiado. O pequeno grupo que ficou sentado a noite toda espalhou tanta luz que Deus salvou o mundo da destruição."**

Você acha que o grupo acreditou nessa mensagem? Após tantas decepções, a intuição de muitos é que o culto chegaria ao seu fim, que seus membros o abandonariam — mas não foi isso que aconteceu. Festinger e os demais cientistas reportaram que o grupo continuou firme em sua posição nos dias seguintes, acreditando **com ainda mais fervor** na promessa de que um dia seriam resgatados por extraterrestres. Você percebe alguma similaridade aqui com radicais políticos que, quando descobrem que votaram em um candidato corrupto, passam a fazer de tudo para se cegar ao comportamento antiético do mesmo, e a se tornar **ainda mais fiéis** a ele? Neste momento, você pode cair na tentação de pensar apenas no político ao qual se opõe, mas que tal pensar no político que você **apoia**?

Uma história similar aconteceu com os participantes de outro culto — de longe, o mais curioso que já tive conhecimento — chamado Unarius, fundado em 1954 por Ernest e Ruth Norman. Os fundadores afirmavam receber mensagens de extraterrestres superevoluídos, chamados de **Irmãos do Espaço**, que em algum momento viriam à Terra em **discos voadores feitos de cristal e de ouro** para nos ensinar tudo o que sabiam e trazer paz ao nosso planeta. Ernest e Ruth diziam ser extraterrestres também, enviados à Terra com o objetivo de preparar os terráqueos para o maior momento da história de nossa civilização.

Um fato muito comum em cultos é a crença fervorosa de seus fundadores de que foram pessoas importantes em vidas passadas. No caso do Unarius, Ernest e Ruth diziam ter sido Jesus e Maria Madalena, os quais também eram Irmãos do Espaço em missão no plano terrestre. Um membro do Unarius, em especial, afirmava ter sido Satã, Pôncio Pilatos, Nero e Napoleão Bonaparte em vidas passadas. É interessante notar que algumas das pessoas mais importantes da história da humanidade **escolheram o mesmo lugar para morar em suas reencarnações**: Los Angeles.

Na década de 1980, um dos principais membros do Unarius disse ter canalizado uma mensagem revelando que os Irmãos do Espaço pousariam em nosso planeta em 2001, chegando em **33 discos voadores de diferentes planetas** que se empilhariam uns sobre os outros formando uma espécie de edifício, sendo que em cada nave estariam mil cientistas extraterrestres. Cada disco voador, segundo Ruth Norman, traria a mais avançada tecnologia de cada planeta para ajudar na evolução humana. Uma nave teria apenas médicos extraterrestres que trariam curas e procedimentos ainda não existentes na Terra, outra traria mil engenheiros alienígenas que nos proporcionariam métodos de construção e materiais mais evoluídos, e assim por diante. Isso mesmo: **33 mil alienígenas chegariam aqui de uma só vez para formar um centro de ensino interplanetário**. Norman recebeu também a informação da localização exata do pouso das 33 naves, adquirindo posteriormente uma enorme propriedade em Jamul, Califórnia e nomeando-a como *Star Center One*.

Ruth Norman, também conhecida como Uriel, líder do Unarius.
Foto: Douglas Curran

O ano de 2001 chegou e foi embora sem sinal das naves, porém os líderes do Unarius tinham uma explicação para o não cumprimento da profecia: os ataques de 11 de setembro. Segundo eles, a atmosfera de guerra no planeta Terra causou a postergação da vinda dos Irmãos do Espaço, portanto os discos voadores continuariam invisíveis até segunda ordem. Interessante é o fato de que 2001 não foi o único ano em que as naves não vieram, Ruth Norman havia previsto pousos também em 1974 e 1975. Apesar das profecias não realizadas, **centros do Unarius existem até hoje** nos EUA, na Inglaterra, no Canadá e na Nigéria.

Quando estamos fortemente comprometidos com alguma crença, nos cegamos para a realidade e nos tornamos **ainda mais fiéis** àquilo que acreditamos? Pode ser que você nunca tenha acreditado em naves

Não Ouvir para Crer

Em 1975, cientistas da Washington State University publicaram um artigo intrigante no *Journal of Personality and Social Psychology*.[2] Estudantes favoráveis ou contrários a legalização da maconha deveriam escutar mensagens que defendiam a liberação da substância. Um total de quatorze mensagens foram apresentadas aos participantes, sendo que sete eram fortes e difíceis de refutar, e as outras sete eram tolas e fáceis de se vencer.

Os estudantes deveriam escutar as quatorze mensagens por meio de fones de ouvido, sem saber que, propositalmente, os cientistas inseriram um **ruído** estático nos fones, que atrapalhava levemente a audição dos participantes. Para acabar com esse problema, os cientistas pediam aos participantes que apertassem um botão, que cancelava o ruído por cinco segundos. Você acha que os estudantes apertavam o botão quando ouviam argumentos **favoráveis** ou **desfavoráveis** às suas posições em relação à maconha?

Aqueles favoráveis à venda da substância apertaram em média 11,93 vezes o botão enquanto escutavam argumentos fortes que **confirmavam** suas crenças. Mas, quando escutavam argumentos tolos e fáceis de desqualificar, apertavam o botão apenas 8,24 vezes. Já os participantes contrários à legalização da maconha, apertavam em média 10 vezes o botão enquanto escutavam as mensagens tolas e 7,53 quando escutavam mensagens com argumentos de alta qualidade. Ambas as diferenças são **estatisticamente significativas**. Esse experimento e muitos outros similares mostram que, literalmente, fazemos o que for necessário para **não escutar mensagens contrárias as nossas opiniões**, aquelas que podem despedaçar nossas crenças e escancarar que tomamos péssimas decisões no passado. Da mesma forma, esse estudo nos faz perceber que, ao termos uma opinião formada sobre qualquer assunto, fazemos de tudo para escutar com mais frequência posições que vão ao encontro de nossas crenças.

No mundo atual, politicamente polarizado, quantas pessoas você conhece que acessam apenas canais de televisão, rádios, sites, celebridades, mídias sociais e grupos de aplicativos de mensagens que **somente confirmam o que elas já acreditam?** Não é interessante analisar também que essas mesmas pessoas classificam como "lixo" os meios que colocam suas crenças em dúvida?

Não Julgar para Crer

Entre agosto e outubro de 2004, cientistas se reuniram no hospital da Emory University para estudar um grupo curioso de pessoas: **radicais políticos**.[3]

Indivíduos com partidarismo político extremo, democratas e republicanos, deveriam realizar a seguinte atividade:

1. Ler uma frase dita pelo candidato de seu partido.
2. Ler uma frase revelando que seu candidato fez algo contraditório ao que havia dito na primeira frase.
3. Julgar se as frases eram contraditórias, usando uma escala entre 1 (discordo totalmente) e 4 (concordo totalmente).

Como exemplo, segue um conjunto de frases exposto aos participantes filiados ao partido republicano sobre o então candidato de seu partido à reeleição, George W. Bush:

Primeira frase: *"Estar aqui para ver o tratamento que nossas tropas recebem é confortante para mim e para Laura (esposa de Bush). Nós estamos, deveríamos e devemos prover o melhor tratamento para aqueles que estão dispostos a colocar suas vidas em risco por nosso país" — Presidente Bush, 2003, visitando um hospital do exército para veteranos de guerra.*

Frase contraditória: *A visita do Sr. Bush aconteceu no mesmo dia em que seu governo anunciou o corte de serviços a hospitais do exército para mais de 164 mil veteranos de guerra.*

Já um outro grupo de participantes realizava a mesma atividade, porém com uma diferença: as frases que liam haviam sido ditas pelo candidato do partido **oponente**. O que você acha que aconteceu?

Ao julgar se as frases do candidato de seu **próprio partido** eram contraditórias, republicanos e democratas ficavam em cima do muro, reportando médias de 2,16 e 2,60, respectivamente. No entanto, quando o julgado era o **candidato do partido oponente**, os participantes encontravam facilmente a contradição nas frases, reportando médias de 3,55 para os republicanos e 3,79 para os democratas. Contradições, ao que parece, são cometidas exclusivamente pelo candidato **oponente**.

O candidato do meu partido foi contraditório?
(1 – discordo totalmente, 4 – concordo totalmente)
    Republicanos: 2,16
    Democratas: 2,60

O candidato do partido oponente foi contraditório?
(1 – discordo totalmente, 4 – concordo totalmente)
    Republicanos: 3,55
    Democratas: 3,79

Os cientistas também pediram para os participantes julgarem frases contraditórias ditas por pessoas consideradas **neutras**, como, por exemplo, o ator Tom Hanks. Como era de se esperar, democratas e republicanos **não tinham visões opostas** ao julgar o comportamento de pessoas sem ligação partidária, chegando a conclusões **praticamente similares**.

Em seguida, os radicais políticos continuavam a atividade, passando por um novo procedimento:

    4. Ler uma nova frase do candidato justificando suas afirmações contraditórias.

    5. Julgar se as duas primeiras frases **não eram tão contraditórias como pareciam**, usando a mesma escala entre 1 e 4.

Como era de se esperar, seguindo os padrões da primeira parte do experimento, democratas e republicanos apresentavam opiniões **completamente distintas**. Democratas que liam a justificativa do candidato republicano continuavam julgando as afirmações como **absurdamente contraditórias**, reportando uma média de 1,71; assim como republicanos lendo a justificativa do candidato democrata, obtendo uma média de 1,82. No entanto, quando os participantes liam as justificativas dos políticos de seus partidos favoritos, elas pareciam ser perfeitamente plausíveis, com democratas obtendo uma média de 3,11 e republicanos de 3,50.

Após a justificativa, o candidato do meu partido mostrou que não foi contraditório?
(1 – discordo totalmente, 4 – concordo totalmente)
>   Republicanos: 3,50
>   Democratas: 3,11

Após a justificativa, o candidato do partido oponente mostrou que não foi contraditório?
(1 – discordo totalmente, 4 – concordo totalmente)
>   Republicanos: 1,82
>   Democratas: 1,71

Ao que parece, quando você está comprometido com um político, **engole qualquer justificativa que o seu candidato apresente quando comete um erro, e demoniza as justificativas do candidato ao qual se opõe**. A riqueza repentina do filho de um político, que deixou de ser monitor de zoológico para tornar-se megaempresário, é perfeitamente justificável para os defensores de sua bandeira e totalmente suspeita na opinião de seus oponentes. Assim como uma mansão comprada pelo filho de um político com o lucro da venda de 50% de **uma** loja de chocolates é compreensível na visão dos defensores de seu partido, mas absurdamente inexplicável no julgamento de seus opositores.

Ainda bem que defender políticos corruptos não é algo que **você** faça! Já que, de acordo com os resultados da atividade que fez no início do

14 A Arte de Enganar a Si Mesmo

livro, você jamais votaria ou aconselharia um amigo a votar nesse tipo de candidato...

Será?

Não Pensar para Crer

O estudo com radicais políticos ainda reservava uma bela surpresa. Enquanto liam e julgavam as frases, os participantes tinham suas **atividades cerebrais** monitoradas por uma máquina de ressonância magnética.

Ao lerem informações contraditórias sobre seu candidato, o córtex pré-frontal dorso lateral — região do cérebro geralmente envolvida no raciocínio — não apresentou atividade.

> **Isso mostra que esses circuitos neurais literalmente desligam quando temos contato com informações contrárias aos nossos desejos."**

Os cientistas descobriram ativações na amídala cerebral, na ínsula esquerda, no córtex pré-frontal lateral e no córtex pré-frontal ventral médio logo depois dos participantes terem lido informações contraditórias às suas crenças. Essas áreas cerebrais estão relacionadas com **desconforto, punição, dor e sentimentos negativos**. Outros estudos demonstram que essa rede neural é ativada quando o cérebro registra um **desencontro** entre aquilo que as pessoas **desejavam** que acontecesse e aquilo que **realmente** aconteceu.[4]

Após esse registro, o cérebro começa a procurar por maneiras de **desligar** o oceano de emoções desprazerosas, ativando circuitos responsáveis por lembranças passadas, perdão, simpatia, cognições afetivas, julgamentos morais, regulação das emoções e correção de respostas. Algumas dessas áreas, quando ativadas, causam **redução** no funcionamento de uma das regiões cerebrais envolvidas no processamento de ameaças, a amídala. No entanto, quando a contradição avaliada era a do candidato do partido **oposto**, havia aumento de atividade apenas em áreas relacionadas ao **estresse** e à **empolgação**. As partes mais emocionais, responsáveis pela empatia, permaneceram **inativas**.

> " ▬▬▬
>
> **Essas descobertas mostram que os caminhos neurais para processar informações partidárias são completamente diferentes dos caminhos que utilizamos para realizar julgamentos mais "frios", que apresentam baixo valor emocional."**

Complementando essas descobertas, os cientistas registraram que, após a redução das emoções negativas, o cérebro dos participantes apresentou grande atividade no estriado ventral, refletindo **alívio** ao chegar com sucesso a uma conclusão tendenciosa. O estriado ventral é uma das áreas do cérebro envolvidas no processamento de **recompensas**, por meio do recebimento de cargas do neurotransmissor dopamina. Muitas drogas são viciantes justamente por utilizarem esse circuito neural e ativar artificialmente a liberação de dopamina.

Após se livrar por inúmeras vezes do sentimento ruim causado por descobrir que o seu político favorito cometeu um ato desonesto, parece que o cérebro do radical político fica **viciado em ativar esse circuito**, tornando-se quase impossível fazer com que mude de opinião. Incrivelmente, esse processo no estriado ventral acontece de forma extremamente rápida, terminando **antes mesmo dos participantes terem acesso à quarta fase do estudo**, na qual leriam uma frase do candidato justificando sua contradição. É importante enfatizar novamente que esse processo "racional" acontece sem a ativação dos circuitos neurais que frequentemente são ativados durante o raciocínio, no córtex pré-frontal dorso lateral.

No entanto, apenas sentir alívio não é suficiente para o cérebro de um radical político. Os cientistas envolvidos nesse estudo revelaram que, logo em seguida, áreas relacionadas com o recebimento de **recompensas** — como o núcleo accumbens —, apresentam aumento na atividade por também receberem grande carga de dopamina, o que traz sentimentos de **"embriaguez"**. Essa descoberta demonstra que, depois de chegar a uma conclusão tendenciosa, o cérebro não quer apenas o sentimento de **alívio**, quer também os sentimentos de **prazer e de reforço positivo**. Esses circuitos fazem parte das mesmas regiões do cérebro ativadas quando viciados em drogas alcançam a sensação de **"barato"**.

> Você fica "doidão" depois de racionalizar o comportamento antiético do seu político favorito."

De acordo com Drew Westen, um dos cientistas responsáveis por esse estudo, o cérebro político é um cérebro **emocional**, não uma calculadora que busca objetivamente por fatos e dados para tomar uma decisão **racional**. O ser humano **não processa informações de forma neutra**, apesar de acreditarmos no contrário.

Estudos anteriores nomearam esse fenômeno como **Defesa Psicológica**,[5] concluindo que o cérebro **nega, racionaliza e distorce informações contrárias às nossas crenças**, como se possuísse um sistema imunológico que expele informações que o colocam em risco.

Frente a informações contrárias às que gostaríamos que fossem verdadeiras, **não pensamos para continuar crendo**.

Por que Eu Escrevi Este Livro

No início de 2020, durante uma palestra que ministrei em um grande evento, eu disse ao público que as chances de uma pessoa morrer de coronavírus eram **menores** do que as chances de morrer esmagado por uma máquina que vende refrigerantes — confesso que não foi o momento mais brilhante da minha carreira. Mais tarde, nesse mesmo dia, minha esposa (uma brilhante cientista da área ambiental), que estava comigo no evento, chamou minha atenção para a falta de responsabilidade que tive ao afirmar tal bobagem. Foi um primeiro e valioso alerta!

Nessa época, eu estava estudando profundamente como os seres humanos são, de fato, péssimos em fazer previsões. De acordo com a Organização Mundial da Saúde, as principais causas de morte no mundo são as seguintes:[6]

Principais causas de morte Globais

☐ 2000   ■ 2019

1 - Doenças cardíacas isquêmicas
2 - Infarto
3 - Doença pulmonar obstrutiva crônica
4 - Infecções por baixa frequência respiratória
5 - Condições neonatais
6 - Câncer de, traquéia, brônquios e pulmão
7 - Alzheimer e doenças debilitantes
8 - Doenças diarreicas
9 - Diabete Mellitus
10 - Problemas nos rins

Número de Mortes (em Milhões)

Já o Serviço Nacional de Saúde do Reino Unido nos mostra outra perspectiva interessante sobre as principais causas de morte naquele país:[7]

18 — A Arte de Enganar a Si Mesmo

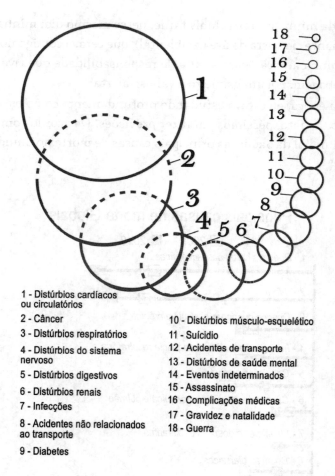

1 - Distúrbios cardíacos ou circulatórios
2 - Câncer
3 - Distúrbios respiratórios
4 - Distúrbios do sistema nervoso
5 - Distúrbios digestivos
6 - Distúrbios renais
7 - Infecções
8 - Acidentes não relacionados ao transporte
9 - Diabetes
10 - Distúrbios músculo-esquelético
11 - Suicídio
12 - Acidentes de transporte
13 - Distúrbios de saúde mental
14 - Eventos indeterminados
15 - Assassinato
16 - Complicações médicas
17 - Gravidez e natalidade
18 - Guerra

Apesar desses dados, muitas pessoas continuam saindo tranquilamente para almoçar em lanchonetes de fast-food — enquanto acendem um cigarrinho no caminho —, mas ficam extremamente ansiosas quando precisam **embarcar em um avião**.

No momento em que estudava o processo decisório humano, descobri também que a mídia colabora de forma gigantesca na proliferação de algumas fobias, fazendo com que as pessoas sejam vítimas do **Viés da Disponibilidade**,[8] ou seja, que elas julguem seus riscos de acordo com a quantidade de vezes que são expostas a eles. Enquanto exploravam a savana, nossos ancestrais analisavam seus riscos **relembrando** das oportunidades em que foram ameaçados por algum predador, por exemplo. A quantidade de vezes que um de nossos ancestrais foi atacado — ou presenciou alguém ser atacado — por um crocodilo nas margens de um rio indicava a ele o risco de ficar perto da água. Se ele nunca havia sido atacado, ou fora atacado em apenas uma das centenas de vezes em que frequentou aquele local, seu cérebro calculava que os riscos de ataque eram baixos e que, portanto, poderia se aproximar da beira do rio para beber água, banhar-se ou pescar em segurança. Agora, se a quantidade de ataques era grande, esse viés fazia com que ele ficasse extremamente vigilante a ameaças quando estivesse na proximidade de um rio e que, inclusive, evitasse transitar nessas regiões.

Perceba que o Viés da Disponibilidade, originalmente, fazia com que as pessoas tomassem decisões que maximizavam suas chances de sobrevivência. Com a chegada da mídia, nossa base de cálculo mudou. Atualmente não somos expostos exclusivamente às nossas próprias experiências com crocodilos, ou às experiências das pessoas da nossa tribo. **Todos os dias** ficamos sabendo das histórias de pessoas de **outras tribos ao redor do mundo** que foram "atacadas por crocodilos", aumentando a disponibilidade desse evento em nossas cabeças e fazendo com que passemos a acreditar que "ataques de crocodilos" são mais comuns do que imaginamos. A mídia gera alguns problemas na sociedade e, como sou um professor que estuda com frequência esses vieses, também estou a par dos diversos artigos científicos que revelam que a mídia cobre eventos negativos com muito mais frequência do que os positivos, dando a impressão de que o mundo é mais perigoso do que a realidade.[9]

Contudo, ao contrário do que você possa imaginar, **a mídia não é uma instituição maligna**. Os jornalistas são simplesmente **humanos**, mais atentos aos fatos negativos do que aos positivos, algo que os cientistas nomeiam como **Viés da Negatividade**.[10] E, apesar dos ataques frequentes que fazemos atualmente à mídia, não podemos esquecer que grandes escândalos de corrupção e outras atividades ilegais foram descobertas **graças à mídia** e ao **jornalismo investigativo**.

A mídia tem um papel de extrema importância em sistemas democráticos e devemos agradecer, todos os dias, pelo belo trabalho feito por jornalistas no mundo todo. No entanto, quando as pessoas se tornam cientes de que a mídia exagera no negativismo, os perigos são gigantescos. Com a falta de confiança na mídia, o público passa a consumir informações de fontes nada confiáveis e, por isso, os profissionais da mídia devem repensar suas estratégias. Por essa razão, existe um capítulo nesta obra inteiramente dedicado à mídia.

Voltando à minha gafe durante a palestra, a culpa por eu tê-la cometido não foi da falta de capacidade de previsão do ser humano, do Viés da Disponibilidade, e muito menos da tendência da mídia em dar mais cobertura a fatos negativos. **A culpa foi minha!** As chances de morrer esmagado por uma máquina de refrigerantes são sim **maiores do que as chances de ser morto em um ataque de tubarão**, no entanto essas chances **não são maiores** do que as de morte por coronavírus.[11]

No início da pandemia, a mídia brasileira realmente expôs exaustivamente as mortes por coronavírus que haviam acontecido em "outras tribos" e dedicou praticamente sua grade inteira de programação à doença. Porém, dessa vez a mídia não estava exagerando e nem influenciando nossas decisões negativamente.

Quando o coronavírus fez alguns locais do Brasil entrarem em lockdown, eu achei que tudo não passava de um tipo de golpe da mídia. Um plano para deixar as pessoas em casa e, assim, aumentar exponencialmente a demanda por publicidade. Achei que laboratórios farmacêuticos também estavam envolvidos nesse esquema, assim como empresas de outros segmentos e também governos. Logo, rumores começaram a surgir com os nomes de Bill Gates, Greta Thunberg e George Soros. Uau! A cada discurso de presidentes ou empresários de renome **execrando as medidas de lockdown** ou minimizando a gravidade do vírus, eu **vibrava**: *"Não estou sozinho!"* Nos primeiros meses de 2020, com a agenda lotada de compromissos e pulando de aeroporto a aeroporto, eu zombava em silêncio das pessoas que usavam máscaras em voos e as estereotipava como "vítimas da mídia". Quando o lockdown tornou-se realidade em muitas cidades, pensei: *"Não dura um mês."*

Com o cancelamento de meus compromissos devido ao isolamento social, o tempo livre me permitiu assistir a muitas *lives* de cientistas extremamente renomados no início da pandemia, e aqui deixo outro alerta. Vários pesquisadores que eu respeito profundamente estavam informando as pessoas sobre os **perigos da pandemia**, aconselhando-as a ficar em casa. Nenhum deles citava conspirações de políticos, multinacionais, empresários ou da mídia como causas do lockdown, ou insinuavam sobre a China ter criado o vírus em laboratório com algum interesse financeiro ou político — como eles não enxergavam que tudo aquilo não passava de uma conspiração? Minha esposa, que é doutora em ciências florestais e que trabalha com sustentabilidade há mais de vinte anos, alertou-me sobre a severidade do vírus e me explicou como ele havia infectado o ser humano por causa do desequilíbrio ambiental. Inicialmente, fui teimoso e me fechei para essas evidências.

Depois de certo tempo refletindo sobre essas informações — e lendo centenas de artigos científicos — comecei a descobrir que o **cego dessa história era eu!** Que, assim como membros de cultos extraterrestres, defensores da maconha ou radicais políticos, eu estava **enxergando, ouvindo e processando mentalmente** apenas aquilo que era **conveniente para mim**, aquilo que ia ao encontro de **minhas crenças e interesses** — não ao encontro dos interesses da **sociedade**. Como professor e autor, grande parte da minha renda **vem de palestras presenciais**, algo impossível de acontecer se as pessoas fossem obrigadas a ficar em casa. Também atuo como consultor corporativo e costumava viajar o país todo para atender meus clientes **presencialmente**.

> **Meus negócios iriam ruir se o lockdown viesse a ser algo de longo prazo."**

A situação **mais conveniente para mim** era acreditar que o vírus era inofensivo, que a mídia estava sendo sensacionalista para vender anúncios ou que algum grupo nefasto de empresários poderosos estava armando algo para ter lucro. Com a defesa, a proteção e a racionalização dessas crenças, eu poderia continuar viajando e **lucrando** tranquilamente.

Estudo vieses comportamentais há quase duas décadas, mas nunca imaginei que seria vítima deles com tamanha facilidade. Eu deveria ter me lembrado de uma das máximas usadas pelos cientistas: **existe poder em saber aquilo que você não sabe que não sabe**.

> **Eu não sabia que não sabia de muitas coisas."**

Felizmente, eu tinha uma pequena consciência sobre a falibilidade nas decisões humanas, sobre o fato de que nós conseguimos racionalizar qualquer decisão, boa ou má, com facilidade. E essa pequena "pulga atrás da orelha" me levou a buscar artigos científicos sobre minhas limitações.

Estaria o mundo ficando cego mesmo? Estaríamos vivendo uma época orwelliana, onde finalmente descobriríamos quem é o Big Brother? Os chefões do Fórum Econômico Mundial finalmente haviam encontrado uma maneira de dominar o mundo? Uma das principais descobertas que fiz nesses últimos anos foi esta: **você pode ser enganado, mesmo que seja extremamente inteligente!** E muitas pessoas incrivelmente inteligentes continuam sendo enganadas até hoje.

> **Continuar com a mesma opinião depois de ter melhores evidências não é sinônimo de inteligência e, sim, um sinal de que você não está disposto a aprender."**

Nessa jornada pelo mundo da ciência, descobri que minha contribuição poderia ser ainda maior do que apenas falar sobre os vieses cognitivos e psicológicos que entram em ação quando processamos informações contrárias às nossas crenças, mas também que eu poderia esclarecer as pessoas e ajudá-las a combater outros males que nos assombram há anos, mas que se intensificaram durante a pandemia do coronavírus, como **racismo, xenofobia, violência, sexismo, polarização política, individualismo, teorias da conspiração, homofobia e desconfiança na ciência**.

Para garantir a qualidade e a fidelidade de meu trabalho às descobertas científicas, além de ler aproximadamente 2 mil artigos científicos, eu dei um passo adicional. Em março de 2022, passei 18 dias nos Estados Unidos visitando alguns dos principais cientistas do mundo, que se dedicam às áreas exploradas neste livro. Cruzei os EUA, de ponta a ponta, para visitar cientistas da New York University, Columbia, Cornell, Harvard, Arizona State, University of Washington, University of California, Stanford e University of Michigan. Entre os pesquisadores que conversei, estão lendas como Elliot Aronson, Robert Cialdini, Philip Zimbardo, Tony Greenwald, Tom Gilovich e Richard Nisbett, assim como pesquisadores de enorme influência em seus campos como Vanessa Bohns, Katie McLaughlin, Joshua Aronson, Peter Coleman, David Hemenway, Bethany Burum e Victor Carrión. Para o leitor que não está familiarizado com a ciência, se fôssemos comparar esses cientistas com astros do rock, seria como seu eu houvesse visitado John Lennon, Paul McCartney, Elvis, Chuck Berry, Johnny Cash e outros. Não satisfeito, eu ainda enviei o manuscrito deste livro, em inglês, para a avaliação de dezenas de cientistas do mundo todo. Entendo o tamanho da responsabilidade que tenho ao publicar uma obra que trata sobre alguns dos principais problemas que temos hoje na sociedade e seria uma irresponsabilidade de minha parte propor aqui soluções que "acho" que irão funcionar. Cada linha deste livro, como você notará, é totalmente baseada em descobertas científicas.

Em 2016, quando lancei meu primeiro livro **A Incrível Ciência das Vendas**, eu queria resolver um problema que me atrapalhou imensamente na época em que era executivo: como gerir uma equipe de vendas de forma efetiva, com estratégias baseadas na ciência. Em 2019 e 2020, os lançamentos do meu segundo e terceiro livros, **A Ciência da Felicidade** e **Os Sete Princípios da Felicidade**, também aconteceram após eu ter passado por momentos de extrema infelicidade na vida, e buscar na ciência a solução para esses problemas. Nos últimos anos, percebi que existem problemas mais importantes na sociedade do que a gestão de uma equipe de vendas ou a construção de uma vida mais feliz. E que, como sempre, a ciência pode nos ajudar a resolvê-los.

> "Aviso com antecedência que este livro vai te provocar extremo desconforto."

Você terá acesso a evidências científicas que colocarão muitas de suas crenças em xeque. Eu comecei a escrever esta obra sem saber o que iria encontrar, e espero que você se surpreenda tanto quanto eu me surpreendi ao ter acesso às mais fascinantes descobertas científicas que podem lhe transformar na pessoa que você sempre quis ser: uma pessoa que não é enganada com facilidade, que tem pensamento avançado, que sabe analisar dados, que percebe o que está faltando em uma história, que tem humildade para aprender, que não vê a mudança de opinião como uma fraqueza, que compreende o poder da ciência e que busca a pura verdade — não aquilo que **quer** que seja verdade. Espero que você esteja pronto para nunca mais ser enganado, ou melhor, para nunca mais **enganar a si mesmo!**

01

Justificando o Passado

Zona de Desconforto

Imagine um fumante que, lendo um artigo em um site de alta credibilidade, dá de cara com uma matéria que explora os mais de cinquenta anos de pesquisas científicas que concluíram que fumar pode causar câncer no pulmão e outras doenças fatais. Ao ter acesso a essa informação, a decisão mais **racional** que essa pessoa poderia tomar é **deixar de fumar**, não é mesmo? No entanto, o ser humano viaja longas distâncias para **justificar suas ações.**

Quando falamos de comportamento, é fundamental que entendamos que uma das maiores motivações do ser humano é **manter uma imagem positiva sobre si mesmo**. Todos nós queremos acreditar que somos **honestos, gentis, inteligentes, racionais, bondosos, ponderados, competentes e bons decisores**. Os cientistas nomeiam essa tendência como **Viés do Autointeresse**.[1] Quando algum comportamento nosso coloca essa imagem positiva em risco, rapidamente encontramos **justificativas** para tal comportamento, mantendo dessa forma os mais elevados níveis de estima por nós mesmos.

Voltando ao exemplo, ao ler o artigo, o fumante vivencia a **Dissonância Cognitiva**: a cognição *"eu fumo duas carteiras de cigarro por dia"* é conflitante com a cognição *"fumar causa câncer"*. Como o fumante quer preservar sua autoimagem de inteligente, para reduzir o desconforto causado pela dissonância, tentará **se convencer** de que a pesquisa científica é inconclusiva. O fumante pode justificar um comportamento que **coloca sua vida em risco** afirmando a si mesmo que a ciência muda de opinião a toda hora — que os cientistas dizem um dia que ovos fazem mal e no outro dizem que ovos fazem bem —, portanto muito em breve novas pesquisas demonstrarão que fumar não faz mal à saúde.

Essa pessoa facilmente se lembrará de um amigo médico que é fumante, concluindo que, se até profissionais da saúde fumam, o cigarro não deve ser tão prejudicial assim. Recordará de muitos intelectuais que desfrutam de cigarros, charutos e cachimbos, convencendo a si mesma de que, se tantas pessoas inteligentes fumam, o tabagismo deve ser inofensivo. Se lembrará de um tio que viveu até os 95 anos de idade fumando três carteiras de cigarro diariamente, concluindo que os riscos de ter sua vida encurtada por causa do cigarro são mínimos. Pode avaliar que seu hábito de fumar uma carteira por dia pode ser considerado como um consumo leve e que apenas aqueles que consomem mais de uma carteira diariamente correm riscos. A pessoa pode justificar que o cigarro pode até fazer mal para os outros, mas nem tanto para ela. Já que consome cigarros com filtro branco, pode iludir a si mesma dizendo que esses tipos de cigarro são mais leves, e que o filtro certamente impede a entrada de substâncias cancerígenas no corpo. Pode encontrar uma saída para a dissonância afirmando que o cigarro possibilita com que se mantenha magra, combate o estresse, e que é uma atividade importante para o relaxamento. A pessoa tabagista pode se convencer de que, como mora ao lado de um parque, o ar puro vindo de lá neutraliza os efeitos do cigarro em seu pulmão. Como fã de futebol, pode lembrar que muitos jogadores da seleção brasileira da Copa de 1970 fumavam e bebiam, inclusive nos intervalos dos jogos, e que, se atletas campeões mundiais se comportavam dessa forma, condenar o tabagismo é mais uma chatice do mundo atual. Finalmente, essa pessoa pode recordar que já leu outras matérias reportando que churrasco pode causar câncer, assim como laticínios e outros alimentos, concluindo que fumantes e não fumantes têm as mesmas chances de ter câncer.

Depois de tantas cognições, o fumante dá **autorização a si mesmo** para continuar com seu péssimo comportamento, ao mesmo tempo que acaba com o desconforto da dissonância cognitiva afirmando *"sou inteligente, racional e tomo excelentes decisões"*, enquanto exala a densa e cancerígena fumaça entre seus lábios. Como você perceberá em breve, uma das ferramentas mais poderosas de persuasão é a **autopersuasão**.[2] Você pode até convencer alguém a mudar de comportamento, mas, quando uma pessoa convence **a si mesma**, a probabilidade de que ela mude ou mantenha certo comportamento é exponencialmente maior.

Mas será que a cognição de fumantes realmente funciona como ilustrei acima? Em 1965, um ano após o Ministério da Saúde dos Estados Unidos publicar um relatório sobre os perigos do tabagismo, dois cientistas da Universidade da Califórnia, em Los Angeles, realizaram uma pesquisa para saber como as pessoas avaliavam tais descobertas sobre o cigarro.[3] Os **não fumantes** que participaram dessa pesquisa reportaram grande confiança na ligação entre tabagismo e câncer de pulmão: **80,4% deles diziam que o relatório do governo era confiável**. Obviamente, esses participantes não tinham motivação alguma para desconfiar dos resultados do relatório. No entanto, os **fumantes** que participaram desse estudo reportaram níveis de confiança diferentes. Entre os fumantes **inveterados**, 52,2% reportavam acreditar na ligação entre tabagismo e câncer no pulmão, contra 58,3% dos fumantes **moderados** e 77% dos fumantes leves. Quanto mais cigarros os participantes fumavam, maior era sua **descrença** às informações do relatório do Ministério da Saúde. Além disso, mais do que o dobro de fumantes, em relação aos não fumantes, concordavam com a afirmação de que existem muitos riscos na vida, e que fumantes e não fumantes acabam tendo câncer.

Cinquenta e seis anos mais tarde, a realidade continua a mesma. Em 2021, cientistas da Universidade da Carolina do Norte reportaram no *journal Health, Education & Behavior* que fumantes e ex-fumantes tinham **menos confiança nas evidências científicas** da ligação entre tabagismo e uma grande variedade de doenças quando comparados com participantes que nunca haviam fumado.[4] Além disso, os dados apontaram que, quanto mais velhos e menos educados formalmente eram os fumantes e ex-fumantes, maior era a descrença de que o cigarro era o causador de diversas doenças. É evidente o fato de que, quanto mais tempo as pessoas acreditam em algo, mais dificuldade elas têm para largar sua crença. Quanto **mais tempo** eu fumo, **menos eu acredito** que o cigarro faz mal à saúde. Mesmo quando sou um ex-fumante, em uma tentativa de minimizar minhas decisões equivocadas do **passado** e manter minha autoestima, o desconforto da dissonância cognitiva faz com que eu ainda continue acreditando que fumar faz menos mal para a saúde do que a evidência científica comprova.

Ex-fumantes dão explicações sobre o seu comportamento passado de forma similar a pessoas que foram exploradas por anos em empresas nas quais o ambiente de trabalho era péssimo. Quando essa pessoa decide trocar de emprego e percebe que o mundo fora daquela empresa é muito melhor, para não ter que falar para seus familiares e amigos algo como: *"Eu fui um idiota em trabalhar tanto tempo naquela empresa"*, *"eu me arrependo em não ter procurado outro emprego antes"*, *"aquela empresa tinha um ambiente de trabalho opressor"*, *"não sei como aguentei o imbecil do meu chefe por tanto tempo"*, *"fui um tolo no momento que achei que era normal trabalhar todos os dias até às 21h"*, elas preferem simplesmente afirmar: *"O ambiente era pesado, mas trabalhar naquela empresa foi uma escola!"* Com esse tipo de justificativa, elas continuam com sua autoestima elevada, acreditando que tomaram decisões racionais, inteligentes, valiosas e ponderadas em suas vidas profissionais. *"Ufa!"*

É fácil perceber que, quando uma pessoa não tem envolvimento algum com um assunto, ela geralmente leva em consideração a evidência científica para tomar decisões. Em ambos os estudos apresentados acima, os participantes que **nunca haviam fumado** e que, portanto, não tinham nada a perder com suas conclusões, eram os que mais acreditavam nos dados das pesquisas. No entanto, os fumantes, que tinham como objetivo **manter sua autoestima elevada** e tinham muito a perder caso acreditassem nos dados do relatório, eram os que reportavam menores níveis de confiança nas evidências. Esse comportamento ficou evidente durante a pandemia do coronavírus quando, ao tentar preservar sua imagem como bom decisor intacta, aqueles com direcionamento político radical defenderam com unhas e dentes o posicionamento dos candidatos nos quais votaram — **mesmo que suas vidas pudessem estar em risco** —, enquanto as pessoas com pouco envolvimento partidário voltaram-se para as evidências científicas.

> **Afinal, somos ou não parecidos com os membros do Heaven's Gate?"**

O brilhante cientista da Universidade da Califórnia, Elliot Aronson, afirma que gostamos de definir o ser humano como racional, quando na verdade ele é **racionalizador**.[5]

> **Todos nós racionalizamos qualquer informação para obter os resultados que queremos que sejam verdade."**

E, por incrível que pareça, o processo de racionalização começa com uma **minúscula** decisão, que pode ter impactos **gigantescos** no decorrer de nossas vidas.

▶ A um Passo do Paraíso ou do Inferno?

Imagine o seguinte cenário: há mais de **vinte anos** você é filiado a um partido político. Por todos esses anos, você doou dinheiro para a campanha dos políticos desse partido, participou de carreatas, ajudou na preparação de comícios, comprou camisetas com slogans do partido, colou um adesivo com o brasão do partido em sua mochila da universidade, organizou passeatas, brigou com seus familiares e amigos por divergências políticas, criou grandes amizades com os simpatizantes daquele partido com a convicção de que sua bandeira mudaria para melhor a realidade do Brasil.

Agora imagine um segundo cenário: nas eleições passadas você é alguém que decidiu votar pela **primeira vez** em um político desse partido.

Em qual das duas ocasiões você acredita que teria mais chances de largar o partido, caso descobrisse que seus membros estão envolvidos em um grande esquema de corrupção?

O cientista Jack Brehm, da Universidade de Minnesota, realizou um estudo que responde a essa questão de forma surpreendente.[6] As participantes, 225 mulheres, deveriam avaliar a atratividade de 8 eletrodomésticos diferentes, dando notas de 1 a 8 para cada aparelho. Também receberam a notícia de que, ao final do estudo, **ganhariam** um dos produtos como um brinde do fabricante. Após darem notas para todos os eletrodomésticos, o cientista dizia às participantes que, como as pessoas geralmente escolhem como brinde os itens mais atrativos, não havia eletrodomésticos em quantidade suficiente para presentear todas. Elas deveriam **escolher um entre dois** eletrodomésticos sorteados aleatoriamente. Sem o conhecimento das participantes, porém, os cientistas davam como opção de escolha dois eletrodomésticos aos quais elas haviam atribuído uma **nota alta**. Alguns minutos após cada participante fazer sua escolha do brinde, os cientistas pediam que elas **reavaliassem** cada eletrodoméstico. Conhecendo um pouco sobre dissonância cognitiva, o que você acha que aconteceu?

Ao avaliar pela segunda vez os eletrodomésticos, as participantes **mudaram significativamente suas notas em relação à primeira oportunidade**, conferindo notas **mais altas** para o eletrodoméstico que **haviam acabado de escolher como brinde** e **mais baixas** para os que **não haviam escolhido**. *"Eu sou racional, tomo boas decisões, sou competente, com certeza escolhi o melhor eletrodoméstico"* foram os tipos de cognição presentes na mente dessas mulheres para justificar suas escolhas, reduzir o desconforto da dissonância e preservar sua autoestima. O mais interessante desse estudo é a demonstração de que **minutos** depois de fazer uma escolha o indivíduo já começa a mostrar comportamentos tendenciosos, tentando justificar uma decisão que **acabou de tomar**.

> **Por menor que seja um passo em certa direção, ele pode significar uma jornada sem volta."**

A Arte de Enganar a Si Mesmo

Prova adicional disso foi evidenciada em 2002, quando os cientistas Dan Gilbert e Jane Ebert, de Harvard e do MIT, respectivamente, publicaram um estudo altamente intrigante.[7] Participantes acreditavam estar fazendo parte de um curso de fotografia e eram instruídos a tirar doze fotos no campus de Harvard com câmeras profissionais. Alguns dias mais tarde, os participantes se dirigiam a uma sala escura onde eram recebidos por um professor que os apresentava os negativos das fotos e solicitava que avaliassem cada uma delas dando uma nota de 1 a 9. Em seguida, o professor pedia para os participantes escolherem **duas fotos** para impressão, e aqui o experimento começava. Neste momento, as pessoas recebiam dois tipos de tratamento, conforme descrito a seguir:

Grupo 1: Participantes deveriam escolher **uma** das fotos como brinde, sendo informados pelo pesquisador que, caso mudassem de opinião sobre a foto de preferência, tinham **cinco dias** para trocá-la pela outra. Depois desse prazo não seria mais possível trocar a foto, já que a não escolhida seria enviada à Inglaterra para ser arquivada.

Grupo 2: Participantes deveriam escolher **uma** das fotos como brinde, sendo informados pelo pesquisador que **não poderiam trocar a foto pela outra** posteriormente, já que a não escolhida seria enviada à Inglaterra imediatamente para ser arquivada.

Você arrisca prever o que aconteceu? Dois dias depois, os membros do Grupo 2, os quais não tinham a possibilidade de trocar suas fotos, reportaram **gostar ainda mais** da foto que haviam escolhido em comparação com os membros do Grupo 1. No quinto dia, o prazo final para os participantes do Grupo 1 trocarem suas fotos caso desejassem, **apenas uma pessoa o fez** — as demais preferiram continuar com sua primeira escolha. Já no nono dia, quando as escolhas estavam consumadas e não havia possibilidade de troca, os participantes do Grupo 2 não reportavam ter mudado de opinião, mantendo suas **altas notas** para as fotos que originalmente haviam escolhido. No geral, os participantes do Grupo 1 reportavam gostar **menos** de suas fotos quando comparados com o Grupo 2. No artigo, publicado no *Journal of Personality and Social Psychology*, os cientistas concluem que, por mais que as pessoas prevejam que ficarão mais felizes quando têm a possibilidade de **trocar** um item depois de tê-lo adquirido, a chance de troca faz com que as pessoas acabem gostando **menos** do que escolheram. No entanto, quando a escolha é **irrevogável**, as pessoas acabam tendo uma **satisfação alta** com o que escolheram.

Esse é um dos estudos que demonstram o fenômeno da **Defesa Psicológica**,[8] deixando claro que uma vez que fazemos uma escolha, principalmente quando não há volta, nosso **Sistema Imunológico Psicológico** entra em ação e expele qualquer dúvida que tenhamos sobre a escolha que fizemos, protegendo-nos da decepção interna de termos tomado uma péssima decisão. Dan Gilbert nomeia tal fenômeno também como **Felicidade Sintética**.[9]

> **Uma pergunta: você pode trocar seu voto depois de uma eleição?"**

A maioria das pessoas acredita que nossas **crenças** comandam nossos **comportamentos**, mas esses estudos demonstram o contrário: nossas **ações** é que determinam nossas crenças! O influente cientista de Stanford, Darryl Bem, demonstra que **acreditamos naquilo que fazemos**.[10] Em um experimento, Bem selecionou participantes que deveriam **julgar se algumas revistas em quadrinhos eram engraçadas, neutras ou sem graça**, em uma primeira etapa do estudo. Na segunda etapa, o cientista afirmava a cada participante que ele ou ela iria ajudar a equipe de pesquisa a **preparar o material** de estímulo para um experimento científico que aconteceria nos próximos dias. Para isso, eles deveriam **gravar suas vozes** em uma fita que seria usada no experimento. Em seguida o cientista mostrava uma revista em quadrinhos a qual o participante previamente havia julgado como "neutra" e pedia para ele falar em voz alta para o gravador: ***"Esses quadrinhos são muito engraçados."*** A última parte do experimento consistia na **reavaliação** dos quadrinhos. Como você pode imaginar, **após** afirmarem na frente de um gravador que a revista era muito engraçada, os participantes avaliavam a revista dessa forma na **segunda oportunidade**.

> **Nossas ações têm o poder de mudar nossas crenças."**

Depois de diversos estudos similares a esse, Bem nomeou sua descoberta como **Teoria da Autopercepção**,[11] demonstrando que formamos crenças sobre nós mesmos **após** nossos atos. **Depois** de doar dinheiro para a igreja, você começa a pensar: *"Uau, se eu doei dinheiro para a igreja, significa que sou bondoso!"* **Após** ajudar um colega no trabalho, você imagina: *"Nossa, se eu ajudei aquele colega, quer dizer que gosto de colaborar com os outros."* Quando você **vota** em um candidato conservador, você pensa: *"Se eu votei neste político, significa que me importo com os valores da família."* Nesse sentido, depois de os participantes do experimento de Gilbert e Ebert terem **escolhido uma foto**, eles concluíram: *"Se eu escolhi esta foto, certamente ela é a mais bonita."*

Voltando à pergunta do início do capítulo: em qual das duas oportunidades você se desligaria com mais facilidade do partido político caso descobrisse que seus membros são corruptos? Parece que, em ambas as oportunidades, as chances não variam muito. Um **pequeno comprometimento inicial** já é suficiente para produzir grande dissonância e obediência, principalmente quando sua decisão passada **não tem volta**.

Gostaria de apresentar aqui um último experimento que demonstra como um simples passo pode nos colocar em um caminho que não gostaríamos de traçar. Os cientistas de Stanford, Jonathan Freedman e Scott Fraser, solicitaram que um grupo de voluntários convencesse alguns moradores de Palo Alto, Califórnia, a instalar outdoors em frente a suas casas com os dizeres: **Dirija com cuidado**.[12] Os voluntários do estudo se identificavam como parte de uma organização ligada à direção segura e mostravam aos moradores a foto de uma casa onde o outdoor havia sido instalado. A placa cobria quase a totalidade da frente da casa, invadia um pedaço da entrada para a garagem e tinha um design horrível. Obviamente, 83% dos moradores recusavam a oferta. No entanto, com uma simples técnica, os cientistas conseguiram com que **76% dos moradores de outro grupo concordassem com o pedido**.

O caminho para essa taxa de conversão foi construído duas semanas **antes**, quando os participantes batiam na porta da casa dos moradores, igualmente se identificando como membros de uma organização relacionada com a direção segura, e perguntavam se eles poderiam colar um **pequeno adesivo** na janela da frente de suas casas, ou em seus carros, com os dizeres: **Seja um motorista prudente**. Como você pode imaginar, esse pedido era tão pequeno que a maioria dos moradores o aceitou. Duas semanas depois, os voluntários voltaram a essas casas com um segundo pedido: a instalação dos outdoors. Como exposto anteriormente, quase 80% das pessoas aceitaram a instalação da horrível placa. Por quê? Perceba que, depois de aceitar colar **um pequeno adesivo** na janela, o morador relembra de sua ação e pensa: *"Se eu colei um adesivo alertando as pessoas a dirigir de forma prudente, sou alguém que defende as boas práticas de trânsito."* Uma vez que o morador **constrói a crença** de que é preocupado com o trânsito mais seguro, ele deve agir de forma **consistente** com essa crença, tornando-se uma presa fácil para um segundo pedido, absurdamente maior. Uma pequena ação sua em direção a um político, como um comentário positivo em um post nas mídias sociais, tem o poder de lhe convencer, logo em seguida, que você **admira** esse político, resultando na racionalização dos atos e das ideias mais absurdas que ele possa ter.

▷▶ Racionalizando a Corrupção

A teoria da dissonância cognitiva explica por que partidários políticos dificilmente mudam suas posições sobre a honestidade de seus membros. Depois de uma pessoa ter dado o primeiro passo em direção a um partido ou a uma ideologia, votando em um candidato ou colando um adesivo em sua mochila da universidade, o indivíduo sente-se obrigado a comportar-se **futuramente de forma consistente com a sua escolha passada**, e então dá **mais um passo**, decidindo visitar a sede do partido. Em seguida, a pessoa faz campanha para seus candidatos, participa de comícios, compra uma camiseta com a logo do partido, adquire livros escritos por seus políticos, doa um pouco de dinheiro para a campanha de um candidato, usa hashtags do partido nas mídias sociais e cola um adesivo do político em seu carro. Mais tarde, essa pessoa apresenta aos seus familiares as ideias partidárias, briga com alguns amigos que são contrários a seu direcionamento político e decide trabalhar voluntariamente no diretório do partido. Com essa decisão, a pessoa passa a ter contato diário com outros simpatizantes do movimento, ouve novas ideias sobre as crenças do partido e começa a ficar ainda mais convicta de que fez a decisão correta em levantar a bandeira do grupo. Adiante, essa pessoa é convidada a fazer parte de um grupo exclusivo de WhatsApp, no qual apenas membros do alto escalão do partido são permitidos.

> **Você acredita que essa pessoa conseguiria escapar facilmente do partido após ter conhecimento de que alguns de seus principais políticos estão envolvidos em corrupção?"**

Você pode até acreditar que sim, pois normalmente o ser humano toma boas decisões quando **não está vivenciando o momento**. Todo domingo à noite, muitas pessoas decidem que precisam emagrecer e retomar sua saúde, prometendo a si mesmas que acordarão cedo na segunda para ir até o parque fazer uma caminhada ou uma leve corrida. Quando os primeiros raios de sol da segunda-feira começam a surgir e o despertador toca às seis da manhã, a decisão de domingo parece ter sido **péssima** e a pessoa pensa: *"Puxa, está super frio lá fora e estou muito cansada, vou ficar só mais uns minutinhos aqui na cama."* Como você pode imaginar, os minutinhos extras na cama a impedem de começar a rotina de exercícios e logo ela conclui que começará na terça-feira. Quando a terça chega e a pessoa **vivencia o momento de sua decisão**, novamente a julga como horrível e prefere **continuar do jeito que está**. Os cientistas nomearam esse desencontro entre planejamento e execução como **Falácia do Planejamento**.[13]

Se um **único** passo em certa direção já dificulta o caminho de volta, imagine o que **vários passos causam**. Nesse caso, a dissonância é enorme e o desejo de reduzi-la é gigantesco. "Eu sou uma pessoa esperta, tomei boas decisões, sou do bem, sou racional, votei de forma consciente, sou decente, sou honesto e bem-intencionado, quero o melhor para o meu país" são cognições conflitantes com "passei anos da minha vida defendendo um partido político e agora descobri que seus membros estão envolvidos em um dos maiores escândalos de corrupção da história do meu país".

Como vimos, a resolução desse desconforto pode ser feita de duas maneiras:

1. A pessoa pode mudar de opinião sobre o **partido político**; ou
2. pode mudar de opinião sobre a **veracidade** dos fatos.

Como você pode imaginar, a escolha **mais sedutora** é sempre a segunda. *"Nada foi provado contra ele"*, *"isto não passa de um golpe"*, *"todos os políticos roubam e eu ainda prefiro o menos pior"*, *"o sítio não era dele"*, *"todos os políticos ganham presentes"*, *"não tem nada de estranho em uma secretária de gabinete sacar 83% de seu salário por quinze anos"*, *"essa CPI é uma palhaçada"*, *"é tudo armação da mídia"*, *"essas rachadinhas não existem"* são racionalizações que trazem grande conforto para o militante, além da ilusão de que o ponto forte do nosso país é a **justiça**. Podemos até querer classificar pessoas que defendem políticos corruptos como irracionais, mas na verdade essas pessoas são **extremamente racionais**, ao ponto de racionalizar uma mentira para que vire verdade em sua cabeça.

Imagine o quão desconfortável seria para um radical político dizer o seguinte: *"Pessoal, desculpem-me por favor, por vinte anos eu fui um idiota em acreditar naquele partido político, por votar em todos os seus candidatos, por ter brigado com meus amigos e minha família por causa de política, por ter doado uma montanha de dinheiro para as campanhas do partido, por ter ido em inúmeros comícios e passeatas, por ter trabalhado no diretório daqueles canalhas, por ter defendido eles nas mídias sociais, por ter investido mais de duas horas diárias de trabalho nas últimas duas décadas em prol do partido. Preciso da ajuda de vocês para repensar meu direcionamento político. Vou me desligar do partido. Podemos ser amigos de novo? Vocês me perdoam?"*

Ter esse tipo de humildade, apesar de ser a **coisa certa** a se fazer, é muito difícil. É raro o ser humano que confessa abertamente aos outros que foi um **tolo por vinte anos**, que foi enganado, que foi corrompido. Sempre existe um caminho mais seguro: **encontrar argumentos para manter nossa reputação elevada**.

Imagine o que seria dessa pessoa se ela tivesse a humildade de dizer que estava errada? Quem será ela agora que não tem mais uma bandeira partidária para defender? O que será da vida dessa pessoa? Fazer parte de um culto ou partido político exige que o indivíduo doe grande parte de si para a causa, portanto admitir que estava errado ou que foi enganado é como **perder um pedaço de sua existência**. Uma vez inseridas em um partido ou uma ideologia política, as pessoas não se sentem mais como **indivíduos** e sim, como parte de algo maior — mais sobre isso nos Capítulos 8 e 9.

Perceba que um conflito parecido com esse ocorreu com os membros do Heaven's Gate. Depois de procurar pelo disco voador com o telescópio e não o enxergar, seria muito difícil para eles voltar para suas famílias e dizer: *"Pai, mãe, irmãos, peço desculpas pelo meu comportamento nos últimos dez anos. Eu fui enganado por um charlatão que me fez acreditar que um dia seria resgatado por alienígenas superevoluídos e viveria em um plano superior ao terrestre. Sei que me separei da minha esposa por causa desse culto, pedi as contas do meu trabalho, doei todo o dinheiro que tinha para o líder do culto e, inclusive, abandonei minha casa para morar com os colegas do grupo. Eu me arrependo profundamente, fui um tolo! Quero refazer meus laços com vocês, vou procurar minha ex-esposa agora e ver se ela quer voltar comigo, também vou preparar um novo currículo e sair em busca de um emprego."* O meio mais fácil era apenas jogar a culpa no telescópio, afinal quem seriam os membros desse culto depois de abandonar o grupo? Onde eles se encaixariam na sociedade?

Os últimos anos fizeram parte de um dos capítulos mais bizarros da história política brasileira, contando com a negação dos simpatizantes de um partido sobre os esquemas de corrupção de seus mais altos líderes, escancarados pela Operação Lava Jato, bem como a racionalização de rachadinhas, elogios a torturadores, teorias da conspiração contra vacinas, favorecimentos do MEC, recebimento de joias sauditas e outros males endossados pelos apoiadores do partido oposto. Como vimos, o simples fato de uma pessoa ter votado em certo candidato já faz com que ela encontre justificativas para defender e racionalizar comportamentos inaceitáveis dele no presente.

Você alimenta esses absurdos? Quão **humilde** é para admitir seus erros e mudar de opinião?

Uma Maratona para Justificar o Primeiro Passo

No fim de 2020, a população brasileira ficou chocada quando um ministro do Judiciário determinou a soltura de um perigoso criminoso. Sua decisão foi cassada, mas já era tarde: o criminoso está foragido até o momento em que escrevo esta frase. Mesmo depois da cassação, o ministro se mostrou contrário à volta do criminoso à prisão. *"Continuo convencido do acerto da liminar que implementei"*, disse ele. O fato mais curioso, no entanto, foi o ministro afirmar que sua convicção se devia a **79 decisões anteriores que havia tomado em casos similares!** Convenhamos que uma força enorme é necessária para admitir 79 decisões erradas, e que encontrar justificativas para diminuir o desconforto e preservar uma autoimagem de honesto, competente e racional se tornou um caminho mais sedutor para o ministro. Ao darmos o primeiro passo em direção a uma decisão errada ou antiética, torna-se fácil racionalizar e acreditar nessa decisão. Após racionalizar a primeira, torna-se fácil **racionalizar a próxima** e assim por diante.

O perigo do cenário atual é que esse primeiro passo acontece com um simples **comentário nas mídias sociais**, defendendo certo político ou partido. Dar o primeiro passo hoje, aparentemente, quase não envolve esforço e comprometimento. O perigo de dar o primeiro passo é o que esse passo provoca em seguida, um comportamento conhecido como **Escalada do Comprometimento**.[14] Uma vez que a pessoa toma uma decisão, ela precisa justificar essa decisão tomando **outra na mesma direção**, posteriormente decidindo uma terceira vez com base no que fez nas duas ocasiões passadas, entrando em um círculo vicioso praticamente sem volta — se é doloroso admitir **um erro**, imagine admitir **setenta e nove**. Se dizer algo **uma vez** faz você acreditar no que disse, imagine dizer a mesma coisa **setenta e nove vezes**.

Em 1955, os psicólogos Morton Deutsch e Harold Gerard demonstraram essa tendência em uma série de experimentos.[15] Alunos da New York University deveriam **estimar o comprimento de algumas linhas** mostradas a eles, de acordo com o seguinte procedimento:

Grupo 1: Escrever sua estimativa de comprimento da linha em um papel que **posteriormente seria jogado fora** sem ser conferido pelos pesquisadores.

Grupo 2: Escrever sua estimativa de comprimento da linha em um quadro mágico, de forma privada, e **apagá-la** logo em seguida.

Grupo 3: Escrever sua estimativa de comprimento da linha em um papel, **assinar** seu nome e **entregá-lo** aos pesquisadores.

Logo após o palpite de cada aluno, eles foram informados pelos cientistas que suas estimativas **poderiam estar erradas** e que, portanto, poderiam mudá-las se quisessem. Em qual dos grupos as pessoas tiveram maior resistência em mudar suas estimativas iniciais? Imagino que você tenha acertado: o terceiro grupo. O fato de os participantes terem **anotado** sua estimativa, **assinado** seu nome e **entregado** o papel (três passos) fez com que eles, mesmo sabendo que poderiam estar errados, continuassem acreditando que suas estimativas estavam corretas. Os membros do segundo grupo vieram logo em seguida nesse quesito, e o fato curioso do comportamento desse grupo é este: **só eles mesmos sabiam quais eram suas estimativas**, já que nenhuma outra pessoa teve acesso ao que tinham anotado no quadro mágico. Além disso, os participantes desse grupo apagaram suas estimativas do quadro **segundos** após as terem escrito. Perceba que o desejo de ser consistente com decisões passadas continua presente no comportamento das pessoas, mesmo que elas **não tenham tornado suas estimativas públicas**, e mesmo que a **decisão tenha sido tomada há segundos**. Esse estudo demonstra que, mesmo em ocasiões nas quais podemos corrigir nosso comportamento, a força de justificar uma ação passada continua exercendo um poder que desconhecemos. Para o ser humano, mudar de opinião não é tarefa fácil e, mesmo assim, é incrível a quantidade de pessoas que dizem "reconhecer seus erros" e "pensar fora da caixa".

Como disse em certa ocasião o famoso físico inglês Michael Faraday, as pessoas preferem ser consistentes em vez de estar **certas**! Ninguém gosta de se mostrar inconsistente, nossa sociedade celebra aqueles que mantêm suas posições firmes. Admitir estar errado ou mudar de opinião, para nós, são sinais de **fraqueza**. No entanto, admitir estar errado é uma enorme **virtude**, que mostra que a pessoa está disposta a mudar de opinião de acordo com as melhores evidências atuais, que está disposta a **aprender**.

> **Quando preferimos racionalizar nossas decisões ao invés de admitir e corrigir um erro, demonstramos arrogância, não inteligência."**

Por mais que os grupos políticos brasileiros afirmem ser diferentes, ambos estão dentro da mesma caixinha, inseridos no mesmo ambiente fechado onde defender um político pelo simples fato de ter votado nele, ou ter dito algo positivo sobre o mesmo, é mais importante do que **buscar a verdade ou estar certo**. Nosso país poderia estar em patamares econômicos e sociais superiores se não fôssemos **justificadores profissionais**.

Em 2015, cientistas das universidades da Carolina do Norte, de Washington e do Arizona publicaram um artigo intrigante sobre como a desonestidade aumenta a cada passo que damos.[16] Voluntários deveriam resolver uma série de tarefas em três rodadas, sendo que na primeira eles recebiam um **pequeno** valor financeiro como recompensa para cada questão que acertassem, na segunda um valor **médio** e, na terceira, um valor extremamente **alto**. Os voluntários do estudo eram informados pelos cientistas de que **não precisavam entregar suas folhas** com os rascunhos dos cálculos que realizaram: tudo o que deveriam fazer era jogar seus rascunhos fora, anotar em um gabarito quantas questões haviam respondido corretamente e pegar em um envelope o dinheiro correspondente à quantidade de questões que haviam acertado. Ou seja, esses alunos realizavam uma tarefa na qual havia grande tentação em trapacear para receber uma vantagem financeira. Um segundo grupo de voluntários realizava a mesma tarefa com uma condição diferente: nas primeiras duas rodadas eles não recebiam nada, mas na terceira poderiam receber um valor extremamente alto para cada questão respondida corretamente. Já um terceiro grupo recebia valores extremamente altos em todas as rodadas. Fora do conhecimento dos participantes, no entanto, os cientistas encontraram uma maneira de descobrir quais e quanto cada um havia trapaceado. Se fosse para adivinhar qual dos grupos trapaceou mais na **última rodada**, qual seria sua aposta? Daqueles colocados em uma situação na qual o valor financeiro aumentava **gradativamente** a cada rodada, 60% trapacearam pelo menos uma vez na terceira rodada, contra 30% dos que recebiam uma mudança **abrupta** nas recompensas (de zero para incentivos extremamente altos) e 31% daqueles que **sempre recebiam incentivos altos**.

Note que, em qualquer condição, um grande percentual de pessoas trapaceia, fenômeno reportado com frequência em estudo após estudo que analisa o quanto somos desonestos quando dinheiro está em jogo — um alerta especial aqui para empresas que pagam comissões para vendedores. Porém, a condição que mais causou trapaça foi a que os participantes recebiam **pequenos incrementos** a cada rodada, mostrando que, uma vez que o indivíduo comete um pequeno ato desonesto, ele consegue racionalizar sua ação e passa a ter comportamentos gradativamente piores com o passar do tempo.

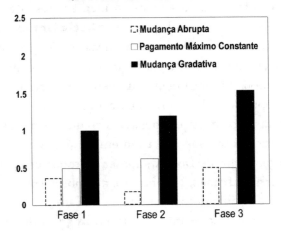

Na psicologia, os cientistas comparam um comportamento inicial que leva a outros cada vez piores a um **"declive escorregadio"**. Em que altura do declive você está? Quando chegará a hora de você frear e voltar a terrenos mais estáveis?

Digo o Que Acredito, ou Acredito no Que Digo?

Tory Higgins, cientista da Universidade Columbia, complementa essas descobertas comprovando em um de seus estudos mais famosos que **dizer é acreditar**.[17] Como você classificaria uma pessoa se soubesse das seguintes características: *"Uma vez que Donald coloca em sua cabeça que fará algo, está feito, não importa quanto tempo leve ou quão difícil seja. Raramente ele muda de opinião, mesmo quando seria melhor que mudasse."* Então, você diria que o Donald é **persistente ou teimoso?** Apenas para que se saiba, apesar desse texto descrever com certa precisão um empresário e um político famoso chamado Donald, esse estudo foi feito muitos anos antes de ele se tornar presidente dos EUA. Perceba que ambas as classificações podem ser válidas, já que a descrição anterior é ambígua e pode ser interpretada de várias maneiras.

Higgins pediu para que os participantes do experimento lessem doze frases ambíguas sobre Donald, e posteriormente apresentassem suas opiniões sobre o sujeito para um colega que **conhecia Donald pessoalmente**. Alguns participantes receberam a informação de que o colega **gostava de Donald**, enquanto os demais foram alertados de que o colega **não gostava de Donald**. Não surpreendentemente, os participantes que apresentaram suas opiniões sobre Donald para alguém que gostava do sujeito, descreveram mais características positivas do que negativas sobre ele em relação aos participantes que deveriam emitir suas impressões para colegas que não gostavam de Donald, apesar de todos os participantes terem lido **as mesmas frases**. No entanto, a maior surpresa do estudo foi a descoberta de que quando os cientistas pediram para os participantes os informarem o quanto **eles mesmos haviam gostado de Donald**, depois de terem apresentado suas características para outra pessoa, aqueles que haviam apresentado para o colega que **gostava** de Donald, o classificavam de forma **mais positiva** do que os que haviam apresentado suas características para alguém que não gostava do sujeito. Duas semanas depois, os participantes do estudo voltaram ao laboratório e classificaram Donald de forma similar, demonstrando a permanência do **"Efeito Dizer é Acreditar"**.

> "
> **Uma vez que falamos algo, passamos a acreditar no que falamos."**

As consequências desse comportamento podem ser severas. O simples fato de um indivíduo **customizar sua opinião** sobre um desconhecido para agradar outro já faz com que ele saia com uma **posição firme e duradoura** sobre o quanto simpatiza com o desconhecido. Não é à toa que políticos, após **customizarem seus discursos** de acordo com as preferências mais absurdas de uma plateia — e receberam calorosos aplausos —, saem com a **convicção** de que o que falaram **é realmente importante e deve fazer parte do plano de governo**. Basta que por **uma vez** políticos afirmem que o coronavírus é apenas uma "gripezinha", que a gasolina está cara porque existem 400 empresas norte-americanas distribuindo combustíveis, que colocar o "pobre" na universidade é a principal meta para o país, que as urnas eletrônicas não são confiáveis, que a privatização das empresas públicas é um crime, ou que armar o cidadão é a solução para a violência no Brasil, para que eles, **assim como qualquer outro ser humano**, acreditem no que estão falando, descartem qualquer informação contrária e tenham extremas dificuldades em voltar atrás.

No início do livro, afirmei que uma pessoa pode sim influenciar outra, mas que o poder de convencimento é exponencialmente maior quando um indivíduo **convence a si mesmo**. Aqui está parte da explicação!

▶ Quão Difícil É Mudar de Opinião?

Em 2016, cientistas da Universidade do Sul da Califórnia publicaram um estudo similar ao de Drew Westen, o qual exploramos no início do livro, analisando a disposição de radicais políticos em **mudar de opinião**.[18] Uma vez dentro de uma máquina de Ressonância Magnética (fMRI), os participantes eram expostos a oito frases relacionadas com política e oito frases não relacionadas com o tema. Após a leitura de cada frase, os participantes eram expostos a outras cinco frases que desafiavam a afirmação que haviam acabado de ler. Para causar desconforto nos voluntários, essas cinco frases desafiadoras continham informações exageradas e distorções da verdade. Como o público analisado nesse estudo era identificado com o **liberalismo**, os cientistas mensuraram a mudança de opinião dos participantes em temas como gastos com o exército, restrições a armas, programas sociais, combate ao terrorismo, impostos aos ricos, casamento gay, aborto, imigração e pena de morte. Como exemplo, os participantes deveriam ler frases como:

> *As leis que regulam a posse de armas nos Estados Unidos deveriam ser mais restritivas.*

Como liberais norte-americanos são majoritariamente favoráveis a políticas mais severas para a compra de armas, os cientistas colocavam as seguintes **frases desafiadoras** logo em seguida:

98% dos crimes com armas são cometidos com armas roubadas. Pessoas que possuem armas ilegais não irão obedecer a leis restringindo a sua posse.

Todo ano, perto de 100 mil cidadãos portadores de armas e cumpridores da lei defendem a si mesmos contra crimes violentos (mais de 9 em 10 vezes sem disparar um tiro sequer).

Desde 1980, mais pessoas se afogam acidentalmente todo ano do que morrem em acidentes relacionados com armas.

Apenas a metade dos homicídios envolvem armas. Todos os anos, dez vezes mais pessoas são assassinadas com facas de cozinha do que com armas de fogo.

Nos últimos 20 anos, 10 milhões de norte-americanos receberam permissão para carregar armas de fogo em público. A taxa de crimes violentos (assassinato, estupro, ataques e roubos) caiu 50% durante este período.

Como um dos capítulos deste livro é dedicado à violência, você entenderá quão exageradas e falsas essas frases são, porém, para o intuito desse estudo elas atingiram seu objetivo ao causar grande dissonância nos participantes.

Como exemplo de uma frase que não envolvia política, está:

Thomas Edison inventou a lâmpada elétrica.

Enquanto os desafios se apresentavam da seguinte maneira:

Quase setenta anos antes de Edison, Humphrey Davy apresentou uma lâmpada elétrica à Sociedade Real.

Edison contratou um jovem físico, Francis Upton, para o ajudar no trabalho com a lâmpada. Foi Upton quem teve a ideia revolucionária que levou ao desenvolvimento da lâmpada.

A patente de Edison para a lâmpada elétrica foi invalidada pelo Escritório Americano de Patentes, que revelou que o trabalho foi baseado na invenção de outra pessoa.

Enquanto Edison teve papel importante na popularização e na divulgação da lâmpada elétrica, a maioria dos historiadores concorda que ele teve um papel minúsculo em seu desenvolvimento.

Em 1841, décadas antes do trabalho de Edison, um inventor inglês patenteou o design fechado da lâmpada para limitar a entrada de oxigênio e impedir os filamentos de pegarem fogo.

Para analisar a mudança de opinião dos participantes, os cientistas solicitaram que eles indicassem em uma escala entre 1 e 7 o quanto concordavam com cada uma das 8 frases, **antes e depois** de lerem os desafios.

Durante o estudo, ler frases que desafiavam crenças causou uma redução, pelo menos temporária, na crença dos participantes, tanto em assuntos políticos quanto não políticos. Como você poderia esperar, no entanto, a força da crença das pessoas diminuiu mais para questões **não políticas** do que para assuntos que envolviam política.

Em um questionário aplicado aos participantes várias semanas após o estudo, os cientistas descobriram que as crenças das pessoas para assuntos não políticos **haviam diminuído ainda mais**, enquanto as crenças envolvendo política permaneceram **inalteradas**.

Quando as frases e os desafios envolviam assuntos políticos, as imagens do fMRI revelaram um aumento na atividade do DMN (Rede de Modo Padrão), um conjunto de áreas cerebrais recrutadas quando uma pessoa procura em sua memória por contra-argumentos para vencer evidências apresentadas a ela, principalmente quando essas evidências desafiam

crenças profundamente enraizadas e **valores pessoais não negociáveis**, como honestidade e religião.

Jonas Kaplan, Sarah Gimbel e Sam Harris, os cientistas que desenvolveram esse estudo, ficaram surpresos ao descobrir nas imagens de ressonância magnética que o córtex orbitofrontal dos radicais políticos apresentava maior atividade quando eram apresentadas frases não políticas, sendo que uma correlação positiva entre atividade nessa área e **disposição em mudar de opinião** foi encontrada. O córtex orbitofrontal é uma área do cérebro responsável por várias funções, entre elas a tomada de decisões. O padrão de atividade encontrado pelos cientistas revela que temos disposição em tomar decisões e mudar de opinião em diversos assuntos, sendo a **política uma exceção**.

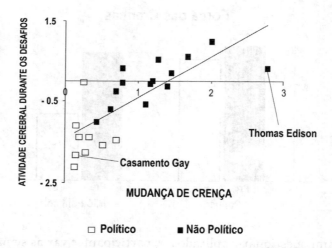

Baixa atividade do córtex orbitofrontal em assuntos relacionados à política, em contraste com alta atividade em assuntos não políticos.

Padrões similares foram encontrados na atividade do córtex pré-frontal dorsomedial, nesse caso uma correlação negativa entre a atividade dessa área com o grau de mudança de opinião foi encontrada. Entre as atividades realizadas pelo córtex pré-frontal dorsomedial descobertas até então, estão a criação da identidade pessoal, a empatia, os julgamentos morais, o processamento de medo e a ansiedade. No caso desse estudo, a ativação da área está relacionada com a regulação das emoções, já que o córtex pré-frontal dorsomedial apresenta um mecanismo para a redução da experiência negativa de eventos, **reinterpretando** o significado de estímulos para diminuir as emoções negativas, assim como sua atividade é maior quando um indivíduo precisa tomar uma decisão que contraria suas crenças. Isso significa que quanto maior o desconforto causado pelos desafios que os participantes leram, e maior a atividade no córtex pré-frontal dorsomedial, maior é o esforço do cérebro para distorcer e reinterpretar a informação contrária à crença e, assim, maior a resistência em mudar de opinião.

A figura a seguir apresenta o grau de mudança de opinião de acordo com o assunto apresentado. Perceba que, entre os onze estímulos que **menos mudaram** a opinião dos participantes, **nove** estão relacionados com política. No sentido contrário, dos onze estímulos que causaram **maior mudança** de opinião entre os radicais políticos, **nenhum** envolve política. No total, 23 estímulos foram apresentados aos voluntários, sendo que os 9 relacionados com política estão entre os que menos causaram mudança de opinião.

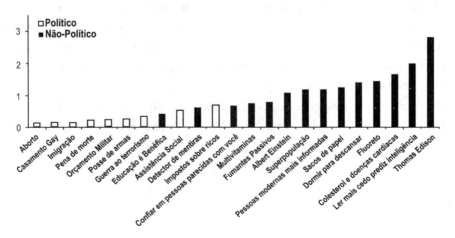

Maior resistência a mudanças também foi associada à atividade da ínsula anterior, recrutada quando as pessoas percebem que suas crenças profundas estão sendo **desafiadas**, sentindo-se ameaçadas, incertas e ansiosas. Atividade maior, relacionada com menores chances de mudança de opinião, também foi encontrada na amídala, uma área do cérebro conectada com a ínsula e extremamente sensitiva a estímulos que envolvem ameaça e medo. Além dessas funções, a amídala também está envolvida na avaliação da confiança, tanto de informações quanto de rostos. Como o estudo pediu para os participantes avaliarem a confiabilidade de frases que desafiavam suas crenças, o maior padrão de atividade da amídala está correlacionado com uma **menor confiança** nos argumentos contrários e, portanto, menor abertura para mudança de opinião.

> **Quando nossas crenças são ameaçadas, o cérebro descarta o estímulo externo e procura internamente por argumentos que as mantenham vivas."**

Os cientistas concluem esse estudo afirmando que os sistemas emocionais do cérebro, que ajudam a manter a **homeostase** — o equilíbrio — do organismo, parecem também estar envolvidos na proteção de aspectos de nossa vida mental com os quais nos identificamos fortemente. Nosso cérebro faz tudo o que é possível para que, longe da nossa percepção, continuemos a enganar a nós mesmos.

Com as informações que possui agora, imagino que você terá bastante trabalho a fazer com suas crenças políticas. Você tem coragem suficiente?

Em Busca da (Minha) Verdade

E a "Verdade" Vos Aprisionará

O ser humano não fica satisfeito apenas descartando evidências contrárias às suas crenças — seu trabalho torna-se completo apenas quando ele encontra informações que **confirmam que está certo**. Esse fenômeno é conhecido como **Viés da Confirmação**[1] e suas implicações são extremamente perigosas.

Suponha que você deseja comprar um celular novo. Para facilitar sua decisão, você avalia que os itens mais importantes em um celular são a resistência à queda e o design. Depois de visitar algumas lojas e fazer inúmeras pesquisas online, você fica entre um celular norte-americano e um coreano. Durante algumas semanas, você lê em todos os sites possíveis sobre os dois celulares, testa ambos em algumas lojas, conversa com pessoas que possuem esses celulares e, finalmente, decide pelo norte-americano. Em seguida vai até a loja, escolhe a cor de sua preferência, a configuração e, é claro, a capinha. A vendedora lhe informa, porém, que o modelo está indisponível no estoque e que o prazo de entrega é de uma semana, dizendo também que precisa de uma entrada de 50% para confirmar o pedido. Você concorda com o procedimento, agora basta esperar sete dias para receber seu celular. **Após essa sequência de ações, porém, seu comportamento muda completamente**. Depois de decidir pelo celular norte-americano, tudo o que você faz é ler as matérias que falam bem desse aparelho, entrar em grupos de discussão na internet, compostos apenas por proprietários de celulares dessa marca, e conversar apenas com conhecidos que já possuem o celular de sua escolha. Afinal, não existe mais a necessidade de ler sobre o celular coreano, entrar em fóruns de discussão de proprietários de aparelhos coreanos ou trocar opiniões com amigos que possuem aquele celular, certo? Será que nos comportamos desse jeito pois não existe mais a necessidade de saber sobre o telefone coreano, ou porque queremos continuar com a **certeza de que tomamos a melhor decisão sobre a compra de nosso futuro celular?**

A teoria da dissonância cognitiva demonstra que, a partir do momento em que **tomamos uma decisão**, não queremos mais correr o risco de descobrir que nossa decisão foi equivocada. Assim, evoluímos para uma segunda fase da dissonância — **o Viés da Confirmação** — na qual buscamos por informações de forma seletiva, coletando apenas aquelas que **confirmam** que fizemos algo correto e **descartando** as que podem nos mostrar que estamos equivocados. *"Ufa, ler estas matérias norte-americanas, escritas por norte-americanos, sobre o celular norte-americano, me deixou realmente confiante de que fiz a melhor escolha possível. Sou um excelente decisor!"* Assim como os participantes das pesquisas de Brehm e Gilbert, ao escolher o aparelho norte-americano, você passa a avaliar ele **mais** positivamente do que antes, ao mesmo tempo em que passa a julgar o telefone coreano de forma **menos** favorável — mesmo que o celular coreano seja de melhor qualidade. Felicidade sintética em um toque de mágica!

Uma série de experimentos extremamente interessantes, realizado por cientistas da Universidade Hebraica de Jerusalém, concluiu que as pessoas **processam mais rapidamente frases que confirmam suas crenças em relação a informações contraditórias**.[2] Esse comportamento, por incrível que pareça, acontece naturalmente e fora do nosso nível de consciência, já que os participantes do estudo estavam sendo avaliados pela correção gramatical das frases e **não pela rapidez** com que as processavam. Mesmo assim, frases que **confirmavam seus pontos** de vista eram corrigidas mais rapidamente. Um estudo publicado em 2020 no *journal Nature Neuroscience*, com autoria de cientistas da Universidade de Londres, Virginia Tech e University College Londres, fez participantes chegarem em pares até o laboratório, conhecerem um ao outro rapidamente e, logo depois, eles foram colocados em locais separados para uma partida de um jogo que simulava o mercado imobiliário.[3] Após opinarem sobre o preço de 175 imóveis, os participantes deveriam realizar apostas variando de USD 0,01 a USD 0,60 sobre a precisão de seus julgamentos. Em seguida, cada participante descobria como seu colega havia precificado os mesmos imóveis e, finalmente, eles poderiam redefinir o valor das apostas que haviam feito inicialmente. Tali Sharot e os demais cientistas do estudo descobriram que, quando os participantes recebiam informações de que seus colegas **concordavam** com eles no preço dos imóveis, **aumentavam** significativamente o valor de suas apostas, no entanto reduziam-nas apenas **levemente** quando eram informados de que os colegas **discordavam** de suas posições. Isso demonstra que a opinião de um terceiro é valorizada somente quando ela **confirma** nossas crenças, mas é levada pouco a sério quando nos contradiz. Quando os cientistas analisaram a atividade do **córtex frontal medial posterior**, envolvido na percepção do cérebro de que uma decisão anterior está provavelmente **errada**, revelou-se uma atividade não significativa nessa região, nas oportunidades em que o colega **discordava** do participante. Esse estudo sugere que essa área do cérebro leva em consideração a opinião de outra pessoa quando ela é confirmatória, mas apresenta falhas quando a opinião dos outros coloca nossas crenças em xeque. Neste exato momento, **você** pode estar sendo vítima do viés da confirmação, sublinhando apenas as partes deste livro que **confirmam** seus pontos de vista. Que tal voltar algumas páginas para analisar?

Porém, processar informações confirmatórias mais rapidamente é só um pedaço da história, o ser humano vai ainda mais longe para ter a certeza de que é um bom decisor. Foi exatamente isso que três cientistas de Stanford, Mark Lepper, Lee Ross e Charles Lord, descobriram em um experimento que pediu para que participantes favoráveis e contrários à pena de morte avaliassem a qualidade de estudos científicos com resultados opostos.[4] Alguns estudos demonstravam um efeito **positivo** da pena de morte, com a diminuição de homicídios, enquanto outros chegavam à conclusão de que a pena de morte **não diminuía** o número de assassinatos.

Nesse experimento, ambos os grupos recebiam informações de um estudo favorável à pena de morte:

> Kroner e Phillips (1977) compararam as taxas de homicídio dos anos anterior e seguinte à adoção da pena de morte em quatorze estados. Em onze dos quatorze estados, as taxas de assassinato

foram menores após a adoção da pena de morte. Essa pesquisa comprova o efeito intimidador da pena de morte.

Assim como informações de um estudo contrário a essa medida:

Palmer e Crandall (1977) compararam as taxas de homicídio em dez pares de estados vizinhos com diferentes leis de punição. Em oito dos dez pares, as taxas de assassinato eram maiores em estados com pena de morte. Essa pesquisa refuta o efeito intimidador da pena de morte.

Em seguida, os participantes recebiam mais informações sobre as pesquisas, como gráficos e dados, bem como eram solicitados a responder alguns questionários sobre a qualidade das mesmas.

Os resultados revelaram que tanto as pessoas favoráveis quanto as contrárias à pena de morte avaliaram os estudos que **confirmavam seus pontos de vista** como mais **robustos** e com **melhor metodologia**, ao mesmo tempo que concluíam que os estudos **contrários às suas opiniões** eram **tendenciosos**, **mal formulados e possuíam dados inconclusivos**. No entanto, podemos perceber que as descrições dos estudos que os participantes receberam são praticamente **idênticas**.

Um aluno **favorável à pena de morte** avaliou os estudos que leu da seguinte forma:

Estudo favorável à pena de morte:

"Parece que os pesquisadores estudaram um grupo de estados selecionados cuidadosamente e foram cautelosos ao analisar os dados."

Estudo contrário à pena de morte:

"A pesquisa não cobriu um período longo o suficiente para provar que a pena de morte não é eficiente em deter os assassinatos."

Já um aluno **contrário à pena de morte** avaliou os estudos assim:

Estudo favorável à pena de morte:

"O estudo foi feito apenas um ano antes e depois da pena de morte ser instituída. Para ser mais eficiente, o estudo deveria ter coletado dados de pelo menos dez anos."

Estudo contrário à pena de morte:

"Os estados foram escolhidos aleatoriamente, portanto os resultados mostram os efeitos médios da pena de morte por toda a nação. O fato de que oito de dez estados mostram um aumento nos assassinatos destaca-se como boa evidência."

Evidências similares a essas foram encontradas em uma variedade de estudos. Como exemplo, a cientista Emily Pronin, de Princeton, descobriu que pessoas que recebiam resultados negativos em um teste de inteligência social avaliavam o teste como **menos válido** em relação àquelas que receberam bons resultados.[5]

> Parece que tudo aquilo que mostra nossos defeitos é defeituoso!"

A forma seletiva como processamos informações é amplamente documentada por vários estudos, e um dos mais interessantes que tive acesso até hoje foi desenvolvido pela cientista Ziva Kunda, que ocupou posições em Princeton e na Universidade de Waterloo. Homens e mulheres deveriam ler um artigo do *New York Times* que detalhava como o consumo de cafeína estava associado com o risco de desenvolver uma doença nos seios.[6] Intencionalmente, a metade das mulheres selecionadas por Kunda consumia **altos níveis de cafeína**, enquanto a outra metade quase não utilizava a substância. Os homens, por sua vez, tinham perfis variados de consumo de cafeína. Era de se imaginar que o artigo causasse maior desconforto nas mulheres que consumiam cafeína excessivamente e, portanto, estas seriam as **mais descrentes** nas informações apresentadas. E foi exatamente o que aconteceu. Mulheres que consumiam pouca cafeína e homens — que não eram o grupo de risco para desenvolver a doença — se demonstraram suficientemente convencidos pelo artigo, enquanto as mulheres fãs de bebidas cafeinadas foram altamente **críticas e céticas** com as informações apresentadas. Ao conhecer esses resultados, conseguimos entender por que é praticamente impossível que radicais políticos mudem de opinião em um mundo de informações apontando para lados distintos. Armas aumentam ou diminuem a violência? Legalizar abortos é algo positivo ou negativo para a sociedade? Programas sociais tiram a habilidade de pescar dos mais pobres? Lockdowns são ou não efetivos em pandemias? Cotas raciais nas universidades são justas? Quando envolvidos politicamente com algum assunto, radicais rapidamente buscam **seletivamente** por informações que favoreçam sua ideologia e raramente pesam os dois lados.

Um dos maiores debates durante a pandemia do coronavírus foi sobre a eficiência de lockdowns. Não existe ser humano que goste de ficar trancado ou empresário que sobreviva sem abrir seu negócio, no entanto a conclusão da maioria dos experts da área da saúde era a de que isolar as pessoas em suas casas durante um tempo diminuiria a taxa da transmissão do vírus.

No início de 2022, um estudo realizado por um cientista da Johns Hopkins concluiu que o lockdown contribuiu pouco para a redução de mortes causadas pela Covid-19.[7] Em seguida, muitas pessoas contrárias ao lockdown, por motivos políticos ou pessoais, começaram a divulgar que o "estudo da Johns Hopkins" — aspas intencionais — confirmava a falta de efetividade do lockdown. No entanto, **artigos científicos publicados em *journals* de renome mostram justamente o contrário**, concluindo que lockdowns salvaram milhões de vidas.[8] É interessante perceber que, até a divulgação do "estudo da Johns Hopkins", muitas pessoas contrárias ao lockdown eram **descrentes na ciência**, mas, assim que um estudo que **confirmava** seus pontos de vista foi lançado, elas rapidamente mudaram de opinião.

> " Para muitas pessoas, a ciência só vale quando confirma aquilo que querem que seja verdade."

Para aqueles que se deram ao trabalho de ler o estudo, como eu fiz, trata-se de um *working paper*, ou seja, **um artigo que ainda não foi publicado em um *journal* científico** e que não passou até o momento pela **avaliação de revisores**. Além disso, o conceito de lockdown definido pelos autores do estudo é *"a imposição de pelo menos uma intervenção compulsória não farmacêutica"*, o que significa que **usar uma máscara em um restaurante lotado está sendo considerado como lockdown nesse artigo** — escrito por três economistas, **não por médicos**. Muitos defensores desse estudo não chegaram nem a verificar que, dos três autores, **apenas um era da Johns Hopkins**. Portanto, não é um "estudo da Johns Hopkins" e, sim, um **estudo sem revisão de pares** feito por **um** cientista da Johns Hopkins ao lado de outro da Lund University e de um terceiro não vinculado a qualquer universidade.

Esse estudo pode vir a ser publicado futuramente, porém, como você entenderá melhor no Capítulo 7, a ciência não vive de apenas **um** estudo e existem diferentes **qualidades** de *journals* científicos. Estudos com conclusões contrárias sempre existirão, por isso **a direção para onde a maioria dos estudos aponta** deve ser a nossa base de decisão. Cientistas não são super-heróis, são simplesmente humanos e, como qualquer um, também estão sujeitos ao viés da confirmação. É por essa razão que a metodologia científica tem como regra a formulação de uma **hipótese nula**, ou seja, o cientista é obrigado a coletar e analisar dados que possam provar que **sua hipótese esteja errada**. Durante este livro, você gradualmente aprenderá a pensar como um cientista e deixará de ser presa fácil para desinformações.

Apesar de a ciência nunca poder se dar ao luxo de afirmar que algo é verdadeiro analisando apenas **um caso**, o viés da confirmação demonstra que para um indivíduo que defende o uso da cloroquina como eficaz para Covid-19, por exemplo, conhecer **uma pessoa** que tomou o medicamento e sobreviveu ao coronavírus é informação suficiente para **confirmar** sua crença, sem ao menos levar em consideração as milhares de pessoas que morreram ou que não tiveram melhorias significativas, mesmo com o uso desse remédio. Para os que defendem políticos corruptos, basta saber que **um** juiz anulou **uma** sentença para que isso se torne a prova de que o corrupto é inocente. Para aqueles que são contra a vacina de Covid-19, descobrir sobre alguém que tomou três doses e morreu é a **prova** de que a vacina não funciona, mesmo que as mortes tenham caído bruscamente depois da maioria da população estar vacinada. Para os que acreditam que a vacina do coronavírus aumenta o índice de miocardite, saber que **uma** pessoa faleceu de doença cardíaca após a imunização **é a prova definitiva** de que a vacina tem efeitos graves, mas não passa pela cabeça dessas pessoas o raciocínio de que a morte deste indivíduo pode ter inúmeras causas diferentes da vacina — como o entupimento das artérias e diabetes —, e muito menos o fato de que a doença cardíaca é a principal causa de morte no mundo,[9] matando uma pessoa a cada 34 segundos somente nos EUA.[10] Assim como, para aqueles opostos às medidas de lockdown, tudo o que basta é saber de **um único estudo** que concluiu que a estratégia não funciona.

Um lado ainda mais curioso do viés da confirmação foi descoberto em um estudo realizado por Edward Jones e Rika Kohler, da Universidade Duke.[11] Voluntários favoráveis e desfavoráveis à **segregação racial** deveriam ler argumentos sobre ambos os lados. Alguns dos argumentos eram extremamente plausíveis enquanto outros eram completamente fracos, quase ridículos. Os cientistas queriam descobrir de quais argumentos as pessoas iriam se lembrar mais. A hipótese deles era a de que as pessoas se lembrariam com mais facilidade dos argumentos fortes e se esqueceriam dos argumentos fracos, afinal qual é a razão de memorizar argumentos ridículos? Mas não foi isso o que aconteceu. Os participantes de ambos os lados se lembravam facilmente dos argumentos **plausíveis sobre sua posição** e dos argumentos **não plausíveis do lado oposto**, mas tinham dificuldades em se lembrar de argumentos plausíveis defendendo a posição **oposta**, e dos argumentos fracos defendendo **sua própria posição**.

> Lembrar dos fatos que confirmam nossas crenças não é suficiente para trazer o conforto de que estamos certos, é necessário também lembrar quão ridículas são as pessoas que defendem posições contrárias."

Esses estudos nos fazem entender que uma vez que **escolhemos** um lado da "verdade", principalmente se essa "verdade" está relacionada com a política, ficamos aprisionados às nossas ideias, concluímos que as ideias do "outro lado" são idiotas e, assim, perdemos a oportunidade de pensar em outras possíveis causas para os mais variados problemas da sociedade e de chegar a melhores soluções.

Racionais Moderados

O fato de que somos seres racionalizadores já deve ter sido compreendido pelo leitor a esta altura e, portanto, estamos prontos para dar mais um passo, analisando outras falhas em nossos julgamentos. O cientista de Harvard, Max Bazerman, evidencia um fenômeno chamado de **Racionalidade Limitada**,[12] que demonstra o quão superficialmente exploramos nossas crenças e rapidamente chegamos a conclusões enviesadas. Bazerman nos provoca a pensar que, para ter uma opinião mais precisa sobre a eficácia da cloroquina para Covid, e nos livrarmos do viés da confirmação, por exemplo, devemos analisar **quatro grupos** de pessoas:

1. **Aqueles que tomaram cloroquina e sobreviveram à Covid.**
2. **Aqueles que tomaram cloroquina e não sobreviveram à Covid.**
3. **Aqueles que não tomaram cloroquina e sobreviveram à Covid.**
4. **Aqueles que não tomaram cloroquina e não sobreviveram à Covid.**

Sempre que procuramos entender como **duas variáveis** se relacionam, existem **quatro possibilidades** que devemos avaliar. Porém, como nossa racionalidade é limitada, nosso cérebro consome muita energia e frequentemente estamos exaustos, tais situações nos levam a usar "atalhos cognitivos" conhecidos como **heurísticas**, fazendo muitas vezes com que **nem sequer consideremos** outras possibilidades. Além desses fatores, lembre-se do quão importante é para o ser humano manter uma imagem positiva sobre si mesmo: confirmar estar certo é extremamente sedutor para qualquer um de nós. Dependendo de nossa crença inicial sobre a cloroquina ou do nosso direcionamento político, nosso esforço cognitivo será direcionado apenas aos casos que **confirmam** que estamos certos, mesmo que os casos contrários sejam mais abundantes.

Ainda falando sobre remédios, um fenômeno amplamente documentado que trai nossa percepção sobre a efetividade de certos medicamentos, visitas a médicos e outros acontecimentos do dia a dia é a **Regressão à Média**.[13] No futebol, por exemplo, a maioria dos jogadores vive de fases, boas e ruins. Depois de uma temporada de gols acima da média, é comum vermos um jogador regressar a uma média de gols mais moderada — a alta performance raramente se mantém. Essa mesma regressão acontece na maioria das doenças leves, pois a tendência é que uma pessoa doente **volte a ficar sadia** em alguns dias. No entanto, como geralmente decidimos tomar medicamentos e nos consultar com um médico quando atingimos a **pior fase de uma doença**, podemos atribuir de forma ilusória uma melhoria no dia seguinte ao **remédio** ou à **visita ao médico**, enquanto o quadro clínico se deve somente à regressão à média. Essa ilusão é mais uma razão pela qual, apesar das evidências contrárias, muitas pessoas ainda acreditam que a cloroquina é eficaz contra o coronavírus. Ao tomar o medicamento na pior fase da doença, elas associam **à droga** a sua melhoria nos dias seguintes, não levando em consideração o fato de que a **maioria das pessoas pode se recuperar do coronavírus naturalmente** em poucos dias, mesmo sem o uso da cloroquina. Já aqueles que tomam o medicamento assim que são diagnosticados com a doença atribuem ilusoriamente seu quadro leve de sintomas ao remédio, sem ao menos levar em consideração o fato de que a maioria das pessoas apresenta apenas sintomas leves ao contrair o coronavírus. Por favor, não me entenda mal: eu não estou afirmando aqui que remédios não são eficientes para combater doenças e que todas as pessoas apresentam melhoras naturais em seus quadros após contraírem Covid-19. Medicamentos são sim eficazes, caso sejam utilizados para curar as **doenças para os quais foram testados** cientificamente — e nem todas as pessoas apresentam melhoras em seus sintomas de Covid-19 alguns dias após a contaminação. Por favor, me perdoe se a minha racionalidade é limitada ao realizar essas explicações.

Quando estive no Uris Hall para conversar com Tom Gilovich na Cornell, o cientista me disse que é devido à regressão à média que a maioria das pessoas acredita que **punições são efetivas** e que **elogios não funcionam**. A regressão à média faz com que a performance acima da média de um funcionário fatalmente seja seguida por uma volta a padrões mais normais de performance, assim como o baixo desempenho é naturalmente seguido por uma volta à média. Isso faz com que elogios em momentos bons sejam sucedidos por uma queda no desempenho e que broncas em momentos ruins sejam seguidas por uma melhoria na performance, nos dando uma falsa impressão sobre a eficácia de elogios e de punições no comportamento das pessoas.

Da mesma forma que a regressão à média influencia o viés da confirmação, **crenças populares** também podem prejudicar nossas opiniões. Muitas pessoas acreditam que casais com baixa fertilidade têm **mais**

Tom Gilovich e Luiz Gaziri, na Universidade Cornell

chances de conceber um filho após adotarem uma criança — uma constatação falsa.[14] Novamente, devemos analisar um grupo maior de casais para obter uma opinião mais concreta.

1. Casais com baixa fertilidade que concebem após a adoção de uma criança.
2. Casais com baixa fertilidade que não concebem após a adoção de uma criança.
3. Casais com fertilidade normal que concebem após a adoção de uma criança.
4. Casais com fertilidade normal que não concebem após a adoção de uma criança.

Em casos como esse, devemos nos atentar também para o fato de que certos acontecimentos **chamam mais a nossa atenção** do que outros. Casais que tinham dificuldades em conceber e obtêm sucesso após a adoção de um filho **chamam mais a nossa atenção** do que os que continuaram sem conceber depois de adotar uma criança, **mesmo que este último caso seja mais frequente do que o primeiro**.

No mesmo sentido, apesar de não haver relação estatística alguma da fase da lua com a quantidade de nascimentos em maternidades, crianças que nascem em noite de lua cheia servem para **confirmar uma crença que muitas pessoas têm**, portanto chamam mais a nossa atenção.[15] E quem de nós nunca passou por uma situação em que logo depois de pensar em alguém que não vemos há tempos, acabamos encontrando aquela pessoa? Novamente, situações como essa **chamam mais a nossa atenção** e são **mais memoráveis** do que as oportunidades em que pensamos em uma pessoa e **não a encontramos**. E qual das duas situações é mais frequente em sua opinião? Todos esses fatos são mais **marcantes** do que os acontecimentos ordinários do nosso dia a dia, portanto, devido ao **Viés da Disponibilidade**, eles vêm à nossa mente com mais facilidade e servem para confirmar **crenças falsas** que podemos ter.

Racionais Apenas para um Lado

David Perkins, cientista de Harvard, foi um passo além ao analisar o funcionamento do raciocínio das pessoas e como ele nos leva em direções tendenciosas.[16] Em um de seus estudos, Perkins selecionou quarenta participantes de cada um dos grupos a seguir:

> **Estudantes do primeiro ano do ensino médio.**
> **Estudantes do último ano do ensino médio.**
> **Estudantes do primeiro ano da universidade.**
> **Estudantes do último ano da universidade.**
> **Estudantes do primeiro ano do doutorado.**
> **Estudantes do último ano do doutorado.**
> **Não estudantes com formação no ensino médio.**
> **Não estudantes com formação superior.**

As tarefas dessas 320 pessoas era **analisar dois problemas sociais** por 5 minutos e **escrever o máximo de argumentos possíveis** para resolvê-los. Em seguida, os participantes deveriam explicar suas conclusões sobre o assunto e as razões para elas. Assim que cada indivíduo dava sua explicação, o cientista os encorajava a falar mais sobre os problemas, para garantir que as pessoas pudessem os explorar da forma mais completa possível. Posteriormente, os participantes respondiam a perguntas e questionários e, finalmente, realizavam um teste de QI. Entre os problemas sociais apresentados, estavam estes: se a **violência na televisão** aumentava a probabilidade de violência na vida real e se **incentivar financeiramente a população para reciclar garrafas e latas** diminuiria a quantidade de lixo nas ruas. Como pode-se notar, os problemas apresentados foram escolhidos por permitirem argumentos favoráveis e contrários à informação apresentada.

Surpreendentemente, Perkins descobriu que o sistema educacional não contribuiu muito para o desenvolvimento de raciocínio lógico nos indivíduos. Alunos do ensino médio cursando o primeiro ano desenvolveram em média dez argumentos para cada problema, enquanto alunos do último ano desenvolveram quatorze. Essa foi a única mudança estatisticamente significativa na amostra. Na universidade e no doutorado, a diferença entre alunos do primeiro e do último anos foi de apenas **três argumentos adicionais**. Ambas as diferenças não foram estatisticamente significativas, revelando que os anos de educação não contribuíram para o aumento na capacidade de formular argumentos. Além da quantidade de argumentos, os cientistas também analisaram a **quantidade de linhas** que os participantes escreveram para cada argumento e, novamente, a única diferença estatisticamente significativa foi encontrada no grupo de alunos do ensino médio, o que mostra que quatro anos em uma universidade ou na pós-graduação não causaram grandes mudanças na sofisticação do raciocínio dos alunos. Na média, levando em conta todos os grupos, **cada ano de educação** correspondia ao acréscimo de apenas **1/10** de **uma** linha de argumentação.

No entanto, o levantamento mais alarmante desse estudo foi a **quantidade de objeções** que cada aluno conseguiu encontrar para os problemas, ou seja, quantos argumentos analisando o **"outro lado"** eles formularam. Após refletirem e chegarem a uma conclusão **inicial** sobre o problema, alunos do ensino médio formularam uma média de **0,6 objeções**, enquanto os da graduação e do doutorado chegaram a **1,1 e 1,3**, respectivamente. Perceba que das 10 soluções ao problema propostas pelos alunos do primeiro ano do ensino médio, apenas **0,6** delas continham argumentações contrárias às crenças iniciais dos estudantes. Na universidade, a média de soluções dadas pelos calouros foi de 18, e apenas 1,1 levava em consideração uma hipótese do "outro lado". Já no doutorado, a média de 26 argumentos formulados pelos alunos do primeiro ano foi acompanhada por apenas 1,3 objeções contrárias às suas posições iniciais. Após os quatro anos de estudo, apenas os alunos do doutorado obtiveram uma diferença estatisticamente significativa na quantidade de objeções formuladas, no entanto esse valor subiu de 1,3 objeções em cada 26 argumentações no primeiro ano para 1,9 objeções em cada 29 argumentos, no quarto ano. Ao computar os resultados dos participantes que não estavam estudando no momento, tanto os com ensino médio quanto os com graduação completos obtinham resultados não significativos na maioria das variáveis analisadas.

	ENSINO MÉDIO		UNIVERSIDADE		DOUTORADO	
	Primeiro ano	Último ano	Primeiro ano	Último ano	Primeiro ano	Último ano
Frases	10	**14**	18	**21**	26	**29**
Linhas de argumentação	1.8	**2.2**	2.9	**3.0**	3.3	**3.6**
Objeções	0.6	**0.8**	1.1	**1.2**	1.3	**1.9**

Os estudos de Perkins demonstram que, naturalmente, as pessoas não raciocinam sobre problemas analisando **várias possibilidades e abordagens**, o que as leva a encontrar soluções **superficiais** e **condizentes com suas crenças iniciais** para problemas de **grande profundidade**. Em todos os grupos analisados, os participantes elaboravam uma **quantidade desproporcional** de argumentos que defendiam o "seu lado" em comparação com argumentos que consideravam o "outro lado."

E quanto à análise do QI dos participantes? O quanto o nível de inteligência impactava nas habilidades de raciocínio lógico das pessoas? Nada! Perkins revelou que o QI das pessoas estava relacionado apenas com a **quantidade de argumentos que os participantes desenvolviam para confirmar suas ideias iniciais**. Quanto maior a inteligência das pessoas, maior a quantidade de argumento que elas encontravam para **justificar suas crenças**. Não por acaso, doutorandos formulavam mais argumentos do que alunos da graduação, e estes desenvolviam mais argumentos do que os alunos do ensino médio. Os processos seletivos de algumas universidades, por exemplo, levam em consideração o QI dos candidatos, que está ligado com a quantidade de argumentos que eles formulam, não com a capacidade em raciocinar analisando ambos os lados. Estamos no caminho certo?

> Parece que a educação formal não ensina as pessoas a pensar como cientistas, formulando hipóteses favoráveis e desfavoráveis às suas crenças para chegar a uma solução mais eficaz para todos os tipos de problemas."

Esses estudos nos chamam atenção para o quão internalizado em cada um de nós está o **Viés da Confirmação**. Quando **somos provocados** a analisar os dois lados da moeda, como no estudo de Lepper, Ross e Lord, tudo o que fazemos é **descartar** as informações contrárias às nossas crenças e **aceitar facilmente** aquelas que as confirmam. Já nas oportunidades em que **não somos demandados** a encontrar argumentos contrários às nossas opiniões iniciais, como no estudo de Perkins, dificilmente pensamos em soluções contrárias às que já acreditamos, aquelas que envolvem o "outro lado". Nesses casos, nosso esforço principal está em buscar mais informações para confirmar **quão fantásticas são nossas crenças**.

No artigo, publicado no *Jounal of Educational Psychology*, Perkins conclui suas descobertas da seguinte forma:

> "...uma vez que o pensador desenvolve um modelo mental simples, sem falhas aparentes, é improvável que venha a criticar o modelo deliberadamente ou considerar hipóteses alternativas. É como se o processo de raciocínio fosse movido principalmente por um esforço para minimizar a carga cognitiva e a dissonância cognitiva, ao invés de critério epistêmico."

Aqui está mais uma evidência de que nós preferimos **não pensar para crer**.

A solução que Perkins encontrou foi incluir uma nova fase em seus estudos na qual, após a criação dos argumentos iniciais, os participantes recebiam instruções como:

"Trabalhos anteriores mostraram que as pessoas tendem a ignorar o outro lado do caso. Por favor, tente criar argumentos analisando o outro lado."

"Trabalhos anteriores mostraram que as pessoas tendem a explorar problemas superficialmente. Por favor, tente criar três argumentos para dizer 'sim' para a questão. Agora crie três argumentos para dizer 'não' para a questão."

Com essa pequena adição em uma série de experimentos, os participantes que inicialmente haviam criado, em média, apenas 0,7 argumentos analisando o "outro lado" chegaram ao surpreendente número de 4,9 argumentos, um ganho de 700%.[17] Não somente a quantidade de argumentos aumentou, como também a profundidade com que eles foram explorados — nesse caso, os ganhos foram de 1.333%.

Tudo indica que quando **inicialmente** somos instruídos a pensar sobre um assunto e, posteriormente, somos **guiados** a anotar detalhes não somente sobre nossas posições, mas também sobre as possíveis posições do outro lado, o equilíbrio entre o "meu lado" e o "outro lado" se torna maior. No entanto, é importante ressaltar que a **iniciativa** de analisar o "outro lado" não vem facilmente.

Se Estou Certo, Não Preciso Fazer Nada!

Como uma maneira fácil de observar o viés da confirmação e raciocinar sobre um de seus potenciais prejuízos, vou descrever abaixo alguns fatos interessantes do primeiro semestre de 2022. Em ano de corrida presidencial, frequentemente são divulgadas pesquisas eleitorais que, como sabemos, são pesquisas "vivas" que capturam uma imagem do **momento**. Essas pesquisas estão sujeitas a mudanças bruscas com o passar do tempo, são altamente sensíveis a novos eventos econômicos, escândalos, desinformações e fake news, e geralmente apresentam um cenário mais preciso quando as eleições estão muito próximas. Nos seis primeiros meses de 2022, todas as pesquisas divulgadas colocaram o desafiante em primeiro lugar e, ao invés desse cenário causar preocupação nos simpatizantes do outro candidato, nas mídias sociais a grande maioria desse eleitorado teciam comentários **descartando as evidências** da pesquisa, ridicularizando os dados, afirmando que a pesquisa foi feita em um presídio, tentando descredenciar a mídia, desqualificando o instituto de pesquisa, dizendo que os resultados foram manipulados e afirmando que era impossível o desafiante estar na frente. Esse comportamento gera grande conforto ao eleitor do outro candidato — pois elimina a dissonância —, porém ao mesmo tempo isso faz com que as pessoas **relaxem e não ajam** para mudar a realidade. Afinal, se as pesquisas mentem, as pessoas não precisam **fazer nada para resolver o problema**.

A renomada cientista da New York University, Gabriele Oettingen, revelou em mais de vinte anos de pesquisas científicas que quando as pessoas estão em estado de relaxamento, ou seja, quando elas **acreditam piamente que a vida as presenteará com aquilo que desejam**, a força de seus batimentos cardíacos diminui: um sinal de relaxamento.[18] E, uma vez que o indivíduo relaxa, sua **motivação entra em queda** e a pessoa perde sua vontade de agir. Em um de seus estudos mais famosos, Oettingen descobriu que, quanto **mais as pessoas acreditavam** que encontrariam um emprego, **menos currículos** elas enviavam, ou seja, menos elas agiam em direção àquilo que queriam.[19] Mais perturbadora ainda é a revelação que a cientista teve dois anos mais tarde, quando entrou em contato novamente com todos os participantes do estudo e descobriu que aqueles crentes de que encontrariam um emprego eram os que tinham os menores níveis de empregabilidade. No entanto, Oettingen revelou que, quando um grupo de pessoas **encarava a realidade** e percebia que existiam **obstáculos** para conseguir um emprego, mais elas se preparavam para superar as dificuldades, mais currículos elas enviavam, e maiores eram seus níveis de empregabilidade dois anos depois. Perceba que quem perde com o viés da confirmação é o **próprio eleitor**, que se fecha a informações contrárias, passa a acreditar em suas próprias ilusões e acaba em estado de imobilidade, ficando mais distante de ver seu candidato no poder.

Os estudos apresentados revelam o quão pervasivo é o viés da confirmação em nosso dia a dia. Quando nossas opiniões são confrontadas com dados opostos às nossas crenças, encontramos falhas, ridicularizamos os dados que nos trazem desconforto e valorizamos excessivamente aqueles que confirmam que estamos certos. Ao sermos incentivados a resolver um problema social, formulamos toneladas de argumentos que suportam a nossa visão do mundo, e raramente desafiamos as nossas crenças encontrando argumentos defendidos pelo outro lado. Ao alcançarmos a confirmação enviesada de que nossas opiniões são verdadeiras, ficamos imobilizados pela "nossa verdade" e não fazemos nada para mudar a verdade absoluta — aquela que torna as nossas vidas miseráveis.

O Nascimento de um Extremista

Dados e Crenças

Voltando ao estudo de Lepper, Ross e Lord, a descoberta mais surpreendente ainda estava por vir.[1] Os pesquisadores solicitaram aos participantes que informassem o quanto mudaram suas opiniões sobre os efeitos da pena de morte após lerem os estudos e analisarem os dados. Muitos acreditam que, após lerem estudos favoráveis e contrários sobre certo assunto, as pessoas passarão a ter uma opinião mais **equilibrada**, certo? Não foi isso que aconteceu. Na verdade, as pessoas relataram ter ficado **ainda mais convencidas** de que suas posições iniciais estavam **corretas**. Esse movimento em direção a posições cada vez mais extremas é conhecido por todos nós como **polarização**.

Milhares de experimentos como esse demonstram algo fascinante sobre a natureza humana: **dados não mudam nossas opiniões!** Quando as pessoas têm acesso a dados que desconfirmam suas crenças, o que ocorre é justamente o movimento **oposto** — elas passam a acreditar com **ainda mais fervor em seus pontos de vista**.

Foi exatamente o que aconteceu com os membros do Heaven's Gate e com o grupo de Dorothy Martin. Ao observarem que não havia uma nave espacial atrás do cometa, os membros do Heaven's Gate **aumentaram sua devoção ao culto**, tirando suas próprias vidas dias depois. Já os membros do grupo de Dorothy Martin, após esperarem horas em vão pela chegada do disco voador que os resgataria, passaram a **crer ainda mais** no poder de seu culto, principalmente após Dorothy informá-los de que os extraterrestres haviam enviado uma mensagem afirmando que **foi a fé do grupo que salvou o planeta** da destruição. O culto, que antes era fechado e não concedia entrevistas, mudou completamente de comportamento após ter sua crença desconfirmada, passando a sair nas ruas para **recrutar novos membros** e começando a dar entrevistas para vários meios de comunicação. *"Ufa, não sou um maluco por acreditar que uma nave espacial viria me salvar do fim do mundo, sou esperto e, ainda por cima, salvei o planeta da destruição."*

Por algum tempo, acreditei que simplesmente seguir nas mídias sociais algumas pessoas que têm opiniões contrárias às minhas seria o suficiente para ter uma visão mais equilibrada sobre vários assuntos, mas eu estava errado. Em setembro de 2018, um grupo de dez cientistas da Duke, Brigham Young e New York University publicou um estudo no *Proceedings of the National Academy of Sciences* em que 1.652 pessoas receberam incentivos financeiros para seguir por **um mês** um bot no Twitter que replicava diariamente 24 mensagens aleatórias de 4.176 perfis políticos diferentes.[2] Republicanos passavam a receber conteúdos de políticos, jornalistas e líderes de opinião democratas, enquanto os democratas passavam a receber conteúdos republicanos. Após aplicar uma quantidade enorme de medidas de verificação para ter certeza de que simpatizantes de ambos os lados estavam realmente lendo os tweets contrários a suas ideologias, os cientistas queriam descobrir se os simpatizantes de Donald Trump que passaram a ler mensagem de Hillary Clinton, e vice-versa, passaram a ter opiniões mais equilibradas. Repetindo o que o experimento de Ross, Lepper e Greene havia encontrado 39 anos antes, simpatizantes de ambos os partidos se tornaram **ainda mais inclinados às suas ideologias**. Apesar da polarização ter ocorrido para republicanos e democratas, os efeitos para os democratas não foram estatisticamente significativos. De qualquer forma, esse estudo nos alerta novamente para o fato de que expor as pessoas a ideologias contrárias às suas pode **aumentar**, ao invés de diminuir, a polarização.

Como professor de pós-graduação, eu sempre acreditei que apresentar dados era a forma mais eficiente de mudar a opinião das pessoas, até que descobri esses estudos e mudei minha postura. Antes, eu entrava em discussões sobre política em grupos de WhatsApp e apresentava todos os dados possíveis para basear minhas opiniões, apenas para ver as pessoas contrárias à minha posição tornarem-se **cada vez mais radicais**. É isso mesmo: quanto mais dados que ameaçam a autoestima de seu cunhado você apresenta, mais para o extremo ele se move.

Mesmo Jogo, Avaliações Diferentes

Um famoso estudo científico realizado por pesquisadores de Princeton e de Dartmouth College evidencia de forma ainda mais consistente nossos vieses comportamentais, uma vez que tomamos um lado como partido. Alunos de ambas as instituições deveriam analisar um vídeo de um jogo de futebol americano entre as duas universidades e dar suas opiniões sobre vários aspectos da partida. Os resultados do estudo, nomeado como *"Eles Viram um Jogo"*, mostram claramente que os estudantes, dependendo da universidade para qual **torciam**, viam jogos **completamente diferentes**.[3] Apesar da estrela do time de Princeton ter saído do jogo com o nariz quebrado, logo no início, devido às jogadas violentas de Dartmouth, 39% dos torcedores deste time analisaram que o jogo foi limpo, enquanto 93% dos torcedores de Princeton analisaram que o jogo foi sujo. Os torcedores de Dartmouth insistiam que ambas as equipes haviam começado a confusão no gramado, enquanto quase a totalidade dos torcedores de Princeton afirmavam que a equipe de Dartmouth é que havia começado. Os torcedores de Princeton viam os jogadores de Dartmouth fazendo mais do que o dobro de faltas do que o seu próprio time e avaliavam que estas haviam sido mais violentas do que as cometidas por sua própria equipe. Uma descoberta similar foi feita pelo cientista de Yale, Dan Kahan.[4] Em um estudo intitulado sugestivamente como *"Eles Viram um Protesto"* participantes deveriam assistir a um vídeo de um confronto entre protestantes e a polícia, sendo que a metade dos voluntários foi informada de que a confusão era um protesto **contra o aborto** em frente a uma clínica e os demais foram instruídos de que o protesto aconteceu na frente de uma instalação militar, onde os protestantes lutavam para que **gays e lésbicas** pudessem fazer parte do exército. Entre os participantes **conservadores**, 75% "viram" os protestantes bloqueando o acesso à instalação militar, enquanto apenas 40% dos liberais "viram" isso acontecer. Quando o assunto era mais **liberal**, os julgamentos se invertem: 75% dos liberais "viram" os protestantes contra o aborto bloqueando o acesso à clínica, e apenas 25% dos conservadores "viram" esse fato. Enxergamos ou não aquilo que queremos?

Em qualquer tipo de campo, seja no de futebol, no de política, no de empreendedorismo ou no de religião, todos nós **vemos o mesmo jogo e o**

avaliamos de formas diferentes. Lee Ross, um dos cientistas mais influentes da história da psicologia, descobriu um viés cognitivo conhecido como **Realismo Ingênuo**.[5] Todos nós acreditamos ter uma visão **objetiva dos fatos**, enxergar o mundo **exatamente como ele é**, e sermos imunes a qualquer influência externa em nossas decisões. Tom Gilovich e Lee Ross nos oferecem uma visão interessante sobre esse fenômeno, explicando que, quando dizemos que a temperatura está congelante, a música está muito alta ou que a comida está demasiadamente apimentada, interpretamos que nossos julgamentos sobre a temperatura, a altura da música e o nível de pimenta da comida são baseados apenas na realidade **objetiva**, esquecendo que essa é apenas a **nossa interpretação** sobre eventos **subjetivos**.[6]

> Quando você fala que a temperatura está congelante, a música está muito alta ou que a comida é extremamente apimentada, você não está falando sobre a temperatura, sobre a altura da música ou sobre o nível da pimenta, e sim sobre você."

Com a ilusão de que tomamos decisões perfeitas, avaliamos aqueles que enxergam o mundo de forma diferente da nossa como **estúpidos, malucos, mal-intencionados ou tendenciosos**. A realidade, porém, é que **todos nós temos algum viés influenciando nossos julgamentos**, e que uma dose imensa de **humildade** é necessária para se livrar deles para, então, termos posições realmente baseadas nas melhores evidências independentemente da quantidade de desconforto que elas nos causem. É possível verificar que existem pessoas abertas a discutir certos assuntos com aquelas que possuem posições contrárias, porém essas pessoas abordam as que pensam diferente tentando fazê-las mudar de opinião, não com a humildade em reconhecer que talvez **suas próprias opiniões sejam as que devam ser mudadas**.

Em 1995, um grupo de cientistas de Harvard, de Stanford e da Universidade de Wisconsin demonstraram claramente o funcionamento do

Realismo Ingênuo.[7] Participantes que defendiam ou eram contrários ao **aborto** foram solicitados a ler sobre algumas situações de mulheres que escolheram realizar o procedimento. Três situações foram arquitetadas para gerar **simpatia** no participante em relação à mulher: gravidez por estupro, feto gravemente ameaçado por uma doença genética e gravidez na adolescência. Outras três situações foram desenhadas para ilustrar casos em que a **simpatia seria menor**: gravidez causada por uma aventura amorosa, gravidez que dificultaria um crescimento profissional e a gravidez de uma mulher mais velha que já possuía filhos grandes. Em seguida, os participantes deveriam reportar a simpatia que sentiam pelas mulheres, usando uma escala entre 1 e 7, bem como os motivos pelos quais eram favoráveis ou desfavoráveis ao procedimento (religião, conhecimento de casos similares, leis, orientação política, considerações éticas, moralidade, entre outras) em cada um dos seis casos. Entre os próximos passos do estudo, destaca-se um em particular no qual os participantes deveriam relatar aos cientistas suas opiniões sobre como **outras pessoas**, contrárias e favoráveis ao aborto, avaliariam as mesmas situações, usando uma escala entre 1 e 7.

O resultado indica que cada indivíduo acreditava que sua posição era mais **equilibrada** do que as dos **membros de seu grupo**, ou seja, que ele ou ela enxergava o mundo de forma mais **realista e menos radical** em comparação aos colegas — **evidência do Realismo Ingênuo**. No entanto, os participantes do estudo não erravam grandemente apenas ao tentar adivinhar a opinião dos membros de seu próprio grupo, mas também em suas previsões de como o **grupo contrário** avaliaria a situação. No fim das contas, as opiniões de ambos os grupos, favoráveis ou contrários ao aborto, **eram mais parecidas do que seus membros poderiam imaginar**. O realismo ingênuo não nos trai somente em relação à diferença de opinião entre as pessoas de nosso **próprio grupo**, mas principalmente na forma como avaliamos o posicionamento de grupos com **opiniões contrárias** às nossas. Esse estudo mostra que cada indivíduo constrói seu próprio mundo, interpretando situações de forma única. Mesmo assim, as pessoas querem acreditar que suas visões refletem a **única realidade existente, a única livre de influências, a única equilibrada, a única baseada na verdade**.

Se de acordo com o viés da confirmação e com o realismo ingênuo o ser humano cria sua própria realidade, você acredita que a mídia é capaz de mudar nossas opiniões? Teria mesmo o poder que muitos acreditam? Mais sobre isso em breve.

Deixando de Seguir em 3, 2, 1...

No mundo das mídias sociais, cada vez que temos acesso às postagens de alguém que pensa diferente da gente, o desconforto causado faz com que muitos de nós deixemos de seguir a pessoa em questão. Nos comentários de posts mais polêmicos, é comum lermos: "Deixando de seguir em 3, 2, 1..."

Essa ação tem até um nome: **cultura do cancelamento**. Porém, quando abraçamos essa cultura, nós mesmos somos os prejudicados. Em 2007, os cientistas Cass Sunstein, de Harvard, Reid Hestie, da Universidade de Chicago, e David Schkade, da Universidade da Califórnia San Diego, realizaram um estudo envolvendo pessoas com direcionamento político de esquerda e de direita.[8] Inicialmente, cada participante respondia a um questionário indicando sua posição em uma variedade de assuntos, usando uma escala entre 1 e 10. Posteriormente, essas pessoas se reuniam em grupos compostos por **uma maioria de indivíduos com o mesmo direcionamento político** para debater três assuntos: **aquecimento global, casamento gay e inclusão de minorias**. Após a discussão em grupo, cada indivíduo deveria responder a um novo questionário sobre suas posições nos mesmos assuntos, usando uma escala igual à do primeiro questionário. Os resultados foram alarmantes! Após serem expostos às **opiniões de outras pessoas com a mesma mentalidade**, os participantes **assumiram posições ainda mais radicais** sobre os assuntos. Essa e muitos outras evidências científicas apontam para o fato de que, sozinhas, as pessoas não conseguem pensar em **todas** as razões pelas quais sustentam certa posição. No entanto, quando conversam com outras pessoas com **crenças similares** às delas, acabam sendo expostas a novas opiniões e argumentos sobre os quais nunca haviam refletido, o que faz com que elas se movam **para posições cada vez mais extremas**.

LIBERAIS SE TORNANDO MAIS LIBERAIS APÓS DISCUSSÕES EM GRUPO

	Média pré-debate	Média pós-debate
Aquecimento global	9.19	9.44
Programas Sociais	5.81	6.38
Casamento Gay	9.22	9.69
Geral	8.07	8.50

CONSERVADORES SE TORNANDO MAIS CONSERVADORES APÓS DISCUSSÕES EM GRUPO

Aquecimento global	5.13	2.97
Programas Sociais	2.84	1.61
Casamento Gay	2.48	2.19
Geral	3.48	2.26

Em 2016, um estudo similar a esse foi conduzido por cientistas da Universidade do Colorado.[9] Inicialmente, cada participante deveria indicar, com uma marca sob uma linha, sua posição em relação a dois presidentes norte-americanos, como neste exemplo:

A linha tinha 15,8cm de comprimento, portanto aqueles que realizassem uma marcação próxima ao início indicavam que Barack Obama era seu político preferido, enquanto aqueles que marcassem um traço próximo aos 15,8cm mostravam sua preferência por George W. Bush.

Participante indicando sua preferência por Obama.

Participante indicando sua preferência por Bush.

Com essa informação em mãos, os cientistas direcionavam as pessoas para grupos compostos apenas por pessoas com o **mesmo direcionamento político**, nos quais elas deveriam discutir por quinze minutos e chegar a um consenso de por que seu político preferido, quando presidente, havia feito um melhor trabalho nas áreas da economia e da política exterior. Posteriormente, os participantes respondiam individualmente a uma série de perguntas, entre elas, **duas** eram fundamentais para as conclusões do estudo:

1. Cada participante deveria **relembrar** sua posição **anterior** à discussão e marcá-la na linha.
2. Cada participante deveria marcar na linha o quanto seu **posicionamento havia mudado após a discussão em grupo**.

Como você pode imaginar, repetindo o que aconteceu no estudo apresentado anteriormente, a segunda questão indicou que cada participante **se tornou mais extremo**, movendo-se mais em direção ao seu candidato, **após** a discussão em grupo. Porém, o que chama atenção nesse estudo são os resultados da primeira pergunta. Quando cada indivíduo foi colocado para **relembrar sua posição inicial** em relação ao político, os participantes realizaram marcações **mais extremas do que as originais**. Isso demonstra que, após discutirmos assuntos carregados de ideologia em grupos de pessoas com posicionamentos iguais aos nossos, passamos a acreditar que **sempre tivemos posições extremas**, nos cegando para o fato de que nossas posições iniciais eram mais moderadas.

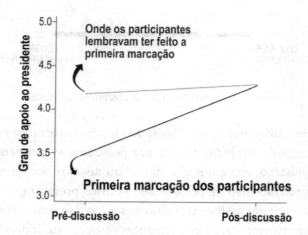

O cientista da Universidade da Georgia, Abraham Tesser, descobriu que, para se tornarem mais extremas, nem sequer é necessário que as pessoas sejam expostas às opiniões de **outras**.[10] Por incrível que pareça, a polarização também ocorre quando uma pessoa é incentivada a **pensar sozinha** sobre qualquer problema social, principalmente quando já emitiu **publicamente** sua opinião sobre o assunto em outras oportunidades. O ponto positivo da descoberta de Tesser é que quando uma pessoa tem pouca motivação para pensar sobre o assunto, baixo conhecimento sobre ele e, principalmente, não assumiu posições públicas anteriormente, se torna **mais moderada** quando é incentivada a pensar sobre o problema. É preciso cuidado ao emitir opiniões publicamente, pois elas podem significar passos cada vez mais largos.

Por mais que quase ninguém queira ser considerado um extremista, ao darmos um passo em certa direção e, então, lutarmos com todas as nossas forças para confirmar que aquele passo foi dado na direção **correta**, acabamos nos tornando pessoas que não queremos ser.

O desconforto de ter nossas crenças colocadas em xeque faz com que o caminho mais confortável seja "cancelarmos" as pessoas que pensam diferente da gente e nos rodearmos de pessoas que pensam de forma similar, mantendo dessa forma nossas crenças vivas, além da crescente certeza de que tomamos decisões certas.

Pagodeiros e Metaleiros

O fato de que nos tornamos mais radicais não somente na companhia de mentes similares, mas também quando pensamos sozinhos, ganha força ao conhecermos outro fenômeno extremamente curioso. Suponha que você irá participar de um estudo científico no qual sua tarefa é "vestir" uma placa de publicidade com a mensagem "Almoce no Restaurante do João", e andar pelo campus de uma universidade por trinta minutos. Você pode aceitar ou rejeitar usar a placa publicitária. O que você acha que a maioria das pessoas faria? Aceitaria ou rejeitaria? Como pode imaginar, sua resposta sobre o comportamento de outras pessoas depende do seu **próprio comportamento**. Se você acredita que **aceitaria** vestir a placa, provavelmente imagina que a maioria das pessoas também iria **aceitar**. Caso imagine que não aceitaria, sua opinião seria a de que a maioria das pessoas faria **o mesmo**.

Foi exatamente isso o que aconteceu em um estudo realizado por cientistas de Stanford, que simulou a situação descrita acima. Aqueles que aceitaram vestir a placa de publicidade em troca de créditos para uma disciplina na universidade imaginavam que a maioria dos alunos **também aceitaria**. Aqueles que se recusaram a vestir a placa acreditavam que seus colegas teriam **comportamento idêntico**. Lee Ross, David Greene e Pamela House, os cientistas responsáveis pelo estudo, obtiveram resultados similares ao ilustrado anteriormente quando perguntaram a centenas de outros participantes como **outras pessoas** se comportariam se tivessem que escolher entre dar ou não uma entrevista para um comercial de TV, realizar uma avaliação na universidade de forma individual ou em grupo, entrar ou não com um recurso contra uma multa de trânsito e apoiar ou ser contra um programa de exploração espacial do governo — esses participantes acreditavam, ingenuamente, que a maioria das pessoas iria comportar-se de forma **similar a eles**.[11]

Uma das intervenções realizadas nesse estudo chama atenção. Os participantes deveriam indicar suas respostas para **características de personalidade** (timidez, otimismo, posicionamento político e outras), **preferências pessoais** (pão claro ou escuro, filmes italianos ou espanhóis e outras), **características físicas** (cor dos olhos, homem ou mulher e outras), **problemas pessoais** (dificuldade em fazer amigos, dificuldade em controlar raiva), **atividades pessoais** (quantidade de tempo assistindo à TV, doação de sangue, hábito de jogar tênis e outros), **expectativas futuras** (casar até os 30 anos, morar fora do país e outras) e **questões políticas** (participação de mulheres, uso de armas nucleares e outras), avaliando um total de **34 itens**. Em 32 desses itens, as pessoas acreditavam que a **maioria** dos alunos da universidade teriam posicionamentos **similares aos deles próprios**.

Esse fenômeno foi nomeado pelos cientistas como **O Efeito do Falso Consenso** — a nossa tendência em **superestimar** o percentual de pessoas que **concordam com nosso posicionamento** em qualquer assunto. É importante destacar que, entre todas as categorias analisadas no estudo, aquela na qual os participantes acreditavam com mais força que a maioria das pessoas comungavam de suas opiniões era no campo da **política**.

Um post no perfil do Instagram de Jair Bolsonaro destaca-se nesse sentido. Na publicação, um simpatizante de Bolsonaro fez um vídeo da visita do político em sua cidade e afirmou que as pessoas precisavam ser muito inocentes para acreditar nas pesquisas eleitorais do início de 2022, já que uma enorme multidão estava acompanhando o evento. Durante o vídeo, o simpatizante pergunta: "Tem algum petista aí?" Obviamente, ninguém se manifesta.

> "
> Quais outros grupos de pessoas estão faltando na formação de uma opinião mais precisa desse simpatizante?"

Da mesma forma que não podemos ser inocentes concluindo que existem **mais metaleiros do que pagodeiros** no mundo quando estamos em um show de heavy metal em um estádio completamente lotado, julgar que um político tem um público maior do que o de seu rival analisando apenas os **eventos de um dos lados** é um grande equívoco. Além disso, pagodeiros não vão a shows de heavy metal, petistas não vão a motociatas de Bolsonaro, assim como bolsonaristas não vão a encontros do MST.

Isolados ou acompanhados da opinião de outras pessoas, parece que o nosso cérebro continua se esforçando para construir uma realidade que nos satisfaz no curto prazo, mas que pode trazer danos na construção da pessoa que queremos nos tornar no futuro. E se mesmo expostos a opiniões contrárias nosso sistema imunológico psicológico expele o vírus do desconforto e constrói uma realidade que mantém nossas crenças vivas, qual seria a influência da mídia na mudança de nossas opiniões? Seríamos vítimas da mídia ou de nossas próprias crenças?

04

Influenciados pela Mídia?

#MídiaLixo

Três dias antes das eleições norte-americanas de 1980, os cientistas Robert Vallone, Mark Lepper e Lee Ross realizaram um estudo inédito que desencadeou uma série de pesquisas realizadas por cientistas do mundo todo.[1] Simpatizantes dos candidatos Ronald Reagan e Jimmy Carter foram entrevistados sobre suas percepções da mídia. No geral, 66% dos respondentes julgavam que a mídia havia sido justa e imparcial. No entanto, os demais 34% não a julgavam dessa forma. Entre aqueles que percebiam a mídia como parcial, 89% deles afirmavam que a mídia era injusta **com o seu candidato de preferência**. Dos eleitores de Reagan, 96% diziam que a mídia favorecia Carter. Como você pode imaginar, os simpatizantes de Carter tinham opinião similar: 83% deles afirmavam que a mídia estava favorecendo Reagan. Esse estudo demonstra mais uma vez que **as pessoas realmente assistem ao mesmo jogo de forma diferente**. Os cientistas de Stanford nomearam esse viés como **Fenômeno da Mídia Hostil**, denotando que a maioria das pessoas acredita que a mídia dê mais cobertura para o partido ao qual **se opõe**. Nesse mesmo artigo, os cientistas pediram para pessoas favoráveis a Israel ou aos árabes julgarem vídeos da cobertura televisiva do Massacre de Beirute, ocorrido em 1982. Em 18 de setembro daquele ano, membros de uma milícia mataram mais de 3 mil pessoas em um campo de refugiados, a maioria de origem palestina e libanesa, sob os olhares das Forças Armadas de Israel, que receberam notícias sobre o ataque, mas não agiram para prevenir ou acabar com as matanças. Os participantes de ambos os lados assistiram aos mesmos vídeos, porém os favoráveis a Israel julgavam que a cobertura da mídia havia favorecido os árabes, enquanto estes diziam que os israelenses haviam sido favorecidos.

> **Infelizmente, todos nós enxergamos que a mídia julga o nosso lado como o vilão e o outro lado como o herói."**

Trinta anos depois, cientistas da Universidade de Oklahoma encontraram os mesmos resultados, dessa vez em uma metanálise de 34 estudos sobre o fenômeno, envolvendo assuntos variados como religião, política, esportes, segurança, aborto, tabagismo, entre outros.[2] No artigo, os cientistas demonstraram que, quanto mais as pessoas estão envolvidas com os assuntos em debate, mais tendem a enxergar a mídia favorecendo o "outro lado".

Em 2018, cientistas das universidades de Utah e de Konkuk descobriram que esses efeitos também acontecem nas mídias sociais.[3] Radicais políticos, lendo as mesmas matérias, julgam-nas como mais enviesadas quando são postadas por simpatizantes do partido oposto. Já em 2019, cientistas de universidades europeias e norte-americanas descobriram que seguir políticos nas mídias sociais aumenta as chances de as pessoas terem sentimentos de **entusiasmo** pelo seu candidato, assim como de **ódio** em relação ao candidato concorrente.[4] Ambos os fatores, entusiasmo e ódio, possuem uma relação com a percepção da mídia hostil.

Seria a mídia tendenciosa? Ou seriamos nós os enviesados? Perceba que a mídia, **equilibrada ou não**, tem pouco efeito sobre nossos julgamentos já que processamos informações de forma **parcial**, buscamos apenas por informações que **confirmam aquilo que já acreditamos** e enxergamos a "realidade" de **formas diferentes**. Em 2021, os cientistas Mark Kayser e Michael Peress analisaram mais de 2 milhões de artigos publicados na mídia em 16 países diferentes, encontrando relações fracas entre notícias sobre economia e partidarismo político. No entanto, esses cientistas descobriram que a mídia cobre com mais **frequência** eventos econômicos **negativos**, questionando se realmente existe um viés partidário ou se a mídia simplesmente acredita que notícias negativas **produzem melhores manchetes** do que as positivas, levando as pessoas a acreditar que a imprensa está favorecendo certa posição política.[5] Existem jornalistas e canais de televisão com posicionamentos políticos claros? É obvio que sim! Mas algum deles já fez com que você **mudasse de posicionamento político** ou passasse a torcer para um **time de futebol** com maior cobertura jornalística? Dificilmente. Aposto que, inclusive, o seu ódio ao time com mais cobertura da mídia e o seu fanatismo pelo time que torce aumentarão. Os estudos apresentados até então mostram que, quando você é exposto a matérias com posicionamento contrário ao seu, você **descarta** essas informações e fica **ainda mais convencido** de seu posicionamento.

> Se a mídia causa alguma mudança no posicionamento das pessoas, essa mudança é o extremismo de suas opiniões atuais."

Da mesma forma que você dificilmente escolheria assistir ao jogo do time rival se ele acontecesse no mesmo horário do jogo do seu time de coração, todos nós preferimos consumir notícias dos meios de comunicação que nos trazem a certeza de que estamos certos. Atualmente, somos **torcedores de um lado da mídia**. Com o surgimento de mídias abertamente partidárias e com a influência das mídias sociais, preferimos consumir canais de televisão, rádios e posts que nos expõe unicamente a opiniões com as quais concordamos.

Os resultados da eleição norte-americana de 1980 trouxeram uma vitória esmagadora de Reagan, que conquistou a maioria dos votos em **44 dos 50 estados norte-americanos**. Na sua opinião, havia alguma justificativa para 96% dos eleitores de Ronald Reagan enxergarem a mídia como enviesada? E, caso a mídia realmente tivesse favorecido Carter e exercesse tamanha influência na mudança de opinião pública como as pessoas imaginam, os resultados da eleição não seriam diferentes?

Eu? Nunca! Os Outros? Sempre!

No fim da década de 1980, os cientistas John Innes e Howard Zeitz foram até áreas comerciais em uma cidade australiana para tentar entender como as pessoas avaliavam o poder de influência da mídia em seu comportamento.[6] Os entrevistados deveriam indicar, usando uma escala numérica, o quanto as **"pessoas em geral"** ou **"pessoas diferentes delas"** seriam influenciadas por:

1. Uma propaganda política que acabara de começar a ser veiculada massivamente.
2. Conteúdo violento na televisão.
3. Uma campanha recente para alertar os cidadãos dos perigos de dirigir após o consumo de bebidas alcoólicas.

Em seguida, os entrevistados deveriam indicar, usando a mesma escala, o quanto **eles mesmos** foram influenciados pelos três conteúdos. Os resultados são interessantes.

Quanto à influência de conteúdos violentos na TV em seu comportamento, os entrevistados acreditavam que eles mesmos **não eram muito persuadidos** por esse tipo de conteúdo, mas que o "público em geral" tinha chances **5,6 vezes maiores** do que eles de sofrer influências negativas. Quando o assunto era política, os participantes diziam ser **pouquíssimo influenciados** por propagandas partidárias, indicando, porém, que as "outras pessoas" tinham chances **4,15 vezes maiores** de serem persuadidas. No entanto, quando o assunto da conversa poderia **aumentar o senso de autoestima dos participantes**, apresentando sua visão sobre uma regra aprovada socialmente — não dirigir após beber — os entrevistados afirmavam sofrer **certa influência** do anúncio, expressivamente maior do que os níveis informados sobre violência e campanhas políticas. Porém, seguindo a mesma lógica, os participantes acreditavam que outras pessoas seriam **2,09 vezes mais influenciadas** pela campanha. No geral, os participantes do estudo imaginavam ser **3,33 vezes menos influenciados pela mídia** em relação às pessoas em geral. Os cientistas também coletaram dados sobre o nível de educação formal dos entrevistados, não encontrando diferença significativa entre a tendência de julgar os outros como mais suscetíveis à influência da mídia e o nível de escolaridade das pessoas, o que demonstra novamente que mesmo pessoas com alto nível educacional podem ser vítimas de uma grande quantidade de vieses comportamentais.

Esse é apenas um entre os milhares de estudos que evidenciam um fenômeno amplamente documentado pela ciência, nomeado como **Efeito da Terceira Pessoa**, ou seja, a tendência geral do ser humano em acreditar que a influência da mídia é maior nas **outras pessoas do que em si mesmo**.

Esse fenômeno começou a ser investigado em 1983 pelo professor W. Phillips Davison, da Universidade de Columbia, em quatro pequenos experimentos.[7] Na época, o cientista coletou dados que confirmavam que as pessoas acreditavam que as **outras** eram mais influenciadas do que **elas mesmas** pela mídia, em assuntos que variavam entre política, propagandas de brinquedos, resultados de pesquisas eleitorais e relações governamentais com o exterior. Perceba que há anos a ciência já investiga as origens de comportamentos que parecem atuais, mas nos influenciam há muito tempo.

Anos mais tarde, esse fenômeno sofreu uma pequena adição em seu nome. Hoje, ele é conhecido como o **Efeito Web da Terceira Pessoa**, pois como bem sabemos grande parte das pessoas consome mais conteúdo online do que por outros meios. Mais recentemente, uma pesquisa realizada por cientistas gregos analisou o comportamento de mais de 9 mil pessoas online e concluiu que esses efeitos continuam firmes e fortes na sociedade atual.[8] Adicionando uma variável interessante nesta oportunidade — o quanto as pessoas avaliavam que **seus amigos** eram influenciados por certas matérias em um portal de notícias —, os cientistas concluíram que os participantes acreditavam ser **menos influenciados** do que seus **amigos** e do que o **público em geral** pela quantidade de pessoas online **no momento em que liam a matéria**, pela quantidade de pessoas que **haviam lido a matéria** e também pela quantia de pessoas que **compartilhavam a matéria** nas mídias sociais. Mostrando novamente uma tendência em preservar sua autoestima, os participantes avaliavam que eram mais influenciados do que os outros apenas quanto à **credibilidade do autor ou da autora** da matéria, afirmando que pesavam esse fato com mais atenção do que os demais visitantes do portal. Nikos Antonopoulos e os demais cientistas envolvidos nesse estudo, publicado no *journal Computers in Human Behavior*, também encontraram diferenças significativas entre a idade dos participantes e o efeito web da terceira pessoa, mostrando que, quanto **mais idade tinham os voluntários do estudo**, maior era a diferença na avaliação de quanto os **outros** eram influenciados pela matéria em relação a eles mesmos. Parece que, quanto mais experiência temos, mais achamos que as **outras pessoas** são facilmente persuadidas pela mídia.

As evidências de como vamos longe para manter a nossa autoestima elevada são inúmeras e, no caso desses estudos, podemos perceber uma associação com o **realismo ingênuo**, ou seja, quando a maioria das pessoas acredita ter uma visão do mundo mais balanceada do que as demais.

O Desconhecido Poder da Mídia

Os estudos sobre o efeito da terceira pessoa nos revelam fatos importantes, mas não nos explicam se a mídia **verdadeiramente** exerce alguma influência em nosso comportamento. Para o choque de muitos, a influência da mídia na mudança de nosso comportamento é incrivelmente **fraca**, em alguns casos, **nula**. Essa é a conclusão de estudos extremamente cuidadosos realizados por William McGuire, um cientista da Universidade de Yale.[9] Ele descobriu que a correlação entre o investimento em publicidade para um produto e a sua participação do mercado é **extremamente fraca ou não significativa.** Outros cientistas concluíram que, nas oportunidades em que essa correlação é significativa, geralmente os efeitos duram **menos de um ano**.[10] Correlações fracas ou inexistentes não são exclusivas para a área de publicidade, diversos cientistas descobriram que **propagandas políticas** e campanhas de serviços públicos apresentam os mesmos efeitos na mudança de nosso comportamento.[11]

Em 2021, cientistas da Princenton, da Universidade do Sul da Califórnia, da Hertie School e da Universidade de Illinois publicaram os resultados de um experimento revelador, que levou **dezesseis meses** para

92 🔌 *A Arte de Enganar a Si Mesmo*

ser concluído. Logo no início da pesquisa, os participantes responderam a uma bateria de perguntas avaliando seu conhecimento político, hábitos de consumo de notícias, percepções sobre políticas externas e internas, opiniões sobre imigração, nível de aprovação do presidente, sentimentos de polarização e outros assuntos. Durante os meses iniciais, os cientistas analisaram o comportamento online dos participantes, verificando os sites de notícias que acessavam, bem como seus posts nas mídias sociais. Quatro meses após o início, os cientistas realizaram uma intervenção interessante, **mudando a página inicial dos navegadores dos participantes** de forma aleatória. Um terço passou a acessar como página inicial um portal de notícias mais **conservador**, um terço passou a acessar um portal **liberal**, e o restante não foi exposto a site algum — o grupo de controle. Os participantes também foram solicitados a **seguir as páginas** desses veículos nas mídias sociais e a assinar suas newsletters, para garantir uma exposição **ainda maior** a notícias políticas. Apenas nos dois primeiros meses de intervenção, mais de 19 milhões de visitas a sites foram analisadas. Nos meses finais do estudo, os participantes respondiam novamente a uma bateria de perguntas que analisava suas opiniões sobre assuntos políticos. Haveria alguma mudança de posicionamento por parte dos participantes? Seguindo as descobertas de McGuire, os cientistas desse estudo **não encontraram mudanças significativas nas opiniões das pessoas**, mostrando novamente o fraco efeito de influência da mídia **mesmo após a exposição dos participantes a portais claramente politizados**.[12] Outros estudos recentes mostraram os mesmos efeitos em campanhas políticas, inclusive as realizadas por meio das mídias sociais.[13]

Lembre-se de que, como o estudo acima é um experimento científico, as chances de pessoas com qualquer posicionamento político — e até de pessoas sem posicionamento político — estarem em cada um dos grupos é a **mesma**, nos trazendo a certeza de que a exposição a mídias politizadas contrárias aos nossos posicionamentos **não causa** uma mudança de ideologia. É tentador para cada um de nós concluir que **outras pessoas** são facilmente influenciadas pelo posicionamento da mídia ou que mudam de candidato após a publicação de pesquisas eleitorais, mas essas poderosas evidências nos mostram que esses efeitos **simplesmente não existem**. Perceba que consumir mídias **favoráveis ou desfavoráveis** ao nosso posicionamento político tem o mesmo efeito: **aumentar o nosso radicalismo**. Além disso, mesmo que a mídia fosse totalmente neutra, os estudos apresentados em capítulos anteriores nos trazem a confiança de que distorcemos a realidade para que ela se encaixe em nossas crenças — assistimos ao mesmo jogo de forma diferente.

É importante, porém, analisarmos outros tipos de influência que a mídia pode ter. A publicidade pode não aumentar nossa disposição em comprar um produto específico, mas pode nos trazer uma vontade incessável pelo consumo, lealdade por uma marca, conhecimento de novos produtos e euforia. Uma campanha política pode não nos fazer votar em certo candidato, mas pode nos trazer a ideia de que a economia do país nunca esteve tão mal.[14] O cientista político de Stanford, Shanto Iyengar, nomeia esse efeito da mídia como **Controle de Pauta**.[15] A mídia pode não influenciar nosso comportamento, mas define os assuntos nos quais **pensamos e acreditamos ser importantes**.

Em um de seus estudos, Iyengar realizou um experimento no qual os participantes foram separados em três grupos. O primeiro assistia a **três matérias** que tratavam sobre a dependência dos Estados Unidos em fontes de energia estrangeiras, o segundo assistia a **seis matérias** sobre o assunto e, finalmente, o terceiro grupo não assistia a vídeo algum. Posteriormente, os participantes eram solicitados a nomear os três principais problemas enfrentados pelos EUA em suas opiniões. Do grupo de pessoas que não assistiu aos vídeos, apenas 24% nomearam fontes de energia como um problema. Esse percentual subiu para 50% no grupo que assistiu a três vídeos e para 65% nos participantes que assistiram a seis vídeos.[16] Isso significa que quando a mídia foca certo assunto, como segurança pública, por exemplo, as pessoas passam a **falar mais** sobre esse tópico e a acreditar que ele é um dos principais problemas a serem resolvidos.

Gostaria de, rapidamente, pedir para que você realize uma atividade simples. Em sua opinião, existem mais palavras que começam com a letra "c" ou que possuem "c" como a terceira letra? Quando os cientistas de Princeton e de Stanford, ganhadores do Prêmio Nobel, Daniel Kahneman e Amos Tversky, colocaram participantes para responder a uma questão similar a essa, a maioria deles respondeu que existiam mais palavras começando com a letra "c" do que palavras em que "c" era a terceira letra e, como você pode imaginar, eles estavam errados. Kahneman e Tversky nomearam esse fenômeno como **Viés da Disponibilidade**,[17] demonstrando que aquilo que está mais saliente em nossas mentes, ou seja, as informações que são acessadas com **mais facilidade** em nossas cabeças, distorcem nossas decisões sobre a probabilidade de eventos acontecerem. Você deve se lembrar da história da disponibilidade de crocodilos em nossas mentes, ilustrada no início do livro, certo? Palavras que começam com a letra "c" estão mais **disponíveis** em nossas mentes do que aquelas em que "c" é a terceira letra, e esse fato nos faz acreditar erroneamente que palavras que começam com "c" são mais frequentes. O experimento de Iyengar descobriu exatamente isto: quanto mais disponível um assunto estava na cabeça dos participantes, mais eles classificavam o assunto como um problema a ser resolvido. Como veremos em breve, a exposição exagerada de certos assuntos na mídia pode mudar completamente a nossa noção da realidade.

Como atualmente nossa influência não vem apenas da mídia tradicional, mas também das mídias sociais, nas quais todos têm voz, os seguidores de políticos — cegos pela quantidade enorme de vieses comportamentais — podem passar a avaliar que os assuntos trazidos por eles são **as prioridades para o país**, como voto impresso auditável, abertura de novas universidades, programas de inclusão social, invasão de propriedades privadas, nacionalização do preço dos combustíveis, facilitação na compra de armas, compra de medicamentos, proibição da linguagem inclusiva, combate a comunistas, combate a capitalistas, entre outros. A tática desses políticos em afirmar que suas redes sociais revelam "aquilo que a mídia não mostra" alimenta o ódio da população contra jornalistas, faz com que as pessoas se tornem ainda mais radicais e formem opiniões distorcidas sobre as reais necessidades do país.

Sem dúvidas existem elementos bons e maus na **política** e no **jornalismo**, mas qual dos lados têm mais interesse em distorcer a realidade? Jornalistas de alto escalão recebem excelentes salários fixos, encontram novos empregos facilmente caso sejam demitidos e têm contratos de trabalho sem prazo de validade. Políticos ganham salários fixos baixos em comparação com os padrões do mercado corporativo e muitas vezes precisam fazer "malabarismos" com suas verbas de gabinete, seus mandatos têm validade de quatro anos e se forem "demitidos", perdendo as eleições,

Influenciados pela Mídia? **95**

ficam desempregados por quatro anos. O que me diz? Ainda assim, muitas pessoas preferem acreditar em políticos ao invés da mídia. Boa escolha?

Médicos > Pedreiros

Dado que a mídia influencia a **forma como enxergamos o mundo**, é fundamental que ela repense sua responsabilidade para com a sociedade. O cientista George Gerbner, da Universidade da Pennsylvania, descobriu que a realidade exposta na televisão é completamente diferente da realidade objetiva.[18] Pessoas que assistem à TV com frequência acreditam que mulheres têm habilidades **inferiores** às dos homens e que o mundo nunca foi tão violento, além de **superestimarem** a quantidade de médicos e advogados na população, já que trabalhadores fabris e de serviços similares quase nunca são retratados, apesar de representarem grande parte da força de trabalho. Não surpreendentemente, Gerbner e seus colegas descobriram que a quantidade de homens em programas de televisão é **três vezes maior** do que a de mulheres; minorias, crianças e idosos são pouco mostrados; cientistas são retratados como malucos, perigosos, desumanos e fora de controle, como na série ***Stranger Things***; e a quantidade de minutos de exposição dedicada à cobertura de crimes pela mídia é substancialmente maior do que a quantidade **real** encarada pela população. Esses estudos demonstram que crimes na televisão são **dez vezes mais prevalentes** do que na vida real. No mundo da telinha, mais da metade dos personagens se envolvem em confrontos violentos com outros, uma estatística infinitamente inflada em relação à realidade.[19]

Não por acaso, no Brasil o percentual de pessoas que confiam na mídia vem caindo com o passar dos anos. De acordo com uma pesquisa realizada pela Universidade de Oxford e pela Reuters, de 2017 a 2019 a quantidade de brasileiros que afirmava "confiar na maioria da imprensa na maior parte do tempo" despencou 11 pontos percentuais, recuperando 3% em 2020.[20] A própria mídia tem grande responsabilidade por essa queda, como mostra o estudo de Gerbner. Se a mídia apresenta falhas, o perigo da falta de confiança nela as **excede**, já que abre a possibilidade de as pessoas passarem a confiar em outras fontes, como **políticos**, além de poderem ser presas fáceis para organizações que espalham notícias falsas nas mídias sociais e nos aplicativos de mensagens.

Pessoalmente, foi a minha desconfiança na mídia que fez com que no começo da pandemia eu achasse que os números e a severidade do coronavírus estivessem sendo inflados pelos jornalistas. Felizmente, como tenho o hábito de pesquisar artigos científicos, eu descobri que estava errado. Mas quantas outras pessoas sequer sabem onde procurar artigos científicos? Quantas têm capacitação para ler em inglês, entender as estatísticas avançadas, os termos acadêmicos, distinguir *journals* científicos de alta qualidade dos péssimos e saber julgar a confiabilidade da metodologia das pesquisas? Alguns estudos revelam que, quando um artigo científico é publicado, 50% deles são lidos apenas pelos autores e editores dos *journals*[21] Além disso, como você pode perceber, eu estava atento aos vieses que poderiam me fazer descartar as evidências científicas que contradiziam minhas percepções iniciais e, mesmo assim, **fui vítima de dezenas de vieses por algum tempo**.

Diferentemente do que jornalistas acreditam, **notícias negativas não agradam ao público**. Uma pesquisa feita por dois brilhantes cientistas da Wharton School, Jonah Berger e Katy Milkman, chegou à conclusão de que artigos com notícias negativas eram **menos compartilhados** do que outros tipos de artigos.[22] Além disso, outro estudo revelou que produtos anunciados junto a notícias negativas reduziam fortemente a probabilidade de as pessoas os adquirirem.[23] Notícias negativas em excesso são ruins para as pessoas e para os anunciantes. A jornalista norte-americana e ex-âncora da CBS News, Michelle Gielan, fundou um movimento chamado de **Jornalismo Transformativo**, que luta pela diminuição de notícias sensacionalistas e negativas na mídia, em decorrência do péssimo impacto que elas causam na vida das pessoas. Gielan constata que o jornalismo parece estar na **adolescência**, fazendo tudo o que é possível para chamar a atenção.

Quando conversei com uma das maiores autoridades mundiais em resolução de conflitos e polarização política, o cientista Peter Coleman, da Universidade de Columbia, ele me informou que, com o surgimento do "jornalismo de entretenimento", composto por jornalistas claramente munidos de ideologia, a mídia passou a contribuir com o aumento da polarização e dos conflitos partidários. Chegou a hora do "velho" jornalismo retornar à fase adulta, revendo suas estratégias para que possa ganhar novamente a confiança do público e assumir seu papel fundamental na construção de uma sociedade democrática.

Minha visita ao centro internacional de cooperação e resolução de conflitos Morton Deutsch na Universidade Columbia.

A Mídia Que Você Deve Temer

▶ Você Está Sendo Manipulado Sem Saber?

De acordo com a cientista da Harvard Kennedy School, Joan Donovan, o maior perigo que corremos hoje em dia não vem das informações que consumimos da mídia tradicional e, sim, daquelas oriundas das **mídias sociais**. A internet é um solo fértil para manipulações e desinformações, além de ser um ambiente repleto de pessoas que **jogam sujo** para alcançar interesses que certamente não estão em sintonia com os interesses da **população.**[1]

A diferença entre desinformação e manipulação, segundo Donovan, é que a **desinformação** acontece quando uma pessoa posta, comenta ou compartilha uma informação falsa ou duvidosa **sem checar** sua veracidade. **Manipulação** é quando uma parte interessada em ganhos econômicos, políticos ou outros, usa as mídias sociais e aplicativos de mensagens de forma estratégica, **fabricando** desinformações e **disseminando** notícias falsas ou tendenciosas. A maioria das pessoas não tem ideia da sofisticação tecnológica necessária para manipular informações nas redes, bem como da quantidade enorme de pessoas que esses manipuladores contratam para conseguir o que querem. As estratégias mais comuns para a manipulação nas mídias sociais são a **criação de milhões de perfis falsos** que curtem, comentam e postam informações fabricadas para enganar a população; a **utilização de robôs** que compartilham e espalham essas desinformações para milhões de perfis verdadeiros que, por sua vez, compartilham esse conteúdo com seus amigos nas mídias sociais e nos aplicativos de mensagem; a **criação de grupos** nas mídias sociais que são movidos por desinformação e são uma espécie de "centro de distribuição" de notícias falsas; e a contratação de **"fazendas de trolls"** que realizam comentários de ódio nos perfis e nas postagens de rivais.[2]

Esta última estratégia revela que manipuladores não fabricam apenas notícias que os favorecem, mas também têm ações voltadas a **prejudicar seus inimigos**. Entre as mais populares estão a **criação de perfis falsos que emulam ser militantes do lado oposto**. Uma vez que esses perfis falsos entram nas mídias sociais, as partes interessadas começam a criar conteúdos supostamente vindos desses "militantes" que incitam a violência, o não cumprimento das leis, possíveis golpes democráticos, deboche, desrespeito às religiões, trapaça, favorecimento a países comunistas/ capitalistas e intolerância, dando-nos a impressão de que as ideias vindas dos defensores de determinado partido são extremamente radicais ou ridículas. Grupos de supremacistas brancos, por exemplo, são famosos por criar perfis falsos emulando mulheres negras, com o intuito de fazer com que elas soem como **ignorantes** para a população. Alguns grupos vão ainda mais longe, criando perfis institucionais que parecem ser autênticos, como o caso em que um grupo que adquiriu o domínio **gwbush.com** para parecer que seu conteúdo estava sendo produzido pelo ex-presidente norte-americano George W. Bush.[3] Nos EUA, perfis falsos emulando senadores e deputados são amplamente utilizados para espalhar notícias falsas, principalmente pelo fato de que as pessoas não sabem o nome de todos os deputados e senadores. Ações similares a essas podem criar perfis que fingem ser qualquer tipo de instituição, enviesando nossos julgamentos sobre organizações políticas, médicas, sociais, ambientais e jornalísticas.

No capítulo final do livro, você conhecerá a história de Edgar Welch, que invadiu uma pizzaria com um fuzil AR-15 após ser vítima de uma teoria da conspiração oriunda da internet sobre o abuso de crianças. Após Welch ser preso, manipuladores começaram a espalhar a notícia de que o rapaz era um **ator** contratado pelo governo norte-americano para desviar o foco das pessoas dos casos — inexistentes — de pedofilia no porão da pizzaria. Para analisarmos o quão longe a indústria da desinformação vai, quando digitei o nome de Edgar Welch no Google, em maio de 2022, a informação que tive na página principal da ferramenta foi a de que o rapaz era um **ator profissional**, ação certamente criada por manipuladores para enganar o público. Para nos trazer um pouco de esperança, porém, quando denunciei a desinformação ao Google, a classificação de Welch como ator foi retirada dias depois.

Perfis e domínios que emulam autoridades são apenas uma parte da estratégia de manipuladores, que também criam blogs e sites na *darkweb* repletos de desinformações. Essa ação faz com que as pessoas, entre elas indivíduos que acreditam em teorias da conspiração, construam a impressão de que estão consumindo um conteúdo **raro**, informações que foram escondidas delas até então pelas autoridades, sem saber que esses conteúdos são **iscas** criadas por manipuladores para que pessoas comuns espalhem desinformações e os ajudem a atingir seus objetivos.[4] Payton Gendron, o rapaz que matou dez pessoas negras em um supermercado em Buffalo em maio de 2022, era um usuário assíduo do 4chan, fórum no qual as pessoas podem discutir qualquer assunto de forma anônima. O discurso de ódio e as teorias da conspiração — como "A Grande Reposição", a qual Gendron foi exposto — são comuns nesses ambientes anônimos, podendo conduzir as pessoas a comportamentos extremos.

Jogo Sujo Digital

Nas mídias sociais, todo esse mecanismo tem como estratégia o **aumento da relevância do conteúdo ou do perfil falso**, fazendo com que os **algoritmos exibam a notícia, organicamente, para mais pessoas verdadeiras**, o que gera **novos seguidores** para esses perfis, mais **compartilhamentos** para o conteúdo e, assim, o sistema começa a alimentar e a impulsionar a si mesmo, criando **ampla vantagem para as partes interessadas**. Já nas ferramentas de busca, como Google e YouTube, o intuito de perfis, portais e sites que espalham desinformações é ganhar relevância por meio da otimização dos mecanismos de buscas (SEO). Além disso, uma vez que o indivíduo consome desinformações, os **algoritmos de reforço** das mídias sociais e ferramentas de busca entregarão, com cada vez mais frequência, **informações similares a que ele consumiu no passado**, fazendo com que a pessoa entre em um universo paralelo de informações duvidosas.[5]

A Mídia Que Você Deve Temer ▼ **103**

Os conteúdos mais engajadores, de acordo com a cientista de Yale, Molly Crockett, são aqueles que evocam emoções no campo da moralidade, fazendo com que os algoritmos os levem para o topo do feed nas mídias sociais. Dois artigos publicados por Crockett e colegas, nos *journals Nature* e *Science*, revelam que expressar raiva usando conteúdos que violam conceitos de moralidade nas mídias sociais (roubos, trapaças, abuso de crianças) ativa mecanismos de recompensa, fazendo com que as chances de repetirmos esse comportamento **aumentem** à medida que recebemos cada vez mais curtidas e comentários de nossos seguidores.[6] Com o tempo, a repetição dessa ação faz com que as pessoas **formem o hábito** de espalhar ódio pela internet. Crocket sugere que, se o conteúdo de transgressão moral é como o fogo, a internet é como a gasolina. Perceba que manipuladores, como muitos políticos, não têm interesse em engajar indivíduos maldosos ou tolos, mas sim em despertar o ódio em pessoas que são **extremamente bondosas e inteligentes**, usando o que há de melhor nelas para as enganar. E infelizmente, quanto mais bondosa uma pessoa, maiores são as chances de ela ser enganada por golpistas. Seria esse o seu caso?

Os profissionais da desinformação têm equipes enormes de experts totalmente dedicados a garantir que o conteúdo atinja os objetivos mencionados e chegue na hora certa, nas mãos das pessoas certas.

> Manipuladores dizem detestar a mídia, mas querem se tornar ela."

Para manipuladores, o suprassumo de suas estratégias é fazer com que um jornalista de um meio de comunicação confiável, procurando por um furo de reportagem, seja **traído** por uma desinformação e decida publicar uma matéria sobre o assunto.[7] Dessa forma, a desinformação ganha a chancela da grande mídia e passa a ser divulgada com ainda mais fervor pelas vítimas, enviesando de vez o julgamento do público em geral. Infelizmente, como até a mídia é polarizada hoje em dia, não é difícil que inverdades sejam divulgadas em jornais e portais de grande impacto, fazendo com que radicais políticos e outros grupos fiquem ainda mais confiantes em suas crenças e sintam que pessoas poderosas ou "a velha imprensa" ajam para **esconder informações** e os **enganar**. É importante ressaltar que a mídia é um mercado competitivo e as empresas do setor precisam **vender anúncios** para se manterem vivas. Por esse motivo, alguns veículos encontraram um filão no mercado ao explorar um público-alvo enorme que é suscetível a conteúdos duvidosos, além de terem encontrado também empresas dispostas a ter suas marcas divulgadas ao lado de informações de baixa qualidade.

> **Desinformação gera lucro!"**

Não podemos esquecer também que, além da mídia tradicional, existem disseminadores de informações falsas que **lucram imensamente** nas mídias sociais, nas plataformas de streaming, nos canais de vídeos, nos podcasts e nos aplicativos de mensagens, produzindo conteúdos polêmicos. Os produtores dessas plataformas digitais estão cientes de que seu público, parte dele crente em teorias da conspiração e outras desinformações, consome conteúdos online **de forma massiva**, o que significa lucro alto para as empresas que decidem direcionar seu conteúdo a esse segmento, vindo da quantidade enorme de cliques e de contratos de publicidade. Algumas dessas "celebridades da desinformação" têm contratos tão milionários que nem mesmo um astro do rock, como Neil Young, consegue combatê-las.

Jornalistas não são o único público procurado por manipuladores para fazer suas informações falsas se tornarem mais convincentes: **influencers e artistas** também fazem parte desse pacote. Basta que um influencer ou artista com um número significativo de seguidores fisgue a isca criada por manipuladores e decida postar o conteúdo para "lacrar", para que o circo pegue fogo de vez. Há décadas, cientistas do mundo todo vêm estudando a colossal influência que **autoridades** têm no comportamento das pessoas.[8] Quando uma mensagem vem de uma fonte de autoridade, as pessoas confiam cegamente na informação — o que deveria aumentar o senso de responsabilidade de políticos, influencers, artistas e jornalistas na formação da opinião e no comportamento do público em geral.

O enorme apelo conquistado por desinformações no campo da política e, mais recentemente, na área médica, vem do fato de que as mensagens são cuidadosamente arquitetadas para aumentar as chances de serem **compartilhadas** pelos leitores. Títulos como **"Cinco fatos que a indústria farmacêutica não quer que você saiba sobre o coronavírus"** e **"Dez verdades que a mídia não quer que você conheça"** são altamente persuasivos e fazem com que as pessoas, com o intuito de "ajudar" seus amigos e familiares, ou provar aos outros que estão certas, compartilhem as mensagens sem checar sua confiabilidade. A quantidade de compartilhamentos, de acordo com Donovan, é uma das métricas que manipuladores analisam para determinar o **sucesso** de suas estratégias, possibilitando que criem conteúdos cada vez mais apelativos.

Recentemente, um trio de cientistas do MIT publicou um estudo no prestigiado *journal Science*, que levou nada menos do que **onze anos** para ser concluído. Estas evidências alarmantes foram encontradas: **cada vez** que uma pessoa posta informações falsas, elas são espalhadas para um número que pode variar de 1 mil a 100 mil outras pessoas, enquanto informações verdadeiras muitas vezes sequer atingem 1 mil pessoas. Informações falsas também são espalhadas com mais velocidade: 1.500 pessoas são atingidas, em média, **seis vezes mais rapidamente** com informações **falsas** em comparação com notícias verdadeiras.[9] Como presas fáceis de manipuladores, precisamos urgentemente estar mais atentos à nossa responsabilidade nas mídias sociais. Quando fui a Ithaca visitar a cientista Vanessa Bohns, da Cornell University, ela demonstrou grande preocupação com os resultados de suas pesquisas que apontam, **ano após ano**, que a nossa influência sobre outras pessoas é **exponencialmente maior** do que podemos imaginar.[10] Acreditamos que, se postarmos algo **hoje** que futuramente seja comprovado como uma mentira, o dano que causaremos será mínimo, no entanto cientistas como Michael Bernstein descobriram que **nosso feed é visto por mais pessoas do que imaginamos**.[11]

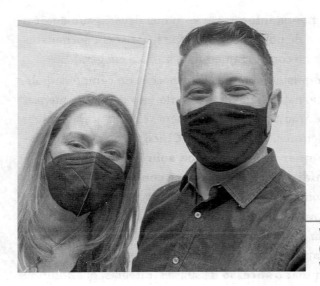

Visita à Ilr School na Cornell, ao lado da cientista Vanessa Bohns.

O que temos dificuldade em entender é que essas manipulações nas mídias sociais são comandadas por **políticos**, **empresas** e outras partes que possuem interesses obscuros. Além disso, é preciso compreendermos que as plataformas de mídias sociais e as ferramentas de busca vivem de **publicidade** e dependem de conteúdos que gerem engajamento para ter lucro, por isso **não estão interessadas em ser reguladas por governos** para impedir, ou pelo menos diminuir, a disseminação de informações falsas. Adicione a essa mistura o fato de que, diferentemente da televisão e de grandes jornais, as plataformas online lucram astronomicamente por permitirem que qualquer indivíduo, empresa ou partido político **impulsione conteúdos e tenha sua busca otimizada com baixíssimo investimento**, resultando em uma receita perigosa.

Em vez de criar plataformas que privilegiam o **engajamento** e a **publicidade**, as empresas de tecnologia deveriam ter **a segurança do conteúdo** como estratégia central de seus negócios. Donovan compara a internet com o supermercado, enfatizando que, quando um produto chega às prateleiras de uma loja, isso significa que aquele produto é seguro para ser vendido ao público. Na internet, não existe essa garantia. Em algumas oportunidades, pessoas que querem simplesmente se informar sobre determinados assuntos acabam caindo em sites e perfis de mídias sociais que espalham desinformações sobre vacinas, remédios, doenças, políticos, eleições, autoridades, negócios, guerras e, até mesmo, sobre o **formato do planeta Terra**.

> " ▬▬
>
> A qualidade das informações deveria ser a principal preocupação das mídias sociais e das ferramentas de busca — não o engajamento."

Perceba que muitas das estratégias usadas por manipuladores são armadas para que as pessoas tenham uma falsa impressão de que **muitas concordam com seus pontos de vista**,[12] gerando também o **sentimento de medo**, já que o "outro lado" está prestes a atacar. Porém, mais grave do que isso é o fato de que muitas pessoas estão sendo manipuladas nas mídias sociais sem ao menos terem consciência disso. **Essa é uma tática desonesta!**

Enquanto as empresas de tecnologia continuarem não se esforçando muito para garantir a segurança de suas plataformas, todos nós devemos ter cuidado com o que consumimos e, principalmente, com o que compartilhamos na internet. Esteja atento a sites e a jornalistas dos quais você nunca ouviu falar, reflita sobre o real intuito da matéria produzida e não compartilhe caso a informação esteja fora de sua área de conhecimento. Na dúvida, **confie nos grandes portais de notícias e jornais tradicionais**, pois eles têm um processo de publicação mais rigoroso do que o do mundo obscuro da internet.

▶ Fake News Hoje, Verdade Amanhã

Diz o ditado que **uma mentira contada mil vezes torna-se verdade**. Quando esse ditado é colocado sob teste, usando a metodologia científica, os resultados são perturbadores.

Nos anos 1950, os cientistas Carl Hovland e Walter Weiss realizaram um estudo no qual os participantes deveriam ler notícias polêmicas para a época, como as chances da invenção de submarinos nucleares (que não existiam até então) e a provável diminuição da quantidade de salas de cinema devido ao lançamento da televisão. Para um grupo de pessoas, os cientistas informavam que a matéria havia sido escrita por uma **fonte de alta credibilidade**, enquanto o outro grupo recebia a informação de que a matéria havia sido reportada por uma **fonte de baixa credibilidade**. No caso dos submarinos nucleares, a fonte de alta credibilidade era o famoso físico Robert Oppenheimer, enquanto a fonte de baixa credibilidade era um jornalista do Pravda, o jornal do governo na antiga União Soviética.

Como era de se esperar, a fonte da mensagem fez total diferença na crença **inicial** das pessoas, já que a maioria reportava confiar expressivamente nas opiniões de Oppenheimer e desconfiar das emitidas pelo jornalista soviético. No entanto, para a surpresa dos pesquisadores, **quatro semanas depois** os participantes que leram a notícia supostamente redigida pelo jornalista soviético mudaram suas posições, passando a reportar uma confiança **maior** no artigo, enquanto aqueles que haviam lido a versão assinada por Oppenheimer passaram a confiar **menos** na matéria.[13] É importante ressaltar aqui que a matéria lida por ambos os grupos era **idêntica**, a única diferença foi a manipulação sobre a **autoria** da mesma.

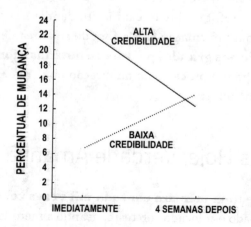

A Mídia Que Você Deve Temer ▚ **109**

Hovland e Weiss nomearam esse fenômeno como **Efeito Dormente**, notando que inicialmente uma mensagem vinda de uma fonte não confiável exerce pouca influência, mas com o passar do tempo as pessoas começam a mudar de opinião, movendo-se na direção do que foi afirmado. Os cientistas Anthony Pratkanis, da Universidade da Califórnia, e Anthony Greenwald, da Universidade de Washington, demonstram em suas pesquisas que, conforme o tempo passa, as pessoas **dissociam a mensagem da fonte**, ou seja, a fonte é até lembrada, mas as pessoas a desconectam da mensagem. A persuasão da mensagem continua viva e a da fonte também, mas as pessoas não se recordam mais qual fonte é responsável por aquela mensagem, **esquecendo também se a mensagem é confiável ou não**.[14] É chocante notar que o caminho contrário acontece com mensagens de alta credibilidade. Inicialmente as pessoas confiam nelas, mas, aos poucos, essa crença parece se esvaecer. Tais resultados demonstram que, em qualquer caso, **a fonte e a mensagem** são dissociadas com o passar do tempo.

"São dois sistemas diferentes", afirmou Anthony Greenwald no dia em estive em Seattle para entrevistá-lo. O cientista me informou que a pesquisa do efeito dormente aponta que, quando as pessoas escutam ou leem uma mensagem, elas a processam **sem** a influência da fonte, ou seja, não descontam a validade da mensagem **enquanto** a estão consumindo. Fatalmente, mesmo depois que essas pessoas descobrem qual é a fonte da mensagem, quando pensam novamente no assunto, as informações **processadas inicialmente** não sofrem a influência posterior da fonte. Se Tory Higgins descobriu que "dizer é acreditar", Greenwald e seus colegas descobriram que "pensar é acreditar."

Um dos fatores que faz com que mensagens comunicadas por fontes de baixa credibilidade promovam um **aumento** em sua persuasão com o passar do tempo, por incrível que pareça, é justamente a consciência das pessoas sobre a falta de credibilidade da fonte. Nos estudos conduzidos por Pratkanis, Greenwald e outros colegas, os cientistas encontraram um efeito dormente persistente quando, **imediatamente após** lerem a mensagem, os participantes receberam a informação sobre a baixa confiabilidade da fonte. Essa informação sobre a falta de credibilidade da fonte é chamada de **Pista de Desconto**, portanto uma mensagem **seguida por uma pista** sobre a falta de qualificação da fonte **aumenta a persuasão da comunicação com o passar do tempo**. Infelizmente, esse é o preciso mecanismo por trás das fake news nas mídias sociais, onde a **fonte geralmente sucede a informação**. Esses cientistas descobriram que o efeito dormente **não acontece** quando a fonte de baixa qualidade é apresentada **antes** da mensagem. Greenwald, Pratkanis e seus colegas também descobriram os motivos pelos quais a fonte entra em decadência em nossa memória mais rapidamente do que a mensagem: a informação apresentada **primeiro** dura mais, enquanto a informação **mais recente** se dissipa mais depressa, fenômenos conhecidos pelos cientistas como **Efeito da Primazia** e **Efeito da Recência**, respectivamente.[15]

> "
> A primeira impressão realmente é a que fica!"

    Em uma meta-análise dos estudos sobre o efeito dormente, realizada por cientistas da Universidade da Flórida, os pesquisadores concluíram que as pessoas são mais fortemente influenciadas no longo prazo quando a notícia e a pista de desconto causam um **grande impacto inicial**, ou seja, quando a mensagem é altamente elaborada e persuasiva, mas a fonte desqualificada **rapidamente anula esse impacto**.[17] Adicionalmente, os cientistas descobriram que o efeito dormente é maior quando o conhecimento da pessoa sobre o assunto é alto, mas permanece estável quando o interesse do indivíduo no assunto é baixo, independentemente do momento em que a pista de desconto é apresentada. Quanto mais conhecimento alguém tem sobre um assunto, mais essa pessoa consegue **raciocinar** sobre ele e, assim, quanto mais informação essa pessoa processa, mais ela fica distante de descontar a baixa qualidade da fonte posteriormente. Dolores Albarracín, uma das autoras dessa meta-análise, descobriu posteriormente que **mensagens fracas** acompanhadas por uma **fonte confiável** também apresentam efeito dormente. O título do estudo, "Nem todo efeito dormente é criado igualmente", sugere que o caminho contrário de persuasão também é possível, algo que percebemos claramente nos dias de hoje em discursos e posts de políticos nas mídias sociais.[17]

Na mesma direção, uma descoberta que não será mais surpreendente a esta altura do livro é a de que, quando o assunto é **importante para o recipiente da mensagem**, ou seja, quando ele confirma suas crenças anteriores, o efeito dormente também entra em funcionamento — a **mensagem continua memorável** enquanto a fonte é dissociada com rapidez. Dois modelos distintos de persuasão, descobertos pelos cientistas Shelly Chaiken, Serena Chen, Richard Petty e John Cacioppo, confirmam esse fato.[18] Ambos os modelos demonstram que **pessoas interessadas** em escutar certa mensagem são persuadidas principalmente pela **qualidade dos argumentos** e não pela fonte, o que os cientistas nomeiam como **Rota Central da Persuasão**. Já pessoas **sem muito interesse** pela mensagem são persuadidas a mudar de opinião caso a **fonte seja confiável**. Nesse caso, os recipientes trilham a **Rota Periférica de Persuasão**.

Como mais adiante você irá descobrir, o cérebro humano é "pão duro", evitando ao máximo gastar energia desnecessária. Como processar informações que confirmam nossos pontos de vista quase **não consome energia**, mas processar informações sobre a qualidade da fonte **exige esforço**, com o passar do tempo o cérebro avarento se dá por satisfeito com a **qualidade** dos argumentos, mesmo que a fonte seja desqualificada. Petty e Cacioppo revelam que, quando a baixa qualidade da fonte é apresentada **primeiro**, as pessoas não prestam atenção na mensagem por saberem que os argumentos que serão apresentados não são confiáveis. Por outro lado, quando as pessoas percebem mérito na **qualidade dos argumentos** a fonte pode ser ignorada se apresentada **posteriormente**. Quando analisamos casos como o do "estudo da Johns Hopkins" ilustrado no Capítulo 2, podemos perceber a inversão dessa lógica. Os veículos, os políticos e os militantes interessados na divulgação dessa informação utilizaram a **Rota Periférica da Persuasão**, arquitetando a mensagem cuidadosamente para tentar influenciar aqueles que ainda estavam **indecisos** sobre a efetividade do lockdown, apresentando a **fonte** de alta credibilidade

(Johns Hopkins) **antes** da mensagem de baixa qualidade (lockdowns não são efetivos).

Em um mundo polarizado — no qual nos cercamos exclusivamente de pessoas que pensam como nós nas mídias sociais, buscamos **confirmar que estamos certos** ao invés de **questionar se estamos errados**, achamos que a mídia tradicional é tendenciosa e, assim, consumimos apenas notícias "imparciais e confiáveis" vindas dos perfis e dos grupos de WhatsApp e de Telegram de políticos —, o efeito dormente **reina**, fazendo com que nossa falta de esforço natural em questionar a qualidade da fonte seja fundamental para adquirirmos novas crenças e reforçarmos aquelas que **queremos** que sejam verdade.

No fim das contas, mentiras não precisam ser contadas mil vezes para se tornarem verdades — uma vez basta! O mais assustador, no entanto, é pensarmos sobre **quantas mentiras** consumimos diariamente nas mídias sociais e nos aplicativos de mensagens, e quais são os efeitos delas no longo prazo. Estamos construindo o melhor de nós mesmos quando consumimos informações tendenciosas nas mídias sociais? Ou estamos deixando **outras pessoas** construírem o que há de pior em nós? Quem tem medo das mídias sociais?

▶ Penso, Logo Acredito

O cérebro humano é uma máquina que acumula crenças facilmente. Para nossos ancestrais, a veracidade dos fatos vinha da própria **experiência de sentir**. Se um de nossos ancestrais **ouvisse** um barulho próximo a um arbusto, o **barulho era real** e, para a nossa sobrevivência, era melhor que o cérebro **acreditasse** que atrás do arbusto havia um leão. E essa facilidade em adquirir crenças foi o que nos trouxe até aqui — para o nosso cérebro, **sentir é acreditar**. O problema da sociedade moderna é que nem tudo o que sentimos é realidade, nem todo barulho que ouvimos é verdadeiro, nem todo arbusto tem um leão escondido e nem tudo o que vemos é pautado na objetividade. Mas, como o nosso cérebro é uma estrutura formada há milhões de anos, continua funcionando da mesma forma, aceitando sem qualquer questionamento tudo o que sentimos e raramente se esforçando para duvidar.

O genial cientista de Harvard, Dan Gilbert, realizou um experimento que demonstra esse fato claramente. Um grupo de participantes deveria ler em uma tela de televisão duas matérias sobre crimes que supostamente haviam ocorrido em sua cidade, sendo que os cientistas os avisaram que alguns trechos **não eram verdadeiros** e, portanto, estariam marcados na cor vermelha. Posteriormente, os participantes deveriam ler novamente alguns trechos das matérias e recordar quais fatos eram verdadeiros e falsos. Nesta altura, o dano já havia sido causado: incrivelmente, os participantes reportavam que as **frases falsas eram verdadeiras, mas não que as verdadeiras eram falsas**, mostrando que nosso cérebro primeiramente **processa qualquer informação como verdade**.[19] No próximo passo do estudo, os participantes precisavam sugerir quanto tempo de prisão os criminosos deveriam cumprir. Assumindo que as informações falsas eram verdadeiras, os participantes impuseram penas mais severas aos supostos criminosos. Esse experimento comprova que, para **compreender**, nosso cérebro precisa **primeiramente acreditar**.

Nós assumimos que nossas crenças são formadas da seguinte maneira:

1. Escutamos informações.
2. O cérebro processa essas informações, separando o que é verdadeiro do que é falso.
3. Formamos uma crença.

Enquanto, na verdade, nossas crenças são formadas de outra maneira:

1. Escutamos informações.
2. O cérebro acredita que elas são verdadeiras.
3. Somente quando temos tempo ou motivação, pensamos nas informações e analisamos o que é verdadeiro e falso.

Acreditar é um ato **passivo e inevitável**, que não envolve esforço. Mas **duvidar é um processo ativo**, que exige esforço para desfazer a crença inicial.

Um ponto importante do estudo de Gilbert é que os participantes diziam que frases falsas eram verdadeiras com mais frequência quando, além da tarefa de leitura, tinham que procurar por uma sequência de números na tela — uma tarefa relativamente fácil, mas que gerava certo **cansaço mental**. Anos de evidências científicas demonstram que a persuasão tem um poder maior quando as pessoas estão **sob pressão** ou quando seus cérebros estão **cansados**, algo perigoso em tempos de pandemia, de cargas de trabalho excessivas ou de grandes crises econômicas.[20]

Se nosso cérebro acredita mais facilmente em notícias falsas mesmo quando estamos **levemente estressados**, imagine o estrago causado pelo medo constante do Brasil virar uma Venezuela, de privatizações, da vacina ter um microchip, do mundo estar sob a espreita de organizações comunistas/capitalistas, de bandidos invadirem nossas casas ou das eleições serem fraudadas. Essas situações criadas para atiçar nossos medos facilitam com que as pessoas engulam qualquer baboseira dita por políticos. Todo mundo cai nessas armadilhas... menos você, certo?

Detector de Baboseiras

Além da questão de que, com o passar do tempo, as pessoas não sabem distinguir **fatos de mentiras**, o ser humano possui ainda um outro defeito: a fraca habilidade em **detectar baboseiras**.

Em um estudo incrível, cientistas da Universidade de Waterloo investigaram o poder de detecção de baboseiras de mais de duzentos participantes, solicitando que analisassem a profundidade do conteúdo de vinte frases.[21] Em seguida, os participantes deveriam informar aos cientistas como acreditavam ter se saído na tarefa, indicando uma nota entre 0 e 100. Usando essa mesma escala, os participantes também deveriam indicar como achavam que os **demais participantes** do estudo haviam se saído na tarefa e, finalmente, informar quão confiantes eram em suas habilidades de detectar informações falsas online ou em conversas com as outras pessoas, comparados com os outros participantes do estudo.

Os resultados demonstraram que aqueles participantes com **pior desempenho** na detecção de baboseiras eram os com **maior confiança** em suas habilidades, imaginando que acertariam em média 65,37% das respostas, enquanto sua média real de acertos era de apenas 42,12%, ou seja, superestimaram seu desempenho em 23,25%. Esse grupo de pessoas também acreditava que sua habilidade em detectar baboseiras era superior à dos demais participantes do estudo — em média, eles achavam que teriam performance 9,45% melhor do que a das demais pessoas. Curiosamente, aqueles que eram **excelentes detectores de baboseiras** tinham **menos confiança** em suas habilidades, além de julgarem que os outros participantes teriam performance superior à deles. No geral, a diferença na estimativa de performance entre os piores e melhores participantes ficava entre 15,48% e 17,16%, demonstrando que pessoas com **baixa habilidade** em detectar lorotas, fake news e outras baboseiras têm uma **confiança cega** em seu desempenho, enquanto pessoas altamente qualificadas **duvidam** de sua capacidade.

Essa confiança exagerada, que atinge as pessoas com desempenho pobre na detecção de conteúdos duvidosos, foi nomeada carinhosamente pelos autores do estudo como **"Ponto Cego da Baboseira"**.

Os cientistas Dan Gilbert e Edward Jones, de Harvard e de Princeton, realizaram um estudo ainda mais curioso para testar se as pessoas realmente são tão falhas em detectar baboseiras.[22] Nele, um grupo de participantes foi instruído a fazer quatorze perguntas que poderiam ser respondidas, por outros participantes, de forma politicamente conservadora ou liberal, como por exemplo: *"O que você pensa sobre a legalização da maconha?"* Os participantes que fariam as perguntas foram nomeados como **"indutores"**, enquanto os que responderiam eram os **"respondentes"**. Os indutores deveriam fazer as perguntas em um microfone, que supostamente seriam ouvidas pelos respondentes em outra cabine de gravação. A mágica do experimento acontecia quando os cientistas afirmavam aos indutores que os respondentes **não dariam sua opinião verdadeira** sobre os assuntos, pois quem iria indicar ao respondente a resposta esperada seria o próprio indutor. A cada pergunta, o cientista instruía o indutor a apertar um botão de cor diferente, sendo que toda vez que o botão **verde** fosse acionado o respondente deveria dar uma resposta **liberal**, e, caso o botão apertado fosse o **vermelho**, o respondente deveria usar uma resposta **conservadora**. Assim que o indutor apertasse o botão, uma luz com a cor correspondente acenderia na cabine do respondente instruindo-o sobre o teor político de resposta que deveria dar. Os indutores inclusive receberam uma folha com todas as **perguntas** a serem feitas, bem como quais eram as **respostas** liberais ou conservadoras que seriam dadas pelos respondentes de acordo com cada questão. Em um grupo estudado, 79% das respostas eram conservadoras, enquanto em outro a condição era inversa. Esse fato, porém, foi avisado aos indutores desta forma:

> *"Para garantir precisão científica e controle em nossas sessões, cada sessão contém instruções para incentivar diferentes quantidades de respostas liberais ou conservadoras. Apesar de pouco provável, você pode estar em uma sessão na qual todas as respostas serão liberais ou conservadoras. Qualquer que seja o percentual final, é improvável que a sessão seja exatamente 50% — 50%."*

Em seguida, os indutores deveriam opinar sobre a posição política dos respondentes. O que você acha que aconteceu? Aqueles que foram instruídos pelos cientistas a induzir respostas majoritariamente **liberais** aos respondentes julgavam que os respondentes tinham um posicionamento político mais liberal do que conservador. Já os instruídos pelos pesquisadores a induzirem mais respostas conservadoras acreditavam que os respondentes tinham um posicionamento mais conservador. Um dos fatos mais interessantes desse estudo é que, na verdade, **os respondentes não existiam!** Quando o indutor apertava um dos botões, uma resposta previamente gravada era tocada na cabine. Perceba que, mesmo **sabendo que as respostas dadas pelos participantes foram deliberadamente escolhidas pelos cientistas**, os indutores não tiveram a capacidade de fazer um julgamento correto sobre o posicionamento político dos respondentes, que **não tinham escolha alguma sobre a resposta que iriam dar**. Olhando de fora, podemos até imaginar que os participantes desse estudo eram tolos, mas, quando estamos em situação similar, falhamos exatamente dessa forma! Ao ler uma notícia escrita por um jornalista, ou um post qualquer tratando sobre política nas mídias sociais, nós automaticamente assumimos a posição política da pessoa em questão sem ao menos conhecê-la. Da mesma forma que os participantes do estudo de Gilbert, nós criamos as nossas próprias baboseiras — e acreditamos nelas facilmente.

Uma das primeiras investigações desse fenômeno foi realizada também por Edward Jones, ao lado de Victor Harris, da Duke University. Em um experimento, participantes deveriam escutar gravações de discursos que apoiavam ou criticavam o então ditador cubano Fidel Castro.[23] Alguns participantes foram informados de que a pessoa que realizou o discurso, pró ou contra, o fez por **vontade própria**. Outros recebiam a informação de que o discursante fora **obrigado** a gravar uma mensagem favorecendo ou criticando Castro. Em seguida, os participantes deveriam avaliar se a posição verdadeira do discursante era favorável ou contrária ao governo de Fidel Castro. Não surpreendentemente, os participantes que foram informados de que a pessoa fez o discurso por **vontade própria** avaliaram aqueles que favoreceram Castro em seus discursos como simpatizantes do ditador. No entanto, a surpresa que contrariou a hipótese dos cientistas foi esta: mesmo quando os participantes eram informados de que as pessoas haviam sido **obrigadas** a realizar um discurso favorecendo Castro, eles julgavam aquelas que discursaram a favor do ditador como simpatizantes de seu governo.

> **"**
>
> Processar informações — como mostram também os outros estudos de Gilbert e o fenômeno do efeito dormente — aumenta as nossas chances de julgá-las como verdadeiras, mesmo quando sabemos que existem baboseiras no meio da estrada."

Como já vimos, tais efeitos ocorrem **mesmo quando as informações que processamos são neutras e confiáveis**, mas contrárias às nossas crenças: cada pessoa as interpreta de forma distinta, geralmente chegando à conclusão de que são contrárias à sua posição. Na nossa cabeça, o VAR sempre **anula** ilegalmente o gol do nosso time e valida ilegalmente o gol do adversário. Como veremos a seguir, agimos dessa maneira mesmo quando **nunca assistimos a um jogo de futebol**.

06

Não Posso Mais Viver Sem Mim

▶ Ignorância Invisível

Você tem algum amigo **advogado** que durante a pandemia da Covid-19 virou um expert em **vacinas**? E uma amiga formada em **turismo** que fala com confiança sobre como a urna eletrônica pode ser **hackeada**? Que tal aquele vizinho **administrador de empresas** que parece entender tudo sobre **epidemiologia**?

Em 1999, os cientistas David Dunning e Justin Kruger publicaram um dos estudos mais interessantes da história da psicologia. Em quatro análises, os pesquisadores demonstraram que a maioria das pessoas acredita ter **habilidades superiores** às suas habilidades **reais** e que, aquelas com **menos** habilidades, surpreendentemente, **são as mais cegas para a sua própria performance**. Anos depois, esse viés passou a ser nomeado como **Efeito Dunning-Kruger**.[1]

Em um dos estudos, Dunning e Kruger pediram para alguns alunos de psicologia responderem a vinte problemas de raciocínio lógico. Em seguida, deveriam indicar em uma escala entre 0 e 100 (um percentil) onde consideravam que suas **habilidades gerais em raciocínio lógico** estavam em **comparação com seus colegas de sala de aula**. Usando o mesmo percentil, os alunos posteriormente deveriam indicar onde acreditavam que **suas notas** no teste de raciocínio estariam em comparação com esses **mesmos colegas** e, finalmente, deveriam dizer quantas das vinte questões acreditavam ter respondido corretamente.

Assim como no teste de Detecção de Baboseiras, publicado 22 anos depois, os participantes do estudo de Dunning e Kruger acreditavam estar classificados em um percentil de 66 quando comparados com seus colegas nas habilidades gerais em raciocínio, ou seja, **acima da média** de 50. Já sobre sua performance no teste, acreditavam estar no percentil 61 em comparação com os outros participantes. No entanto, na média, não superestimavam de forma estatisticamente significativa quantas questões haviam respondido corretamente, afirmando ter acertado 13,3 questões enquanto haviam acertado 12,9.

Porém, quando as notas dos alunos foram analisadas, os cientistas descobriram que aqueles com **pior desempenho no teste eram os que mais inflavam suas próprias performances**, acreditando estar classificados no percentil **68** em suas habilidades gerais e no **62** em seus resultados no teste, enquanto a real classificação era **17,2 e 11**, respectivamente. Não surpreendentemente, os alunos com baixa performance acreditavam ter acertado em média **14,2** respostas, enquanto haviam respondido corretamente apenas **9,6**.

Como os cientistas imaginavam, os alunos com melhor desempenho **subestimavam** sua própria performance. Mesmo classificados no percentil **86** no resultado do teste, eles acreditavam estar em **68** nesse quesito e em **74** nas suas habilidades gerais. Para fechar, os alunos com excelentes resultados imaginavam ter acertado em média **14** perguntas do teste, enquanto haviam acertado **16,9**.

> " ▬▬▬
>
> Como podemos perceber, o efeito Dunning-Kruger faz com que pessoas com pouco conhecimento julguem suas habilidades de forma similar à que experts julgam a si mesmos."

Em um terceiro e surpreendente estudo, outro grupo de alunos teve suas habilidades em gramática avaliadas, e não soará como surpresa que os resultados apontem que aqueles com **pior** desempenho, classificados no percentil **10**, acreditavam que sua **habilidade geral** em gramática e sua **nota no teste** estavam em **67 e 61**, respectivamente. Esses participantes também acreditavam ter acertado **12,9** questões de 20, enquanto o resultado verdadeiro foi de **9,2**. Já aqueles com resultados **espetaculares**, classificados no percentil **89**, acreditavam que suas **habilidades** e suas **notas** no teste estavam em **72 e 70**. No entanto, esses participantes não tinham crenças equivocadas sobre suas notas, acreditando terem acertado 16,9 enquanto haviam respondido corretamente 16,4 de 20 questões, uma diferença estatística não significativa.

Mas a parte mais interessante desse estudo ainda estava por vir: quatro a seis semanas após o teste de gramática, os participantes de baixa e de alta performances (classificados nos percentis 10,1 e 88,7) foram convidados a voltar ao laboratório para **corrigir** cinco testes realizados por seus colegas. Esses participantes deveriam indicar quantas perguntas acreditavam que seus colegas haviam respondido corretamente. Em seguida, recebiam seus próprios testes novamente e eram solicitados a **rever** suas habilidades e sua performance em comparação com seus colegas, assim como a quantidade de questões que haviam acertado. Será que, ao ter acesso aos resultados superiores de seus colegas, os participantes com baixa performance adequariam as classificações que haviam dado a si mesmos?

Surpreendentemente, mesmo tendo acesso aos resultados superiores de seus colegas, os alunos de baixa performance **aumentaram** suas próprias classificações, porém, de forma não significativa, acreditando continuar classificados em percentis superiores a 60% tanto em suas habilidades gerais quanto nas notas do teste, lembrando que a classificação atual dos mesmos estava em 10,1%. Isso significa que pessoas com baixa performance geralmente **não ganham insight algum depois de ter acesso à performance superior de outras pessoas, parecendo ser ignorantes de sua própria ignorância**. Já os alunos com alta performance, ao corrigirem as provas de seus colegas, corretamente ajustaram para **cima** suas próprias classificações, de forma estatisticamente significativa, mostrando terem **aprendido** algo valioso após se compararem com seus colegas.

Dunning e Kruger concluíram que pessoas com baixa capacidade cognitiva sofrem de uma **dupla maldição**: além da ignorância propriamente dita, ainda são **cegas à sua própria incapacidade**, mesmo quando têm **todas as ferramentas para enxergá-la**.

Para finalizar o estudo, os pesquisadores vieram com uma nova hipótese: será que mostrar para indivíduos de baixa performance suas enormes limitações faria com que eles mudassem de opinião? Com essa pergunta, os cientistas analisaram o comportamento de 136 alunos em um teste de raciocínio lógico composto por 10 questões. Assim como nos estudos anteriores, os alunos eram solicitados a indicar em uma escala entre 0 e 100 as suas habilidades gerais, sua classificação em relação aos seus colegas e a quantidade de questões que acreditavam ter respondido corretamente. Em seguida, a hipótese foi testada: 70 participantes receberam um treinamento sobre raciocínio lógico enquanto o restante não passou por esse procedimento. Posteriormente, todos os participantes realizaram uma tarefa cognitiva na qual revisaram seus próprios testes e indicaram novamente quantas perguntas haviam acertado, comparando-se também a seus colegas. Como você pode imaginar, os resultados se repetiram: aqueles com pior desempenho julgavam ter alcançado melhores resultados do que seus colegas, adicionalmente imaginando terem acertado em média **5,5** questões, enquanto haviam acertado apenas **0,3**.

No entanto, milagre, ou melhor, ciência acontece: os indivíduos de baixo desempenho, quanto treinados, perceberam **por si mesmos** quão mal haviam performado no teste, ajustando significativamente suas próprias avaliações. No quesito questões respondidas corretamente, os participantes treinados ajustaram suas estimativas de **5,3 para 1**. Aqueles que não passaram por tal treinamento, continuaram demonstrando o mesmo padrão de comportamento, permanecendo inconscientes de sua própria ignorância. Esses indivíduos, inclusive, mesmo após revisarem seus próprios testes, **aumentaram** a quantidade de questões que acreditavam ter acertado, saindo de **5,8 para 6,3**.

Isso demonstra que o efeito Dunning-Kruger não entra em ação para proteger nosso ego, pois, quando as pessoas percebem sua falta de habilidade, geralmente reconhecem suas falhas. O problema aparece quando indivíduos não descobrem **por si mesmos** o quanto necessitam melhorar ou o quão incompetentes são em certas áreas. Seria a ignorância realmente uma dádiva?

É interessante notar que, para reconhecer sua inaptidão, uma pessoa de baixa performance deveria ter exatamente a expertise que lhe falta: **o conhecimento**. Para reconhecer suas falhas gramaticais, por exemplo, um indivíduo deve conhecê-las a fundo, para então analisar as oportunidades em que não as utilizou corretamente e corrigi-las futuramente.

> **Além de ser ignorante, o ignorante não tem a capacidade para saber que é ignorante."**

Lembre-se apenas de que é fácil julgar a ignorância do outro, acreditando que esses conceitos não se aplicam a nós mesmos.

No artigo, publicado no *Journal of Personality and Social Psychology*, os cientistas concluem: *"Apesar de acreditarmos ter feito um trabalho competente em construir um caso forte para essa análise, estudando-o empiricamente e chegando a implicações relevantes, nossa tese nos deixa com uma preocupação assombrosa que não conseguimos eliminar. Nossa preocupação é que este artigo possa conter falhas lógicas, erros metodológicos ou comunicação pobre. Gostaríamos de garantir aos nossos leitores que, apesar deste artigo ser imperfeito, não é um pecado que cometemos conscientemente."*

Obviamente, esse é apenas um entre as dezenas de artigos que Dunning, Kruger e outros pesquisadores publicaram, encontrando os mesmos efeitos nos julgamentos das pessoas sobre inteligência emocional, finanças, armas de fogo e inúmeros outros assuntos.

Em 2018, o cientista Ian Anson, da Universidade de Maryland, descobriu que o efeito Dunning-Kruger também se aplica à **política**.[2] Indivíduos que obtiveram resultados péssimos em um teste sobre conhecimento político acreditavam ter alcançado excelentes resultados, assim como ter alcançado resultados superiores aos de seus colegas. Seguindo o mesmo padrão dos estudos anteriores, indivíduos com alta performance subestimavam seus conhecimentos, acreditando estar classificados de forma inferior a seus verdadeiros resultados.

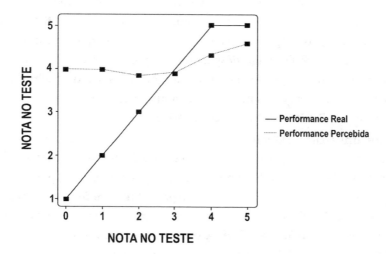

Como pode ser verificado no gráfico, mesmo os indivíduos que não acertaram **uma questão sequer** acreditavam ter conhecimentos políticos superiores à média, ranqueando a si mesmos entre aqueles que acertaram 4 das 5 questões. Os resultados gerais do teste demonstram que apenas 10,6% dos participantes responderam corretamente às 5 questões e 26,9% acertaram 3 questões. A mediana foi 2,63.

Uma descoberta surpreendente desse estudo é que, quando o participante demonstrava ter simpatia a um partido político, **o efeito era mais forte**, fazendo com que aqueles com baixa performance acreditassem estar ranqueados **ainda mais no topo** quando comparados a seus colegas.

Uma dica valiosa desses estudos é a seguinte: se você quer se tornar inteligente de verdade, o primeiro passo é deixar de acreditar em políticos.

Eu Me Amo

Em comparação com as pessoas que conhece, você acredita que suas habilidades no volante são melhores ou piores do que a média? E se falarmos de inteligência, sua capacidade é maior ou menor do que a média das pessoas que conhece? Décadas de pesquisas apontam que, além de sermos ignorantes à nossa ignorância, ainda acreditamos ser **melhores do que as outras pessoas** nas mais diversas qualidades, fenômeno que ficou conhecido como **Efeito Melhor Que a Média**.[3]

Em um estudo pioneiro que analisou esse fenômeno, o cientista Mark Alicke e seus colegas pediram para um grupo de pessoas indicarem, usando uma escala entre 0 e 8, como 40 características de sua personalidade (20 positivas e 20 negativas) eram **comparadas com às das outras pessoas**, em média.[4] Como acreditavam ser os participantes em características como **cooperação, lealdade e disciplina** quando comparados com a média da população? E como seriam essas comparações quando o que estava sendo avaliado era **falsidade, desonestidade e irresponsabilidade?**

Incrivelmente, o **Efeito Melhor Que a Média** se mostrou presente em nada menos do que **38 das 40** características, demonstrando que o ser humano tem a falsa impressão de se **comportar melhor do que a maioria da população**. Em outro estudo publicado no mesmo artigo, Alicke e seus colegas pediram para os participantes analisarem as chances de 24 eventos negativos acontecerem com eles em comparação com outras pessoas, entre elas, as chances de ter problemas de **alcoolismo**, tentar **suicídio**, ter um **ataque cardíaco** antes dos 40 anos de idade e pegar uma **doença sexualmente transmissível**. Os cientistas descobriram que, em 19 dos 24 eventos, os participantes acreditavam ter **menos chances** do que a média de vir a sofrer com fatos negativos na vida.

Nos anos 1980, Alicke realizou um estudo extremamente influente, no qual estudantes da Universidade da Carolina do Norte deveriam indicar como 154 traços de personalidade definiam eles mesmos, bem como seus colegas da universidade, usando uma escala entre 1 e 7, tendo 1 como resposta *"Nada característico comigo"* e 7 *"Muito característico comigo"*. Como nos estudos apresentados anteriormente, alguns traços de personalidade eram altamente **desejáveis**, como por exemplo **cooperativo, responsável e confiável**, enquanto outros eram altamente **indesejáveis**, como **preguiçoso, mentiroso e incompetente**. Seguindo um padrão não surpreendente a esta altura, quanto mais **desejáveis** eram os traços de personalidade, maiores as notas que os participantes davam **a eles mesmos** em comparação com as que davam a seus colegas da universidade. No entanto, quanto mais **indesejáveis** as características, **menores** as notas que os participantes davam a si mesmos e **maiores** as notas que atribuíam aos **outros estudantes**.[5]

Resultados similares foram encontrados em outros estudos. O cientista Ola Svenson, da Universidade de Estocolmo, por exemplo, descobriu que participantes norte-americanos e suecos julgavam **dirigir melhor** e de forma **mais segura** do que os demais participantes do estudo.[6] Da amostra norte-americana, 93% diziam ser mais habilidosos do que a maioria, enquanto 69% dos motoristas suecos afirmavam o mesmo. Quando o assunto era direção segura, 88% dos norte-americanos e 77% dos suecos acreditavam dirigir de forma mais cuidadosa do que os demais. No geral, 67% dos participantes ranqueavam a si mesmos entre os 30% motoristas mais cuidadosos. Resultados ainda mais intrigantes do que os desse estudo, porém, foram obtidos pelos cientistas Caroline Preston e Stanley Harris, da Universidade de Washington.[7] Ao analisar como motoristas que haviam sido **hospitalizados por terem causado acidentes de trânsito** avaliavam suas habilidades na direção, e compará-las com as avaliações de pessoas sem histórico de acidentes, os cientistas ficaram surpresos ao descobrir que aqueles que tinham sido internados avaliavam a si mesmos mais próximos a motoristas "experts" do que "ruins."

Da mesma forma, 87% dos estudantes de MBA de Stanford julgavam ter melhor performance acadêmica do que a média,[8] CEOs julgavam ser mais éticos do que a média,[9] estudantes de administração e presidentes de empresas acreditavam ter habilidades gerenciais melhores do que os demais,[10] casais acreditavam que suas chances de divórcio eram inferiores às de outros casais e,[11] claro, esposas e maridos acreditavam ter maior participação do que seus parceiros nas tarefas domésticas.[12] Em uma pesquisa que analisou as estimativas de quase um milhão de estudantes, descobriu-se que 70% deles afirmavam ter habilidades de liderança acima da média e apenas 2% dessa amostra afirmou ter habilidades **menores** do que a média.[13] Em outra análise, estudantes universitários julgavam ter mais chances do que a média de viver acima dos 80 anos de idade e menos chances de vir a sofrer com alcoolismo ou ataques cardíacos.[14] Motociclistas não fogem desse padrão, acreditando ter menos chances de causar um acidente do que os demais.[15] Empreendedores acreditam que suas empresas têm mais chances de ter sucesso do que as demais companhias do setor,[16] pessoas deixam de se vacinar por acreditarem ter menos chances de contrair gripe do que as demais[17] e 94% dos professores universitários acreditam ter habilidades de ensino superiores às de outros acadêmicos.[18]

Não é fácil perceber, mas existe um problema estatístico nesse julgamento que as pessoas fazem sobre si mesmas em qualquer área da vida:

> **É estatisticamente impossível que a maioria seja melhor do que a própria maioria!"**

As avaliações que realizamos de nós mesmos **violam as regras da matemática e da estatística.** Como você pode perceber, "melhor do que a média" é uma **subcategoria** de "média", sendo assim uma **subcategoria nunca pode ser maior do que a categoria como um todo.** Alicke, que faleceu em 2020, deixou um imenso legado, ajudando a comunidade científica a refinar esse fenômeno conhecido como **Viés do Autointeresse,**[19] uma tendência que exploramos no início do livro, que demonstra que as pessoas têm uma necessidade enorme em pintar uma imagem positiva sobre si mesmas. Esse fenômeno explica de certa forma os resultados de todos os estudos que vimos recentemente.

O ser humano tem uma necessidade tão grande de autoestima que, inclusive, nas oportunidades nas quais devemos avaliar **outras pessoas,** o fazemos de forma a nos sentirmos bem. Quais são as características mais importantes que devemos levar em consideração para avaliar o desempenho de outras pessoas? Bem, isso depende de quais características **você** valoriza mais! Se você **valoriza** e, principalmente, **possui** excelentes habilidades atléticas, matemáticas, emocionais ou de liderança, você irá **avaliar se outros indivíduos** são adequados ou inadequados levando em conta as habilidades atléticas, matemáticas, emocionais e de liderança deles. Ao julgar outras pessoas, você é quem determina **o que conta e o que não conta**, selecionando meticulosamente como forma de avaliação as características nas quais possui grandes habilidades e, assim, mantendo sua autoestima elevada. Curiosamente, Tom Gilovich e Elanor Williams, dois cientistas que investigaram esse fenômeno, o nomearam como **Efeito Melhor Que a Minha Média**.[20]

Nos anos 1980, a banda Ultraje a Rigor lançou o hit *Eu Me Amo*, sem saber que anos de pesquisa científica suportam cada verso da letra: eu e você não podemos mais viver sem nós mesmos!

Eu Não Presto

Amamos a nós mesmos, mas uma pequena parte da população não age com tanta paixão assim. Como pudemos perceber nos estudos apresentados anteriormente, algumas pessoas acreditam ter habilidades inferiores às outras. Em 1978, as cientistas da Georgia State University, Pauline Clance e Suzanne Imes, publicaram um artigo que posteriormente inspirou o trabalho de milhares de cientistas.[21] Estudando o comportamento de mais de 150 mulheres de extremo sucesso, com PhDs, posições importantes em empresas ou excelentes notas na universidade, Clance e Imes descobriram que esse grupo não tinha um senso interno de sucesso: essas mulheres se consideravam **"impostoras"**. Apesar de terem um alto desempenho, mantinham uma forte crença de que não eram inteligentes, convenciam a si mesmas que haviam enganado todos ao seu redor e que estavam em sua posição atual de sucesso por algum **erro, sorte** ou devido ao **julgamento**

equivocado de outras pessoas. Essa característica foi nomeada pelas cientistas como **Fenômeno do Impostor**.

Inicialmente, Clance e Imes acreditavam que esse fenômeno era mais prevalente no sexo feminino, principalmente pelo fato da sociedade estereotipar equivocadamente as mulheres como menos competentes do que os homens. No entanto, pesquisas posteriores revelaram que **homens e mulheres** apresentam as mesmas chances de ser atingidos pelo sentimento de ser uma fraude.[22] Um grande corpo de evidências aponta que pessoas com essa característica apresentam alto nível de ansiedade, perfeccionismo, neuroticismo, falta de organização, necessidade de parecer competente, falta de apoio familiar na infância e da supervalorização de **performance** ao invés de **aprendizado**.[23] Por incrível que pareça, as pessoas que se sentem impostoras não apresentam baixos níveis de autoestima.

Os seres humanos são realmente curiosos, não é mesmo? Pessoas com baixas capacidades geralmente acreditam ser **mais** inteligentes do que as demais, enquanto muitas pessoas com altíssima capacidade têm a crença de que sabem **menos** do que os outros e de que apresentam pior desempenho em relação à média da população, algo que vem sendo amplamente documentado em estudos como os de Clamce, Imes, Dunning, Krueger e de muitos outros cientistas.

Parece que, quanto **mais uma pessoa se aprofunda em certo assunto**, mais entende a complexidade dele, chegando à conclusão de que **ainda lhe falta conhecimento**, de que nada no mundo é explicado por **um ou dois fatores**. Por outro lado, quanto menos um indivíduo domina certa área, mais **simplista** é a sua visão sobre o mundo.[24] Felizmente, conhecer como a ciência funciona pode ajudar muitas pessoas a entender a complexidade de qualquer assunto.

Como um exemplo rápido, vamos falar de dinheiro e motivação? Motivação é aquilo que nos faz agir. Dinheiro faz com que as pessoas ajam mais? Sim! Mas a motivação resultante de incentivos financeiros gera melhor performance? Não. Muitos estudos demonstram que dinheiro **piora** o desempenho das pessoas em diversos tipos de tarefa.[25] Então motivação não é algo bom? Depende! Robert Yerkes e John Dodson descobriram que, quando as pessoas estão motivadas acima do normal, em um nível chamado de supraótimo, o desempenho delas cai.[26] No entanto, quando a motivação é ideal, as pessoas conseguem excelente performance. Então dinheiro não motiva? Isso não é verdade, o problema é que dinheiro motiva **demais**.[27] A conclusão é que uma superperformance não vem de uma supermotivação, mas sim de um nível motivacional ideal. E como conseguimos motivação ideal? Um dos caminhos é dar segurança financeira para as pessoas.[28] Mas segurança financeira não é dinheiro? Sim! Porém, quando as pessoas realizam uma tarefa sem o pagamento por performance, geralmente o desempenho delas é melhor.[29] Então pagar um salário fixo para vendedores, por exemplo, gera melhores resultados? Sim. Mas o salário fixo sempre gera melhor desempenho? Não. Incentivos financeiros funcionam de uma forma interessante em tarefas que envolvem exclusivamente habilidades motoras.[30] Mas esses incentivos financeiros apresentam perigos do mesmo jeito? Sim, diversos estudos científicos apontam que incentivos financeiros aumentam as chances de trapaça.[31] Sempre? Não, pois depende do montante oferecido, quanto maior o incentivo, mais gente trapaceia. Deixe-me parar por aqui, acho que você entendeu. Eu poderia completar diversas páginas falando sobre as complexidades da motivação, mas já fiz isso em um livro anterior.

Perceba que, quanto mais tempo se dedica ao estudo da motivação — e entre os maiores desse campo estão Edward Deci e Richard Ryan, os quais eu tive o privilégio de visitar na Universidade de Rochester, em 2018 —, um cientista começa a perceber quão complexo é esse tema, coletando dados e investigando novas hipóteses.[32] Tanto que Ryan e Deci estão estudando esse fenômeno há mais de cinquenta anos e, obviamente, não têm todas as respostas. Todos os dias, deixa eu repetir, **todos os dias** surgem novas descobertas sobre motivação, o que aumenta ainda mais a **complexidade** do fenômeno e, ao mesmo tempo, faz com que tenhamos uma compreensão **cada vez mais avançada** sobre ele.

> " Quanto mais uma pessoa sabe, mais sabe que não
> sabe tudo. Quanto menos uma pessoa sabe, menos
> sabe que não sabe nada."

Está mais do que na hora de começarmos a nos sentir mais como impostores do que como especialistas, para que, então, possamos nos tornar especialistas de verdade.

▶ Eu Não Vejo Que Me Amo

Se você leu este livro até aqui, certamente se lembrou de ocasiões nas quais pessoas que conhece foram vítimas desses vieses, mas dificilmente se lembrou das vezes em que a vítima foi **você**. Diferentemente de todas as outras pessoas, você não é enviesado, é perfeitamente racional, enxerga o mundo como ele é, digere notícias interpretando-as com neutralidade e é modesto para assumir que não sabe tudo.

Eu sei que a esta altura, você dificilmente concordará com a frase acima, mas, para as pessoas que não têm ideia da quantidade de vieses que influenciam nossos julgamentos, essa é uma tarefa complicada. Cientistas descobriram ainda mais um viés perigoso, que pode nos atrapalhar enormemente, batizado como o **Ponto Cego do Viés**. Ele nos leva a acreditar que as **outras pessoas** são mais suscetíveis a serem enviesadas do que nós mesmos, e que somos **imunes** à influência de todos os tipos de vieses.

A descoberta desse fenômeno foi realizada por um conjunto de cientistas de Princeton e de Stanford, composto por Emily Pronin, Daniel Lin e Lee Ross. Em uma série de três estudos, os pesquisadores descobriram que as pessoas julgam ser **menos enviesadas** do que as demais, **mesmo quando a explicação desses vieses é mostrada a elas**.[33] No primeiro estudo, os participantes receberam uma lista explicando oito vieses comportamentais — entre eles a dissonância cognitiva, o erro fundamental da atribuição e o efeito da mídia hostil — e foram solicitados a julgar usando uma escala de 1 (de forma alguma) a 9 (fortemente) o quanto eles mesmos tinham a tendência de ser vítimas desses vieses, bem como as chances do "cidadão em geral" ser enviesado. A figura a seguir ilustra as descobertas dos cientistas, onde os participantes julgavam que as **outras pessoas tinham maiores chances** de serem enviesadas em comparação a elas mesmas.

O resultado agregado, levando em consideração os oito vieses, computou que os participantes julgavam estar classificados em 5,31 na escala entre 1 e 9 — levemente acima de 5, o ponto médio da escala — enquanto afirmavam que o "cidadão em geral" estava classificado em 6,75, uma diferença estatisticamente significativa.

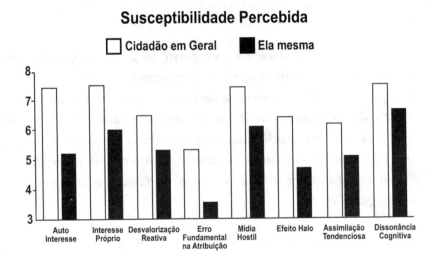

Em um procedimento seguinte, os participantes seguiram instruções parecidas à anterior, com a diferença de que os indivíduos deveriam comparar a si mesmos com os **colegas da universidade**, ou seja, comparar-se com um grupo de pessoas **similares**. Da mesma maneira, os cientistas descobriram que os participantes julgavam a si mesmos como **menos enviesados** do que seus colegas de campus, porém a diferença desta vez foi

134 ⚔ *A Arte de Enganar a Si Mesmo*

bem menor quando comparada com a da fase anterior: 5,05 para si mesmos e 5,85 para os colegas. Nessa oportunidade, os efeitos foram estatisticamente significantes para apenas 4 dos 8 vieses. Tais resultados enfatizam o quanto **protegemos o nosso próprio grupo**, acreditando que somente nós somos conscientes de nossas próprias falhas e menos suscetíveis a vieses. Em breve, você conhecerá as descobertas mais incríveis — e assustadoras — sobre a influência de grupos em nosso comportamento. Fique atento.

No segundo estudo, 91 participantes deveriam completar um questionário no qual julgariam 6 dimensões de suas personalidades (3 positivas: confiabilidade, objetividade e consideração pelos outros; e 3 negativas: esnobismo, decepção e egoísmo), comparando-as posteriormente com outros estudantes da universidade, novamente usando uma escala entre 1 e 9. Após essa atividade, os participantes liam na próxima página o seguinte texto:

> *Estudos demonstraram que, no geral, as pessoas apresentam um efeito "acima da média" quando avaliam a si mesmas em comparação com outros membros de seu grupo. Ou seja, 70% a 80% dos indivíduos avaliam a si mesmos como "melhores do que a média" em qualidades que percebem como positivas, e, por outro lado, avaliam a si mesmos como tendo quantidades "menores do que a média" de características que acreditam ser negativas.*

Os participantes posteriormente eram informados de que "para os objetivos do estudo, seria interessante saber a precisão de seus autojulgamentos na página anterior", tendo que em seguida escolher uma das alternativas a seguir:

1. *Medidas objetivas iriam me classificar abaixo do que classifiquei a mim mesmo nas características positivas e acima nas características negativas.*

A alternativa 1, caso marcada pelo participante, indicaria que ele reconheceu ter sido influenciado pelo efeito acima da média.

Estas eram as demais alternativas:

2. ***Medidas objetivas não iriam me classificar de forma mais positiva ou mais negativa do que eu classifiquei a mim mesmo.***

3. ***Medidas objetivas iriam me classificar acima do que classifiquei a mim mesmo nas características positivas e abaixo nas características negativas.***

Os resultados confirmaram a hipótese dos cientistas, demonstrando a crença dos participantes em ter mais características positivas (média de 6,44) e menos características negativas (média de 3,64) em relação aos seus colegas de universidade. De todos os 91 participantes, 79 deles (87%) demonstraram ser vítimas do "efeito acima da média" e, **mesmo após lerem o texto que enfatizava o grande percentual de pessoas enviesadas pelo efeito**, apenas 19 (24%) desses 79 participantes indicaram que suas respostas poderiam ser enviesadas. Assim, os participantes que afirmavam ter comportamentos "acima da média" **insistiram** na precisão de seus julgamentos. Além disso, 63% deles marcavam a alternativa número 2 quando questionados sobre a precisão de seus julgamentos, demonstrando acreditar terem sido completamente **objetivos** em suas autoavaliações, enquanto 13% deles afirmavam terem sido **muito modestos** em suas autoavaliações, marcando a terceira alternativa, que indicava que medidas objetivas iriam mostrar que tinham **ainda mais** características positivas e **menos** características negativas do que julgaram no teste. Os dados revelam que, mesmo após a experiência de terem sido escancarados a um viés comportamental e, logo em seguida, terem recebido uma explicação explícita desse viés, os efeitos foram insuficientes para que os participantes **confessassem** ter uma suscetibilidade similar a de seus colegas em serem vítimas desses vieses.

Por mais conhecimento que possamos ter sobre todos os tipos de vieses, é difícil que paremos completamente de enganar a nós mesmos de tempos em tempos. Se nesse lado estamos desprotegidos, é prudente que aprendamos a nos proteger pelo menos de ser enganados por **outras** pessoas. O próximo capítulo irá lhe auxiliar nesse objetivo.

07

Tropeçando
na Ciência

Chocolate, Prêmio Nobel, Armas, Violência e Vacinas

Se eu dissesse que, para ganhar um Prêmio Nobel, tudo o que se deve fazer é comer muito **chocolate**, você certamente classificaria minha dica como um devaneio. Mas por que não faz o mesmo julgamento se eu lhe disser que armas de fogo **reduzem** a violência? Por mais absurda que essa comparação possa parecer neste momento, no decorrer deste capítulo você entenderá que ambas as afirmações seguem **exatamente a mesma lógica** e que, para entendê-la, é necessário um pouco de conhecimento sobre metodologia científica.

Há alguns meses, recebi uma mensagem em um grupo de Whats-App que tinha origem — pasmem — em um grupo de médicos. O título da mensagem era algo como: **"Quanto mais nos vacinamos, maior o número de casos de Covid-19."** Ao clicar no link que acompanhava a mensagem, fui encaminhado a um blog norte-americano no qual o autor da postagem dizia: *"Quando é que 'eles' vão finalmente acreditar nos dados? Nunca."* A conclusão do autor era acompanhada de vários gráficos e dados obtidos por cientistas e instituições de respeito. No entanto, faltou ao blogueiro uma simples interpretação nesta análise: são as **vacinas** que **causam** aumento nos casos de Covid-19 ou seriam os **aumentos** nos casos de Covid-19 que **causam** mais vacinações? O leitor com um pouco mais de 40 anos de idade deve lembrar do **Dilema de Tostines**: vende mais porque é fresquinho ou é fresquinho porque vende mais? Diferentemente do caso do biscoito, no qual em uma análise inicial podemos chegar à conclusão de que as duas afirmações têm chances similares de ser verdadeiras, o caso das vacinas tem a probabilidade de pender apenas para um lado. Na sua opinião, o que é mais provável? Que a **vacina** possa de alguma maneira estar **causando** novos casos de Covid-19? Ou que o **aumento do número de casos** faça as pessoas ficarem com medo de morrer, o que faz com que decidam se vacinar? Lembre-se de que, de acordo com a **posição inicial** do autor sobre o assunto, maiores são as chances de ele interpretar dados ambíguos de forma a **confirmar** suas crenças. Ao acessar o perfil do dono do blog, que é um empreendedor na área de **tecnologia**, uma informação chama atenção:

> *"Quando a pandemia da Covid-19 nos atingiu, 'João' pegou uma licença de trabalho de sua empresa para começar o Fundo de Tratamento Precoce de Covid-19. Ele colocou US$1 milhão do seu próprio dinheiro no fundo e levantou outros US$5 milhões de fontes privadas."*

Para os que conhecem a **Dissonância Cognitiva** e a **Escalada do Comprometimento**, quão difícil é mudar a opinião de uma pessoa que:

1. Pediu uma licença para se afastar de sua própria empresa.
2. Criou um fundo financeiro.
3. Investiu US$1 milhão de seu próprio bolso no fundo.
4. Convenceu outras pessoas e empresas a doarem mais US$5 milhões ao fundo.

Ao obter evidências contrárias às suas crenças — **tratamento precoce, infelizmente, não funciona** — qual é a cognição mais atraente para esse indivíduo?

1. "Puxa, que pena, tirei uma folga da minha própria empresa a fim de começar um fundo financeiro para o tratamento precoce da Covid-19, investi US$1 milhão e convenci outras pessoas a doarem mais US$5 milhões para algo que acabou sendo comprovado pela ciência como ineficaz. Vou pensar melhor na próxima vez. Preciso segurar meus impulsos, talvez seja prudente eu não me envolver em assuntos fora da minha área de formação. Vou me redimir tentando recuperar de alguma forma esse US$1 milhão que investi, vou pedir desculpas aos

meus sócios pela minha impulsividade e devolver o quanto antes os US$5 milhões para as pessoas e as empresas que acreditaram no meu projeto. Que mancada!"

2. "Esses medicamentos funcionam! Órgãos de saúde, governos e empresas farmacêuticas estão enganando a população sobre a eficácia dos remédios para lucrar com a venda de novas vacinas. Sou esperto, tomo boas decisões, sou racional, defendo causas importantes. Me afastar do meu trabalho, iniciar um fundo, investir US$1 milhão e convencer outras pessoas a doarem US$5 milhões não foi em vão. Vou buscar novas evidências e publicá-las em um blog para provar para todo mundo que estou certo."

E então, qual a sua opinião? Além disso, tendo conhecimento sobre outras falhas cognitivas às quais estamos sujeitos, o quanto você imagina que o cérebro do autor do blog se esforçou para encontrar uma **explicação alternativa que coloque suas crenças em dúvida** na relação entre os casos de coronavírus e o número de vacinados?

Em uma conversa recente com um amigo, ele me disse que, hoje em dia, os cientistas manipulam dados para encontrar o que querem — e essa afirmação é verdadeira. Qualquer cientista pode realmente manipular dados para confirmar o que já acredita, porém as vítimas desse tipo de desonestidade **não são outros cientistas** e, sim, **os cidadãos comuns**. Como você aprenderá em breve, a metodologia científica segue uma série de regras para a verificação de qualquer fenômeno e, assim, um estudo manipulado para obter resultados tendenciosos é **facilmente desmascarado por outros cientistas**, impedindo que a descoberta ganhe relevância no mundo acadêmico. No entanto, como existem revistas científicas de péssima qualidade, um estudo igualmente péssimo tem grandes chances de publicação nesses veículos. Como os cidadãos comuns não têm conhecimento sobre a **qualidade** de revistas científicas, mas têm uma fome enorme para mostrar que estão certos, basta que algo seja oficialmente publicado para que as pessoas **fora do círculo acadêmico** a classifiquem como uma "comprovação científica". Como vimos em um capítulo anterior, nem a publicação do artigo de baixa qualidade é necessária: casos como o do *working paper* referente ao "estudo da Johns Hopkins" ilustram bem esse fato.

Existem sim cientistas desonestos, comprados por políticos, lobistas e indústrias para fabricar dados, e seus estudos têm a clara intenção de colocar as posições dessas pessoas e dessas instituições em um pedestal. Mas tais estudos não iludem outros cientistas, que rapidamente fazem análises minuciosas que fogem da expertise do cidadão comum para analisar a veracidade e a confiança dos dados, descartando evidências fracas e realizando novos estudos para expor o colega charlatão. No entanto, como as pessoas **fora da academia** dificilmente se manterão atualizadas sobre o assunto, o estrago causado pela leitura de **um** artigo vindo de **um** cientista desonesto continuará a ser sentido por **toda a sociedade** no longo prazo. Logo você conhecerá um caso como esse, que iniciou o movimento antivacina.

O caso do blog mencionado nos gera um alerta de que manipulações usando a ciência não precisam ser necessariamente feitas por cientistas. Pessoas comuns, como o blogueiro/empresário, vítimas de uma série de vieses que fogem de sua compreensão, também possuem um poder de influência enorme, levando os avarentos cognitivos a acreditar em informações que colocam suas próprias vidas em risco, mas trazem autoestima no curto prazo.

Mas, afinal, o que essa história tem a ver com chocolates e Prêmio Nobel, armas de fogo e violência? As conclusões de todas essas histórias têm uma comunalidade: são baseadas em **correlações**, assim como o segredo de Tostines. Você conhece os perigos de tirar conclusões vindas de correlações? Aperte os cintos!

Rebeldes Sem Causa

Ao sermos iludidos pelas mais variadas falhas cognitivas que analisamos até aqui, muitas vezes entramos em uma jornada sem volta. Por isso, a consciência sobre a existência desses vieses é importante na construção

142 ⚡ *A Arte de Enganar a Si Mesmo*

da pessoa que você quer ser. Como vimos nas páginas anteriores, forças enormes moldam nosso comportamento, entre elas, o desejo de termos realizado **boas escolhas**, de estarmos **certos**. O ser humano viaja longas distâncias para provar que estava certo, mesmo estando errado, e busca pela confirmação de que está correto ao invés de buscar pela verdade. E, felizmente, o processo de **busca pela verdade acontece** em uma área: a ciência.

A ciência não é perfeita, mas sem dúvida alguma ela é **a ferramenta mais confiável que existe para tomarmos decisões**. Em uma época na qual as pessoas confiam mais na opinião de políticos do que em evidências científicas é importante explorarmos como a ciência funciona e por que ela é tão confiável. O conhecimento da metodologia científica, no entanto, vem com um preço alto: **após a leitura deste capítulo, você nunca mais irá processar informações do mesmo jeito. Você nunca mais aceitará a apresentação de dados sem nexo. Você perceberá quão descabidas são algumas matérias que apresentam grande cobertura da mídia. Você passará a entender quão absurdas são as afirmações de políticos. Seu nível de exigência ao consumir informações crescerá absurdamente. Sua régua subirá demais! Está pronto ou pronta? Aviso de antemão que a jornada pelo mundo da ciência não tem volta.**

Suponha que recentemente você ouviu o depoimento de um político afirmando que a solução para a redução da violência é facilitar que o cidadão comum possa **comprar armas**. Por mais que a opinião faça sentido e o objetivo do político seja criar um país mais pacífico, essa afirmação precisa ser colocada sob teste. Uma das coisas mais importantes que aprendi em quase vinte anos de contato com a ciência é que a **nossa intuição nos trai**. Frequentemente, aquilo que **achamos** que funciona para resolver certa situação gera resultados opostos aos que esperamos.

No caso da liberação de armas, podemos investigar o que os cientistas descobriram sobre a **relação entre a quantidade de armas em um país e seus níveis de violência.** Como o Capítulo 13 discutirá com profundidade a questão da violência, neste momento vou me ater ao fato de que estudos **correlacionais** (lembra dessa palavra?) apontam que,

Tropeçando na Ciência ☓ **143**

quanto mais armas os cidadãos de um país possuem, **maior é a violência**.[1] No entanto, quando um estudo é **correlacional**, ou seja, quando mede como duas variáveis se relacionam (armas e violência), um cientista **nunca pode afirmar** que armas **causam** violência. Tudo o que sabemos em correlações é que as variáveis estão **associadas**. Nesse caso, quando o número de armas aumenta, a violência aumenta também. Além disso, um estudo correlacional não consegue determinar a **direção da causalidade**, ou seja, se **armas** aumentam a violência ou se é a **violência** que aumenta a quantidade de armas: o velho Dilema de Tostines.[2]

Ao olharmos mais de perto o caso do blogueiro que afirmou que a vacinação estava causando um aumento nos casos de Covid-19, é mais provável que a direção da causalidade seja a **oposta**: quanto mais casos de coronavírus são descobertos, mais as pessoas ficam assustadas e maiores são as chances de elas se vacinarem. Apesar dessa conclusão ter lógica e provavelmente ser correta, um cientista nunca pode afirmar **causalidade** mesmo com evidências como essa, já que a correlação pode estar sendo moderada por uma **terceira variável**. O aumento no número de vacinados pode ter como **causas** outros fatores como as campanhas de vacinação, a facilidade de acesso às vacinas, o falecimento de entes queridos, a sensação de escassez de doses por parte da população, o incentivo de um artista, entre centenas de outras possibilidades. Essa terceira variável também é nomeada pelos estatísticos como **Variável Confusa**, ou seja, uma variável que pode estar relacionada **tanto com a causa quanto com o resultado**.[3] Como um exemplo simples, existe uma correlação positiva entre uso de **protetor solar** e o desenvolvimento de **câncer de pele**. O cidadão sem treinamento científico pode concluir que o protetor solar **causa** câncer de pele, ou que o câncer de pele aumenta o uso de protetor solar, mas geralmente nos esquecemos de uma **terceira variável** que pode explicar melhor o fenômeno: **exposição ao sol**. Uma possível explicação desse fenômeno é a de que, quanto mais uma pessoa se expõe ao sol, mais protetor solar ela usa e mais chances de desenvolver câncer de pele ela apresenta. Perceba que a exposição ao sol está relacionada tanto com a hipótese da causa (uso de protetor solar) quanto com a do resultado (câncer de pele). Em muitas oportunidades, os cientistas podem **controlar** uma grande quantidade de variáveis em estudos correlacionais e, mesmo assim, por ser impossível de controlar **todas** elas, é impossível também estabelecer **relações de causalidade** em estudos que utilizam essa metodologia.

> " ▬▬▬
>
> Um mantra entoado pela comunidade acadêmica é que correlação não significa causa."

No caso das armas, pode ser que os **cidadãos mais violentos** comprem armas, portanto não é a quantidade de armas que aumenta a violência e sim o fato de que cidadãos mais violentos por natureza compram mais armas e as usam com mais frequência quando sua compra é facilitada. O problema nesse caso seriam os cidadãos mais violentos, não as armas. Então isso significa que, se fosse exigido um teste que mede o grau de violência de um cidadão antes que ele possa comprar uma arma, teríamos uma redução na violência? Não necessariamente, porque pode ser que a mera **posse** de uma arma **provoque** comportamentos mais violentos em qualquer tipo de pessoa. A violência maior em países onde comprar arma é tarefa fácil também pode ter sido causada por **variáveis** como o **calor**. As evidências científicas apontam uma correlação entre clima quente e aumento da violência, portanto pode ser que os países que facilitam a compra de armas aos cidadãos sejam majoritariamente de clima quente e é a **temperatura**, e não as armas em si, que provoca violência. Isso significa que países com clima ameno terão menos violência? Não necessariamente, pois pode ser que, em países mais frios, em momentos de depressão por falta de luz solar, as pessoas utilizem armas para cometer suicídio. Então, a **presença** de uma arma em casa é o que pode aumentar as chances de uma pessoa acabar com sua própria vida e aumentar casos de violência. Isso significa que, se um teste que mede as tendências depressivas de uma pessoa fosse aplicado no momento da compra de uma arma, ele ajudaria a combater o suicídio? Não, pois pode ser que a violência aumente nos países que liberam armas facilmente porque os criminosos as roubam dos cidadãos comuns e as usam contra outras pessoas. Pode ser também que a presença de uma arma em casa aumente as chances de adolescentes que sofrem bullying na escola usarem essas armas para matar seus colegas e professores, então o problema não são as armas, mas sim o bullying. É possível, também, que países com mais disponibilidade de armas apresentem maior desigualdade social e que pessoas com dificuldades em manter sua família sejam aquelas com maiores chances de usar armas para roubar e, nesse caso, a desigualdade social, e não as armas, seria o motivo do aumento da violência. É possível que os países onde comprar armas é fácil apresentem uma população composta por 65% de homens e 35% de mulheres e, como evidências apontam que homens cometem mais homicídios do que mulheres, o problema está na desproporcionalidade de homens em relação a mulheres, não na disponibilidade de armas. É melhor parar por aqui, pois posso ficar escrevendo **centenas de páginas** imaginando as possíveis causas do aumento da violência correlacionadas com armas de fogo.

Acredito que você entendeu quão complexo um assunto pode ser, principalmente quando os únicos dados que temos são correlacionais. Muitos de nós utilizamos uma forma **binária** de pensar, "x causa y". Porém, como vimos, a causa do problema pode ser z, w, p, q, α, m e até uma combinação entre todos esses fatores. O renomado cientista de Harvard, Max Bazerman, nos presenteia com a bela dica de analisarmos informações procurando por **aquilo que não nos foi apresentado**.[4] Armas aumentam ou diminuem a violência? Em quais outras variáveis eu posso pensar **além** de armas e violência? Vamos praticar? Certa vez, li o post de um senador que dizia: **Mais armas, menos crimes!** Na publicação, o senador mostrava dados de um levantamento feito por um instituto comandado por um deputado estadual simpatizante das armas, que apontavam que os 5 estados mais armados do Brasil tinham 33% das armas legais do país e computavam apenas 9% dos homicídios, enquanto os 5 estados menos armados possuíam apenas 6% das armas legais e eram responsáveis por 26% dos homicídios. Com o pouco de experiência que você possui em correlações até então, onde estão as falhas desse levantamento e da conclusão do senador? Quais informações **não** lhe foram apresentadas? **Armas** causam menos violência ou **menos violência** causa o aumento de armas? Pode ser que armas gerem uma sensação de intimidação em criminosos e realmente diminuam a violência, como também é possível que baixos índices de violência levem as pessoas a ficarem com medo de perder sua tranquilidade, incentivando a compra de armas. Pode ser que, mesmo em estados com baixos índices de violência, um **terceiro fator**, como o discurso de um político de grande influência afirmando que os bandidos estão prestes a invadir sua casa, modere o aumento no número de armas. Entrando mais profundamente nessa análise, qual é a definição de "crime" para você? Apenas homicídios podem ser considerados como crime? Que tal o marido que chega em casa embriagado e ameaça a esposa com uma arma? Isso é um crime na sua opinião? Esse tipo de caso é reportado para a polícia e entra nas estatísticas criminais? E assaltos a mão armada nos quais os ladrões ameaçam as vítimas, mas não matam ninguém. São crimes? E oportunidades em que um vizinho atira no outro por causa de uma discussão sobre futebol, mas por sorte a vítima sobrevive, não contam? Que tal se falássemos sobre os seis estados mais e menos armados ao invés dos cinco levantados pelo senador, a estatística mudaria? E se fossem os quatro estados mais e menos armados, o que mudaria nesses números? Que tal incluir nos dados **todos** os estados brasileiros? E se, ao invés de agrupar os estados, fizéssemos uma análise de cada estado **separadamente**, mais armas continuariam a estar correlacionadas com menos "crimes"? Entre os "estados mais armados" estão Paraná, Santa Catarina, Rio Grande do Sul, Mato Grosso e Acre, já entre os "menos armados" estão Bahia, Ceará, Maranhão, Pernambuco e Sergipe, portanto o motivo da diferença no número de homicídios não poderia ser a **desigualdade social**? O estudo levanta apenas 35% dos homicídios; para os 65% faltantes a correlação com a quantidade de armas continua significativa? Se levarmos em consideração que existem muitas armas ilegais circulando pelo país, e se elas entrassem nas estatísticas do estudo, mais armas continuariam correlacionadas com menos homicídios? Além dos dados em si, que tal analisarmos a **confiabilidade da fonte** para não sermos vítimas do **Efeito Dormente**? O instituto que realizou o levantamento, fundado por um cidadão entusiasta das armas, tem algum interesse em fazer pesquisas livres de vieses? Se eles encontrassem dados mostrando que mais armas aumentam a violência, será que o publicariam? Você confiaria em uma pesquisa conduzida por uma indústria de cigarros, informando que fumar faz bem à saúde? E o senador que postou a informação, ele tem algum interesse fora do nosso conhecimento para divulgar tal informação? Que tal o recebimento de verbas de campanha vindas de fabricantes de armas? Mais uma vez temos evidências de que manipulações de dados não enganam cientistas, mas sim os cidadãos do bem. Na metodologia científica, a prática de "escolher" dados de forma tendenciosa com o intuito de obter resultados que interessam ao pesquisador é conhecida como **"cherry picking"**.[5] Você pode estar certo de que os cientistas têm **todas as ferramentas** que desmascaram esse tipo de prática, mas e o cidadão comum?

Um estudo ilustra de forma interessante o quão complexas as **correlações** podem ser e como podem trair nossas conclusões. Em um certo período, o exército norte-americano estava preocupado com a quantidade de acidentes de motos que seus soldados sofriam, portanto encomendaram um estudo para descobrir quais eram os fatores que aumentavam as chances desses acidentes acontecerem. Os cientistas coletaram dezenas de informações sobre os soldados, como idade, sexo, nível de educação formal, peso, anos de experiência pilotando motos, histórico de acidentes, forma física, análises psicológicas, medidores de saúde; bem como sobre os acidentes, como velocidade da moto, tipo de colisão, horário do acidente, causa do acidente, tipo de imprudência, modelo da moto, tipo de queda, uso de capacete, local do acidente, entre outras. Na sua opinião, qual foi o fator que teve a maior correlação com os acidentes de motos? Distração? Alta velocidade? Imprudência? Transitar em corredores de automóveis? Se imaginou que seria um desses, você está tremendamente enganado! O principal preditor de acidentes de motos foi a **quantidade de tatuagens** que o soldado tinha! Isso significa que tatuagens **causam** acidentes? Ou que acidentes **causam** tatuagens? A não ser que você considere uma cicatriz como tatuagem, a resposta para ambas as perguntas é não. Como podemos perceber, a correlação entre acidentes e tatuagens é causada por um **terceiro** fator.[6]

Nesta altura, acredito que você já esteja pronto para criticar o primeiro estudo que apresentei neste capítulo: o cientista Franz Messerli encontrou uma correlação positiva entre o consumo de **chocolate** em vários países e o número de ganhadores do **Prêmio Nobel** nessas nações.[7] Chocolates causam o recebimento do Prêmio Nobel? Indivíduos de países com ganhadores do Prêmio Nobel passam a comer mais chocolate, quem sabe, para comemorar a conquista? Ou seria **a educação de qualidade** em países como Suíça e Dinamarca que faz as pessoas terem vidas melhores, mais chances de ganhar o Prêmio Nobel, e, quem sabe, poder comprar mais chocolate? Quais outras variáveis confusas existem nessa correlação?

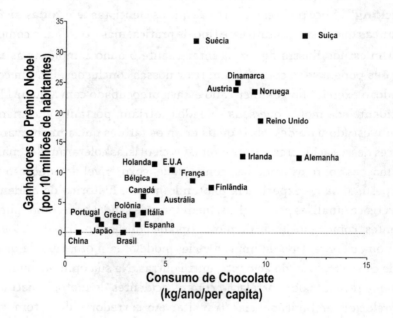

Como você pode imaginar, profissionais da maioria dos setores, inclusive do jornalismo, não passam por treinamento científico e, assim, têm seus pensamentos traídos pela **forma binária** com a qual o ser humano processa informações.[8] Praticamente todos os dias leio notícias que indicam causa e efeito, nas quais o que existe é apenas correlação.

Resumindo, estudos correlacionais são excelentes para ilustrar a relação entre duas variáveis, no entanto eles não determinam **causalidade**. A força de uma correlação é medida entre -1 e 1, e, quanto mais próximo dos extremos, mais forte ela é. Como exemplo, no caso das armas, se a correlação entre armas e violência fosse -0,90, ela deveria ser interpretada como uma correlação **negativa** extremamente forte, indicando uma tendência de que quanto mais armas, menor a violência. Mas, se essa relação fosse 0,55, podemos interpretar como uma correlação positiva moderada, indicando uma tendência de que a quantidade de armas aumente os casos de violência, mas nem tanto.

Apesar das deficiências do estudo correlacional, ele não pode ser desconsiderado. Existem certas investigações científicas que **só podem ser feitas por meio desse tipo de estudo**, geralmente fenômenos que são difíceis de se estudar no ambiente controlado de um laboratório. Como um cientista poderia analisar, por exemplo, a relação entre tabagismo e câncer? Você pode imaginar o quão difícil seria para um cientista realizar um estudo no qual um grupo de pessoas fosse obrigado a fumar dois maços de cigarro por dia, um segundo grupo apenas um maço por dia e um terceiro grupo nunca pudesse fumar **durante vinte anos**. Posteriormente, os cientistas analisariam qual dos grupos teve uma maior incidência de câncer. Apesar do design desse experimento ser excelente, a execução dele é impossível. Como o cientista irá garantir que as pessoas fumem a exata quantidade de cigarros por dia? Como ele ou ela irá garantir que as pessoas do grupo de controle **nunca** fumem durante os próximos vinte anos? Os estudos correlacionais resolvem esse tipo de problema, possibilitando que pesquisas importantes possam ser realizadas analisando o **comportamento real das pessoas**, avançando nosso conhecimento em diversas áreas.

Causalidade, Não Casualidade

No entanto, nem todo fenômeno é impossível de ser isolado e precisa ser estudado usando o método correlacional. Quando algo pode ser estudado no ambiente controlado de um laboratório, os cientistas podem inferir com **grande grau de precisão** o que **causou** certo acontecimento. Esses poderosos estudos são chamados de **experimentos científicos**.[9] Em um experimento científico, os cientistas podem **arquitetar** aquilo que querem estudar. No caso das armas, eles podem analisar, por exemplo, se a mera presença de uma arma em um ambiente é a **causa** de as pessoas se comportarem de forma mais violenta. Para isso, os cientistas podem selecionar um grupo de participantes, colocá-los para realizar uma tarefa e, em seguida, fazer outras pessoas **insultarem** os participantes por sua baixa performance. Posteriormente, os participantes insultados podem se vingar. Assim, no próximo passo do experimento os participantes que foram insultados julgarão a performance daqueles que os insultaram. Esse julgamento pode acontecer por meio de um **choque**. Nesse caso, quanto pior o desempenho das pessoas, mais forte deve ser o choque dado pelo participante. Nessa condição, os participantes seriam separados em dois grupos: em um deles, uma **raquete** seria colocada em cima da mesa na qual o aluno controlaria a máquina de choques, no outro, a raquete seria substituída por uma **arma**. Na condição de controle, **nada** seria colocado em cima da mesa. Dessa forma, os cientistas podem medir se as pessoas insultadas que avistaram uma arma em cima de suas mesas deram choques **mais fortes** do que aquelas que avistaram uma raquete; se a presença da raquete causou choques mais violentos do que a presença da arma; ou se não existiu diferença na intensidade dos choques em ambas as condições. E quão diferente foi a intensidade dos choques que os participantes que avistaram a raquete ou a arma deram em suas vítimas em comparação com aqueles que não foram expostos a nenhum dos objetos, o grupo de controle?

Em muitas oportunidades, um experimento como esse é o melhor que um cientista pode fazer para estudar um fenômeno, já que seria antiético realizar um estudo no qual um grupo de participantes receberia uma arma, um segundo receberia uma raquete e o terceiro não receberia nada, e, posteriormente, os cientistas analisariam qual dos grupos se comportou de forma mais violenta. Apesar desse estudo ter um design perfeito e, com ele, a possibilidade de testar a hipótese de que "armas não matam pessoas" seria real, tal experimento nunca seria aprovado por um comitê científico. Sim, existem comitês que julgam a ética dos estudos, aprovando ou reprovando os mesmos.

O experimento com armas e raquetes não é uma criação minha, e sim um experimento que realmente aconteceu, o qual você irá conhecer em detalhes no Capítulo 13. Nele, os participantes que avistaram uma arma se comportaram de forma **mais violenta** do que as pessoas que avistaram uma raquete ou do que o grupo de controle.[10] Dessa forma, os cientistas do estudo puderam concluir que armas **causam** comportamentos mais violentos em pessoas que acabaram de ser insultadas. Conhecendo um pouco de ciência, você pode estar se perguntando: mas não existe a chance de as pessoas que viram as armas nesse experimento **já serem mais violentas** por natureza? Então não foi a arma em si que causou o comportamento agressivo e, sim, a **violência natural** das pessoas? Aqui entra um grande trunfo do método experimental. Quando os cientistas separam as pessoas em grupos, eles o fazem usando uma distribuição **aleatória**. Dessa forma, de acordo com as regras estatísticas, as chances de pessoas **violentas** ou **não violentas** estarem no mesmo grupo são **as mesmas**, ou seja, essas diferenças "cancelam" umas as outras.[11] A aleatoriedade no método científico permite que pessoas de idades, crenças, religiões, posições políticas, gênero, culturas, países, níveis de violência e qualquer outra variável tenham as **mesmas chances** de fazer parte de qualquer grupo, dessa forma, os cientistas podem **afirmar com grande nível de confiança** que certo comportamento foi **causado pela intervenção**, e não por alguma característica da personalidade dos participantes. A distribuição aleatória é extremamente poderosa no sentido de conseguir **isolar a causa** de certo fenômeno.

No experimento com armas, as chances de pessoas violentas e não violentas estarem em qualquer grupo era **igual** — por esse motivo, os cientistas podem afirmar com imensa confiança que foi a **presença da arma, e não a violência natural** dos participantes, que **causou** o comportamento agressivo. Porém, a aleatoriedade não é a única ferramenta poderosa de um experimento. Outra característica fundamental de um experimento científico é o **grupo de controle**, ou seja, aquele grupo que, geralmente, **não sofre intervenção** alguma.[12] No caso do experimento com armas, o grupo de controle não foi exposto à arma e nem à raquete. O grupo de controle dá aos cientistas ainda mais certeza de que o comportamento das pessoas foi **causado pela intervenção** e não por **mero acaso ou sorte**. Usando um cálculo que revela se a diferença de comportamento dos grupos foi estatisticamente significativa ou não, em comparação com o grupo de controle, os cientistas podem concluir se o comportamento dos participantes foi resultado do **acaso** ou se foi realmente a **intervenção** que causou o comportamento observado.

Voltando ao experimento, se os cientistas observassem que o grupo que avistou as armas e o que não avistou nem armas nem a raquete — o grupo de controle — teve comportamentos muito parecidos, eles poderiam concluir que a presença de armas não aumenta e nem diminui a violência. Por esse motivo os cientistas podem concluir com grande certeza que a presença de armas **causa** um aumento na violência dos participantes, pois, **comparados com o grupo de controle**, os participantes que avistaram armas agiram de forma **significativamente** mais violenta do que o **normal**. Para reforçar, a comparação com o grupo de controle demonstra que o comportamento mais violento dos participantes de um dos grupos de tratamento não foi obra do acaso e, sim, **causado** pela presença de uma arma em cima da mesa.

Apesar da robustez estatística obtida pela aleatoriedade e pelo grupo de controle, existem chances de um experimento chegar a uma conclusão e outro chegar a uma conclusão contrária? Claro! E aqui chegamos em outra ferramenta científica que assegura a confiança de um experimento: a **possibilidade de replicação**.[13] O método experimental permite que cientistas do mundo todo **repitam** com fidelidade o experimento em seus países, com diferentes pessoas, em diferentes épocas, em diferentes realidades econômicas, em diferentes culturas e assim por diante, gerando alto grau de confiança para a descoberta. Como dois experimentos podem chegar a conclusões conflitantes, a replicação resolve esses casos, pois o **acúmulo** de evidências apontará com mais frequência para a **direção correta**. Mesmo no método correlacional, a replicação é fundamental. Sim, existem estudos que mostram uma correlação negativa entre armas e violência (mais armas, menos violência), porém o **acúmulo de evidências** aponta na direção contrária.

Perceba que a replicação é a ferramenta que faz com que a **ciência corrija a si mesma**, além de ser uma forma de proteção contra cientistas com interesses ocultos. Como vimos, cientistas podem produzir evidências que confirmem seus interesses, no entanto não podemos esquecer que a **ciência é uma área competitiva**. No momento em que um cientista publica um artigo em um *journal*, outros cientistas virão famintos para replicar o estudo e verificar a sua confiabilidade, desmascarando os impostores rapidamente. No caso de fraude, o impostor passará por uma vergonha tremenda frente aos seus colegas, além de sofrer outras sanções que veremos em breve. Com o passar do tempo, o acúmulo de boas evidências esmaga as evidências de baixa qualidade, mantendo trapaceiros longe dos holofotes.

> "
> ─────
>
> **Não existe estudo ruim que sobreviva à ciência boa."**

Não esqueçamos que nem todo cientista que chega a evidências contrárias aos outros é mal-intencionado. Às vezes, o estudo apresenta alguma falha metodológica que fugiu do radar do pesquisador e, assim, a replicação dos estudos **corrige** essas falhas. O cientista Jonathan Haidt, da New York University, compara a comunidade científica ao cérebro. Um neurônio sozinho não tem grande utilidade, mas uma grande rede de neurônios agindo em conjunto alcança objetivos incríveis.[14] Um cientista pode ter uma mente falha e enviesada, mas várias mentes juntas corrigem essas falhas e produzem resultados magníficos.

Muitos estudos de medicamentos e de vacinas são feitos por meio do método experimental, gerando alto grau de confiança na eficácia do produto.[15] Mas vacinas não levam anos para ser desenvolvidas? Depende! Em um momento como o da pandemia do coronavírus, a comunidade científica médica se concentrou enormemente no estudo das vacinas para acumular evidências suficientes para concluir algo sobre a sua eficácia, afinal a humanidade precisava desse produto com **extrema urgência**. Se durante um ano tivermos grande parte da comunidade científica **exclusivamente** dedicada à descoberta de uma vacina, os milhares de cientistas envolvidos produzirão uma enorme quantidade de evidências que, juntas, apontarão com mais frequência para uma determinada direção. Agora, qual é a urgência que a ciência tem em descobrir todas as evidências possíveis sobre os **efeitos do dinheiro em nossa motivação**, por exemplo? Em casos como esse, a ciência caminha mais devagar e o acúmulo de evidências custa a mostrar a direção mais frequente.

Então, usando o seu conhecimento inicial sobre experimentos científicos, como você testaria a eficácia de uma vacina? Que tal repetir os procedimentos do estudo das armas? Nesse formato, um grupo de pessoas receberia a **vacina**, um segundo grupo receberia um **placebo** (uma solução salina, por exemplo) e um terceiro, o grupo de controle, não receberia **nada**. Depois de um período, você poderia analisar as diferenças nos exames de plasma sanguíneo em cada grupo, verificando a quantidade de defesas orgânicas nos participantes, principalmente no que se refere aos anticorpos específicos que combatem a doença estudada. Você também poderia fazer outras análises, como verificar quantas pessoas de cada grupo foram infectadas pelo vírus e como foi o desenvolvimento dele em cada uma delas. Quantas pessoas de cada grupo vieram a falecer? Quantas foram entubadas? Quantas tiveram de ser encaminhadas para a UTI? Quantos dias, em média, as pessoas de cada grupo levaram para testar negativo novamente? Feitas essas análises, o próximo passo é comparar os resultados de cada grupo, usando um cálculo que determina se as diferenças entre os grupos são ou não **estatisticamente significativas**. Caso os resultados apontem que o grupo de vacinados apresentou um aumento significativo na quantidade de anticorpos e uma redução igualmente significativa no número de mortes, internações em UTIs, entubamentos e dias de recuperação, em comparação com o grupo que tomou um placebo e o que não recebeu tratamento algum, os cientistas podem concluir com toda a precisão que a vacina se mostrou altamente efetiva para combater a doença. Mas o meu principal intuito com a formulação desse experimento não era falar sobre a vacina, e sim sobre outra ferramenta que os cientistas usam em experimentos: **o teste duplo cego**.[16]

O teste duplo cego é feito para ser uma garantia de que nem os cientistas e nem os participantes sejam influenciados por outros fatores que possam **contaminar** os resultados do experimento. Assim, os participantes do estudo não sabem qual é o tratamento que receberam, ou seja, eles não sabem se receberam a vacina ou o placebo, por exemplo, mantendo-se "cegos" sob suas condições no experimento. É amplamente documentada na área médica a evidência de que o simples fato de um paciente **saber** que recebeu um medicamento para curar uma condição faz com que ele apresente melhoras significativas, mesmo que o "medicamento" seja na realidade uma pílula de farinha ou uma solução de água e sal, sem qualquer outro tipo de ingrediente. Isso é conhecido pelos cientistas como **Efeito Placebo**.[17] Recebendo ou não o tratamento efetivo, alguns pacientes apresentarão sinais de melhoria nos dias seguintes, seja pelo efeito placebo ou pela regressão à média, **caso ele não saiba o que lhe foi administrado**. O nosso cérebro é realmente incrível e, ao tomar conhecimento de que **algo foi feito** para combater uma ameaça ao organismo, ele **estimula a produção de defesas orgânicas** como anticorpos, leucócitos, células CD, entre outras. Caso o paciente **saiba** que tomou uma pílula de farinha, por exemplo, tais efeitos não acontecerão. Obviamente, para que a intervenção do medicamento ou da vacina seja classificada como eficaz, esses aumentos nas defesas orgânicas obtidas pelo placebo devem ser inferiores aos alcançados pelo produto farmacêutico. Ao comparar os resultados dos participantes que receberam uma vacina com o grupo que recebeu um placebo, os cientistas conseguem determinar se a vacina teve algum **efeito real** no paciente, ou se os efeitos da vacina foram similares aos do placebo, descartando nesse caso a eficiência do medicamento.

Além dos pacientes não saberem qual tipo de tratamento receberam, essa condição se estende também **aos cientistas que conduzem o experimento**. No caso de uma vacina, os médicos que irão acompanhar os pacientes também devem se manter "cegos" para o tratamento que o participante recebeu. Caso contrário, o médico dará mais atenção para aqueles que receberam a vacina e menos para os que foram tratados com o placebo, influenciando diretamente nos resultados da pesquisa ou, usando a linguagem científica, **contaminando o estudo**. Assim como o placebo, a **atenção** de um médico também produz mudanças no organismo do paciente — aqueles bem tratados podem apresentar melhorias mais significativas do que os que foram atendidos com menos carinho. A condição cega do médico faz com que ele tenha uma probabilidade maior de tratar todos os pacientes de forma similar, ou seja, do tratamento se manter **controlado**.

Controlar o máximo de variáveis possíveis é importante em um experimento para aumentar o grau de confiança dos cientistas de que foi a **intervenção** que causou os resultados e não o tratamento mais atencioso do médico, por exemplo.

Sua opinião sobre a confiabilidade da metodologia científica mudou? Isso é só um pedaço, ainda tem mais!

▶▶ Por que Não Perguntar às Pessoas Diretamente?

Além dos métodos correlacional e experimental, existem diversos outros usados com frequência pelos cientistas, como as **entrevistas** e os **questionários**.[18] Por que, em vez de usarmos correlações ou experimentos, nós simplesmente não **perguntamos** para as pessoas se, por exemplo, elas já usaram armas, se já as utilizaram de forma violenta, se elas se consideram pessoas violentas, se acreditam que o problema da violência no país são as armas e outras questões que nos trariam revelações importantes? Esse método é bastante usado pelos cientistas, porém, como todo método, ele apresenta algumas **falhas**. Como vimos, o ser humano tem a necessidade de construir uma imagem positiva sobre si mesmo, o conhecido **Viés do Autointeresse**.[19] Ao serem perguntadas sobre serem ou não violentas, o comportamento socialmente aceitável é **não ser violento**, portanto as pessoas tendem a responder perguntas a fim de manter uma imagem positiva de si mesmas. Lembro-me de uma ocasião em que estava realizando um trabalho de consultoria para um cliente dos EUA e a equipe dessa empresa, que trabalha com bem-estar, queria saber a frequência de relações sexuais que os brasileiros tinham. Encontrei uma pesquisa, feita por meio de entrevistas, que dizia que o brasileiro fazia sexo em média três vezes por semana. Como você pode imaginar, ao serem perguntadas sobre a quantidade de sexo que praticam durante uma semana, as pessoas querem passar uma imagem positiva sobre si mesmas, reportando um número superior ao seu real comportamento, algo que prejudica as descobertas da pesquisa e faz com que ela não seja confiável.

Mais Ferramentas na Caixa Científica

Até o momento, você conheceu em mais detalhes estudos correlacionais, experimentais, entrevistas e questionários. Como este não é um livro sobre metodologia científica, vou apresentar apenas mais dois tipos de pesquisa e, depois,[20] vamos para a cereja do bolo. Quando o cientista precisa tirar uma "foto do momento" de algum acontecimento, é usado o **método perspectivo**. Muitas vezes os cientistas usam estudos perspectivos para registrar **os passos** de uma descoberta. O método também é utilizado para fazer as pesquisas eleitorais que, como bem sabemos, são pesquisas "vivas" que podem mudar de resultado a qualquer momento. Quando um cientista precisa investigar algo que **já aconteceu**, o método usado é o **retrospectivo**. Um exemplo de estudo retrospectivo é a análise da dinâmica da troca de poder em democracias, ou seja, quais são os padrões de estabilidade de cada tipo de governo nos países. Quando um partido de esquerda ganha uma eleição, a tendência é que um partido de direita ganhe as próximas? Quando um partido de direita ganha, a tendência é que ele cumpra dois mandatos e posteriormente seja trocado por um de esquerda? Essas são algumas análises realizadas por esse tipo de estudo.

Agora, gostaria de me concentrar no método mais poderoso da ciência: as **meta-análises**.[21] Esses estudos são conhecidos como "estudo dos estudos" e acontecem quando os cientistas selecionam uma grande quantidade de artigos científicos sobre determinado assunto e analisam os dados de todos eles **juntos**, de uma vez só. Em uma meta-análise, um cientista pode selecionar estudos correlacionais, experimentais, longitudinais, documentais e qualquer outro tipo — inclusive aqueles com conclusões opostas —, descobrir o que eles entregam de informações valiosas e para que direção os dados apontam definitivamente. Como cada metodologia tem suas falhas, as meta-análises são uma ferramenta poderosa para combinar descobertas de todos os tipos de estudo e **eliminar qualquer falha metodológica** que possa ocorrer. Por essa razão, as meta-análises são consideradas pelos cientistas como o **suprassumo da ciência**, os estudos mais confiáveis. Como vimos, um estudo isolado pode apresentar resultados anômalos, mas centenas de estudos sobre o mesmo assunto,

158 ▼ *A Arte de Enganar a Si Mesmo*

feitos com metodologias variadas e analisados em conjunto irão resolver esse tipo de problema. Voltando ao exaustivo assunto das armas, em breve você conhecerá estudos meta-analíticos que indicam os efeitos delas no comportamento das pessoas.

O mundo da ciência apresenta ainda mais ferramentas que aumentam o nível de confiança das descobertas. A **publicação** do artigo é mais uma delas. Para uma descoberta **tornar-se comprovada cientificamente**, ela deve ser **publicada** em um *journal*, ou revista científica, como chamamos aqui no Brasil. Os *journals*, na maioria das vezes, possuem uma equipe de cientistas independentes que analisam todos os dados da pesquisa, rodam os dados novamente, analisam o design do estudo e centenas de outras tarefas para, aí sim, decidirem se as descobertas são confiáveis ou não e, principalmente, dignas de publicação. Caso encontrem inconsistências, o autor deve fazer ajustes no artigo e enviá-lo novamente para a avaliação, para publicação posterior. Essa prática é conhecida como **revisão por pares** e confere ao *journal* um status mais elevado no mundo acadêmico.[22] Infelizmente, existem *journals* que não possuem tal comitê, e ainda outros que aceitam qualquer tipo de artigo. Por isso, existe uma **classificação de qualidade** de cada *journal*, chamada de **fator de impacto**, uma métrica que classifica o *journal* de acordo com a quantidade de citações que recebeu.[23] Quanto mais cientistas se referem a estudos publicados em determinado *journal*, maior a confiabilidade na qualidade dele. Já mencionei por aqui que pesquisas ruins não fazem outros cientistas como vítimas? Infelizmente, a maioria das pessoas não sabe de tal classificação, aceitando qualquer tipo de estudo como uma **verdade** a ser seguida e que não pode ser questionada, principalmente quando o estudo confirma o que a pessoa **quer** que seja verdade. Porém, como em qualquer área, existem publicações científicas de péssima qualidade, sem confiança alguma, produzidas para trazer alguma vantagem para o pesquisador. Por isso, é importante saber o nível de confiança do *journal* antes de sair afirmando que certa coisa é comprovada cientificamente. Outro ponto de alerta é que, quando certo tipo de intervenção não obtém evidências positivas de efetividade e, assim, não é aceita por *journals* de renome — como os casos da homeopatia, astrologia, acupuntura, microfisioterapia, constelação familiar, tratamentos quânticos milagrosos e outros —, cientistas com interesses escusos **criam journals** para conseguir publicar seus estudos. Geralmente, esses *journals* não são revisados por pares e, quando são, os pares são outros profissionais da área com **interesses em comum**. Sim, existem oportunistas em todas as áreas e a ciência não está livre deles. O perigo disso é que a falta de conhecimento científico da população em geral faz com que várias pessoas sejam vítimas de tratamentos e de intervenções sem eficácia comprovada, que inclusive podem colocar as suas vidas em risco. Vou cansar de repetir que as vítimas de estudos de qualidade duvidosa não são outros cientistas e, sim, **eu e você**.

Infelizmente, nem mesmo *journals* de renome estão livres de pesquisas suspeitas. Muitos deles, como o ***The Lancet*** e o ***New England Journal of Medicine***, já publicaram estudos conduzidos de forma fraudulenta, vindo a ser descobertos posteriormente. Um caso recente do *The Lancet* envolveu a retirada de um estudo com dados manipulados que evidenciava que pacientes que recebiam hidroxicloroquina tinham taxas maiores de mortalidade por Covid-19, o que nos traz mais uma vez a segurança em saber que a ciência não sofre a influência de partidarismo político.[24] Diferentemente da política, onde muitos corruptos passam impunes e são novamente eleitos pela população, na ciência as consequências são mais graves. Em alguns casos, se for comprovada a conduta desonesta de um cientista, ele corre o risco de **perder a licença** para atuar em sua profissão. Um desses casos aconteceu após a publicação de um estudo que até hoje causa danos para a sociedade, realizado por cientistas que concluíram que a vacina para rubéola **aumentava os casos de autismo** — uma **correlação**, como você pode imaginar. O artigo chocou a comunidade médica e provocou a ira de inúmeros pais e mães, que começaram a processar as fabricantes de vacinas a torto e a direito. No entanto, posteriormente o *journal* descobriu que os médicos que publicaram esse artigo tinham um **acordo** com um escritório de advocacia que auxiliava os pais a processarem os laboratórios farmacêuticos, configurando um **conflito de interesses**.[25] Os médicos em questão perderam suas licenças, além de terem seu artigo retratado — excluído — do *journal*.[26] Infelizmente, mesmo com os processos punitivos da ciência, o dano causado por esse artigo é sentido até hoje, pois ele deu

160 ▼ *A Arte de Enganar a Si Mesmo*

origem ao **movimento antivacina**, que continua firme e atuante até os dias de hoje.

Um artigo desonesto que recebe uma marcação de **"retratado"**, ou **"retracted"** em inglês, alertando os leitores sobre a exclusão do artigo da base do *journal*, muitas vezes causa um dano **permanente** na carreira do cientista, dificultando que ele atue na área novamente ou seja contratado por outra universidade. Atualmente, todos os *journals* sérios exigem que aos autores revelem a **origem do dinheiro** que permitiu o investimento na pesquisa, para evitar conflitos de interesses e que possam causar danos irreparáveis para a população.

▶ Agora Prove Que Você Pode Estar Errado!

Além de todos esses cuidados, a metodologia científica apresenta ainda outra vantagem. Quando um cientista vai fazer uma pesquisa, ele aborda esse assunto de forma a provar que **ele mesmo está errado**, desenvolvendo uma hipótese falsificável ou nula. Vamos voltar ao estudo das armas: para descobrir o impacto delas no comportamento das pessoas, o cientista deve formular pelo menos duas hipóteses: **(1) armas aumentam a violência** e **(2) armas não aumentam ou diminuem a violência**. Os cientistas nomeiam como **Hipótese Nula** aquela na qual assumem que **nenhuma** diferença existirá, ou seja: armas não aumentam e nem diminuem a violência.[27] Já a **Hipótese Alternativa** é aquela na qual o cientista assumirá que alguma diferença será encontrada: **armas aumentam a violência**.[28]

Usando um exemplo pouco complexo, imagine que você quer descobrir se uma moeda é normal ou se é uma daquelas utilizadas por mágicos. Para isso, você vai lançar a moeda uma certa quantidade de vezes e analisar se ela cai de forma suspeita mais em cara do que em coroa, ou vice-versa. Sua **hipótese nula** seria a de que **a moeda é normal**, de que nada estranho irá acontecer durante os arremessos. Já a sua **hipótese alternativa** seria a de que **a moeda é suspeita**, de que ela provavelmente tem um peso desbalanceado que a fará cair sempre em coroa. Para aceitar ou rejeitar suas hipóteses, você deve descobrir o valor do **p**, ou valor da probabilidade.[29] No primeiro arremesso você obtém coroa e conclui que nada de estranho aconteceu, afinal a probabilidade de uma moeda dar coroa é de 50%, ou 0,5, certo? No segundo lançamento, coroa novamente. Nada de estranho ainda, já que tirar duas coroas seguidas é algo bem possível, as chances são de 25%. Terceiro arremesso e, adivinhe, coroa mais uma vez. Tudo normal ainda, já que as chances são de 12,5%. No quarto arremesso, coroa novamente. Aqui, você começa a **desconfiar** que a moeda é suspeita, certo? Já que as chances de tirarmos coroa em quatro arremessos seguidos são baixas, apenas 6%. De qualquer forma, você deve seguir com o seu teste e fazer o quinto arremesso. Adivinhe o que aconteceu? Coroa de novo! Nesta altura, você começa a ter **certeza** de que a moeda tem algo estranho, pois as chances de uma moeda dar coroa cinco vezes seguidas são de apenas 3% ou 1/32. Segundo os padrões estatísticos, quando o valor do p é **menor do que 5% ou 0,05**, o cientista deve **descartar a hipótese nula**, ou seja, a hipótese de que a moeda é normal, de que nada fora do usual está acontecendo. Assim, a **hipótese alternativa deve ser aceita**: a de que a moeda **não é normal** e que certamente tem um peso desbalanceado. Nesse caso, o cientista conclui que **existe uma diferença estatisticamente significativa** entre o comportamento da moeda e as **chances reais** de ela cair em coroa **cinco vezes seguidas**. O valor de 0,05 também é conhecido como **valor alfa**. Quando o valor do p é menor do que 0,05, ou 5%, isso significa que o intervalo de confiança é de 95%. No caso da moeda (p = 0,03) existe 97% de certeza de que a moeda é suspeita.

Mais um exemplo fácil, mas diferente. Imagine que queira descobrir se existe uma diferença significativa entre a altura de homens e de mulheres. Você tem uma tabela com a altura de vinte homens e vinte mulheres e, na sua intuição, os homens parecem ser significativamente mais altos. Porém, a mera observação pode lhe enganar. Para ter certeza, você precisa formular **uma hipótese de que sua intuição pode estar errada** e, em seguida, realizar cálculos estatísticos. Nesse caso, sua **hipótese nula** seria a de que **não existe diferença significativa entre a altura de homens e de mulheres**, e sua **hipótese alternativa** seria a de que **os homens são mais altos do que as mulheres**. Ao realizar os cálculos você chega em um p = 0,02. O que isso significa? Que a hipótese nula deve ser descartada e a **hipótese alternativa** deve ser aceita. A conclusão é que **homens são estatisticamente mais altos do que as mulheres**. Inclusive, existe um nível de confiança de 98% em sua pesquisa indicando que, como regra, os homens são mais altos.

Um cientista nunca pode estudar um fenômeno analisando apenas **um lado** da história, falha que **nós cometemos** quando buscamos apenas por fatos que confirmam nossas opiniões iniciais, descartando as informações que nos contradizem, o conhecido **Viés da Confirmação**. É comum, em um artigo científico, você ler que a hipótese inicial **não foi confirmada**. Os cientistas, conhecedores dos vieses que influenciam nossas decisões, precisam ter a humildade de saber que também podem ser vítimas deles. Por esse motivo, abordam um assunto sempre com o intuito de **verificar se estão errados**, não com o objetivo de mostrar que estão certos. Assim, eles formulam uma hipótese nula, coletam informações, fazem observações cuidadosas e usam as mais sofisticadas ferramentas estatísticas para chegar a conclusões baseadas em dados, não em achismos, experiências passadas, intuições ou crenças.

> " Diferentemente dos membros do Heaven's Gate, os cientistas não podem culpar o telescópio quando atingem resultados contrários às suas crenças."

Um dos fatos que mais me surpreendeu durante a conversa que tive com a Vanessa Bohns, na Cornell, foi a resposta que obtive para algumas das minhas perguntas: *"Luiz, acho que não sou a pessoa mais indicada para falar sobre este assunto."* Sim, uma cientista da **Cornell**, uma das instituições mais respeitadas do mundo, é humilde e cautelosa o suficiente para admitir não ter preparo suficiente para falar sobre um assunto que não domina completamente. Temos uma boa lição para tirar dessa situação, não é mesmo? A ciência é o processo da busca pela verdade, doa a quem doer. Você pode até **não gostar** do resultado de um artigo científico, mas isso não faz com que ele se torne uma mentira. O famoso físico Neil deGrasse Tyson, nos presenteia como uma bela frase:[30]

> "O bom da ciência é que ela é verdade, independentemente de você acreditar nela ou não."

Usar o ceticismo no dia a dia pode aumentar de forma exponencial a precisão de suas decisões. Na **ausência de evidências**, o melhor é **não acreditar** naquilo que você "acha" que é verdade.

▶ Um por Todos, ou Todos por Um?

Apesar da incrível complexidade da natureza humana, muitas pessoas ainda acreditam que se **um** indivíduo fez algo e obteve certo resultado, se elas fizerem o mesmo obterão resultados iguais. As mídias sociais são lugares onde esse tipo de mensagem é saliente: *"Eu fiz e deu certo, compre meu curso!"* Se **uma** pessoa fumou a vida inteira e morreu de uma doença sem relação com o tabagismo, isso significa que se **você fumar a vida toda o seu destino será igual?** Dificilmente! A ciência nunca pode se dar ao luxo de analisar apenas **um caso** para determinar o que é verdade. Para chegar a uma conclusão confiável, cientistas precisam estudar **vários indivíduos** colocando-os **aleatoriamente** em condições diferentes, comparando os resultados dessas condições com um grupo de controle, realizando cálculos estatísticos incrivelmente sofisticados, publicando seus artigos em *journals* de alta credibilidade com revisão de pares, tomando todos os cuidados para que o design do estudo permita a replicação, possibilitando a produção de um enorme volume de evidências em outros laboratórios, aumentando dessa forma a confiabilidade das descobertas, para **somente então** avançar nosso conhecimento sobre como um fenômeno funciona. Bem mais complexo do que as pessoas imaginam, não é mesmo? De qualquer forma, você continuará a escutar pessoas dizendo que:

"Meu tio nunca comeu vegetais e morreu com 96 anos. Esse negócio de que vegetais são saudáveis é balela."

"Minha mãe me criou na base da palmada, por isso nunca me meti com drogas. Então, eu dou umas palmadas nos meus filhos também. Se funcionou pra mim, vai funcionar pra eles."

"Meu pai pegou coronavírus, tomou cloroquina e se curou. Se você tomar, vai se curar também."

"Um amigo meu tomou três doses da vacina do coronavírus e acabou falecendo do mesmo jeito: eu falei que essas vacinas não servem pra nada."

"A Apple usa aquela estratégia para vender mais. Se deu certo na Apple, vai dar certo na minha empresa também."

"Um amigo meu era extremamente pobre e, depois de muita batalha, conseguiu tornar-se um empresário de sucesso. As pessoas que continuam na pobreza estão lá porque querem, não se esforçam para mudar de vida."

Quando você escutar esses tipos de comentários, seu lado cientista também falará mais alto e você buscará saber se aquele comportamento é a regra ou a exceção. **A regra para pessoas que não comem vegetais é viver até os 96 anos, ou será que esse caso é a exceção? A regra para quem apanha dos pais é evitar as drogas, ou será que esse fenômeno é mais complexo? A regra para quem toma cloroquina é salvar-se do coronavírus, ou essa é uma mera especulação? No geral, tomar três doses da vacina da Covid-19 aumenta ou diminui as chances de mortalidade? A estratégia que uma empresa usou para ter sucesso é uma regra, ou o mundo dos negócios é mais complexo do que uma estratégia pode explicar? Qualquer pessoa que nasce na pobreza tem a capacidade para tornar-se milionário, ou os milionários que vieram da pobreza são a exceção?**

Mais adiante, você conhecerá em profundidade um fenômeno chamado **Viés do Sobrevivente**, que mostra que o ser humano tem mais facilidade em lembrar dos sobreviventes do que dos defuntos[31]. Para todos nós, é mais fácil lembrar de uma pessoa que era pobre e tornou-se milionária — o sobrevivente — do que lembrar de pessoas que nasceram e morreram na pobreza — os defuntos. Qual das duas situações é mais frequente? Infelizmente, a regra para uma pessoa que nasce na pobreza **é continuar lá**, mas existem exceções. No entanto, essas exceções saem nos jornais e nas revistas, lançam livros e ministram palestras pelo país afora — os sobreviventes chamam a nossa atenção. Os que seguem a regra, aqueles que continuam na pobreza — os defuntos — não saem no jornal, não dão palestras e nem publicam livros, portanto não chamam a nossa atenção mesmo que a situação deles seja **mais frequente** do que a dos sobreviventes.

> **A ciência tenta entender a regra e a exceção, auxiliando-nos a tomar melhores decisões e a evitar erros que custam muito caro."**

Apesar de utilizarem uma metodologia extremamente confiável para definir a causa de muitos comportamentos, cientistas nunca podem afirmar que existe apenas **uma** causa para certo fenômeno. Como já vimos, a exposição a armas **causa** um aumento no comportamento agressivo, mas não podemos afirmar que a exposição a armas é a **única causa da violência**. Afirmar isso é um exemplo do que os cientistas nomeiam como **reducionismo**, a tentativa de explicar um fenômeno complexo usando apenas **uma**, ou poucas variáveis.[32] A exposição a armas causa mais violência, assim como **o calor, a desigualdade social, videogames e programas de televisão violentos, hormônios, genes, bebidas alcoólicas, maus-tratos por parte dos pais, frustração, bullying, desemprego, más companhias e muitas outras variáveis**. Da mesma forma que uma empresa não alcança sucesso cuidando apenas de suas finanças — pois precisa vender, fazer publicidade, desenvolver bons produtos, ter políticas de RH inteligentes, traçar rotas logísticas eficientes e seguir muitas outras estratégias —, o comportamento de um indivíduo também é o resultado da interação de inúmeras variáveis.

> **Uma variável dificilmente explica todas as possíveis causas de um fenômeno."**

O renomado cientista de Harvard, Steven Pinker, nos faz refletir ao afirmar que, por mais que a visão de um piloto de avião seja perfeita na maior parte do tempo, às vezes ele precisa desconsiderar sua visão e entregar o avião para o comando dos instrumentos.[33] O nosso cérebro funciona de forma similar: em grande parte das oportunidades ele toma decisões corretas, porém devemos lembrar que somos influenciados por vieses e, portanto, precisamos ser guiados pela ciência quando não podemos confiar em nossa visão.

Cidadãos do bem podem se tornar do mal em minutos? As pessoas agem de forma "normal" quando estão em grupos? Por que as pessoas acreditam em teorias da conspiração? Existem formas de reduzir o racismo? Quais são as causas do ódio na internet? Podemos construir uma sociedade mais justa? O restante deste livro responderá a essas e a muitas outras perguntas, analisando uma grande quantidade de variáveis.

08

João Vai com os Outros

Feitos para Pertencer

"Mãe, por favor não faça isso! Renuncie à sua vida em troca do seu filho, mas não faça isso", suplicou o reverendo Jim Jones ao ver uma mãe lutando contra os capangas do Templo do Povo que forçariam seu filho a ingerir uma mistura fatal de refresco e cianeto por meio de uma seringa. *"Vamos morrer com algum grau de dignidade, não se deitem com lágrimas e agonia. A morte é apenas uma passagem para um outro plano, não fiquem assim"*, pedia Jones aos seus seguidores.

Com poucos casos de resistência, em 18 de novembro de 1978, mais de 900 membros do Templo do Povo, um movimento religioso comandado pelo reverendo Jim Jones, formaram um fila na qual deram cianeto misturado com refresco aos seus filhos, posteriormente também ingerindo o líquido venenoso.[1] *"Vamos deitar, estamos cansados. Não cometemos suicídio, cometemos um ato de suicídio revolucionário em protesto contra um mundo desumano"*, foram algumas das palavras finais de Jim Jones, que também morreu nesse dia. O **massacre de Jonestown** é o maior genocídio coletivo documentado até o momento. Você deve estar se perguntando: o que leva um indivíduo a esse grau de obediência? Será que, em um algum nível, estaríamos **todos nós** suscetíveis a esse tipo de influência? Tanto o massacre do Templo do Povo como a catástrofe com os membros do Heaven's Gate têm elementos em comum que, inclusive, ajudam a explicar o comportamento de grupos modernos. Será que estamos inseridos em grupos que podem ter finais trágicos como esses?

Como uma espécie social, o ser humano foi **moldado** para pertencer a grupos. Psicólogos evolucionários evidenciam que a vida em bandos trouxe inúmeras vantagens para a sobrevivência dos seres humanos e para o alcance de objetivos que seriam extremamente difíceis de se atingir solitariamente: maior proteção contra predadores e grupos inimigos, acesso mais fácil à comida, divisão do trabalho, maiores chances de encontrar parceiros para reprodução, possibilidade de conquistar recursos escassos, apoio para cuidar das crianças, entre outros.[2] Vivendo em pequenos grupos, as comunidades primitivas eram formadas por pessoas biologicamente relacionadas, com **genes em comum**, portanto favorecer membros do nosso grupo **aumentava as chances de os nossos genes, e os de nossos familiares, continuarem vivos nas próximas gerações** — fatores que influenciam fortemente o nosso comportamento até hoje, sem que ao menos percebamos.[3]

Imagine que você está atravessando a rua de mãos dadas com sua filha e, de repente, ela se solta e começa a correr. Você avista um carro em alta velocidade que fatalmente atropelará sua pequena, mas se você correr e empurrá-la sofrerá o atropelamento em seu lugar, e ela ficará a salvo. Qual decisão você tomaria? Praticamente qualquer mãe ou pai respondem que sacrificariam sua própria vida para salvar a filha. Por quê? Se o humano fosse individualista, como muitas pessoas pensam, a decisão que qualquer um tomaria seria deixar a criança ser atropelada. No entanto, sem nem pensar, empurramos a criança e morremos no lugar dela. Essa decisão, instalada em nossos genes, é comandada pelo fato de que entendemos que **nossos filhos têm mais chances de reproduzir cópias dos nossos genes** futuramente do que nós mesmos, que já estamos mais velhos, estabelecidos em um casamento e, portanto, com menos chances de produzir novas cópias dos nossos genes concebendo novos filhos.[4] Manter nossos genes vivos é um dos motivos de favorecermos nossos grupos.

Mas essa é só uma parte da história: diferentemente de outras espécies, o ser humano não favorece **apenas seus familiares**. Jonathan Haidt, da NYU, afirma que a caraterística que possibilitou uma cooperação **além do círculo familiar** para a nossa espécie foi a criação de **sistemas de responsabilidade**, nos quais aqueles que se comportam adequadamente **crescem** na hierarquia do grupo, ganhando admiração e respeito dos demais, enquanto os aproveitadores e os trapaceiros que não se esforçam, e mesmo assim querem desfrutar das vantagens obtidas pelo grupo, são

excluídos ou **permanecem** em níveis inferiores da hierarquia.[5] Ser **visto pelos outros** como alguém moral, de acordo com Haidt, é mais importante para o indivíduo do que, de fato, **ser alguém moral**. Não sei o motivo, mas todas as vezes que leio essa frase me lembro dos políticos brasileiros. Em comunidades maiores, compostas por pessoas que não necessariamente compartilhavam genes, aqueles com comportamentos não cooperativos estavam fadados à extinção. Após testarem, exaustivamente, inúmeras relações entre pessoas cooperativas e não cooperativas, os cientistas Karl Sigmund, da Universidade de Viena, e Martin Nowak, de Harvard, concluíram que, mesmo que grupos fossem compostos majoritariamente por trapaceiros que querem apenas se beneficiar do trabalho alheio, as poucas pessoas que utilizassem a estratégia de cooperação continuariam vivas, enquanto os aproveitadores e os trapaceiros levariam um ao outro à extinção.[6] Isso significa que os retornos maiores para a sociedade acontecem quando os grupos são compostos por pessoas altruístas, que sempre começam uma relação **cooperando** com os outros e tentam estabelecer confiança.

Diferenças entre culturas coletivistas, como a China, e individualistas, como os EUA, parecem ter origem na agricultura e na criação de animais. O cultivo do arroz, por exemplo, exige enorme cooperação entre as pessoas para a plantação, a manutenção dos sistemas de irrigação e a colheita, especialmente em áreas montanhosas.[7] Já a criação de animais é uma atividade mais solitária, menos dependente de cooperação. Muitos cientistas acreditam que a agricultura e a criação de animais moldaram a cultura de diversos países.[8] Em lugares famosos pela agricultura, os transgressores das normas do grupo são malvistos, enquanto em lugares com grandes rebanhos aqueles que violam as normas do grupo entram em destaque. Em países como a China e o Japão, a regra é ser um indivíduo servente a uma coletividade com interesses maiores, já nos EUA e no Canadá, a regra é ser parte de uma coletividade servente aos anseios do indivíduo.

Um experimento realizado por cientistas de Stanford ilustra de forma brilhante essas diferenças. Participantes de um estudo deveriam escolher uma caneta como brinde por sua participação, sendo que várias canetas eram da **mesma cor** e apenas uma era de cor diferente. Americanos tinham a tendência de escolher a caneta de cor diferente, enquanto os coreanos de escolher canetas da mesma cor.[9] Em uma série de estudos, cientistas como Takahiko Masuda, da Universidade de Alberta, descobriram que quando uma imagem é apresentada para uma pessoa de origem oriental, que foi solicitada a descrever os sentimentos da pessoa no centro da imagem, ela se baseia nas expressões faciais de **todas as pessoas** ilustradas na imagem, enquanto participantes de culturas individualistas se baseiam apenas no **indivíduo** em destaque.[10]

Como as pessoas no centro da imagem estão se sentindo?
As respostas dependem da cultura na qual você está inserido.

A cientista Michele Gelfand, da Universidade de Maryland, define algumas culturas como **flexíveis** e outras como **rígidas**, revelando que seus estudos e os realizados por seus colegas apontam que não somente a agricultura e os rebanhos moldaram culturas, mas também a quantidade de guerras em seus territórios, catástrofes naturais às quais foram expostos e a sua densidade populacional.[11] Culturas de países que foram invadidos, que são populosos, e que sofrem frequentemente com catástrofes, são mais coletivistas pela extrema necessidade de organização para lutar contra invasores, doenças transmissíveis e reconstruir comunidades depois de furacões, inundações, tsunamis e outros eventos. Moradores de países coletivistas não sentem a necessidade, e nem sequer valorizam a expressão de sua vontade individual, e aqueles que querem exercer sua liberdade em detrimento do grupo são malvistos e severamente punidos. A robustez dessas descobertas pôde ser observada durante a pandemia do coronavírus, em que países individualistas, onde os direitos de ir e vir, de não usar máscaras, não obedecer a lockdowns e não querer tomar vacinas foram valorizados ao extremo, geraram prejuízos para a sociedade — e sofreram mais que países coletivistas.

A conclusão é que fazer parte de grupos gera vantagens importantes em três objetivos fundamentais para o ser humano: **proteção, reprodução e acesso facilitado a recursos.** Entre as principais regras de um grupo está a **obediência** dos indivíduos a certas **normas sociais**. Quando está em uma igreja, por exemplo, você sabe exatamente qual é o comportamento que as demais pessoas esperam de você. Já no estádio de futebol, as regras são outras. Caso você decida levantar-se de seu banco e começar a dançar no altar da igreja, ou caso insista em ficar sentado no meio da torcida organizada lendo um livro, certamente sofrerá as consequências dessas violações e, em casos extremos, o grupo optará por sua expulsão. Seguir as normas do grupo é uma **forma de ser aceito** e continuar se beneficiando das vantagens conquistadas pela coletividade. Todo grupo tem regras que devem ser obedecidas para o bem maior, por isso nossos ancestrais puniam aqueles que não se comportavam de forma adequada, aqueles que agiam apenas por seus interesses individuais, os que destoavam do grupo. E imagine o que acontecia com os membros expulsos de um grupo primitivo, sozinhos, na selva. Em um cenário como esse, somente dois humanos sobreviveriam: Rambo e Braddock!

Essas são algumas das razões pelas quais temos **pavor de não sermos aceitos** por nosso grupo e, também, a explicação de muitos problemas da vida moderna.

▸ A Rejeição Dói?

Imagine que você e mais dois amigos estão brincando de trocar passes com uma bola de futebol e, de uma hora para outra, seus dois amigos deixam de passar a bola para você. Por vários minutos, os dois ficam trocando passes somente entre eles, deixando-o de fora. Como você se sentiria? Um experimento realizado por cientistas de Yale reproduziu exatamente essa situação. Três participantes deveriam jogar uma partida de **Cyberball**: um jogo simples de computador no qual as pessoas trocam passes usando uma bola virtual. Muitos cientistas utilizam o Cyberball para entender os efeitos da exclusão social e, nesses casos, fazem com que o indivíduo estudado passe a **não receber mais a bola dos dois outros colegas** alguns minutos após a partida começar, assim como no exemplo que mencionei.

Como você pode imaginar, nesses estudos os participantes acreditam que estão jogando com outras pessoas, mas na verdade **não existem outros jogadores**, tudo é feito por meio de uma simulação do computador. Enquanto jogavam Cyberball, os participantes tinham a atividade de suas áreas cerebrais monitoradas pelos pesquisadores por meio de uma máquina de ressonância magnética funcional (fMRI), assim como a condutividade de sua pele (GSR, sigla para Galvanic Skin Response, em inglês), que revela, pelas glândulas de suor, se a pessoa está sofrendo algum impacto emocional durante o jogo.

Como era de se esperar, quando paravam de receber passes e eram **socialmente excluídos**, os participantes mostravam maior atividade em áreas do cérebro relacionadas ao **estresse**, bem como apresentavam maior condutividade em sua pele.[12] Um grupo de cientistas de universidades alemãs e italianas reforçaram essa descoberta ao realizar uma meta-análise de 42 estudos que envolveram análises de fMRI durante partidas de Cyberball.[13] Os resultados mostram, consistentemente, que ser excluído, mesmo em um jogo online, é **altamente estressante**.

Já as cientistas Sally Dickerson, Tara Gruenewald e Margaret Kemeny, da Universidade de Califórnia, revelam que situações nas quais as pessoas **perdem aceitação social** podem causar a liberação de **cortisol**, o famoso hormônio do estresse.[14] Em um artigo incrível, publicado no renomado *journal Science*, a cientista Naomi Eisenberger e seus colegas colocaram participantes para jogar Cyberball enquanto acompanhavam a atividade cerebral dos mesmos.[15] Nós costumamos dizer que existe uma "dor na perda", apesar de não acreditarmos objetivamente que perder alguém cause **dor física**. Mas, por incrível que pareça, foi exatamente isso que Eisenberger e os demais cientistas descobriram: os participantes excluídos no Cyberball tiveram um aumento na atividade de uma área relacionada com a **dor física**, o cíngulo anterior. Com o passar do tempo, porém, uma outra área do cérebro passou a ter maior atividade, o córtex pré-frontal ventral direito, que é ativado quando uma pessoa passa a **regular a dor física**. Isso significa que esses participantes, após sentirem dor por serem excluídos, provavelmente devem ter pensado, *"puxa, isso é só um joguinho idiota"* e, assim, o córtex pré-frontal ventral direito **assumiu o comando da situação**, aliviando a dor. No entanto, devemos lembrar que em diversos contextos sociais nossa exclusão de grupos é de **longo prazo ou definitiva**.

Ser excluído ou ignorado, em determinadas situações da vida, causa tremenda carga emocional nas pessoas — em muitos casos, impactos maiores do que receber **informações negativas**. Em um conjunto de estudos conduzidos por Jane O'Reilly, da Universidade de Ottawa, e três outras pesquisadoras, os impactos da exclusão social foram analisados em estudos de campo realizados em empresas. Para a surpresa das cientistas, elas descobriram que, apesar dos funcionários dessas empresas acreditarem que a exclusão social era **menos** danosa do que o **assédio moral** no ambiente de trabalho, funcionários excluídos por seus colegas reportavam impactos emocionais **maiores** do que aqueles assediados, sentindo também uma **falta de pertencimento** à organização.[16]

Como podemos perceber por meio desses estudos, ser excluído de um grupo é algo doloroso que o ser humano evita ao máximo. Seguir as regras de um grupo, **por mais absurdas que possam parecer**, tem um apelo enorme para qualquer um de nós. Você não faz ideia de onde este capítulo irá lhe levar.

Ovelhas Brancas

Imagine que você e mais três pessoas foram selecionados para participar de um experimento científico. A tarefa que devem executar é simples: indicar qual das linhas ao lado direito (A, B ou C) tem o mesmo comprimento da linha X.

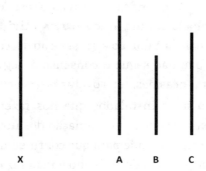

O pesquisador pergunta a resposta ao primeiro participante e, depois de pensar por alguns segundos, ele diz: B. Você ri discretamente e pensa, "essa pessoa deve ser maluca ou não deve enxergar bem". Agora é a vez do segundo participante, que depois de profunda análise responde: B. Você se pergunta se está no meio de um grupo de míopes quando, em seguida, escuta o terceiro participante afirmar seguramente: linha B. Finalmente, chega sua vez. O que responderia?

176 ❧ *A Arte de Enganar a Si Mesmo*

Em um dos estudos mais famosos da história da psicologia, o cientista Solomon Asch descobriu que aproximadamente 75% das pessoas acompanharam seus colegas em respostas erradas em algum momento.[17] Você pode até imaginar que não seria vítima desse erro, no entanto esse e outros estudos mostram que, quando pressionados por um grupo, nossas chances em **concordar com os demais** são exponencialmente maiores do que imaginamos. Depois de ouvir respostas idênticas de três pessoas sobre o comprimento das linhas, você começa a questionar se o míope da história **é você**, assim o apelo para que responda de forma a reduzir os riscos de ser malvisto ou excluído pelas outras pessoas é enorme. Como regra, **os desejos de agradar aos outros e de estar certo são grandes forças em nosso comportamento**. Como você pode imaginar, quando realizavam essa tarefa individualmente, sem a pressão do grupo, os erros eram quase nulos. Asch acreditava que a tarefa era tão fácil que mesmo a pressão do grupo **não faria** os participantes responderem de forma errada, surpreendendo-se ao descobrir que estava equivocado.

Ir contra o bando é doloroso, revela Gregory Berns da Emory University. Ao analisar imagens de ressonância magnética em um de seus estudos, Berns descobriu que, quando um indivíduo resiste à pressão do grupo, a decisão é acompanhada por um **aumento na atividade da amídala** — parte do cérebro associada à dor, ao estresse e ao desconforto emocional.[18] Além disso, aquele que não segue o consenso é negativamente avaliado pelo grupo. Em muitas ocasiões, ser a ovelha negra vem com um preço alto.

Existem mecanismos instalados que nos fazem **permanecer** em grupos, e a ciência sugere que a programação dos nossos genes fala mais alto do que a nossa racionalidade para que continuemos em situações nas quais temos proteção, divisão do trabalho e maiores chances de reprodução, mesmo quando estar no grupo gera consequências **negativas** para o nosso bem-estar. Para o nosso cérebro primitivo, ser bem-visto pelos outros e manter a harmonia do grupo é mais importante do que estar certo. No dia em que fui a Cambridge conversar com a cientista de Harvard, Bethany Burum, que ministra disciplinas sobre cultos, ela me informou que grande parte do comportamento de pessoas em grupos pode ser explicado pelas **recompensas** que elas recebem por estar no grupo, e também pelas

limitações que fazem com que permaneçam nesses grupos. De acordo com estudos apresentados até então, podemos perceber claramente que existem recompensas por pertencermos a grupos, como a sensação crescente de que nossas opiniões estão certas, assim como existem limitações que nos aprisionam a grupos, como a falta de conhecimento sobre os vieses comportamentais que prejudicam nossos julgamentos.

Visita a Bethany Burum na Universidade de Harvard, em março de 2022.

Esses e diversos outros estudos que você conhecerá adiante demonstram claramente os motivos de grupos como o Heaven's Gate e o Templo do Povo terem tamanha persuasão no comportamento de seus membros: se **todos** estão tomando uma poção venenosa, **por que eu vou ficar de fora?** Existe um apelo enorme em concordar com as pessoas do nosso grupo, **mesmo que elas estejam erradas**. Esse ato nos livra da dor da exclusão. O influente cientista social Robert Cialdini, da Arizona State University, conhecido como o padrinho da influência, nomeia esse fenômeno como **Validação Social**, ou seja, julgamos que aquilo que **todo mundo está fazendo é exatamente o que nós devemos fazer**. Em um estudo clássico, Cialdini e cientistas da California State University e da Universidade do Arkansas analisaram o consumo de energia de 290 residências em San Marcos, Califórnia. Em seguida, informaram aos residentes se suas casas estavam consumindo **mais** ou **menos** energia em comparação com seus vizinhos. Alguns dias depois, a hipótese dos cientistas foi confirmada: aqueles que receberam a mensagem de que sua casa estava consumindo **mais** energia do que a média, **baixaram** seu consumo, enquanto os que receberam a informação de que sua residência estava consumindo **menos** do que os vizinhos, **aumentaram** seu consumo.[19] Quando estive no Arizona para conversar com Cialdini, durante o nosso belo passeio no Jardim Botânico de Phoenix, o cientista me disse que mostrar às pessoas que muitas outras estão mudando de opinião, por exemplo, faz com que os indivíduos tendam a se mover para aquilo que a maioria está fazendo, justamente pelo temor que as pessoas têm em **ficar de fora** das tendências.

> **Seguimos aquilo que os outros estão fazendo, seja para o bem ou para o mal."**

Uma das coisas que o ser humano mais detesta é estar errado. Tudo aquilo que outras pessoas estão fazendo serve de dica para tomarmos uma decisão **correta**, mas, como vimos, muitas vezes a multidão pode estar completamente equivocada. É neste ponto que os vieses que já exploramos entram em ação, fazendo com que nos cerquemos de pessoas que já tomaram decisões similares às nossas para que tenhamos conforto, distorcendo a "verdade" a fim de continuar com uma imagem positiva sobre nós mesmos e usando todo o nosso arsenal cognitivo para ter certeza de que tomamos a melhor decisão. Somos apaixonados pelos grupos que pertencemos por eles nos darem a certeza de que somos racionais, honestos e bons decisores. Mas, muitas vezes, nossa paixão nos leva a tomar decisões que geram prejuízo para aqueles que mais admiramos.

Meu Grupo É Melhor do Que o Seu

O lendário cientista Elliot Aronson, da Universidade da Califórnia, Santa Cruz, que foi orientado durante seu doutorado pelo fundador da teoria da dissonância cognitiva, Leon Festinger, realizou uma pesquisa, com seu colega Judson Mills, que avançou nosso conhecimento sobre como a dissonância opera quando nos juntamos a um **grupo**.

Estudantes universitárias foram informadas de que poderiam fazer parte de um grupo exclusivo de mulheres que discutiam sobre a **psicologia do sexo**. Para entrar no grupo, porém, algumas participantes deveriam passar por um teste complicado: ler em voz alta um conjunto de doze palavras **obscenas**, como por exemplo: foder, boquete e pinto. Eu sei que atualmente essas palavras podem não soar tão obscenas assim, porém esse estudo foi conduzido em 1958. Adicionalmente, as candidatas deveriam ler em voz alta duas cenas de sexo de um livro de romance. Os cientistas afirmavam que se elas demonstrassem algum tipo de vergonha, ficando nervosas ou com as bochechas vermelhas, **não seriam admitidas no grupo**. Outras participantes não tiveram que passar por teste algum, entrando facilmente no grupo.

Posteriormente, tanto as mulheres que passaram pelo duro teste de admissão quanto aquelas que não passaram pelo teste deveriam escutar uma gravação de uma das discussões sobre psicologia do sexo realizada pelo grupo em que haviam acabado de entrar, avaliando quão interessante era a discussão. Propositalmente, os cientistas gravaram um trecho extremamente **entediante** da conversa do grupo, quando as mulheres estavam discutindo uma **relação sexual entre aves**. Quão interessante você acredita que seria uma conversa sobre aves acasalando? Eu imagino que você diria que a discussão seria **incrivelmente chata**, e foi exatamente isso que as mulheres que entraram **sem passar por um teste** relataram aos cientistas. No entanto, aquelas que **sofreram** para entrar no grupo tiveram opiniões bem diferentes, afirmando que a conversa era **sofisticada e extremamente interessante**. Aronson e Mills concluíram que a dissonância cognitiva entra em ação não somente quando recebemos informações contrárias às nossas crenças, mas também quando precisamos justificar um **grande esforço** passado.[20]

Conversa com Elliot Aronson, professor emérito da Universidade da Califórnia, Santa Cruz.

Em minhas conversas com executivos e executivas de empresas, frequentemente escuto relatos de pessoas que passaram anos trabalhando em companhias famosas por abusar dos funcionários, aquelas com ambientes pesados, onde os que não atingem as metas são ridicularizados na frente dos colegas. Porém, quando eu pergunto a essas pessoas se valeu a pena passar tanto anos em uma empresa abusiva, a maioria delas responde: "O ambiente era pesado, mas foi **uma escola**!"

Depois de passar por processos de recrutamento e de seleção extremamente concorridos, por uma bateria de entrevistas com os diretores da empresa, coletar toda a documentação para a admissão, realizar exames, investir anos trabalhando duro na empresa, ficar constantemente até às 21h no escritório e levar diversas broncas desnecessárias dos superiores, não é fácil admitir que passar por tudo isso foi um equívoco. A pessoa tem que **justificar** de alguma maneira todo esse esforço para manter a sua reputação como inteligente e boa decisora.

O mesmo processo ocorre em cursos de coach, seminários e convenções onde as pessoas **pagam rios de dinheiro** para participar. Depois de passar dias analisando se o investimento valeria a pena e decidindo participar, o indivíduo faz sua inscrição, preenche um longo questionário de seleção com seus dados pessoais e os motivos pelos quais decidiu fazer o curso, faz alguns testes psicológicos, aguarda ansiosamente pelo resultado da seleção (feita justamente para exigir esforço do candidato), e quando aprovado realiza o doloroso pagamento de milhares de reais, conta para seus amigos e familiares sobre a inscrição no curso, posta nas redes sociais o banner do evento, passa três dias imerso no curso e sacrifica seu sono em atividades que adentram a madrugada. Depois de tantos passos, **o que você acha que a pessoa dirá quando questionada se o curso valeu a pena?** Você imagina que ela se comportaria de qual forma se fosse solicitada pela equipe do coach a gravar um vídeo contando sobre a sua experiência? *"Foi uma experiência transformadora, mudou minha vida"*, será o tipo de depoimento que teremos nesses casos. Mesmo que o curso tenha sido uma porcaria, com conteúdo raso e apelativo, atividades nada práticas e palestrantes que nada acrescentaram, quanto **mais esforço** essa pessoa teve que fazer para realizar o curso, **mais forte se tornará a dissonância para justificar o investimento**.

O caminho contrário acontece quando **recebemos** algum tipo de pagamento. Leon Festinger e Merrill Carlsmith testaram essa hipótese colocando participantes para realizar uma tarefa manual extremamente repetitiva e chata.[21] O experimento começava verdadeiramente quando, depois de concluir a tarefa, os participantes recebiam um pedido inusitado dos cientistas: *"Por favor, diga ao próximo participante que a tarefa do experimento é muito divertida."* Em outras palavras, os cientistas pediam para os participantes **mentirem** para os próximos voluntários. Um grupo de participantes recebeu uma **pequena quantia** de dinheiro para mentir, enquanto um segundo grupo recebeu uma **grande quantidade** de verdinhas para contar a lorota. Após mentirem e receberem o dinheiro, os participantes eram solicitados a avaliar **novamente** o quão entediados se sentiram ao realizar a tarefa do experimento. Sem surpresas, as pessoas do grupo que recebeu um incentivo financeiro alto continuou a afirmar que a tarefa era extremamente chata. Mas esse mesmo movimento não aconteceu com aqueles que receberam incentivos baixos. Esses participantes afirmavam que a tarefa **não era tão chata assim**, que era divertida. Por quê? Dissonância cognitiva, mais uma vez. Ao receber grandes incentivos para mentir, não existe dissonância produzida na cabeça do participante em relação à tarefa: *"Eu menti porque recebi uma boa grana, a tarefa continua sendo chata."* Por outro lado, no momento em que recebo apenas alguns trocados para ter um comportamento antiético, o meu julgamento muda.

Para não ter que sofrer com a dissonância de ter contado uma mentira e manter uma autoimagem de que sou honesto, o caminho mais confortável para mim é mudar a minha opinião sobre a **tarefa**: *"Sabe que essa atividade até que foi legal?"* Quando um indivíduo recebe um valor tão baixo por um comportamento tão antiético, ele precisa justificar a sua ação mudando a opinião sobre o prazer na execução da **tarefa**, fazendo com que conclua que **não contou mentira alguma ao outro participante**, pois realmente gostou da atividade: *"Se eu concordei em contar uma mentira por um valor tão baixo, então **não devo ter mentido**, acho que a tarefa era realmente **divertida**."* Falar é acreditar, fazer é acreditar e pensar é acreditar.

A **cada passo** que damos em uma direção, temos que encontrar um **novo argumento** para afirmar categoricamente que nossas ações, para fazer parte daquele grupo, **valeram a pena.** E assim somos presas fáceis para a **Escalada do Comprometimento**, e ficamos cada vez mais convencidos de que aquele **grupo é especial**.

▶ Meu Corrupto Favorito

No campo político não é diferente. Lembre-se que, para cada passo que um indivíduo dá em direção a um partido ou a uma ideologia política, ele deve fabricar uma nova justificativa para seu comportamento, chegando a um ponto onde **voltar atrás se torna uma tarefa impossível**. Uma das grandes preocupações que devemos ter é a de que grupos não se reúnem apenas de maneira presencial, a formação de grupos se dá também em ambientes virtuais. Atualmente, grupos de WhatsApp e de Telegram compostos por radicais políticos seguem regras e têm um **processo seletivo** para incluir novos membros. Uma vez admitidos, depois de passar por uma longa sabatina, não é de se espantar que os novos membros **valorizem de forma extrema o grupo**, demonstrem apreciação demasiada pelos demais participantes, julguem qualquer tipo de ideia vinda do grupo como genial e afirmem que as discussões são enriquecedoras. Adicionalmente, pesquisas indicam que membros recém-aceitos em grupos geralmente se comportam de forma **extremamente radical** para ganhar a aceitação de seus pares.[22] Assim como os participantes do experimento de Aronson e

Mills, o novo participante de grupos exclusivos de WhatsApp e de Telegram faz de tudo para justificar seu investimento inicial.

A pesquisadora Agnieszka Golec de Zavala e seus colegas descobriram o conceito de **Narcisismo Coletivo**, que demonstra que grupos assumem crenças ilusórias sobre a sua superioridade, acompanhadas pela percepção de que as outras pessoas não reconhecem suficientemente o brilhantismo do grupo.[23] Esse fenômeno, além de estar relacionado com muitos comportamentos que já cobrimos, ainda aumenta a probabilidade de que algo pior aconteça: **agressividade** contra outros grupos. Como podemos perceber, existem forças gigantescas que fazem com que qualquer ser humano se encaixe em grupos e, uma vez inserido, comportamentos discriminatórios começam a acontecer. Além do sistema de moralidade ter permitido a conexão e a colaboração de indivíduos sem relação genética, outro elemento entra nessa equação tornando a coesão do grupo ainda maior: a **similaridade**.[24] O ser humano tem uma tendência em ter **mais simpatia** por pessoas com as quais tem pontos em comum, e os relacionamentos amorosos são uma das situações mais perfeitas para estudar os efeitos da similaridade. Em um estudo que envolveu mil casais — dos quais 850 acabaram se casando —, das 88 características de personalidade analisadas pelos cientistas, casais reais tinham **66 similaridades** em média. Para descobrir se esses efeitos eram significativos ou não, os cientistas resolveram comparar as similaridades entre duas pessoas que não formavam um casal, juntando novos casais **aleatoriamente** na amostra de 2 mil pessoas. Sem surpresas: casais reais tinham mais similaridades, e nunca tinham mais **dissimilaridades**, do que casais aleatórios.[25] Similaridades como cor dos olhos e preferência por time de futebol apresentam certa força, mas outras características, como **afiliação política**, apresentam um poder ainda maior na atração entre as pessoas.[26]

Esse fato pode fazer com que as pessoas realizem demonstrações públicas de ódio a outros grupos, publiquem comentários discriminatórios em portais de notícias e redes sociais, e tirem prints de suas peripécias para entregar como troféus em grupos de mensagens e nas mídias sociais. Em 2020, um grupo de cientistas das universidades de Cambridge e Nova York realizou um estudo, envolvendo quase 3 milhões de perfis nas mídias sociais, que enfatizou exatamente esse ponto. Jay Van Bavel e seus colegas mostraram que posts hostis sobre o "outro grupo" eram compartilhados de forma **dobrada** em relação aos posts sobre o próprio grupo, ao ponto de que, **a cada termo** hostilizando o grupo contrário, a probabilidade do conteúdo ser compartilhado aumentava 67%. Esta foi a conclusão desse estudo: a linguagem ofensiva contra "eles" é o principal preditor de engajamento entre todas as variáveis analisadas, sugerindo que as mídias sociais estão **criando incentivos perversos** para acirrar os ânimos de grupos políticos rivais.[27] Outro perigo que exploramos começa a tomar forma nesses grupos: a **polarização** dos membros após a exposição a novas ideias.

Como vimos, em uma ótica evolucionária fazia sentido para nossos ancestrais favorecer e valorizar os membros do seu próprio grupo, e é importante compreendermos que objetivos similares eram conquistados **enfraquecendo o grupo inimigo**, deixando o território livre de competição para que o grupo pudesse ter acesso total aos recursos extremamente limitados da época. E, como bem sabemos, favorecer o nosso grupo e prejudicar o inimigo não é uma estratégia usada apenas pelos humanos: leões, hienas, guepardos e outros animais matam os filhotes de seus competidores com o mesmo objetivo, chegando a eliminar inclusive filhotes de sua própria espécie apenas por serem descendentes de seus inimigos.[28]

Muitas pessoas teriam grande facilidade em classificar os membros de grupos como Heaven's Gate e Templo do Povo como lunáticos, enquanto se digladiam com seus amigos em grupos de WhatsApp para defender políticos envolvidos em rachadinhas e mensalões. Se os membros do Heaven's Gate ficassem sabendo que existem grupos de pessoas que defendem e acreditam em **políticos**, como nos julgariam?

▶ Whats Town

Uma das estratégias comuns em cultos é o **isolamento** de seus membros. No caso do Templo do Povo, o reverendo Jim Jones mudou-se com seus seguidores para a Guiana, onde fundaram uma cidade chamada Jonestown. Jones vendeu para os membros a ideia de que a cidade, a qual ele havia começado a construir anos antes, era a "terra prometida". Os seguidores do culto, que já eram encorajados a seguir apenas o que Jim Jones pregava, e eram proibidos de conversar inclusive uns com os outros, ficaram totalmente isolados de influências externas na selva da Guiana. Como a viagem aconteceu repentinamente, muitos deles mal tiveram tempo de se despedir de seus familiares.

Em seu início, na década de 1950, o Templo do Povo era um dos poucos movimentos religiosos no qual negros e brancos conviviam em paz. Jones pregava a igualdade entre as raças, a bondade e a ajuda, entre outros ensinamentos cristãos. No entanto, como muitos líderes acabam sendo corrompidos pelo poder, quando o Tempo do Povo começou a crescer, Jones passou a abusar de seus fiéis, tendo múltiplos parceiros sexuais de ambos os gêneros, punindo com surras públicas os "pecadores" de sua igreja (inclusive crianças), convidando mulheres a ficarem nuas na frente dele, obrigando fiéis a assinar declarações falsas confessando o estupro de seus próprios filhos e ameaçando os membros do grupo com a divulgação desses documentos, caso abandonassem a igreja.

Depois de todos esses passos — além do fato de muitos fiéis terem doado dinheiro à igreja, ido aos cultos semanalmente, praticado os ensinamentos de Jones, terem feito trabalhos voluntários e brigado com amigos e familiares —, é extremamente difícil para o membro do culto voltar atrás. Entretanto, como manter sigilo em grupos grandes é impossível — mais sobre isso quando explorarmos teorias da conspiração —, alguns ex-membros acabaram entrando em contato com a impressa, e investigações passaram a ameaçar a continuidade do Templo do Povo. Para escapar de uma provável sentença, Jones fugiu para a Guiana assim que soube que a mídia publicaria matérias incriminando-o.

No Heaven's Gate não era diferente, os membros do culto viviam isolados em uma mansão próxima a San Diego, na Califórnia. Longe de fontes externas, a influência que líderes de cultos exercem é ainda maior. Tanto que os membros do Heaven's Gate se **vestiam de maneira similar**, tinham o mesmo corte de cabelo — extremamente curto, inclusive as mulheres —, comiam e bebiam as mesmas coisas e, para eliminar diferenças de gênero, desejos sexuais, e trazer um ar andrógeno ao grupo, alguns homens realizaram uma viagem ao México para serem voluntariamente castrados — inclusive o líder, Marshall Applewhite.

Em muitos cultos, o costume de "lavagem cerebral" dos seus membros é comum. Entre as práticas adotadas está a de fazer com que o seguidor passe a enxergar os membros de sua própria família como **inimigos**. Líderes de cultos geralmente têm grande sucesso ao convencer seus seguidores de que, em algum momento, os membros de sua própria família tentarão convencê-los a deixar o culto e falarão que o fiel está sendo enganado — portanto, os membros devem se manter fortes nesses momentos. Não é raro líderes pregarem que essas situações são "provas de deus" para avaliar se as pessoas realmente estão comprometidas com a missão.

Além de ver sua própria família como inimiga, cultos também apresentam grande sucesso ao **inventar** outros inimigos que querem acabar com seus movimentos. No caso do Templo do Povo, Jim Jones **criou** uma teoria da conspiração dizendo que agências de inteligência norte-americanas, como a CIA e o FBI, estavam se infiltrando no movimento, colocando escutas nos telefones dos fiéis e assassinando pessoas para acabar com o culto, portanto os seguidores deveriam se rebelar contra o governo norte--americano: opressor, capitalista e racista. Para arquitetar tal ameaça, Jones contratou Mark Lane e Donald Freed, criadores de **teorias da conspiração** envolvendo o assassinato do presidente John Kennedy. Um deles inclusive proferiu uma palestra em Jonestown, confirmando aos membros do Templo do Povo que o governo norte-americano os encarava como uma ameaça ao capitalismo e que faria de tudo para encerrar as belas atividades do culto. No discurso, Lane comparou a luta de Jim Jones com a de Martin Luther King Jr. Antes mesmo da ida a Jonestown, muitos ex-membros da igreja de Jones reportavam que ele os colocava em um sentimento de **ameaça constante**, afirmando que inimigos **sempre** estavam a espreita para perseguir os membros do culto e tentar acabar com o Templo do Povo. Uma das táticas empregadas por Jones para tornar esse sentimento de ameaça ainda mais vívido para seus fiéis era a de observar e **selecionar rigorosamente** os novos membros do culto — estes tinham até o seu lixo doméstico vasculhado pela equipe do Templo do Povo. É possível observar aqui a semelhança desse ritual de iniciação com o experimento de Aronson e Mills, para garantir que os novos membros se apaixonassem pelo grupo mais facilmente.

A rotina dos seguidores de Jones na Guiana era intensa. Em Jonestown, todos trabalhavam na lavoura das 6h30 às 18h e, logo após o trabalho, os membros se reuniam em um pavilhão onde ficavam por horas estudando inúmeros assuntos, entre eles, o comunismo, o assunto favorito do reverendo. A comunidade também possuía um sistema de som, o qual era usado por Jim Jones durante horas, diariamente, para comunicar sua doutrina aos seguidores. Nenhum tipo de informação externa era permitida em Jonestown: o reverendo era a **única fonte da verdade**, a única confiável. Jones era chamado de "pai" por todas as pessoas do culto, inclusive pelas crianças. Para os arrependidos, deixar Jonestown era impossível. O reverendo não permitia que as pessoas fossem embora, e os rebeldes sofriam punições dolorosas — entre elas, o consumo de sedativos, barbitúricos, opioides e medicamentos para esquizofrenia, além de ameaças de morte.

Essa história parece bastante distante de nossa realidade, mas não é. A nova Jonestown está agora no seu bolso, dentro da sua bolsa ou em cima de sua mesa: o seu smartphone. Efeitos similares aos de Jonestown são conquistados por meio de aplicativos nos quais opiniões dissidentes são canceladas, grupos são compostos apenas por pessoas com pensamentos iguais, inimigos são encontrados, líderes corruptos são idolatrados, fake news são espalhadas, conflitos familiares são incentivados, conspirações são criadas e assim, lentamente, as pessoas vão bebendo um refresco venenoso que as leva a um caminho de extremo perigo.

Atualmente, as postagens de muitos políticos nas mídias sociais contêm a seguinte frase: **compartilhe a verdade!** O desejo mais profundo de um líder de culto é passar aos seus fiéis a doutrina de que **ele é a única fonte de verdade**, que toda informação que não vem dele é falsa, mal-intencionada, produzida por algum meio maligno. E, como você deve imaginar, **autoridades** exercem uma influência gigantesca nas crenças e nos comportamentos das pessoas. Além de clamar ser a única fonte da verdade, muitos líderes acusam seus oponentes de **mentirosos**, uma tática extremamente efetiva de acordo com os estudos de Anthony Pratkanis e Derek Rucker. Em uma série de experimentos, esses cientistas demonstraram que, quando uma pessoa afirma publicamente que **"alguém está mentindo"**, ela automaticamente é classificada como inocente e os participantes passam a julgar o "mentiroso" como culpado, mesmo quando é levantada a suspeita de que o acusador tem interesses escusos e de que o "mentiroso" pode estar sendo acusado erroneamente.[29] O **primeiro** a acusar o outro de mentiroso sempre leva a vantagem, uma estratégia conhecida como **Tática de Projeção**, amplamente usada na propaganda nazista. Perceba que, em casos como esse, não existe uma disputa entre a verdade e a mentira, e sim uma competição na qual **o mentiroso mais rápido** é aquele que sobrevive.

Dessa forma, muitos líderes modernos usam as mesmas estratégias de Jones, Applewhite, Hitler e outros criadores de cultos, arquitetando um **inimigo** que está na espreita, pronto para acabar com o seu movimento: os comunistas, os ateus, a Organização Mundial da Saúde, as multinacionais, a mídia, os homossexuais, as mulheres, o Fórum Econômico Mundial, os capitalistas, a Venezuela, a Polícia Federal, os liberais, a Big Pharma, os gigantes da tecnologia, os negros, os judeus, os evangélicos, os banqueiros, os ambientalistas, os professores, os cientistas, os indígenas, a Greta, os sindicalistas, a ONU ou [*preencha aqui o nome de seu inimigo favorito*], por isso seus membros devem confiar **apenas nas palavras vindas do grande líder**. O sentimento de medo, de acordo com vários estudos, tem um poder enorme de persuasão.[30]

Mas, claro, isso só acontece com os membros do culto "do outro lado", o movimento no qual você está inserido não age como um culto. Sinto lhe informar que se você faz parte de um movimento no qual só as pessoas que comungam de suas ideias prestam, indivíduos com opiniões dissidentes são classificados como mal-intencionados, existe um código de vestimenta, informações externas não são permitidas, um líder todo poderoso dita as regras, controla a "verdade" e afirma que um grande inimigo está prestes a atacar para dominar o mundo e controlar a mente das pessoas — você faz parte de um culto!

> " Lembre-se: por mais inteligente que seja, você pode estar sendo enganado."

Se Eles Dançam, Eu Danço

▶ Grupo Mínimo, Perda Máxima

Em 1971, o cientista Henri Tajfel e outros pesquisadores das universidades de Bristol e Aix-Marseille realizaram um experimento que revolucionou o entendimento da época sobre a formação de grupos. Os participantes do estudo deveriam estimar a quantidade de pontos apresentados em uma tela, com exposições que variavam entre 1/2 e 1/16 segundos.

Olhando rapidamente, quantos pontos você acredita que a figura abaixo possui?

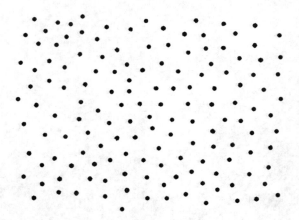

Após apresentarem suas estimativas sobre a quantidade de pontos na tela, o cientista dizia a cada participante se ele era um **superestimador**, ou seja, uma pessoa que exagerava na estimativa de quantidade de pontos que enxergava, ou um **subestimador**, alguém que julgava que havia menos pontos na tela do que a real quantidade — e aqui começava o experimento.

Após serem classificados como **superestimadores** ou **subestimadores**, os participantes realizavam uma nova tarefa, na qual deveriam atribuir pontuações para outros colegas do estudo. Esses colegas eram identificados unicamente por um número e pela classificação como **superestimador** ou **subestimador**, conforme o exemplo:

Para o membro 2 do grupo de *SUPERESTIMADORES*	1	2	3	4	5	6	7	8	9	10	11	12	13	14
Para o membro 7 do grupo de *SUPERESTIMADORES*	14	13	12	11	10	9	8	7	6	5	4	3	2	1

Como você pode perceber, na matriz existem pares de pontuações que devem ser assinalados. Caso o participante queira dar 4 pontos para o Membro 2 do Grupo de Superestimadores, obrigatoriamente deve dar 11 pontos para o Membro 7 do Grupo de Superestimadores. Em casos como esse, a maioria dos membros alocava recompensas mais igualitárias, 7 pontos para um membro e 8 para outro. Nada de diferente aqui, certo? As revelações, porém, começaram a surgir quando os participantes deveriam alocar pontos nas seguintes condições:

Para o membro 4 do grupo de *SUPERESTIMADORES*	1	2	3	4	5	6	7	8	9	10	11	12	13	14
Para o membro 6 do grupo de *SUBESTIMADORES*	14	13	12	11	10	9	8	7	6	5	4	3	2	1

Percebe a diferença? Em casos como esse os participantes devem escolher pares de pontos para membros do seu grupo, assim como para membros do "outro" grupo. Nessas situações, a tendência dos participantes era de **favorecer enormemente** o **membro do seu próprio grupo** enquanto **desvalorizava** o membro do grupo contrário, alocando 14 pontos para os membros do seu grupo e 1 para o do outro grupo.

Na segunda parte do experimento, novos voluntários deveriam analisar individualmente **pinturas** feitas por dois artistas diferentes — Klee e Kandinsky — e dar uma pontuação para cada uma delas. Posteriormente, os participantes eram classificados aleatoriamente como fãs de **Kandinsky** ou como fãs de **Klee**. Em seguida, cada um deles deveria alocar pontos a outras pessoas, da mesma forma que no primeiro experimento.

Pontos para o membro 72 do grupo *KANDINSKY*	7	8	9	10	11	12	13	14	15	16	17	18	19
Pontos para o membro 47 do grupo *KLEE*	1	3	5	7	9	11	13	15	17	19	21	23	25

Consegue perceber a mudança no modelo de pontuações em relação ao primeiro experimento? Elas são bastante **desiguais**, não é mesmo? Nesse tipo de situação, a escolha mais interessante, caso o participante fosse um fã de Kandinsky, seria atribuir 19 pontos para o Membro 72 de **seu grupo**, consequentemente dando 25 pontos para o Membro 47, fã de Klee. Essa seria a estratégia que iria **maximizar os ganhos para o seu próprio grupo**. Surpreendentemente, **não foi isso que aconteceu**. Uma vez destinados a um grupo, os membros não se dão por satisfeitos apenas **maximizando** os ganhos de colegas, a distribuição de recursos também tem como objetivo **prejudicar o grupo contrário**. Por esse motivo, as escolhas mais frequentes eram aquelas nas quais a diferença de pontuações entre os grupos Kandinsky e Klee eram **maiores**. Muitas pessoas prefeririam atribuir **7 pontos** para o seu próprio grupo e **1 ponto** para o grupo contrário, do que distribuir **19 pontos** para o seu time e **25 para o outro**.[1]

Esse comportamento bizarro ficou conhecido como **Paradigma do Grupo Mínimo**, demonstrando que simplesmente colocar as pessoas em um grupo usando uma **classificação qualquer e irrelevante** já faz com que elas **favoreçam** os membros de seu grupo, mesmo que nem sequer

Se Eles Dançam, Eu Danço

saibam quem são os outros membros do grupo e tenham entrado nele há minutos. Essa descoberta também revela que, uma vez pertencentes a um grupo, as pessoas preferem ter a sensação de que **derrotaram o inimigo**, ainda que essa ação venha com o custo de gerar **menos recursos** do que poderiam ser obtidos para seu próprio grupo.

Imagine que um grupo de corredores está prestes a receber a medalha de prata em uma prova de revezamento, quando o último atleta decide empurrar seu maior rival que iria ganhar a medalha de ouro, com o custo de ser ultrapassado por outros três atletas, chegar em quarto lugar na prova, perder a medalha de prata e a de bronze, fazendo a equipe ficar fora do pódio apenas para ver o rival chegar em último por causa da queda. Os participantes desse estudo realizaram **exatamente** essa escolha. Nossos políticos estão fazendo escolhas similares, e quem paga o preço é a população.

> As pessoas estão dispostas a sacrificar os ganhos do seu próprio grupo caso isso signifique que o grupo inimigo ganhe mais."

Tajfel e seus colegas concluíram que, claramente, a estratégia adotada pelos participantes do estudo era a de **discriminar** os membros do grupo diferente. Essa distribuição injusta de recursos gera frustração nos membros do grupo discriminado, sendo uma das causas do aumento na hostilidade entre grupos e, consequentemente, de possíveis episódios de violência. **Pseudoparentesco** é o termo usado pelos cientistas para definir o sentimento de irmandade que temos com pessoas que não compartilham do nosso sangue ou dos nossos genes, mas que possuem características similares às nossas.[2] Se uma simples classificação como **superestimador** ou **fã de Kandinsky**, atribuída há alguns minutos, já traz sentimentos de parentesco e faz as pessoas discriminarem membros de grupos diferentes, o que pode acontecer quando a diferença é mais visível e construída por anos?

O Outro Lado da Força É Fraco

Um dos nomes que aparece com muita frequência neste livro é o de Lee Ross, um cientista de Stanford considerado como um dos mais importantes da história no mundo da psicologia. Infelizmente, Ross nos deixou em maio de 2021, mas suas contribuições para a comunidade científica foram imensas, e seu legado nunca será esquecido. Além do **Realismo Ingênuo**, o cientista fez outras descobertas fundamentais para o entendimento do comportamento humano. Uma delas remete à resistência que temos ao ouvir ideias contrárias às nossas, aquelas que vêm "do outro lado". Em um de seus estudos, Ross e cientistas da Universidade Hebraica de Jerusalém, Swarthmore College e Universidade de Haifa pediram para palestinos e israelenses escreverem propostas de paz para o conflito que os aflige há décadas. Os pesquisadores coletaram as propostas israelenses e palestinas e as colocaram dentro de envelopes. Sem o conhecimento dos participantes, um grupo de israelenses recebeu propostas escritas por israelenses, mas foram informados pelos cientistas que tais propostas haviam sido sugeridas pelos palestinos. Outro grupo de israelenses recebeu propostas escritas por palestinos, mas foram informados de que as ideias vinham de outros israelenses. Os palestinos, por sua vez, foram colocados na mesma situação. O que você acha que aconteceu? Israelenses avaliaram mais positivamente as propostas escritas por palestinos e vice-versa.[3] Parece que, quando uma proposta é escrita pelo "outro lado", apenas o nosso conhecimento sobre esse fato já faz com que tenhamos resistência.

> **No fim das contas, não importa o quão boas são as ideias, o que importa para nós é de que lado essas ideias vieram."**

E muita gente ainda acredita que possui o superpoder de enxergar o mundo **exatamente como ele é**. No momento em que eu assumo que o "outro lado" é mal-intencionado e que apenas as pessoas do meu grupo são racionais, passo a me blindar de opiniões distintas da minha e coisas perigosas começam a acontecer. Uma delas foi amplamente documentada pelo cientista Irvin Janis, em um fenômeno conhecido como **Groupthink**.[4] Janis descobriu que, em muitas dinâmicas de interação e tomada de decisão que acontecem em grupo, as pessoas preferem manter a **harmonia com os demais membros** ao invés de entrar em conflito. Essa busca pela harmonia faz com que as pessoas se sintam desconfortáveis em discordar das demais, magoar os outros, ser as ovelhas negras, assumir o papel de **advogado do diabo** e em ser responsabilizadas se as decisões forem fracassadas. Com isso, o grupo acaba ganhando uma mente única, na qual a regra é **concordar** com tudo o que os demais afirmam. Como vimos no Capítulo 3, quando cercados apenas por pessoas com mentalidade similar, o grupo passa a assumir posições cada vez mais extremas. Alguns cientistas denominam esse movimento como **Mudança Arriscada**,[5] demonstrando que grupos altamente coesos tomam decisões cada vez mais perigosas: All in!

"Eles" Merecem

Uma montanha de evidências demonstra que grupos começam a competir entre si com mais vigor quando existem **recursos limitados** em jogo.[6] Esse tipo de competição, além de estreitar os laços entre os membros dos grupos, leva as pessoas a desenvolver imagens **negativas** extremas sobre membros de outros grupos. Em momentos econômicos turbulentos, nos quais há maior competição por recursos escassos — como empregos —, os grupos começam a agir de forma cada vez mais **egoísta**, prejudicando seus inimigos que, por sua vez, começam a agir de forma **similar**, beneficiando apenas seus membros quando têm oportunidade. Essa disputa cria um ciclo chamado pelos cientistas de **Profecia Autorrealizável**, em que nosso comportamento egoísta **promove** um comportamento similar no outro grupo, reforçando a imagem negativa que temos deles e, assim, passamos a enxergar **exatamente aquilo que esperamos** de nossos adversários.[7]

O combustível da profecia autorrealizável é o **estereótipo**, ou seja, nossas crenças sobre o que podemos esperar do comportamento de pessoas de determinado grupo.[8] Se temos o estereótipo de que cariocas são simpáticos e bons de papo, por exemplo, iremos abordá-los de forma simpática, o que fará com que eles respondam de forma igualmente simpática, **confirmando** a imagem que temos dos moradores do Rio de Janeiro. Da mesma forma, se o estereótipo que criamos sobre curitibanos é o de que são fechados e antipáticos, nas oportunidades em que tivermos que interagir com eles usaremos todas as nossas ferramentas de antipatia, não daremos "bom dia" ao entrar no elevador e receberemos a reciprocidade do curitibano, o que servirá de **reforço** para o estereótipo: *"Eita povo metido!"*

Nós **criamos** a realidade que enxergamos e, consequentemente, a profecia se cumpre. A profecia autorrealizável logo aumenta a competição entre os grupos, pois as pessoas começam a ficar ainda mais convencidas das **más intenções** do grupo contrário, criando ainda mais ódio. Por incrível que pareça, **grupos** competem mais intensamente por recursos limitados do que **indivíduos**.[9]

Quando criamos uma imagem radicalmente negativa de grupos diferentes dos nossos, levando em conta que já temos uma tendência em achar que o nosso grupo é superior, é perigoso começarmos a achar que "eles merecem" o que têm. Em muitas oportunidades, apesar de estarmos próximos **fisicamente** de membros de outros grupos, estamos a milhares de quilômetros de distância deles, **mentalmente**. Estudos demonstram que simplesmente **observar** o rosto de uma pessoa considerada de raça diferente da nossa causa ativação da ínsula, uma das partes do cérebro responsáveis pelo sentimento de **nojo**. Paul Rozin, da Universidade da Pensilvânia, revela que muitas partes do cérebro que originalmente tinham funções mais específicas passaram a desempenhar funções mais abrangentes com a evolução. A ínsula, que processa informações do nariz e da boca, e era originalmente ativada apenas com o gosto ou o cheiro de comida estragada, passou a aumentar seu portfólio, apresentando atividade também ao observar indivíduos de grupos distintos dos nossos.[10]

Isso significa que, atualmente, tornou-se ainda mais fácil discriminar pessoas de etnias diferentes. O fato de que "eles" comem coisas nojentas,

Se Eles Dançam, Eu Danço **197**

vestem-se de forma nojenta ou têm uma aparência nojenta, parece nos dar o direito de **rebaixar** outros grupos. Os cientistas canadenses Gordon Hodson e Kimberly Costello descobriam que pessoas com atitudes negativas para com imigrantes e outros grupos minoritários tinham menos chances de vestir uma roupa limpa usada por um estranho ou de se sentar em um banco recém-desocupado por outra pessoa.[11] Jacques-Philippe Leyens, da Universidade Católica de Louvain, e outros colegas demonstraram em uma série de experimentos que as pessoas atribuem mais características **únicas humanas** aos membros de seu **próprio grupo**, e características mais comuns a outros **animais** para pessoas de **outros grupos**.[12] Isso significa que julgamos pessoas de grupos diferentes dos nossos como "menos do que humanos", um processo conhecido como **desumanização** ou **pseudoespeciação**.[13] Assustadoras também foram as revelações feitas pelos cientistas Tobias Greitemeyer e Neil McLatchie, das universidades de Innsbruck e Sussex. Ao colocar universitários ingleses para jogar partidas violentas, neutras ou cooperativas em videogames por quinze minutos e, posteriormente, pedir para que indicassem traços de personalidade em ingleses e em imigrantes, os resultados apontaram que os participantes atribuíam a seus compatriotas mais **características únicas a humanos**, em comparação aos estrangeiros.[14]

Mas videogames não refletem a realidade, certo? Em um cenário de violência que durou bem mais do que quinze minutos, os líderes nazistas tiveram sucesso ao desumanizar os judeus perante os soldados do exército alemão, inventando teorias da conspiração sobre os desejos judeus em dominar o mundo, colocando em ação uma profecia autorrealizável, dessa maneira tornando possível as atrocidades que conhecemos e a discriminação que acontece até hoje contra judeus.

Você pode até acreditar que esse tipo de conflito ficou no passado e que as guerras modernas acontecem por problemas maiores. A não ser que percebamos que uma **fatia de mortadela** vem causando uma divisão absurda em nosso país, fazendo com que um grupo de pessoas classifique algo delicioso como nojento, que só "eles" comem. Também é importante notar que membros de ambas as extremidades do espectro político chamam os oponentes de "gado", uma forma de desumanização.

198 A Arte de Enganar a Si Mesmo

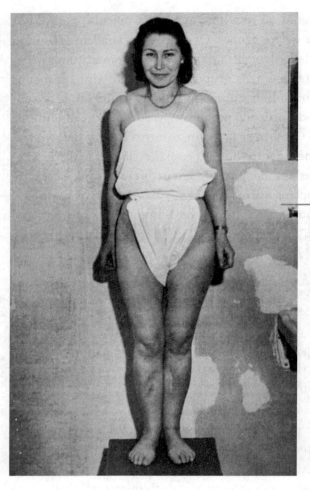

Sobrevivente do campo de concentração de Ravensbrueck, que teve cortes realizados em suas pernas, infectados com bactérias, sujeira e pedaços de vidro, para simular ferimentos de soldados alemães durante as batalhas. Muitos prisioneiros vítimas desses experimentos médicos morreram.
Foto: United States Holocaust Memorial Museum, cortesia da National Archives and Records Administration, College Park.

    Henri Tajfel, que você conheceu no estudo sobre o paradigma do grupo mínimo, e o cientista John Turner desenvolveram a **Teoria da Identidade Social**, que explica que a autoestima do ser humano não se baseia apenas em identidade e conquistas pessoais, mas também em status e conquistas dos **vários grupos que faz parte**.[15] O que chama atenção dos cientistas é a gama de problemas criados quando tomamos a iniciativa de desumanizar grupos rivais. Como já vimos, nosso cérebro é campeão em encontrar razões para nossos comportamentos. Por isso, momentos após xingarmos alguém de *petralha* ou *bolsominion* o cérebro precisa **criar**

justificativas para reduzir o desconforto causado por termos tratado outro ser humano de forma rude. Lembre-se das descobertas de Tory Higgins: dizer é acreditar! Imagine o sentimento negativo causado pela dissonância: *"Eu sou uma pessoa do bem"* e *"acabei de xingar um rival político"*. Nesta altura, estou certo de que você já sabe exatamente o que acontecerá: em vez de mudar sua atitude em relação ao rival político, o cérebro vai usar o atalho mais confortável, encontrando todas as razões pelas quais o rival "mereceu" ser maltratado, pois são todos iguais, nojentos, gado, pessoas asquerosas que desejam transformar o Brasil em uma Venezuela. Dessa forma, damos a nós mesmos a autorização para maltratar pessoas as quais sequer conhecemos, pessoas que inclusive poderiam ser nossas **amigas**.

Durante minha conversa de mais de duas horas com Elliot Aronson na sua casa em Santa Cruz, Califórnia, ele me disse que, quando era estudante universitário na Universidade Brandeis, queria se formar em economia, mas acabou entrando por acaso em uma aula de Abraham Maslow, o que mudou completamente sua vida. Como judeu, Aronson precisava se esconder com frequência dos meninos de sua vizinhança, pois sempre era espancado por eles. Quando criança, Aronson não entendia por que os outros meninos o odiavam tanto simplesmente pelo fato de ele ser judeu, e imaginava se os brigões da vizinhança passariam a gostar dele se investissem um tempo o conhecendo. Na aula de Maslow, Aronson percebeu que a psicologia estava buscando as respostas para os problemas que ele enfrentava, algo que o deixou fascinado e fez com que ele mudasse de última hora sua opção de graduação para essa área.

Quando o visitei, Aronson havia acabado de completar 90 anos de idade, e o cientista me deixou com o seguinte questionamento. *"Se a humanidade sobreviver aos próximos séculos, como as pessoas do futuro irão nos avaliar? Imagine o que irão pensar de nós quando descobrirem que entrávamos em guerra com outras pessoas por causa de religião, querendo mostrar aos outros que a nossa religião era superior? Imagine o que irão pensar de nós quando descobrirem que maltratávamos os outros por algo tão irrelevante quanto a pigmentação da pele?"* Eu, que havia planejado falar sobre os problemas da "mortadela" e dos "bolsominions" no Brasil, fiquei tão envergonhado que decidi engavetar a pergunta.

Crianças Adultas? Ou Adultos Crianças?

O que era para ser um jantar acabou virando uma guerra, com meninos arremessando comida nos outros do grupo rival, com xingamentos incessantes e hostilidades em todas as suas formas. Essa é a descrição de um pequeno momento ocorrido em um estudo conduzido pelo cientista Muzafer Sherif, que lecionou e pesquisou em instituições como Yale, Princeton, Universidade de Oklahoma e Penn State.

Sherif e seus colegas selecionaram rigorosamente 22 garotos para um acampamento de duas semanas e meia, garantindo que os meninos não se conheciam, nunca haviam se envolvido em confusões na escola, tinham famílias sólidas de classe média e não apresentavam diferenças étnicas.[16] O que os garotos não sabiam é que iriam participar de um dos experimentos mais icônicos já conduzidos. Os meninos foram separados em **dois grupos** de onze membros e embarcaram em dias diferentes em um ônibus rumo ao Parque Estadual Caverna dos Ladrões, no sudoeste de Oklahoma — o parque foi batizado dessa maneira depois dos rumores de que os criminosos Jesse James e Belle Starr haviam se escondido em uma caverna no local. Ao chegar no parque, os dois grupos foram colocados em locais diferentes e distantes, não interagindo em um primeiro momento. Na primeira fase do experimento, as crianças realizavam atividades para promover a **união do grupo**, como montar barracas, cozinhar, jogar beisebol, nadar e realizar apresentações em conjunto. A atividade obteve tamanho sucesso que um dos grupos decidiu nomear a si mesmo como **Cascavéis**. Com o passar do tempo, papéis hierárquicos começaram a surgir em cada grupo e alguns meninos tornaram-se muito populares, vindo a ser os líderes do bando.

Com o objetivo de unir os membros de cada grupo concluído, a segunda fase do estudo começava e, assim, os cientistas avisavam aos meninos de cada grupo que **outros garotos** estavam acampando em uma área distante do parque, e que em alguns dias eles iriam realizar uma **competição entre os grupos**. Assim que souberam dos outros meninos e, principalmente, que um dos grupos tinha um nome — Cascavéis — o outro grupo, que inicialmente não tinha visto a necessidade de ter um nome, decidiu que iria se chamar **Águias**. Nos primeiros dias, os grupos podiam se aproximar um do outro, mas deviam respeitar uma distância em que era possível apenas ouvir o outro grupo. Nesse período, os meninos tornaram-se extremamente territorialistas, com ambos os grupos demarcando seus territórios e, inclusive, dando nomes às suas áreas. Cada grupo desenhou e fincou no solo uma bandeira com seus nomes. O líder dos Águias disse: "Nossa bandeira nunca tocará o chão!"

Perceba que até então a competição não havia começado, o que sugere que a hostilidade entre grupos se mostra presente apenas com o conhecimento de que outro grupo **existe**. Finalmente os dois grupos se encontraram para iniciar a competição, que iria durar cinco dias. O torneio envolvia jogos de beisebol, cabo de guerra, futebol americano, montagem de barracas de acampamento, inspeção dos alojamentos, caça ao tesouro e gincanas. Os garotos foram avisados de que o grupo campeão do torneio ganharia medalhas e **canivetes**, sendo este último um item que as crianças da época adoravam — mas que muitos pais da atualidade abominam.

Já no primeiro jogo, e com aumento gradativo a cada encontro, os meninos começaram a insultar o outro grupo: "Vagabundos", "covardes" e "fedorentos" — sim, esses xingamentos eram ofensivos na década de 1950. Certo dia, os Águias roubaram e queimaram a bandeira dos Cascavéis, que por sua vez fizeram o mesmo quando tiveram chance. As refeições se tornaram momentos hostis e, durante uma noite, os cientistas colocaram, de propósito, um grupo para jantar antes do outro, o que fez com que os primeiros comessem quase toda a comida mais saborosa, deixando apenas os piores pratos e restos para o segundo grupo, o qual se revoltou com a situação, e seus membros começaram a atirar comida nos rivais. Frequentemente, os meninos invadiam os alojamentos do outro grupo para virar camas e vandalizar as instalações, a fim de fazê-los perder pontos na competição. Várias brigas corporais entre os garotos precisaram ser interrompidas pelos organizadores. Quando os Águias, vencedores da competição, saíram para comemorar, os Cascavéis invadiram seus alojamentos para **roubar os canivetes**. Quem diria que esses meninos teriam comportamentos tão... adultos, não é mesmo?

Algumas competições surpresa foram incluídas. Em uma delas, os cientistas despejaram uma grande quantidade de grãos de feijão no chão e os meninos deveriam pegar o máximo de feijões em um minuto, sendo que o grupo vencedor ganharia US$5,00, uma recompensa enorme para a época. Antes de anunciar o grupo vencedor, os cientistas reuniram ambos os grupos e projetaram rapidamente, em uma tela, fotos dos feijões que cada menino coletou, perguntando a eles quantos feijões havia em cada imagem. Não é difícil prever que, quando era projetada uma foto dos feijões de um membro dos Cascavéis, os meninos desse grupo estimavam que havia uma quantidade **maior de grãos** em relação às projeções dos Águias, e vice-versa. No entanto, propositalmente, os cientistas colocaram exatamente a mesma quantidade de feijões em todas as fotos: 35.

> **Meu grupo sempre é melhor do que o seu, mesmo quando é igual."**

Após tanta confusão, chegava a hora da terceira fase do experimento. Inicialmente, os cientistas simplesmente colocaram os dois grupos **em convívio**, realizando atividades não competitivas e buscando analisar se a hostilidade entre os meninos se dissiparia. Infelizmente isso **não aconteceu**, levando os meninos a xingar com ainda mais frequência os garotos do outro grupo, insultar diretamente seus membros e, claro, atirar comida sempre que possível. Simplesmente colocar os meninos em contato, no mesmo ambiente, não se mostrou uma estratégia efetiva para diminuir a hostilidade entre eles. Por mais que esse estudo tenha acontecido há quase setenta anos, até hoje muitas pessoas acreditam que simplesmente **colocar dois grupos rivais em contato**, para que conheçam uns aos outros, fará com que conflitos acabem, o que escancara a nossa urgente necessidade em ter mais contato com a ciência e, assim, tomarmos decisões mais eficientes. Muitos cientistas contribuíram com a descoberta de que a famosa **Teoria do Contato** não funciona de forma adequada para unir grupos distintos.[17] No Senado Federal e na Câmara dos Deputados, políticos de partidos opostos **se encontram todos os dias** e os conflitos se tornaram cada vez mais frequentes, levando nosso país ao estado de polarização em que se encontra.

A redução de conflitos foi solucionada somente após os cientistas organizarem atividades que só poderiam ser resolvidas **se ambos os grupos trabalhassem juntos**. Em uma delas, o fornecimento de água do acampamento "teve um problema" e um longo trecho de canos, desde o reservatório até o camping, deveria ser inspecionado: uma tarefa que seria concluída mais rapidamente se os meninos se juntassem. Em outro dia, um caminhão com comida e outros suprimentos "quebrou" em uma área distante do acampamento. Incrivelmente, "alguém havia deixado" um grande pedaço de corda próximo ao local onde o caminhão quebrou, o qual os meninos prontamente encontraram, amarraram ao para-choques do veículo e juntaram-se para puxar o caminhão que, obviamente, "pegou no tranco".

Colocar os grupos para trabalhar juntos em objetivos comuns fez com que os xingamentos terminassem e amizades iniciassem. No último dia do acampamento, no momento de voltar para a cidade de Oklahoma, os meninos insistiram em voltar no **mesmo ônibus**, ao invés de embarcarem nos veículos que os trouxeram separadamente. No caminho de volta para casa, quando o ônibus fez uma parada em uma lanchonete, os garotos dos Cascavéis usaram os US$5,00 que ganharam na competição de coleta de feijões para comprar bebidas para **todo mundo** — um comportamento que eu gostaria de classificar como "adulto", mas prefiro não o fazer.

> O estrago produzido em cinco dias levou apenas dois para ser consertado."

Esse estudo nos proporciona lições importantes, principalmente que tudo o que é preciso para criar hostilidade entre grupos é colocá-los para competir em algo que apenas **um pode ganhar**. Para conflitos acontecerem, não são necessários históricos anteriores de brigas, diferenças de aparência ou de origem.

> **Alguém pensou em eleições?"**

Sherif e seus colegas ainda nos presentearam com o conhecimento de que, quando um grupo se comporta de forma hostil perante outro, os ofendidos passam a se comportar da mesma forma, criando um ciclo com consequências perigosas — a famosa profecia autorrealizável.

O Quebra-cabeça dos Conflitos Sociais

Empresas e escolas são lugares competitivos em que, para uma pessoa se dar bem, outras precisam se dar mal. O ambiente desses locais, regido pela falsa ideia da meritocracia — logo você entenderá por que a ideia é falha — faz com que as pessoas entendam que fazem parte de um jogo no qual **poucos podem ser vencedores**, abrindo caminho para falta de cooperação, trapaça, ciúmes, fofocas e outros comportamentos inadequados. Quando a professora faz uma pergunta na sala de aula e a Maria levanta a mão mais rápido, os demais colegas torcem para que a garota responda à questão de forma errada para terem chances de brilhar em sala de aula — o mesmo acontece em reuniões corporativas. O que devemos passar a questionar é o quanto esse tipo de ambiente se traduz em bons resultados, relacionamentos, lucratividade e desenvolvimento das pessoas. É possível uma nova forma de gestão que alcance melhores resultados?

Na década de 1970, quando as escolas norte-americanas começaram a integrar alunos brancos, negros e latinos, era de se esperar que inúmeros conflitos, inclusive físicos, passassem a acontecer. No ápice dessa situação, o superintendente do sistema de educação pública de Austin, no Texas, convenceu o cientista social Elliot Aronson a encontrar soluções para esses problemas. Ciente dos resultados do Experimento da Caverna dos Ladrões, Aronson começou a desenvolver estratégias que unissem os alunos para o atingimento de um **objetivo em comum**: aprender melhor a teoria exposta em sala de aula. Aqui surgiu uma das ferramentas mais utilizadas em classes no mundo todo, até os dias de hoje: o **Jigsaw Classroom**.[18] Um *jigsaw* — um quebra-cabeça — foi exatamente a ferramenta que Aronson e seus colegas encontraram como solução para conflitos e competições em sala de aula, fazendo com que cada aluno fosse responsável por uma "peça" da matéria e que, assim, uns dependessem dos outros para ter sucesso em montar o "quebra-cabeça" inteiro. Em um *jigsaw*, uma sala de aula é dividida em pequenos grupos de seis alunos cada, sendo que a professora deve dividi-los de forma que os grupos sejam equilibrados em termos de etnia, gênero, nível de conhecimento, extroversão e assim por diante. Em seguida, a matéria é dividida em seis pedaços, cada aluno é responsável por dominar a sua parte e, posteriormente, ensiná-la para os demais. Assim, os alunos só conseguem entender a matéria inteira com a ajuda de seus colegas.

Um dos alunos pode ser mais introvertido, porém, se os outros zombarem dele durante a apresentação, todos serão prejudicados. Alguém pode ser racista, mas, trabalhando ao lado de outro aluno fenotipicamente diferente dele, passa a perceber que as pessoas "daquela raça" não são todas iguais e que, inclusive, ele e a outra pessoa têm muitos pontos em comum. Um menino pode ter o estereótipo de que meninas são ruins em matemática, mas, ao resolver um problema que depende do cálculo de uma menina, ele pode perceber que está realizando um julgamento impreciso. Por ser baixinho, um dos meninos pode até não ser ouvido pelos outros durante o recreio, mas, se ninguém prestar atenção nele em sala de aula, o sucesso se tornará impossível. Décadas de estudos que analisaram a efetividade do *jigsaw* em comparação com maneiras tradicionais de ensino revelam que o método faz as crianças não somente gostarem mais da escola, mas principalmente terem melhores atitudes frente a pessoas diferentes.[19]

Quando compreendemos as formas como a psicologia social pode contribuir para a construção de uma sociedade mais tolerante e colaborativa, passamos a ter ferramentas adequadas para consertar os mais variados problemas que avistamos no dia a dia. Ficamos todos esperançosos para que um dia nossos políticos possam se juntar para encontrar as peças do quebra-cabeça chamado Brasil, que estão perdidas há muito tempo.

Quando Nós Nos Tornamos Eu

Levando em conta a **Teoria da Identidade Social**, todos esses comportamentos de grupos têm outro objetivo interessante: **o aumento da autoestima do indivíduo**. Se o meu **grupo** vai bem, isso significa que, como **indivíduo**, eu também estou indo bem. O **sucesso do grupo** eleva a autoestima de **todos os seus membros**, tornando-se fundamental para o bem-estar individual, principalmente em momentos difíceis, nos quais as pessoas enfrentam problemas financeiros, desemprego, ameaças à posição do grupo, discriminação ou exclusão social. Esses, inclusive, são alguns dos motivos que podem fazer as pessoas juntarem-se a um grupo. Muitos membros do Heaven's Gate, por exemplo, haviam sofrido com solidão, dificuldade em fazer amigos, divórcio, morte de familiares, desemprego, depressão, doenças na família, alcoolismo dos pais e outras condições. Juntos, o sucesso do grupo se traduzia no sucesso de cada indivíduo.

Em um estudo clássico, Robert Cialdini e seus colegas analisaram o comportamento de torcedores de futebol americano em sete universidades diferentes, descobrindo que eles tinham chances maiores de usar a camisa e os adereços do time no **dia seguinte a uma vitória**, em relação às oportunidades em que o time perdia. Além disso, esses torcedores tinham uma probabilidade maior em emanar frases como **"nós ganhamos"** em oportunidades de vitórias, assim como **"eles perderam"** quando seu time sofria uma derrota.[20] Brasileiros aficionados por futebol conhecem bem esse tipo de comportamento comum nas segundas-feiras, mas poucos entendem que **não é apenas por amor ao clube** que o indivíduo veste as cores do time após uma vitória, mas principalmente por **amor-próprio**, em uma tentativa de aumentar a sua autoestima: se **meu time** está bem, **eu** estou bem! Cialdini nomeou esse comportamento como **Desfrutar da Glória Refletida**.

Obviamente, para o seu time estar bem é necessário que o **rival esteja mal,** e como em campeonatos apenas **um time** pode levantar a taça torna-se comum que torcedores se digladiem, desumanizem seus adversários chamando-os de *bambis, gambás, poodles, coxinhas, porcos* entre outros nomes nada apropriados, enxergando apenas as características que

confirmam que os rivais são mal-intencionados e "todos iguais", justificando dessa forma agressões sem sentido: "Eles merecem."

Luiz Gaziri e Robert Cialdini no Jardim Botânico de Phoenix, Arizona.

Nessa direção, um trio de cientistas de Princeton descobriu que torcedores apresentam ativações mais significativas em regiões do cérebro, como o estriado, relacionadas com o sentimento de **prazer**, não somente quando seus times **ganham**, mas também quando o **rival perde**.[21] Esse estudo ainda encontrou uma correlação forte entre a ativação do estriado e a disposição do torcedor em **agredir** fisicamente seus rivais. Uma das conclusões de Susan Fiske, uma das cientistas do estudo, é que o cérebro de fanáticos por esportes busca prazer, ao invés de **empatia**, ao ver um inimigo sofrer. As implicações dessa descoberta são gigantescas.

Por incrível que pareça, futebol deixou de ser o único esporte pelo qual o brasileiro é apaixonado — atualmente, a **política** parece ter se tornado uma espécie de esporte para muitos de nós. Em competições que acontecem a cada dois anos, conhecidas como **eleições**, nas quais para um candidato ganhar é necessário que outro **perca**, comportamentos similares aos de torcedores de futebol acontecem. Da mesma forma que os torcedores de Princeton e de Dartmouth enxergavam apenas as atrocidades cometidas pelo time adversário, cegando-se para os atos desonestos praticados pelos jogadores de seu próprio time, ou como os Cascavéis e os Águias entravam em conflito apenas pelo fato de estarem em uma competição, participantes de um estudo ofereciam incentivos maiores a outros pelo simples fato destes serem superestimadores ou, ainda, que torcedores sentem prazer ao invés de empatia ao ver o adversário perder, "torcedores" de partidos políticos também tendem a **desumanizar** os membros do partido rival, classificando-os como mortadelas, bolsominions, fascistas, petralhas, comunistas, sorvetes de chuchu, amoebas, genocidas e gado. Essa "torcida" chegou ao ponto de os políticos de hoje em dia investirem mais tempo em falar mal do partido oposto do que em resolver os problemas do país ou apresentar novas propostas. Quantas pessoas têm conhecimento das consequências desse tipo de comportamento?

Um estudo dos cientistas xarás Steven Spencer e Steven Fein aponta exatamente, e principalmente, para as consequências de diminuir pessoas de outros grupos. Um grupo de participantes recebeu uma lista de valores pessoais (honestidade, caridade, bondade etc.), e cada um deveria escolher o valor que acreditava ser mais importante, posteriormente escrevendo alguns parágrafos sobre as razões pelas quais aquilo era importante para ele. Essa atividade, de acordo com outros estudos, aumenta a **autoestima** das pessoas. Outro grupo de participantes não realizou a atividade. Em seguida, todos os participantes assistiam a um vídeo que mostrava uma pessoa participando de uma entrevista de emprego. Em uma versão do vídeo, ficava claro para todos os participantes que o candidato ao emprego era **judeu**, enquanto outra versão não continha nenhuma "dica" sobre a origem do candidato. Como você pode prever, os participantes que não tiveram sua autoestima elevada na atividade anterior julgavam o candidato de forma negativa quando ele era representado como judeu, o que não aconteceu com os participantes cuja autoestima acabara de ser elevada.[22] Esses dados indicam que quando uma pessoa sofre com baixa autoestima — seu time perdeu a final do campeonato, seu candidato político está em terceiro lugar, sua nota na prova não foi boa, acabou de ser demitida, a mídia mostrou que ela votou em alguém corrupto — as chances de ela recuperar o seu senso de valor aumentam se ela agir de forma **discriminatória** com membros de outros grupos. E essa é apenas **uma** forma de recuperar autoestima. O cientista Robert Sapolsky, de Stanford, que passou trinta anos no leste da África estudando macacos, observou que, logo após perderem sua posição de poder, babuínos machos alfa atacam sexualmente fêmeas que não estão ovulando, mesmo quando elas não se mostram receptivas, lutam e gritam de dor.[23]

Vestir a camisa e os adereços do seu time de coração, ou do partido político que prefere, automaticamente faz com que outras pessoas criem uma imagem sobre quem você é, o que é mais difícil quando você está vestindo algo usual. Usando uma saia e uma camisa neutras, dificilmente as pessoas assumirão que você é militante do PT, torcedora do Santos ou bancária. No entanto, um grupo de pessoas sempre está "vestindo" algo que faz com que os outros assumam que elas possuem certas características. Fique atento para mais detalhes em breve.

▶ Maçãs e Barris

Além de garantir a obediência a normas sociais, grupos também apresentam outro objetivo importante: determinar papéis sociais. Como membro de um grupo, é fundamental que você tenha uma função específica. Enquanto as normas sociais regem como **todas** as pessoas do grupo devem se comportar, os papéis sociais regem o que cada **indivíduo** deve fazer dentro do grupo de acordo com a sua posição. Um médico tem um papel social diferente de um engenheiro, por exemplo, ainda que ambos pertençam **ao mesmo grupo** dentro de uma empresa. Esses papéis são importantes pois fazem as pessoas terem conhecimento sobre quais contribuições são esperadas delas pelos demais indivíduos do grupo.

Em certas ocasiões, existe um perigo enorme nesses papéis, pois eles podem deixar as pessoas tão imersas em suas responsabilidades ao ponto de perderem suas identidades e personalidades. O estereótipo que muitas funções carregam tem o potencial de levar o indivíduo a cometer atos inimagináveis.

Foi exatamente o peso desse papel que fez com que os participantes de um dos estudos mais famosos — e polêmicos — da história da psicologia tratassem outras pessoas de forma brutal. Esta intervenção recebeu o nome de **Experimento da Prisão de Stanford**.[24] Chocado com as brutalidades da Segunda Guerra Mundial e inspirado por Stanley Milgram — cujo principal estudo você conhecerá em breve —, o cientista Philip Zimbardo queria entender o que levou cidadãos alemães **comuns** a cometerem atos de extrema violência contra judeus inocentes e indefesos, incluindo crianças e idosos. Para muitas pessoas, os atos dos alemães são explicados pela presença de "maçãs podres" no exército, indivíduos com personalidades diabólicas, provavelmente com distúrbios mentais sérios. Não passa pela cabeça dessas pessoas a possibilidade de que indivíduos normais **como você e eu** possamos chegar a um nível de obediência no qual torturar, fazer experimentos malignos e assassinar outros humanos possam se tornar experiências indolores — Zimbardo levantou essa hipótese.

O experimento convocou interessados para fazer os papéis de policiais e de prisioneiros em uma prisão improvisada em um porão do departamento de psicologia na Universidade de Stanford. Os papéis de policial ou prisioneiro eram decididos por meio de "cara ou coroa" no lançamento de uma moeda. Decididas as funções de cada participante, no dia do início do experimento, policiais reais iam até a residência dos prisioneiros, rendiam-nos, algemavam-nos e colocavam-nos no camburão da viatura. Ao chegar na prisão em Stanford, os prisioneiros tinham suas impressões digitais registradas, eram obrigados a tirar suas roupas, serem desinfectados com um spray, vestir uma túnica com um número de identificação e um gorro em suas cabeças, além de carregarem uma corrente presa a um dos tornozelos. Já os guardas recebiam uniformes cáqui, óculos escuros estilo aviador, um apito e um cassetete. Os prisioneiros deveriam ficar em suas celas, sob a supervisão dos guardas.

Rapidamente, cada personagem **assumiu seu papel**, com os guardas insultando os prisioneiros e estes, por sua vez, engajando-se cada vez mais em conversas que tinham como foco falar mal do tratamento dos guardas. Com o passar dos dias, a situação piorou radicalmente: os guardas começaram a praticar atos de maldade com os prisioneiros como tirar seus colchões e obrigá-los a dormir no chão, ordenar com que vestissem sacos em suas cabeças, mandar com que limpassem vasos sanitários apenas com suas mãos, demandar que defecassem em baldes, simular atos sexuais e tirar suas roupas, tornando-se cada vez mais criativos ao inventar atividades para humilhar os "detentos." A carga emocional nos prisioneiros chegou ao ponto de alguns terem de ser liberados do experimento antes do fim, e o abuso e a humilhação cada vez maior dos guardas tornou a continuidade do experimento insustentável. Zimbardo comentou, no dia em que conversamos, que **ele mesmo** ficou profundamente envolvido em seu papel como "diretor da prisão", e que em algumas oportunidades nas quais precisou resolver problemas com os detentos, sua primeira intuição era a de que eles estavam **mentindo** para serem liberados do experimento. Philip Zimbardo planejou conduzir o experimento por quinze dias, mas teve que encerrar o estudo no sexto dia.

Agradável almoço ao lado de Philip Zimbardo, em São Francisco, Califórnia.

Você pode até imaginar que os guardas que abusaram dos prisioneiros nesse estudo deveriam ser pessoas com **problemas de personalidade**, mas vale lembrar que todos realizaram uma série de testes para garantir sua sanidade e foram escolhidos de forma **aleatória**, uma das obrigatoriedades da metodologia científica. Portanto, pessoas naturalmente violentas ou pacíficas tinham **as mesmas chances** de estar em qualquer um dos dois grupos, cancelando estatisticamente os efeitos da personalidade na conclusão sobre as **causas** desse comportamento inadequado. Sei o quão difícil é acreditar que rapazes perfeitamente normais, **colocados em grupo para atuar em papéis que carregam certo estereótipo**, seriam capazes de abusar violentamente de pessoas inocentes, mas a conclusão de Zimbardo foi exatamente esta: em algumas **situações**, as pessoas podem se tornar altamente agressivas, independentemente de suas personalidades. Isso significa que você, eu, nossos vizinhos e jovens alemães da década de 1940 **estaríamos sujeitos às mesmas chances de agir violentamente** se colocados em uma situação similar à do experimento da prisão, com papéis claros determinados.

O dia em que visitei o local do experimento da prisão em Stanford.

▶▶ Um Erro Fundamental e Fatal

Quando alguém comete um ato de violência, é comum atribuirmos esse comportamento à **personalidade**, julgando o indivíduo como cruel, doentio ou maligno. Edward Jones, Lee Ross, Victor Harris, Dan Gilbert e Richard Nisbett são alguns dos cientistas que descobriram, em anos de estudos, que esse viés está enraizado nas mais diversas situações do dia a dia, nomeando-o como **Erro Fundamental da Atribuição**, uma das principais descobertas da psicologia no século XX e base de grande parte do conteúdo desta obra.[25] O erro fundamental da atribuição, também conhecido como **Viés da Correspondência**, demonstra que, ao julgar o comportamento de alguém, colocamos um peso desproporcional na **personalidade** do indivíduo, não levando em consideração a influência que o

Se Eles Dançam, Eu Danço ⚔ **213**

ambiente ou o contexto exercem sobre o comportamento. E, como pudemos notar por meio do estudo de Zimbardo, o **ambiente exerce uma influência gigantesca em nosso comportamento**, inclusive passando por cima da nossa personalidade em alguns casos.

Em um dos estudos que contribuíram para a compreensão do poder do contexto sobre nosso comportamento, Daniel Batson e John Darley convidaram **seminaristas** para dar uma curta palestra sobre a parábola do bom samaritano para alunos da Universidade de Princeton. Ao chegarem individualmente para receber as instruções sobre o local da palestra, um assistente mostrava-os um mapa com a localização do prédio onde a palestra aconteceria. Para alguns seminaristas, porém, o assistente dizia o seguinte:

> *"Nossa, você está atrasado. Eles estavam esperando que você chegasse há alguns minutos. É melhor você ir já. A assistente do prof. Steiner já deve estar lhe esperando, então se apresse. Você não deve levar mais de um minuto."*

Outros seminaristas recebiam uma mensagem bem diferente:

> *"Deve levar alguns minutos até que eles estejam prontos para lhe receber, mas você já pode ir se encaminhando. Se tiver de esperar por lá, eles não devem demorar."*

No caminho para o prédio onde a palestra aconteceria, os participantes avistavam uma pessoa ajoelhada na frente de uma porta, com a cabeça baixa, olhos fechados, imóvel, visivelmente precisando de ajuda. Quando o seminarista passava por perto, o sujeito tossia duas vezes e gemia de dor, mantendo seus olhos fechados. O que os seminaristas não sabiam é que essa pessoa era um ator trabalhando em conjunto com os cientistas. Como você pode imaginar, alguém que escolhe a profissão de padre deve ter como características acentuadas de sua **personalidade** valores como bondade, ajuda e amor ao próximo. Portanto, a nossa intuição é a de que essas características fariam **qualquer seminarista** parar para oferecer ajuda a uma pessoa claramente debilitada. Além do mais, os seminaristas haviam acabado de aceitar dar uma palestra sobre a **parábola do bom**

samaritano! Dadas as condições, você pode imaginar que não existiria possibilidade de alguém ignorar a necessidade de ajuda de uma pessoa enferma. Mas não foi o que aconteceu...

Dos seminaristas informados que estavam **atrasados**, apenas **10%** ofereceram ajuda à pessoa em necessidade. Já dos informados que tinham **tempo de sobra** para chegar até o local da palestra, **63%** pararam para ajudar.[26] Será que alguns seminaristas tinham uma personalidade egoísta, ou não eram verdadeiramente comprometidos com a religião? Ou será que a **situação** em que se encontravam (atrasados ou com tempo de sobra) foi o que **causou** comportamentos diferentes para cada grupo? Lembre-se de que, como estamos tratando de um **experimento** científico, a **aleatoriedade** faz com que as chances dos seminaristas mais e menos bondosos estarem em qualquer grupo sejam as mesmas, excluindo completamente a possibilidade de que o comportamento deles fosse resultado de suas **personalidades**. Dessa forma, os cientistas podem atribuir com grande precisão que a **causa** do comportamento dos seminaristas foi o **contexto** em que se encontravam.

> " O ambiente e o contexto, em muitas oportunidades, são melhores previsores do comportamento humano do que a personalidade das pessoas."

Você deve se lembrar do experimento de Gilbert e Jones com os "indutores" e "respondentes", em que, mesmo indicando ao "respondente" qual resposta ele deveria dar, os "indutores" classificavam a **personalidade** do respondente de acordo com a quantidade de respostas conservadoras ou liberais que davam. E que tal o estudo de Jones e Harris no qual os participantes deveriam julgar o posicionamento de pessoas que foram **obrigadas** a gravar um discurso defendendo Fidel Castro? Qual é a explicação desses julgamentos falhos? O erro fundamental da atribuição. Mesmo em situações nas quais a influência do contexto é clara, as pessoas atribuem o comportamento dos outros diretamente a fatores de **personalidade**, cegando-se ao poder da **situação**. *"Se ele respondeu a maioria das perguntas de forma conservadora, é claro que essa pessoa é de direita"*, raciocina o "indutor." Mesmo quando informado de que a pessoa foi obrigada a gravar uma mensagem pró-Castro, o participante a julga como "comunista".

Quando perguntado sobre os resultados do seu experimento, Zimbardo costuma questionar o ditado que afirma que "uma maçã podre estraga todo o barril". Na visão de Zimbardo, é o **barril podre que estraga as maçãs**. *"Não é que colocamos maçãs ruins em um barril bom, nós colocamos maçãs boas em um barril ruim"*, disse Zimbardo durante nossa conversa em San Francisco, Califórnia. Quando fazemos parte de determinados grupos — os barris — e assumimos um papel dentro dele, as regras do grupo tornam-se extremamente poderosas no sentido de nos **transformar** em seres capazes de comportamentos que nunca imaginaríamos ser possíveis. O barril faz com que nossas ações não sejam condizentes com a nossa personalidade e com os valores mais profundos que carregamos dentro de nós.

Quantas pessoas bondosas, alto-astral, ponderadas e justas você presenciou serem corrompidas por grupos políticos nos últimos anos? Quantas vezes você se surpreendeu vendo essas pessoas realizando comentários ofensivos nas mídias sociais e grupos de aplicativos de mensagem, brigando com familiares e amigos por terem perdido seus traços de personalidade devido ao papel que desempenham dentro de um grupo de radicais políticos? A verdade é que todos nós já presenciamos situações como essas em outras pessoas, por isso é ainda mais importante analisar se **nós mesmos** não estamos tão profundamente inseridos em um **barril podre** que sequer conseguimos enxergar.

Durante a Segunda Guerra Mundial, jovens alemães educados e com boas personalidades foram colocados em um **ambiente** que despertou o pior em cada um deles, fazendo com que seus corações apodrecessem e fossem capazes de atos que ainda chocam o mundo todo, como a morte de seis milhões de judeus no Holocausto.

Sobreviventes do campo de concentração de Ebensee, Áustria.
Foto: United States Holocaust Memorial Museum, cortesia da National Archives and Records Administration, College Park.

Normas e papéis sociais dentro de um grupo podem causar estragos enormes no comportamento das pessoas e, mais adiante, você descobrirá que existe um fator adicional que pode ter facilitado o comportamento agressivo dos alemães: seus **uniformes**.

▶ Você Teria Feito o Mesmo?

Se o experimento de Zimbardo causou comportamentos agressivos em pessoas perfeitamente sãs, outro estudo realizado anos antes certamente lhe causará um choque ainda maior. Em 1961, o psicólogo Stanley Milgram recrutou um grupo de pessoas aleatórias, entre 20 e 50 anos de idade, para um experimento que analisaria as capacidades de aprendizado e memória dos participantes.[27] Ao chegar a um laboratório na Universidade de Yale, os participantes eram informados por um cientista, que vestia um jaleco branco (alerta de spoiler), de que iriam participar de um estudo sobre os efeitos da punição no aprendizado. Os pares de participantes tiravam na sorte quem seria o "professor" ou o "aluno" e, dessa forma, o "aluno" deveria se sentar em uma cadeira para ter seus pulsos envoltos por eletrodos ligados a uma máquina de choques. O papel do "aluno" era decorar pares de palavras como "selvagem/pato" e "luva/livro", enquanto a tarefa do "professor" era dar choques de 15 a 450 volts cada vez que ele cometesse um erro. O próprio "professor" era submetido a um choque experimental de 45 volts para ter ideia de quão doloroso era. Ao alcançar 75 volts, o choque era tão intenso que os participantes começavam a gritar de dor. A cada erro do "aluno", o "professor" deveria aumentar a intensidade do choque em 15 volts. Em uma situação, o "aluno" era um senhor de quase 50 anos que cometeu tantos erros na tarefa que seu choque chegou aos 150 volts. Nesse ponto, o senhor gritou "deixe-me sair daqui" e mencionou que tinha um problema no coração.

Na sua opinião, quantas pessoas prosseguiriam dando choques no "aluno" sob essas condições? Quando recebem essa questão, muitas pessoas exclamam: *"Nenhuma!"* No entanto, conhecendo um pouco sobre o **Erro Fundamental da Atribuição**, podemos imaginar que algo diferente aconteceu. Um total de 80% dos "professores" superou os níveis de 150 volts, apesar do desespero do "aluno". Mas 150 volts não era o fim — **62,5% dos alunos deram choques até os 450 volts**, onde havia um aviso na máquina com os dizeres: "Perigo: choque severo" e "XXX".

A máquina de choques de Stanley Milgram.
Foto: Régine Debatty.

O indivíduo com um pouco de treinamento científico deve perceber que algo estranho está acontecendo aqui. Na verdade, o "aluno" era sempre **a mesma pessoa**, um ator contratado pelos cientistas para encenar a mesma coisa repetidamente. Sem o conhecimento dos "professores", o choque também não era verdadeiro. Mas esses fatos não mudam o percentual altíssimo de pessoas que se comportaram de forma extremamente violenta. O que aconteceu aqui? Apesar da relação desse comportamento com o erro fundamental da atribuição, outra variável entrou em ação nesse caso: a **Obediência à Autoridade**.

O estudo de Stanley Milgram foi um dos que conseguiu provas mais convincentes até hoje de que a **Obediência à Autoridade** é um dos princípios de maior influência em nosso comportamento. Como você pode imaginar, ao dar choques dolorosos em um sujeito indefeso, os "professores" não ficavam quietos, eles também protestavam e ameaçavam parar o que estavam fazendo. No entanto, a cada protesto **o cientista de jaleco branco**, a autoridade máxima do experimento, dizia frases como: *"Por favor, continue"*, *"o experimento requer que você continue"*, *"é absolutamente essencial que você continue"*, *"você não tem escolha, continue".* No ápice dos protestos, o cientista dizia: *"Apesar dos choques serem dolorosos, não existe dano permanente no tecido, então, por favor, continue."* Com esse procedimento, a média de intensidade dos choques dados pelos participantes foi de nada menos que 360 volts.

Com razão, você pode estar preocupado com a saúde mental dos "professores" após o término do experimento, pois imagine o quão perturbador deve ser pensar que você possivelmente acabou de matar alguém. Toda vez que existe um "teatrinho" no experimento científico, ou seja, quando os cientistas precisam fabricar uma situação com a ajuda de um ator ou contando uma mentira aos participantes, posteriormente existe um processo chamado de *"debriefing"* no qual os pesquisadores contam toda a verdade para os participantes, inclusive o real objetivo do estudo. *"O participante deve ficar tão imerso no experimento a ponto de sentir que aquilo é real. Essa é a ciência bem-feita"*, disse Elliot Aronson no dia em que o visitei na Califórnia, acabando com todas as possibilidades de julgarmos experimentos como estudos artificiais.

Perceba que ao dar um choque de 15, depois 30, 45, 60, 75 volts e assim por diante, o participante se torna vítima da **Escalada do Comprometimento** — dar um choque inicial de 15 volts não parece grande coisa, assim como aumentar 15 volts em cada choque. Ao comentar os estudos de Milgram, Zimbardo afirma que toda maldade começa com choques de 15 volts. Depois de chegar a choques mais fortes, o participante pensa: *"Já que cheguei até aqui, agora não dá mais pra voltar."* Assim, ele deve continuar se comportando da mesma maneira para justificar suas **ações passadas**. Se fosse para você adivinhar a quantia de dinheiro que os participantes ganharam para fazer parte desse experimento, um montante alto ou baixo seria mais efetivo em sua opinião? Considerando o que descobrimos no experimento de Festinger e Carlsmith no qual as pessoas que recebiam uma quantia pequena para mentir aos outros participantes, e acabavam mentindo para si mesmas que a tarefa que executaram era prazerosa, você poderia apostar alto que os participantes do estudo de Milgram receberam um valor baixo — e você estaria absolutamente correto. *"Se eu estou realizando algo tão brutal por tão pouco dinheiro, talvez a brutalidade valha a pena para o avanço da ciência"* é o tipo de cognição que pode ter desfeito o desconforto causado pela dissonância cognitiva no "professor." Se você se sentiu feliz ao perceber a quantidade de explicações que pode atribuir ao comportamento dos participantes do estudo de Milgram, parabéns: você está começando a pensar como um cientista.

Outro fato fundamental no comportamento cada vez mais violento dos participantes foi o de que, quando questionado pelos participantes quem iria assumir a responsabilidade pelo dano ao "estudante", o cientista rapidamente respondia: "Eu sou o responsável." Ao terem conhecimento de que a responsabilidade pelos acontecimentos daquele dia seria **integralmente transferida ao cientista**, os participantes se livravam do estresse e sentiam-se mais confortáveis, continuando a maldosa tarefa que lhes foi dada. Se pararmos para pensar mais profundamente nas consequência da obediência à autoridade e da transferência da responsabilidade, conseguiremos compreender com mais clareza alguns acontecimentos impactantes, como a obediência dos soldados alemães a Hitler — que frequentemente afirmava assumir a responsabilidade pelo massacre contra os judeus —, os abusos cometidos pelos soldados norte-americanos na prisão de Abu Ghraib, no Iraque, o ataque ao Capitólio norte-americano cometido por apoiadores de Donald Trump, o comportamento corrupto de políticos e empresários flagrados pela Operação Lava Jato durante os governos de Lula e Dilma, e a recusa às vacinas contra o coronavírus feita por alguns apoiadores de Jair Bolsonaro. Líderes de todos os níveis deveriam ter ideia do tamanho da sua influência no comportamento de seus seguidores, já que as informações vindas de lideranças são automaticamente classificadas como "seguras" pelas pessoas de níveis inferiores na hierarquia. *"Ele deve saber o que está falando"*, pensa o sujeito após ouvir o presidente dando uma instrução.

A demonstração de como atuamos de forma violenta quando influenciados por autoridades é realmente assustadora. No experimento de Milgram, em certos momentos o "estudante" socava a parede, urrava de dor e depois de um determinado nível de "choque" simplesmente ficava em silêncio, como se houvesse desmaiado. Mesmo assim, obedientes à autoridade e com a certeza de que não seriam responsabilizados, a maioria dos "professores" continuou seu procedimento até o fim. Assim como no experimento de Zimbardo, muitos de nós custamos a acreditar que pessoas normais, colocadas em papéis dentro de grupos ou influenciadas por autoridades, possam ter comportamentos tão malignos. Você acha que faria o mesmo? Em algum grau, será que eu e você já não estamos fazendo?

Anônim@s, Analógicos e Digitais

Sozinho na Multidão?

Quando em grupos, as pessoas fazem coisas que nunca fariam sozinhas. Em um estádio de futebol lotado, você não sente inibição alguma em cantar em voz alta, pular na arquibancada ou xingar o juiz. Mas, se um dia você recebesse como prêmio em um concurso o ingresso para assistir de forma exclusiva a uma partida de futebol do seu time sozinho no estádio, certamente você cantaria menos, dificilmente ficaria pulando na arquibancada durante o jogo inteiro e **definitivamente não xingaria o juiz**. O fato de nos comportarmos de forma tão diferente quando em grupos é tão comum que cientistas sociais passaram a estudar a "psicologia das multidões", buscando entender os fatores que entram em ação quando estamos cercados por outras pessoas.

Nos anos 1960 e 1970, Philip Zimbardo e Ed Diener foram alguns dos primeiros cientistas a propor uma teoria sobre o comportamento de grupos, sendo que uma das principais variáveis estudadas foi a **Desindividualização**: a sensação de perda de identidade **individual** acompanhada de uma redução no autocontrole que emerge quando as pessoas estão em grupo.[1] Na maioria das ocasiões do cotidiano, nós temos o sentimento de individualização, ou seja, de que podemos ser **facilmente identificados** por outras pessoas e futuramente responsabilizados por nossos atos caso tenhamos mau comportamento. Em grupos acabamos ficando mais soltos, principalmente pela sensação de que dificilmente seremos identificados e punidos por comportamentos inadequados.

Uma das evidências interessantes que temos sobre o fenômeno da desindividualização foi coletada pelo cientista Leon Mann, que realizou uma pesquisa sobre um dos comportamentos mais maldosos do ser humano: incentivar outra pessoa a cometer suicídio.[2] Mann analisou diversos casos de pessoas que ameaçavam se suicidar jogando-se de prédios, pontes ou torres, procurando por situações em que a multidão que acompanhava o episódio começava a gritar: "Pula, pula, pula..." Ele descobriu que esse tipo de incentivo ao suicídio se dava com mais frequência quando **duas situações ocorriam ao mesmo tempo**: a multidão era maior do que **300 pessoas** e a tentativa de suicídio acontecia **depois das 18h**. Quando estamos em multidões e protegidos pela escuridão — **duas formas de desindividualização** — temos mais chances de praticar maldades que nunca cometeríamos se estivéssemos sozinhos ou expostos à luz do dia. Um fato curioso do estudo de Mann é que o incentivo da plateia ao suicídio da vítima acontecia, em 100% das oportunidades analisadas, depois das 18h.

Sozinho, em plena luz do dia, você incentivaria uma pessoa a pular de um prédio? Dificilmente.

Freeeeedooooooooom...

Além da escuridão, outro fator que nos traz o sentimento de desindividualização e anonimato é a **mudança de aparência**. Todos que assistiram ao filme *Coração Valente* lembram que os escoceses pintavam seus rostos e seus corpos de azul para as batalhas, lutando ferozmente contra os ingleses sob o comando de William Wallace, representado por Mel Gibson. No entanto, registros históricos não encontraram evidências de que nessa época a pintura facial era usada pelos escoceses. Ao que parece, os produtores do filme se inspiraram em guerreiros da mesma região que viveram entre os Séculos III e X, chamados pictos, que, além de usarem pinturas corporais e tatuagens, lutavam completamente nus, sendo reconhecidos pelos romanos como guerreiros implacáveis.

Seria o sentimento de desindividualização um dos fatores envolvidos no comportamento extremamente violento dos pictos? Buscando por essa resposta, e usando arquivos históricos, o cientista Robert Watson, de Harvard, analisou as práticas de guerra de 23 culturas do mundo todo, levando em consideração duas variáveis:

1. Se os guerreiros desta determinada cultura se descaracterizavam para as batalhas usando pinturas ou máscaras.

2. O quanto estes guerreiros torturavam seus inimigos, lutavam implacavelmente até a morte e praticavam outros atos de violência.

O cientista encontrou uma **correlação positiva forte** entre desindividualização e violência em guerras, sendo que 80% dos povos que mudavam sua aparência nas guerras eram considerados como altamente agressivos enquanto apenas 13% dos que não mudavam suas características eram classificados como tal.[3] Durante o Holocausto, os soldados alemães também tinham o sentimento de desindividualização. Vestindo uniformes **iguais**, cada soldado tinha a impressão de ser **apenas mais um** no meio da tropa, trazendo a eles o sentimento de que sua identificação e responsabilidade pelos atos seria **difusa**. Atualmente, outra ferramenta utilizada por exércitos no mundo todo para tirar a individualidade dos soldados é obrigá-los a **raspar seus cabelos**, criando assim uma **identidade única**. Zimbardo quis criar esse mesmo sentimento nos guardas e nos prisioneiros de seu estudo. Lembra-se que, além dos uniformes, os prisioneiros usavam um gorro em suas cabeças? Essa característica foi implementada no estudo para dar aos prisioneiros a sensação de que seus cabelos haviam sido raspados, algo comum nas prisões. Marshall Applewhite queria o mesmo para os membros do Heaven's Gate. É por isso que todos cortavam seus cabelos extremamente curtos — inclusive as mulheres — e usavam roupas praticamente idênticas. Nos dias em que cometeram suicídios em massa, todos os membros do Heaven's Gate usavam as mesmas roupas de **cor preta**.

No exército alemão nazista, não havia grupo mais temido do que os soldados da SS, o esquadrão de elite que operacionalizava a política racial de Hitler. Esse grupo de soldados era altamente violento e seus uniformes tinham uma particularidade: eram **pretos**. Em uma pesquisa genial, os cientistas Tom Gilovich e Mark Frank da Cornell realizaram um levantamento da **quantidade de agressões** de times de futebol americano e hockey que vestiam uniformes pretos em comparação com os que vestiam uniformes de outras cores, encontrando uma forte relação entre a cor preta e a agressividade dos jogadores, inclusive nas ocasiões em que times com uniformes de outras cores mudavam para um uniforme preto.[4] Nesse mesmo estudo, os cientistas realizaram um experimento em que grupos de três participantes deveriam escolher atividades para competir contra outros grupos. Em algumas ocasiões, os participantes vestiam uniformes pretos, e em outras brancos. Como você pode imaginar, os grupos aleatoriamente designados para vestir uniformes pretos escolhiam atividades **mais agressivas** em comparação com os que usavam branco.

Soldado da SS Protege Hitler de Entusiastas.
Foto: United States Holocaust Memorial Museum, cortesia de Richard Freimark.

Isso não significa que uniformes brancos, vermelhos ou verde-amarelos não provoquem comportamentos agressivos, pois esse comportamento depende também das intenções do grupo. Vejamos como exemplo a Ku Klux Klan (KKK), um movimento de extrema direita que tem como alvo negros, judeus, homossexuais, latinos e outros grupos. Uma das características desse grupo é justamente o uniforme, completamente **branco**, em conjunto com um gorro da mesma cor que cobre **completamente** os rostos de seus membros. Com roupas iguais, rostos escondidos e rituais que acontecem majoritariamente à noite — o suprassumo da desindividualização —, os membros da KKK sentem-se menos ameaçados, e assim ficam mais desinibidos para cometer violências contra minorias e tentar reestabelecer a supremacia branca. Apesar disso, uniformes pretos, como mencionado, parecem facilitar comportamentos violentos.

Membros da KKK em Belleville, Canadá.
Foto: Community Archives.

Mas os efeitos da desindividualização não são de exclusividade dos adultos. Um grupo de cientistas das universidades de Illinois, Sul da Califórnia e Montana conduziram uma investigação curiosa ou, melhor dizendo, assombrosa, observando em 27 casas o comportamento de crianças durante a noite de Halloween. Ao chegar nas casas, as crianças eram informadas de que poderiam pegar **apenas um doce** do pote e, propositalmente, os cientistas colocaram outro pote cheio de moedas ao lado do de doces. Para não influenciar o comportamento das crianças, logo após dar a instrução aos pequeninos, o cientista pedia licença e saia da entrada da casa, observando o comportamento das crianças de outro cômodo. Em algumas oportunidades, como era de se esperar, as crianças chegavam sozinhas nas casas e, em outras, apareciam em grupo. A fim de manipular o experimento, para um grupo de crianças o cientista apenas dava as instruções e se afastava da entrada da porta, e para outro grupo ele dava as instruções, perguntando também o **nome e o endereço** de cada criança que chegava para pegar as gostosuras — uma forma de **individualizar** os travessos. Levando em consideração que as crianças estavam **fantasiadas**, ou seja, desindividualizadas e que o experimento aconteceu no período da **noite**, você acredita que as crianças tinham mais chances de cometer atos de indisciplina quando sozinhas ou em grupo? Quando desindividualizadas ou identificadas? Sozinhos, 21,4% dos pequenos que **permaneceram no anonimato** cometeram uma transgressão, enquanto apenas 7,5% dos que **tiveram que dizer seu nome e endereço** pegaram mais de um doce ou algumas moedas do pote. Esses percentuais decolaram quando as crianças estavam em grupo, sendo que dos que tiveram que informar seu nome e endereço 20,8% infringiram as regras, contra 57,2% dos que permaneceram desindividualizados.[5]

PERCENTUAL DE CRIANÇAS
QUE COMETERAM ATOS DE DESONESTIDADE

	INDIVIDUALIZADOS	DESINDIVIDUALIZADOS
SOZINHOS	7.5%	21.4%
EM GRUPO	20.8%	57.2%

Todos nós devemos ser cautelosos ao nos juntar a grupos e vestir roupas e adereços que nos tragam o sentimento de desindividualização. No carnaval, no estádio, em passeatas e manifestações políticas, nossos comportamentos mais inadequados florescem.

#StopTheSteal, #BrazilWasStolen

No dia 6 de janeiro de 2021, presenciamos um ato bárbaro quando apoiadores do então presidente norte-americano Donald Trump invadiram o Capitólio em Washington para tentar impedir a certificação das eleições de 2020, vencidas por Joe Biden. Um dos personagens mais marcantes da tragédia foi Jacob Chansley, conhecido como o Xamã da QAnon — sendo este um movimento criado por uma teoria da conspiração, que exploraremos em outro capítulo. No dia da invasão, Chansley estava com seu rosto pintado nas cores da bandeira dos EUA, usando também um capacete com chifres e um chapéu de pele. Teria essa **desindividualização** facilitado seu comportamento?

Os primeiros civis a invadirem o Capitólio foram membros de um movimento de extrema direita conhecido como Proud Boys. Dezenas de membros do grupo vestiam fardas militares, capacetes, máscaras, óculos de tiro, coletes à prova de balas e toucas, ficando assim totalmente desprovidos de sua individualidade.

Logo em seguida, membros de outro movimento de extrema direita, os Oath Keepers, entraram em formação militar no Capitólio, alguns vestindo capacetes, fardas e máscaras de gás. Ambos os grupos acreditavam que seu papel era impedir uma fraude inexistente nas eleições e assegurar o cumprimento da constituição dos EUA, missão dada horas antes por Trump em um discurso inflamado, lembrando o leitor sobre o poder de influência de autoridades. Membros de outros grupos organizados, como a QAnon, também atacaram o Capitólio, assim como cidadãos sem envolvimento algum com grupos radicais, mas que usavam bonés, camisetas, bandeiras e outros adereços com o nome do então presidente norte-americano. Já vimos que similaridades, como ideologia política, trazem grande simpatia entre os membros do grupo e maior coesão.

O saldo da invasão do Capitólio foi de 7 pessoas mortas, mais de 140 policiais feridos, perto de 1 mil cidadãos presos e aproximadamente US$30 milhões em danos no prédio. Multidões realmente possuem uma mente própria e fazem com que indivíduos se comportem de forma diferente de suas personalidades, principalmente quando têm papeis claros e estão desindividualizados.

Ao que parece, a invasão no Capitólio, as mortes, as prisões e a conscientização do grande público sobre o poder da desindividualização em multidões não trouxe aprendizado algum aos brasileiros, que praticaram um episódio vexatório em Brasília pouco mais de dois anos depois. Em 8 de janeiro de 2023, apoiadores de Jair Bolsonaro invadiram e vandalizaram o Congresso Nacional, o Supremo Tribunal Federal e o Palácio do Planalto, movidos por uma quantidade massiva de desinformações que circularam por anos. Alguns fatores que fizeram os danos da versão brasileira serem maiores do que os da norte-americana, foram estes: as pessoas estavam na sua grande maioria **vestindo a mesma camisa**, algo que aumenta as sensações de "parentesco" e de anonimato entre os membros do grupo; e o **clima abafado** na capital federal em janeiro, variável fortemente correlacionada com comportamentos agressivos, como você descobrirá em um capítulo adiante.

Assim como na invasão do Capitólio, a quantidade de pessoas usando **máscaras, óculos escuros, bonés, lenços cobrindo o rosto e pinturas faciais** na Praça do Três Poderes em Brasília era muito expressiva, facilitando comportamentos violentos. Quanto mais itens o indivíduo utilizava, maior era o seu sentimento de proteção à identidade.

Por fim, um fator crucial para a violência descabida dos atos foi que muitos dos cidadãos que participaram do quebra-quebra passaram **meses acampados em frente a quartéis do exército** no país todo, sendo que uma grande quantidade deles se deslocou de suas cidades para "morar" no acampamento de Brasília. Depois de abandonarem suas casas, e possivelmente brigarem com familiares para dar um passo enorme como esse, ao chegarem no acampamento muitos dos militantes passaram a doar dinheiro para o movimento, realizar trabalhos voluntários no QG, ajudar novos membros a montar suas barracas e a realizar outros "investimentos" que serviram para reforçar suas crenças de que tomaram a decisão certa, tornando-os vítimas da **Escalada do Comprometimento**. Cada dia no acampamento vinha acompanhado da criação de um novo argumento para justificar seus investimentos anteriores, fazendo com que o membro do grupo mantivesse a reputação elevada que precisa ter de si mesmo. Rodeados de mentes similares e expostos a inúmeros pontos de vista, as crenças dos indivíduos sobre fraude eleitoral, ameaças comunistas, ditadura, privação da liberdade, perseguição religiosa e abusos de autoridade foram nutridas com uma matéria-prima altamente venenosa.

Assim, obras de arte, móveis, relíquias, computadores, escritórios, documentos e muitas vidraças foram destruídas pelos participantes que, na sua maioria, **nunca haviam cometido qualquer tipo de crime**. Cidadãos modernos podem fazer coisas tão bárbaras que até nossos ancestrais primitivos teriam dificuldades em acreditar.

A esta altura, você está pronto para absorver mais um conhecimento incrível sobre comportamento humano. Como já citei algumas vezes, custamos a acreditar que pessoas boas colocadas em situações ruins apresentam comportamentos igualmente ruins, e isso acontece justamente quando observamos essas situações **do lado de fora**. Diversos cientistas analisam há anos um fenômeno conhecido como **Viés do Ator-Observador**.[6] No ponto de vista do **observador**, os radicais que se envolveram na invasão do Capitólio em Washingon, e das sedes dos Três Poderes em Brasília, os "professores" que deram choques em "alunos" inocentes, os "guardas" que maltrataram "prisioneiros" na Prisão de Stanford, e os seminaristas que não ajudaram uma pessoa em necessidade, são todos julgados como maldosos, violentos, egoístas, malucos e desequilibrados. Quando estamos do **lado de fora** de uma situação, ou seja, quando não estamos envolvidos nela e somos meros **observadores**, julgamos o comportamento das pessoas atribuindo a elas certas características de personalidade. Porém, quando somos **nós** os envolvidos em confusões, ou seja, quando somos os **atores**, julgamos que nossos comportamentos são fruto do **momento ou da situação**. É por causa do **Viés Ator-Observador** que julgamos todas as pessoas que dirigem **mais devagar** do que nós como antas, barbeiros e imbecis, ao mesmo tempo que classificamos aqueles que dirigem **mais rápido** do que nós como irresponsáveis, inconsequentes e maníacos. Quando somos os **observadores**, as pessoas que se comportam diferente têm problemas de **personalidade**. Mas, quando **somos nós** os motoristas cometendo infrações, atribuímos fatores **situacionais** ao nosso comportamento: *"Eu estava devagar pois havia um bebê recém-nascido dentro do carro"*, *"tive que dirigir acima da velocidade permitida pois estava atrasada para uma reunião com o meu cliente mais importante"*.

Se perguntarmos aos participantes dos experimentos de Zimbardo e Milgram, assim como para soldados nazistas, membros do Estado Islâmico, invasores do Capitólio e cidadãos que vandalizaram o STF como eles julgam sua própria personalidade, certamente ouviremos que essas pessoas se consideram **bondosas e equilibradas emocionalmente**. Mas, se perguntarmos por que elas se envolveram em atos de violência, responderão que estavam **ajudando a ciência a avançar, que ficaram presas em uma situação e não conseguiam sair, que estavam com medo, que sofreriam consequências duras se não seguissem as ordens de seu líder e que estavam lutando pela democracia**. É importante que todos entendamos que o **mal puro não existe**. Nenhum indivíduo ou grupo se comporta de forma maligna por se **classificar como maldoso**. Muitas pessoas, inclusive, irão se classificar como **o bem** que combate **o mal**. Osama bin Laden não julgava a si mesmo como maligno, mas sim como uma pessoa do bem lutando **contra** uma força do mal, os Estados Unidos. Os apoiadores de Trump e de Bolsonaro certamente não acreditavam estar em uma missão maligna, e sim em uma missão de **justiça** lutando contra um sistema diabólico que fraudou as eleições. A paixão que temos pelos grupos aos quais fazemos parte invariavelmente nos faz acreditar que estamos sempre do lado do bem, enquanto aqueles que pensam diferente de nós estão do lado do mal. Assim, o realismo ingênuo nos prega uma peça novamente.

Quando não estamos profunda e emocionalmente **envolvidos em uma situação**, somos os piores juízes para determinar as causas do comportamento de outras pessoas.

▶ @Quem_É_Você?

O estudo de Milgram não teve apenas cenas negativas. Em outras fases do experimento, os resultados nos trazem esperança. No experimento que analisamos anteriormente, o "aluno" e o "professor" ficavam em **salas separadas**. Em uma das condições, o "professor" **não conseguia escutar** nada que do "aluno" dizia — o único feedback que o "professor" teve foi o "aluno" socando a parede. Na segunda condição, o participante conseguia **ouvir tudo** o que se passava na sala onde o "aluno" levava os choques: seus gritos, reclamações, afirmações sobre seu problema no coração e suas súplicas para que os choques parassem. Milgram ainda fez outros testes, colocando o "professor" e o "aluno" a **meio metro de distância** na **mesma sala**, bem como adicionou uma situação em que era o **professor quem deveria colocar, à força, a mão do aluno no dispositivo de choque**, ou seja, o professor precisava obrigatoriamente **tocar** no aluno. Nessas condições, os resultados apontam **reduções bruscas**, não somente no percentual de pessoas que administraram o choque máximo no "aluno", como também na voltagem média a que os grupos chegavam.

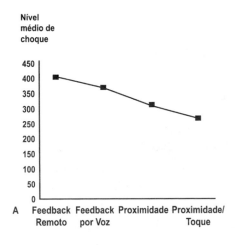
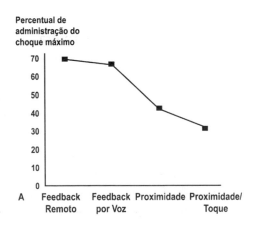

Isso significa que, quanto **mais próximos fisicamente** estamos de outra pessoa, **menores** as chances de cometermos alguma maldade com ela. O general do exército norte-americano, S.L.A. Marshall, descobriu em entrevistas massivas com soldados que participaram da Segunda Guerra Mundial que apenas entre 15% e 20% deles atiraram contra os inimigos. Muitos, inclusive, davam tiros **para cima** em situações de maior risco. Isso mostra que a maioria das pessoas é **resistente a machucar outro ser humano**, o que pode ser considerado como um atributo imensamente positivo para a nossa espécie. Quando o mesmo comportamento é analisado em guerras mais recentes, porém, essas estatísticas mudam. Um número maior de soldados afirma ter atirado contra seus inimigos em guerras como a do Vietnã e da Coreia, não apenas pela intensificação dos treinamentos e procedimentos psicológicos empregados pelo exército para "ensinar" os soldados a matar, como também por **outro fator** que nos deixa em um tremendo estado de alerta.[7] Atualmente, soldados **raramente** se envolvem em combates físicos com seus inimigos, ocasiões em que estão tão próximos uns dos outros que o mecanismo psicológico os impede de atirar. Hoje em dia, um soldado pilotando remotamente um drone pode atacar **vários alvos** a milhares de quilômetros de distância em outra parte do planeta. Dessa forma, eles nunca olharão nos olhos de suas vítimas ou presenciarão seu sofrimento.

> **Infligir dor em outras pessoas a longa distância é indolor para o perpetrador."**

As pessoas que tiveram um pouco de contato com o estudo da psicologia, devem se lembrar do clássico **Problema do Bonde**.[8] Se você não o conhece, deixe-me apresentá-lo. Suponha que você está esperando o bonde em uma estação e percebe que um outro veículo descontrolado está prestes a atropelar cinco pessoas. Se você simplesmente puxar uma alavanca, o bonde descontrolado muda de trilhos e acaba atropelando — e matando — apenas uma pessoa. Qual seria sua decisão? Sacrificar uma pessoa para salvar cinco é a decisão que a maioria das pessoas toma, ou seja, elas não pensariam duas vezes em puxar a alavanca. Em alguns casos, 90% das pessoas preferem essa decisão. Alguns cientistas de Harvard e de Princeton decidiram analisar o problema mais profundamente, observando os padrões de ativação do cérebro dos participantes. Ao escolher puxar uma alavanca para matar apenas uma pessoa e salvar cinco, a única parte do cérebro ativada é o córtex pré-frontal dorso lateral, uma área responsável pela tomada de decisões. Nada diferente até aqui. Mas, quando os cientistas realizaram uma pequena alteração nesse mesmo problema, as ativações neurais mudaram **radicalmente**. Nesse caso, além do CPF dorso lateral, houve ativações em áreas relacionadas com o **processamento de emoções negativas e desconforto**, como a amídala e o CPF ventral médio. E qual foi a pequena alteração realizada pelos cientistas? Ao invés de puxar uma alavanca, o participante deveria decidir entre **empurrar com as próprias mãos** uma pessoa na frente do bonde ou deixar o veículo descontrolado seguir seu rumo, matando cinco pessoas. O **resultado** da ação, puxando uma alavanca ou empurrando uma pessoa, é o mesmo — cinco pessoas serão salvas e uma morrerá. Mas, **cognitivamente**, as decisões são completamente diferentes. Sob essa condição, quando perguntadas qual seria sua decisão, em algumas oportunidades 90% das pessoas respondem que não empurrariam alguém na frente do bonde.[9] Apenas **pensar** em causar o mal a alguém, **pessoalmente**, gera grande carga de estresse para muitos de nós.

Nos tempos modernos, o local certo para não escutar os outros, dar choques de 450 volts à vontade, estar em ambientes fisicamente separados de outras pessoas, comandar drones para atirar em inimigos e defender nossos grupos, puxar alavancas que machucam milhares de pessoas ao mesmo tempo e estar protegido pela anonimidade e pela escuridão é o **campo de batalha da internet**. Os cientistas nomeiam essa sensação de anonimidade e dissociação que as pessoas sentem dos seus "eus reais" quando estão na internet, ficando menos obedientes às normas sociais, de **Efeito de Desinibição Online**.[10] Pessoalmente, você se comportaria da mesma forma que se comporta no ambiente virtual? Apertar algumas teclas e pressionar *enter* é indolor, ler uma ofensa não é.

11

Boca pra Fora, Crânio para Dentro

#SomosTodosRacistas

De acordo com o que exploramos no capítulo anterior, grupos podem trazer o melhor e o pior das pessoas. Nossa necessidade em pertencer e o medo de sermos excluídos faz com que qualquer característica mínima que tenhamos de similaridade com outros — como a quantidade de pontos que enxergamos em uma tela — rapidamente nos coloque em uma mentalidade de "nós" contra "eles", o que pode gerar **desumanização** e uma série de outros comportamentos graves trazidos pelo sentimento de **desindividualização**. Mais assustador é o fato de que, em questão de milésimos de segundos, nosso cérebro rapidamente faz distinções entre "nós" e "eles", causando problemas que prejudicam a sociedade.

Imagine que está participando de um estudo científico em que, usando um computador, você deve apertar o mais rápido possível uma tecla **a sua direita** cada vez que enxergar a imagem de uma **pessoa branca** na tela, mas, quando a face de uma **pessoa negra** aparecer na tela, você deve apertar uma tecla **a sua esquerda**. Em seguida, você deve apertar a **tecla da direita** toda vez que uma **palavra negativa** aparecer e a **tecla da esquerda** cada vez que for mostrada uma **palavra positiva**. Em outras ocasiões, essa ordem é diferente: a tecla da direita deve ser apertada o mais rápido que conseguir para pessoas brancas ou palavras positivas e a esquerda, para pessoas negras e palavras negativas. Com essa descrição você consegue imaginar o que está sendo investigado nesse estudo?

Negro ou bom   Branco ou Mal

Ao analisar o comportamento de milhões de pessoas que fizeram esse teste desde 1995, os cientistas Anthony Greenwald, da Universidade de Washington, e Mazarin Banaji, de Harvard, descobriram que as pessoas **demoram mais** para apertar as teclas para reconhecer **palavras positivas** quando elas estão pareadas com **fotos de pessoas negras**, em comparação com as oportunidades em que tais palavras estão pareadas com imagens de pessoas brancas.[1] *"Surpreendentemente, perto de 1/3 das pessoas negras que fizeram esse teste demonstraram a mesma tendência"*, disse Tony Greenwald no dia que estive em sua charmosa casa em Seattle. Seríamos todos racistas?

Luiz Gaziri e Anthony Greenwald em Seattle, Estado de Washington.

238   A Arte de Enganar a Si Mesmo

De acordo com Greenwald e seus colegas, esse exercício, nomeado como **Teste de Associação Implícita** (IAT, na sigla em inglês), revela que o preconceito está **fora do nosso nível de consciência**, ou seja, as pessoas discriminam aquelas consideradas de raças diferentes **sem saber que carregam consigo este comportamento**.[2] Demorar mais tempo para apertar uma tecla que remete a uma palavra positiva logo depois de ter usado a mesma tecla para identificar uma pessoa negra demonstra que o participante do estudo **tem um estereótipo formado sobre negros**, acreditando que essas pessoas apresentam características **mais negativas**. Assim, o participante tem dificuldades em **associar rostos negros com palavras positivas e rostos brancos com palavras negativas**.

Você deve estar curioso para fazer esse teste, certo? Posso garantir que será doloroso, mas aqui vai o link:

https://implicit.harvard.edu/implicit/ [Conteúdo em inglês.]

Um dos maiores choques que tive em minha conversa com Greenwald foi o fato de ele ter me explicado que as evidências indicam que esse comportamento parece começar nos estágios iniciais da infância. *"O IAT pode ser aplicado em crianças a partir de 4 ou 5 anos de idade, e já nessa fase o preconceito está presente"*, afirmou Greenwald.[3]

Depois dessa afirmação, perguntei ao cientista o que podemos fazer para reduzir o preconceito em crianças e adultos e fiquei ainda mais chocado com sua resposta: *"Alguns profissionais tentaram incluir fotos de pessoas de outras etnias com mais frequência em livros, colocar as crianças para ter contato com gente de outras origens, treinar as crianças na escola para combater o racismo e, inclusive, ministrar seminários de diversidade em empresas — nada mudou os resultados do IAT ao longo desses anos, a discriminação continua."*

Desde sua descoberta, o IAT tem sido usado de formas distintas, analisando as atitudes das pessoas em relação a gênero, idade, obesidade, homossexualidade, autoestima e outras características. Se as pessoas demoram mais para associar palavras positivas a mulheres, idosos, obesos ou gays — e é exatamente o que as pesquisas revelam — isso demonstra que, no fundo, **todos nós temos preconceitos** com certos grupos. A neurocientista de Harvard, Elizabeth Phelps, encontrou evidências de que os resultados do IAT são correlacionados com a atividade da amídala, a parte do cérebro das pessoas que processa informações de medo e de estresse.

Quanto maior o preconceito contra negros encontrado no IAT, maior era a atividade da amídala.[4] Em 2004, um grupo de cientistas de Yale, Vanderbilt e Harvard publicou um artigo demonstrando que, quando participantes enxergam rostos por 30 milésimos de segundo, existe uma maior ativação da amídala quando os rostos são negros em comparação com faces brancas. Quando essa exposição aumenta para 525 milésimos de segundo, a atividade da amídala se mostrou menor, ao contrário de partes do córtex frontal — responsável pela regulação e pelo controle das emoções.[5] É surpreendente quão automaticamente nos sentimos ameaçados ao ver rostos negros e quanto tempo o cérebro precisa de exposição para controlar essa emoção.

▶ Natural Não Faz Mal?

Neste momento, você pode estar pensando que se o preconceito acontece naturalmente, sem esforço, será que não é assim que deve permanecer? Será que devemos mudar a ordem natural das coisas no mundo? Os cientistas nomeiam esse fenômeno como **Falácia Naturalista**, relevando que muitas pessoas acreditam que, se algo acontece de forma "natural", o mundo deve simplesmente funcionar dessa forma, que **a regra do jogo deve permanecer assim**, que existe uma ordem natural e superior para o funcionamento da sociedade.[6] A falácia naturalista demonstra que o ser humano assume que tudo o que é natural é bom, abrindo dessa forma a possibilidade de tomar péssimas decisões em suas vidas, como, por exemplo, acreditar que a sua imunidade natural é mais eficiente do a imunidade adquirida com uma vacina, ou que um remédio com ingredientes naturais é melhor do que um sintético. Não que ingredientes naturais não sejam bons ou eficientes, muitos realmente são, mas existem casos em que o sintético apresenta melhores resultados. Veneno de cobra, maconha, cogumelos tóxicos e tabaco são substâncias naturais, mas isso não faz delas algo bom.

Esse fenômeno também explica o preconceito que muitas pessoas têm com homossexuais — tudo o que não é "natural", não é ético, divino ou bom na cabeça de muitos. Fato curioso é que parte da população acredita que a homossexualidade é contra a mensagem de Deus, "Crescei e multiplicai-vos", porém um estudo realizado por cientistas da Universidade de Padova evidencia algo diferente. Ao analisar uma amostra de 98 homossexuais e 100 heterossexuais e seus familiares, totalizando mais de 4.600 indivíduos, os cientistas descobriram que as avós, mães, irmãs, tias e demais parentes do sexo feminino de homossexuais são **mais férteis** do que as de heterossexuais.[7] Isso significa que as mulheres de famílias que possuem homossexuais reproduzem em **maior quantidade** do que as mulheres de famílias compostas apenas por heterossexuais. Outros estudos apontam componentes genéticos como os responsáveis pela homossexualidade e, ainda, que homens homossexuais têm **vários irmãos homens heterossexuais** e que, geralmente, são os últimos ou penúltimos a nascer em famílias numerosas.[8] Multiplicar-se em grandes números parece ser a regra natural para famílias com homossexuais, mas a palavra de Deus continua sendo usada por muitos para discriminar em vez de buscar tolerância e compaixão.

A falácia naturalista ainda nos leva a refletir que, se negros, mulheres e homossexuais têm **menos oportunidades** de obter sucesso profissional, por exemplo, será que o mundo não é assim mesmo? E será que não deveria continuar desse jeito? Os cientistas nomeiam esse pensamento como **Hipótese do Mundo Justo**,[9] uma falha em nossos julgamentos que nos faz acreditar que o mundo é um lugar onde as pessoas "têm o que merecem". Nós gostamos de acreditar que o mundo opera dessa maneira, que beneficia os que "cedo madrugam" e pune aqueles que estão na "zona de conforto", mas como você pode perceber nos estudos do IAT, e em muitos outros que conhecerá nas próximas páginas, o mundo não é perfeito, muito menos justo.

Mudar também é uma característica "natural" do ser humano. Quando eu era criança, na década de 1980, era "natural" programas de humor ridicularizarem personagens homossexuais ou negros, mas hoje em dia esse comportamento não é mais aceitável — as pessoas mudaram. Na época atual, qualquer pessoa ficaria horrorizada se soubesse que uma companhia de ônibus não permite que negros **sentem** ou **ocupem** a parte da frente de um veículo, porém nos Estados Unidos, até a década de 1950, era "natural" que os negros se encaminhassem para a parte traseira de transportes coletivos e ficassem em pé sem reclamar — até que Rosa Parks se recusou a ser tratada de forma discriminatória e iniciou um movimento que mudou essa situação. Como diz o famoso ditado, **mudança é a única constante em nossas vidas.**

Greenwald me explicou que o preconceito prematuro encontrado nas pessoas está longe de ser "natural", tendo como uma de suas raízes o fato de que, em muitos países, **brancos são apresentados de maneira mais favorável do que negros e outras minorias** em programas de televisão, filmes, campanhas publicitárias e na sociedade em geral, e esses efeitos são extremamente significativos na formação de **estereótipos** na população. Gays são retratados como tarados e pervertidos que pensam em sexo a todo momento, mulheres são definidas como frágeis e emocionais ao extremo, latinos são mostrados como traficantes de drogas e trapaceiros, negros são representados como ladrões e ignorantes, e poderíamos estender essa lista por muitas outras linhas.

Desconforto Que Gera Resultados

Felizmente, Greenwald disse que percebe uma mudança nesse sentido, com mais negros, mulheres e minorias sendo representados de forma mais positiva na mídia e outros meios atualmente. Sua esperança é que, em alguns anos, os resultados gerais do IAT mudem drasticamente. No ambiente de trabalho essa mudança também está acontecendo. Muitas empresas, inclusive, têm programas que encorajam a diversidade e, muito em breve, além de termos minorias mais presentes nos ambientes corporativos, esperamos ainda ver essas pessoas assumindo posições de **liderança** com mais frequência do que há alguns anos. Como veremos, entretanto, estratégias adicionais a políticas e programas de diversidade são necessárias.

Essa ação certamente pode trazer excelentes dividendos para as empresas, uma vez que um estudo correlacional realizado em empresas dos mais variados segmentos pelo cientista Cedric Herring, da Universidade de Illinois, aponta que equipes mais diversas em etnia e gênero apresentam lucratividade superior.[10]

242 ▼ *A Arte de Enganar a Si Mesmo*

David Ross e Cristian Dezso, das universidades de Columbia e Maryland, analisaram dados de diversidade em cargos gerenciais na maioria das 1.500 principais empresas listadas na S&P, uma agência de classificação de risco, entre 1992 e 2006 e, controlando diversos fatores responsáveis pelo sucesso de uma empresa, descobriram que companhias com lideranças femininas geravam, em média, US$42 milhões adicionais no valor da empresa.[11] Um trio de cientistas alemães descobriu que empresas com equipes diversas geravam produtos mais inovadores.[12]

Receita média de vendas (em milhões)

Baixa (<10%) · Média (10-24%) · Alta (25%+) — Nível de Diversidade Racial

Baixa (<20%) · Média (20-44%) · Alta (45%+) — Nível de Diversidade de Gênero

Outra demonstração poderosa dos efeitos da diversidade vem de um estudo realizado por cientistas de Northwestern, Stanford e Brighman Young em que membros de diferentes sororidades e fraternidades de uma universidade foram colocados em grupos para resolver um mistério fictício. Inicialmente em grupos de três pessoas, compostos por membros das mesmas fraternidades ou sororidades, todos discutiam por alguns minutos o caso e, no meio da conversa, um membro de uma sororidade ou fraternidade **diferente** entrava na discussão em alguns grupos, enquanto outros grupos recebiam um novo membro da sua mesma tribo. Grupos com um "forasteiro" avaliavam que a conversa da equipe não havia sido muito efetiva e não se mostravam muito seguros com suas decisões, em comparação com grupos trabalhando apenas com seus próprios membros. A insegurança e a interação truncada trouxeram resultados interessantes, porém, já que grupos diversos chegaram à solução correta do mistério em 60% dos casos. Grupos formados apenas por membros das mesmas sororidades e fraternidades, apesar de terem interações mais harmoniosas e acreditarem com firmeza em suas soluções para o mistério, resolveram-no corretamente em apenas 29% dos casos.[13] A inclusão de **uma pessoa de fora** mais do que dobrou as chances de sucesso do grupo — essa é mais uma demonstração contundente de que a diversidade vale o investimento. Obviamente, a inclusão não deve ser vista apenas como um meio de gerar mais riqueza, mas, sim, como um meio de conquistarmos uma sociedade mais justa e feliz.

Prevenindo a Discriminação

O alerta de que carregamos estereótipos sobre grupos distintos do nosso é importante para que possamos **agir de forma a mudar essa realidade**. Quando vemos, na televisão, roubos e tráfico de drogas sendo cometidos por pessoas negras, automaticamente passamos a **classificar todas as pessoas negras de forma negativa**, mesmo que **a maioria delas não pratique esses atos.** Quando percebemos que raramente existem mulheres em cargos de diretoria em empresas, passamos a criar uma imagem de que o sexo feminino não tem capacidade para liderança, e assim preferimos continuar a promover homens ao invés de mulheres. A consciência de como nosso cérebro nos trai em classificar pessoas de outros grupos, e que devemos superar essas falhas para construir uma sociedade mais inclusiva, igualitária e justa, é fundamental para consertarmos os problemas sociais que nos assombram há anos — mas não é tudo.

Durante a nossa conversa, Greenwald me disse que um novo artigo dele em parceria com cinco cientistas seria publicado no *journal Psychological Science* e, felizmente, o estudo saiu a tempo de ser incluído neste livro.

O artigo demonstra que, apesar dos esforços da sociedade em diminuir a discriminação e aumentar a diversidade, muitas das ferramentas que utilizamos **não apresentam efetividade**, como treinamentos de diversidade, o incentivo no contato entre pessoas de etnias e gêneros diferentes (basta nos lembrarmos dos Cascavéis e Águias) e, inclusive, tornar as pessoas conscientes de que carregam vieses implícitos. Sobre esse último tópico, apesar de médicos **terem a consciência** dos vieses aos quais estão sujeitos, uma pesquisa feita nos EUA em 2021 levantou que, nas unidades de emergência em hospitais, crianças negras e latinas recebem **menos diagnósticos** baseados em raios-x, tomografias e ultrassom do que crianças brancas. Isso significa que médicos dão **menos atenção** e carinho a crianças pertencentes a minorias, independentemente de políticas de diversidade, treinamentos e outras intervenções aplicadas a esses profissionais de saúde.[14]

Como mencionei anteriormente, políticas de diversidade são extremamente importantes, mas acreditar que somente essa ação resolverá os problemas estruturais que observamos não nos levará muito longe. Depois de mais de vinte anos de pesquisas, Greenwald e seus colegas apontam que uma das maneiras de reduzir os prejuízos causados pela discriminação é **levantar as disparidades**, fazendo com que **empresas e outras instituições** analisem seus números e **entendam** se estão privilegiando certas raças e gêneros. Uma empresa que tem uma quantidade de colaboradores perfeitamente distribuídos entre raças, gêneros e idades, por exemplo, não necessariamente elimina a possibilidade de injustiças no ambiente de trabalho.

Após levantar o percentual de brancos, negros, latinos, asiáticos, mulheres, homens e demais gêneros que a empresa possui, outros dados são necessários. Existem diferenças salariais entre etnias e gêneros? E em de cargos de liderança, como está a diversidade? E, quando o assunto é promoções, algum indicativo de que se promove com mais frequência homens do que mulheres, brancos do que negros, asiáticos e latinos? Demissões em massa apresentam alguma informação valiosa sobre os perfis de colaboradores que são despedidos com mais facilidade? Quais os perfis dos funcionários que recebem advertências em nossa empresa? Além de levantar esses números, seria ainda mais importante que as empresas **os**

divulgassem para a sociedade, assumindo o compromisso de realizar as mudanças necessárias e estabelecendo metas para tal.[15] O problema que enfrentamos hoje em dia é que as companhias não fazem essas análises e, quando as fazem, são realizadas por terceiros e circulam de forma limitada, internamente. Greenwald aponta que, em muitos casos, levantar esses números e publicá-los poderia levar a processos trabalhistas e, portanto, uma proteção federal das empresas que publicarem esses dados seria algo que as incentivaria a realizar tal ação.

Dasgupta, Dovidio, Kang, Moss-Racusin e Teachman, autores do artigo ao lado de Greenwald, sugerem que, além do levantamento das disparidades, empresas e outras instituições poderiam utilizar ferramentas como a **decisão cega**, fazendo com que gestores contratem e promovam colaboradores em processos em que as informações demográficas e de gênero do candidato estejam ocultas, para que a decisão seja tomada com base em informações realmente relevantes para a execução do trabalho. Em orquestras, por exemplo, quando os avaliadores são impedidos de saber qualquer coisa sobre o candidato que está fazendo uma audição, pois eles tocam seus instrumentos atrás de uma cortina, a contratação de mulheres **praticamente dobrou** em alguns anos. Quando tudo o que o avaliador consegue "ver" é a qualidade da execução da música, alguns vieses que iriam interferir na decisão são automaticamente eliminados.[16] A **entrevista estruturada** é outra ferramenta que age como um "remédio" para a discriminação, fazendo com que o entrevistador use as mesmas perguntas para **todos** os candidatos, realize apenas questões que avaliam a qualificação das pessoas para o trabalho e utilize um protocolo padronizado de pontuação para escolher o indivíduo com maior probabilidade de ter sucesso na posição disponível. Finalmente, outra sugestão dos cientistas é a utilização de **inteligência artificial** para tomar decisões, já que softwares e algoritmos aperfeiçoados podem não sofrer a influência de vieses comportamentais.

Da mesma forma que a **medicina preventiva** atua minimizando as chances de que uma doença se manifeste em um paciente ao realizar intervenções na vida dele, a discriminação pode ser reduzida usando medidas similares.

Organizando o Mundo

Estereótipos — como prever o comportamento de pessoas racializadas de acordo com aquilo que observamos em **um indivíduo**, acreditar que mulheres falam mais do que homens, que árabes são terroristas ou que cariocas são malandros — por mais falhos que sejam, servem a um propósito: ajudar o ser humano a **organizar** a quantidade enorme de informações do mundo de forma simples.[17] Se toda vez que fizéssemos contato com alguém novo, nós tivéssemos que parar, coletar e processar todas as informações possíveis sobre essa pessoa para **então** tomar uma decisão, o mundo teria um ritmo extremamente lento e nossas **reservas cognitivas** esgotariam antes do meio-dia. Para testar se o uso de estereótipos realmente otimiza recursos cognitivos, pesquisadores das universidades de Wales e do Estado de Michigan idealizaram um experimento no qual os voluntários deveriam realizar duas tarefas simultaneamente, sendo que, em uma delas, liam na tela de um computador várias características de personalidade de uma pessoa fictícia (como perigosa, agressiva e rebelde) e deveriam formar uma impressão sobre ela. A outra tarefa consistia em ouvir uma palestra sobre a Indonésia e posteriormente realizar uma avaliação de seus conhecimentos. Enquanto liam as características de personalidade do personagem fictício, metade dos participantes liam também estereótipos relacionados aos termos, como *skinhead*, por exemplo. A hipótese dos cientistas era a de que o grupo de pessoas que leria estereótipos se lembraria posteriormente com mais facilidade das características de personalidade apresentadas e, consequentemente, teriam melhor desempenho também na avaliação sobre a Indonésia. E foi exatamente o que aconteceu: aqueles que tiveram um estereótipo ativado mentalmente se lembravam de mais características de personalidade do personagem e acertavam mais questões na avaliação da palestra sobre a Indonésia, em comparação com os participantes que não tiveram acesso a palavras remetentes a estereótipos. Isso significa que o uso de estereótipos realmente **libera espaço mental** para outras tarefas.[18]

Como percebemos, no entanto, apesar de suas utilidades, os estereótipos nem sempre nos levam a julgamentos precisos, em alguns casos, longe disso. O estudo feito nos hospitais, que descobriu uma diferença enorme no tratamento de crianças brancas, em comparação com as negras e latinas, nos mostra exatamente essa falha, e evidências igualmente assombrosas são abundantes.

Um estudo realizado com dados do departamento de polícia do estado norte-americano de New Jersey descobriu que 42% das pessoas paradas no trânsito pela polícia eram negras, sendo que estas eram responsáveis por apenas 15% das infrações.[19]

Quando alunos brancos foram colocados para admitir candidatos brancos e negros em uma universidade, os cientistas do estudo descobriram que os avaliadores classificavam candidatos negros e brancos **da mesma maneira** quando possuíam **habilidades similares** em vários testes. O problema começa a acontecer quando candidatos negros apresentam resultados superiores em certos testes, e brancos em outros. Quando negros e brancos têm sucesso em testes diferentes, os avaliadores classificam os brancos de forma melhor, justificando que a habilidade que o candidato branco possuía era **mais importante** do que a do candidato negro.[20]

Outro estudo, vindo da Universidade da Califórnia Berkeley, pediu para participantes brancos assistirem a um vídeo que mostrava uma discussão acalorada entre um branco e um negro e, enquanto assistiam ao vídeo, os participantes deveriam indicar o comportamento que estavam presenciando em categorias como "brincando", "dando informações" ou "comportamento agressivo". Em certo momento do vídeo, o homem negro empurra o branco e, como você pode imaginar, outra versão do vídeo mostra o homem branco empurrando o negro.[21] Quando o branco era quem empurrava, os participantes categorizavam mais frequentemente o comportamento como "brincando", mas, quando era o negro que agia dessa forma, os voluntários classificavam o ato como "agressivo". Quando cientistas pediram para participantes de um grupo avaliarem uma redação escrita pelo "João", enquanto outro grupo avaliava uma redação escrita pela "Joana", a redação escrita por um homem era mais bem avaliada do que a redigida por uma mulher, por mais que, como você pode imaginar, ambos os grupos avaliassem a **mesma redação**.[22]

Dois homens e duas mulheres foram pessoalmente em 65 restaurantes procurar emprego como garçons. Apesar do currículo de todos os participantes ser praticamente igual, os cientistas da Michigan State reportaram que 11 dos 13 restaurantes de luxo ofereceram empregos aos homens, e 8 dos 10 restaurantes de baixo padrão ofereceram emprego às mulheres.[23]

Em uma série de experimentos, Alexander Jordan e Emily Zitek demonstraram que as pessoas avaliam mulheres casadas como menos qualificadas para uma vaga de emprego do que mulheres solteiras e homens casados, além de julgarem que o desempenho de mulheres recém-casadas iria entrar em declínio, enquanto a performance de homens casados entraria em ascensão. Assim, os participantes mostravam uma tendência maior em demitir mulheres.[24]

Uma dupla de cientistas de Princeton colocou participantes para assistir a um vídeo sobre Hannah, uma menina do quinto ano do ensino fundamental. Em uma versão do vídeo, Hannah brincava em um bairro de classe alta, e em outra aparecia brincando em um bairro pobre. Em seguida, os participantes assistiam a Hannah respondendo a perguntas sobre vários assuntos como ciência e matemática, em que ela apresentava uma performance difícil de se avaliar, pois acertava perguntas difíceis e errava algumas fáceis. Finalmente, John Darley e Paget Gross, os autores do estudo, pediam aos participantes para indicar como imaginavam que Hannah performava em relação aos seus colegas na escola. Apesar de ambos os grupos terem visto os **mesmos vídeos** de Hannah **respondendo às perguntas**, aqueles que a viram brincando em um bairro rico avaliavam que ela tinha um desempenho **acima da média** em relação aos seus colegas, enquanto os que assistiram ao vídeo da garota brincando em um bairro pobre avaliavam que a performance dela era **abaixo da média**.[25]

Cientistas das universidades Rice e Colgate selecionaram um grupo de participantes composto por homens e mulheres para procurar emprego em lojas de shopping, com metade deles usando um boné com os dizeres "Gay com Orgulho" e os demais "Texano com Orgulho". Os participantes, além de não saberem qual boné estavam usando, gravavam todas as interações com os gerentes das lojas com um dispositivo escondido. Quando o boné enfatizava que o candidato era gay, as entrevistas eram mais curtas, apresentavam um tom mais negativo, os contratantes agiam de forma mais negativa, ajudavam menos os candidatos, mostravam-se menos interessados, evitavam contato visual com os participantes e terminavam as conversas de forma prematura.[26]

Em 1995, Peter Siegelman e Ian Ayres da escola de direito de Yale fizeram participantes brancos e negros, homens e mulheres, negociarem o mesmo modelo de carro em diversas concessionárias. Todos tinham idade similar, usavam o mesmo tipo de roupa, chegavam com o mesmo carro na concessionária, informavam o mesmo endereço, diziam não precisar de financiamento e tinham, inclusive, o mesmo nível de atratividade física. Mulheres brancas receberam cotações médias US$246,00 mais altas do que homens brancos, mulheres negras receberam cotações US$773,00 mais altas, e homens negros — respire — cotações US$2.026,00 mais altas.[27]

Para finalizar essa série de exemplos, uma história que aconteceu em março de 2022. Ryan Coogler, diretor do filme *Pantera Negra*, foi até um banco realizar um saque de US$12 mil de sua própria conta e passou um bilhete para a funcionária do caixa pedindo para que ela contasse o dinheiro em um lugar mais reservado, pois queria sair do banco com todo esse dinheiro de forma discreta. A caixa pensou que fosse um assalto, chamou a polícia e Coogler chegou a ser algemado, até o mal-entendido ser explicado.[28] Apesar desse e de outros tratamentos discriminatórios que minorias recebem, muitas pessoas — geralmente aquelas que não sofrem com racismo, sexismo e homofobia — dizem que o mundo atual é muito "mimizento", o que faz com que os problemas que afligem **toda a sociedade** se perpetuem.

Ainda pior, são as pessoas que não sofrem discriminação afirmando que minorias não deveriam se classificar majoritariamente como gays, por exemplo, e sim como engenheiros, arquitetos, advogados ou qualquer que seja a sua profissão. A questão é que os membros de minorias podem definir a si mesmos da forma que bem entenderem, mas a **sociedade** continuará a classificá-los como gays, negros, mulheres e judeus, concedendo a eles menos oportunidades.

Em um episódio polêmico do podcast de Joe Rogan, o professor canadense Jordan Peterson — que é branco — realizou um comentário em um debate sobre racismo que teve com o professor Michael Dyson — que é negro — enfatizando que Dyson **não era negro**, e sim bronzeado. Peterson ainda afirmou que ele mesmo não se classificava como branco, e sim **como**

bronzeado. Conhecendo um pouco sobre estereótipos, você acredita que Peterson e Dyson tiveram as mesmas chances na academia? Será que, durante o processo de seleção, os membros dos comitês das universidades onde Dyson se candidatou para ser professor o avaliaram como bronzeado ou como negro? Que tal Peterson: bronzeado ou branco? Ao comentar o episódio, o humorista sul-africano Trevor Noah exclamou em seu programa de televisão: "Meu Deus, eu não sou negro!", posteriormente fingindo sair correndo para fora do estúdio, gritando a frase. Ao som de sirenes de carros de polícia, Noah voltou ao estúdio com uma expressão de tristeza e disse: "A **polícia** *me disse que eu continuo sendo negro.*"

A conclusão da história é que todos nós temos algum grau de discriminação contra outros grupos e, apesar de nem sempre conseguirem, as pessoas com baixos níveis discriminatórios tendem a se esforçar para **rejeitá-la**, enquanto as pessoas com nível alto de discriminação estão mais dispostas a **dar voz** às suas crenças.

▶ Avarentos Cognitivos

Além da discriminação acontecer de forma automática sem que ao menos estejamos conscientes, muitos cientistas também estão convencidos de que usamos estereótipos com mais frequência quando estamos **cansados**. Não o sei o quão cansado você está, portanto vou propor que resolva um problema simples:

Suponha que um celular e uma capinha custam juntos R$1.100,00. O celular custa R$1.000,00 a mais do que a capinha. Qual é o preço da capinha?

Fácil não é mesmo? Quando estudantes de Harvard, MIT, Princeton e outras universidades de renome responderam a uma questão similar a essa, assim como você, a grande maioria chegou à óbvia conclusão de que a capa custa R$100,00.[29] Assim, tanto você como muitos alunos das mais prestigiadas universidades do mundo estão tremendamente **equivocados**. Se a capa custasse R$100,00 o celular necessariamente teria que custar R$1.100,00, ou seja, R$1.000,00 a mais do que a capinha, totalizando

R$1.200,00. A resposta correta é que a capa custa R$50,00 e o celular R$1.050,00.

O cientista de Princeton, Daniel Kahneman, afirma que, em casos como esse, a maioria das pessoas separa R$1.100,00 em R$1.000,00 e R$100,00. Como as pessoas não estão acostumadas a raciocinar profundamente e R$100,00 parece ser um preço aceitável para uma capa de celular, o cérebro fica contente com uma decisão plausível que acontece rapidamente.[30]

> Assim como o avarento evita gastar dinheiro, nosso cérebro evita gastar energia."

Décadas de estudos realizados pela renomada neurocientista da Northeastern University, Lisa Feldman Barrett, comprovam que nosso cérebro **não foi feito para pensar**, e sim para manter-nos vivos e aumentar as chances de passarmos nossos genes adiante.[31] De acordo com nossas decisões, pensamentos e experiências passadas, nosso cérebro está constantemente prevendo se deve ou não gastar energia para realizar certas ações. Esse processo chama-se **Alostase** ou, de forma mais simplista, **Orçamento Corporal**. Pensar **novamente** em um assunto sobre o qual você já tem uma opinião formada — seja naves espaciais, impressão sobre pessoas de outras etnias, liberação da maconha ou posição política — é encarado pelo cérebro como **gasto desnecessário de energia**, assim, entramos em um processo rápido de racionalização, negação e defesa que exige pouco trabalho do cérebro e, dessa forma, mantemos nossas crenças intactas. O termo **"avarento cognitivo"** foi desenvolvido pelas renomadas cientistas Susan Fiske, de Princeton, e Shelley Taylor, da Universidade da Califórnia Los Angeles.[32] Inúmeros estudos apontam que o cérebro humano é limitado em tempo, conhecimento, atenção e recursos cognitivos, portanto as pessoas não pensam "racionalmente" ou cautelosamente sobre determinados assuntos, utilizando atalhos cognitivos para fazer previsões e julgamentos.[33]

Esses atalhos são conhecidos como **viéses ou heurísticas**, e, como já sabemos, eles nos ajudam a tomar decisões rápidas, **geralmente** acertadas, sem a necessidade de termos que pensar cuidadosamente em todas as variáveis envolvidas naquela decisão. Um exemplo disso é o racismo. De acordo com os estudos da psicologia evolucionária, já vimos que pessoas de grupos diferentes do nosso eram vistas como ameaças para nossos ancestrais. Essas pessoas poderiam roubar comida, território, animais, praticar atos de violência, matar os membros do seu grupo para diminuir a competição por comida, levar mulheres embora e assim diminuir as nossas chances de reprodução, entre outros perigos. Por causa de uma bagagem evolucionária, a maioria de nós, até os dias de hoje, avalia grupos diferentes do nosso de forma negativa. Na maior parte da história, pessoas de outros grupos realmente eram ameaças para a nossa tribo, mas **hoje** a realidade nem sempre é essa. Nosso cérebro está muito ocupado com o orçamento corporal para analisar com cuidado as centenas de variáveis relacionadas ao julgamento de confiança em outras pessoas, por isso, ele usa atalhos e observa **poucas variáveis**: a pigmentação da pele, a lembrança de como um indivíduo daquele grupo se comportou em uma situação passada, a roupa que a pessoa está usando, o local onde o comportamento está acontecendo, entre outras.

Um dos perigos da sociedade moderna acontece pelo fato de que **negros têm mais convívio com brancos** do que brancos têm com negros. Da mesma forma, mulheres no ambiente de trabalho têm mais convívio com homens do que homens têm com mulheres. Muitos têm pouco convívio com asiáticos, muçulmanos, gays e outras minorias. Essa falta de convívio faz com que essas pessoas **chamem mais a nossa atenção** do que outras que estamos mais acostumados em nosso dia a dia, abrindo um caminho gigantesco para a formação de estereótipos. Um **negro**, que faz parte de uma minoria social, realizando um **assalto**, um comportamento distinto, chama a nossa atenção **duplamente** em relação a um branco cometendo o **mesmo ato**, facilitando dessa forma a **construção de um estereótipo**, mesmo que negros pratiquem atos de bondade com frequência infinitamente maior do que atos de maldade, e que brancos também cometam atos maldosos. Com estereótipos formados, torna-se mentalmente mais fácil para todos nós julgar que certos comportamentos são característicos "daquele tipo de pessoa".

Estereótipos fazem com que, enquanto pais brancos conversem com seus filhos sobre o que eles querem ser quando crescer, pais negros conversem com seus pequenos sobre o que devem fazer quando forem parados pela polícia, participarem de um processo seletivo, receberem comentários ofensivos sobre seus cabelos, forem acompanhados de perto por seguranças em lojas ou xingados pelos colegas na escola.

▶ Eles São Todos Iguais

De acordo com a descrição abaixo, qual é sua opinião sobre meu direcionamento político?

Sou professor universitário, uso uma barba grisalha, tenho cabelos castanhos começando a ficar grisalhos, fui punk na adolescência e sou engajado em causas sociais.

O que me diz: direita, liberal ou esquerda?

Se você rapidamente respondeu *esquerda*, foi seu cérebro avarento que tomou essa decisão por você. No momento em que seu cérebro processa as palavras "professor universitário" e "política" ao mesmo tempo, um atalho mental entra em ação para lhe ajudar a concluir que a pessoa em questão é de esquerda. Em muitas ocasiões, o atalho levaria você a um julgamento correto, afinal muitos professores universitários são realmente de esquerda, mas esse não é o meu caso.

Estereótipos, ou opiniões que temos sobre certo grupo de pessoas, são formados por esses atalhos mentais, já que nosso cérebro prefere armazenar informações de maneira a economizar o máximo de energia. Ao visualizarmos o comportamento de um **indivíduo** de um grupo diferente do nosso, na tentativa de poupar recursos, nosso cérebro registra a informação de que aquele comportamento é **característico** daquele **grupo de pessoas** — como mágica, um estereótipo é construído. Dessa forma, na próxima vez que encontrarmos um indivíduo pertencente àquele grupo, já **prevemos** o tipo de comportamento que iremos presenciar.

Evidências dos cientistas de Princeton, George Quattrone e Edward Jones, explicam melhor como estereótipos se constroem mais rápido do que imaginamos. Em um estudo, os pesquisadores convocaram

A Arte de Enganar a Si Mesmo

participantes das universidades de Princeton e Rutgers para prever o comportamento de alunos de ambas as instituições em três situações:[34]

1. Esperar sozinho ou acompanhado.
2. Resolver problemas matemáticos ou verbais.
3. Preferir escutar rock ou música clássica.

O procedimento consistia em mostrar aos participantes o trecho de um vídeo no qual um primeiro aluno estava prestes a tomar alguma dessas decisões, e então o vídeo era pausado para que os participantes pudessem prever o comportamento do aluno em questão.

Após essa previsão inicial, a sequência dos vídeos era apresentada aos participantes, na qual os cientistas davam **dois possíveis cenários**. Um deles mostrava vídeos do aluno preferindo esperar sozinho, resolver problemas verbais e escutar rock, enquanto outro grupo de participantes assistia a vídeos do aluno tomando uma das outras decisões. Logo em seguida, os participantes deveriam prever como esse aluno havia classificado a si mesmo em uma série de características de personalidade.

Posteriormente, os participantes assistiam a um trecho de um novo vídeo no qual um **segundo aluno** estava prestes a tomar decisões nas mesmas situações do primeiro, assim, deveriam prever como seriam as decisões desse outro aluno, bem como imaginar como ele havia classificado a si mesmo nas questões de personalidade. Será que, ao ter conhecimento sobre as decisões do primeiro aluno, e prever seu perfil de personalidade, os participantes acreditariam que o **segundo aluno tomaria as mesmas decisões e teria um perfil de personalidade similar ao do primeiro?** Tal generalização seria possível ao observar as decisões de apenas **um** indivíduo?

Antes da surpreendente resposta, gostaria de apresentar o passo seguinte do estudo. Nele, os participantes deveriam responder:

a. Quais decisões eles acreditavam que os alunos, em geral, de Princeton (ou Rutgers) tomariam em cada situação.
b. Quais decisões eles mesmos acreditam que tomariam em cada situação.
c. Qual dos dois alunos eles haviam gostado mais.

Como os cientistas precisam avaliar uma grande quantidade de informações para garantir a qualidade de seus artigos, os procedimentos não acabavam aqui. Os últimos passos da pesquisa consistiam nos participantes avaliarem 25 traços de personalidade de alunos de Princeton ou Rutgers, informarem em uma escala a **variabilidade do perfil** dos alunos de cada uma das universidades, começando em **"Eles são todos muito parecidos"** e terminando em **"Eles são completamente diferentes uns dos outros"** e, finalmente, indicar em uma escala o quanto eles gostavam de alunos em geral de Princeton ou Rutgers.

Quattrone e Jones apontam que os participantes estimavam que o percentual de alunos (de Princeton e Rutgers) que tomariam certa decisão seria consistente com a decisão tomada por **um** dos membros daquele grupo, principalmente quando se tratava de um **grupo diferente do seu**. Isso significa que alunos de Princeton acreditavam que o comportamento de alunos da Rutgers seria similar, e alunos da Rutgers achavam que alunos de Princeton se comportariam de forma igual. Esse efeito, porém, aconteceu apenas em cenários de pouca previsão, nos quais os participantes não tinham uma expectativa clara sobre o grupo-alvo.

> Isso demonstra que, quando não temos conhecimento profundo sobre as particularidades de um grupo diferente do nosso, acabamos classificando-os como "todos iguais", generalizando seus comportamentos quando observamos um único indivíduo agindo de certa maneira."

Não surpreendentemente, os participantes também julgavam que os membros do **outro grupo** tinham traços de personalidade similares. Se um estudante da Rutgers havia observado um aluno de Princeton decidindo esperar sozinho, por exemplo, ele julgava que os alunos de Princeton eram **mais solitários** no geral.

Os cientistas concluíram esse artigo com um pensamento provocativo:

"...nossa experiência convivendo com indivíduos de minorias nos levam a enxergar essa pessoa como uma exceção ao estereótipo."

Muitas pessoas já conviveram com alguém superextrovertido, porém, se esse indivíduo tinha uma origem oriental, por exemplo, acreditamos que ele ou ela era uma **exceção** ao estereótipo que temos dos asiáticos, tímidos e fechados. Mesmo após o convívio com membros de grupos diferentes dos nossos, infelizmente continuamos julgando-os, no geral, como **todos iguais**. Quando Barack Obama assumiu a presidência dos Estados Unidos e muitas pessoas passaram a perceber que ele era extremamente inteligente, aqueles com crenças de que negros são menos espertos rapidamente classificavam Obama como uma **exceção à regra**, mantendo assim seus estereótipos intactos. Perceba que, uma vez formados, estereótipos são difíceis de ser eliminados.

> **Falhamos miseravelmente em perceber a ampla variedade de personalidades, intelectos, costumes, ideologias, preferências e opiniões de grupos distintos do nosso."**

Nós interagimos com uma pessoa do nosso próprio grupo levando em consideração que ela é um **indivíduo**, enquanto classificamos pessoas de grupos diferentes como **representantes de um grupo**. Em consonância com esses resultados, estudos anteriores descobriram que, dependendo da posição política de um indivíduo, ele tinha mais chances de concordar com frases como *"Em um alto grau, todos os esquerdistas (direitistas) são iguais"*, assim como estudantes de medicina e enfermagem acreditavam que seus grupos eram compostos por pessoas **mais distintas** do que outros grupos de estudantes.[35]

Os cientistas nomeiam esse fenômeno como **Homogeneidade do Grupo Externo**, mostrando nossa tendência em superestimar a similaridade de indivíduos de grupos diferentes dos nossos.[36] Muitas vezes, falhamos em analisar **quão variado** um grupo diferente do nosso realmente é. Em uma meta-análise que envolveu mais de 12 mil participantes de 173 estudos, cientistas das universidades Duke, Tennessee e Montana State concluíram que, embora pequena, existe uma tendência de as pessoas perceberem mais variabilidade nos membros de **seus próprios grupos** em relação a outros grupos.[37] Já o cientista Peter Salovey — o "pai da inteligência emocional" e hoje presidente da Universidade de Yale — em conjunto com Patricia Linville e Gregory Fischer, publicaram um artigo no *Journal of Personality and Social Psychology* demonstrando por meio de quatro experimentos que quanto **mais familiaridade** uma pessoa tem com certo grupo, **mais diferenciação e variabilidade** ela percebe entre seus membros, quando comparadas com membros de grupos diferentes.[38] Pessoas mais jovens, por exemplo, acreditavam que aquelas com idades similares a elas tinham características mais distintas e variadas do que pessoas mais velhas, julgando que **idosos** eram "todos iguais". Consequentemente, os idosos também percebiam maior variabilidade e diferenciação entre os membros de seu próprio grupo — para eles, os **jovens** eram "todos iguais". Obviamente, como jovens convivem mais com outros jovens e idosos convivem com mais frequência com outros idosos, ambos os grupos conseguem enxergar a variabilidade apenas dentro dos seus grupos, e apresentam dificuldades em perceber essas diferenças em grupos que desconhecem.

Uma descoberta importante foi realizada pela cientista da Penn State, Janet Swim. Ao estudar como as pessoas avaliavam as diferenças comportamentais entre homens e mulheres, a cientista descobriu que **dificilmente as pessoas superestimam as diferenças nesse quesito**, mostrando que em muitas oportunidades nossos estereótipos **são eficientes** e nos ajudam a prever o comportamento das pessoas. Os dados de Swim revelam que **quase nunca** as pessoas preveem que mulheres em geral são mais agressivas do que homens, no entanto elas continuam exagerando ao acreditar que homens são **muito mais agressivos** do que mulheres. Mas, por incrível que pareça, mulheres são tão agressivas quanto homens.[39]

Estereótipo · **Realidade**

Mulheres · Homens · Mulheres · Homens

Menor ◄──► Maior · Menor ◄──► Maior

Agressividade · Agressividade

Todos esses estudos revelam quão pronunciados são os efeitos da homogeneidade do grupo externo e como somos vítimas dele com certa facilidade. Maldito cérebro avarento!

▶▶ AR-phone

"Como confunde marmita com revólver?" Foi o desabafo de uma mãe ao saber que seu filho de 19 anos havia sido morto a tiros por policiais em uma favela em São Paulo, em outubro de 2021. O garoto, de acordo com depoimentos de moradores do local, havia acabado de comprar uma marmita de isopor para almoçar depois de trabalhar vendendo água mineral em um semáforo. Naquele momento, policiais estavam fazendo uma operação contra o tráfico de drogas nas redondezas e levantaram suspeitas sobre o menino. Percebendo que o garoto estava segurando um objeto, os policiais sentiram-se ameaçados e alvejaram-no três vezes, sendo um dos disparos fatal, na cabeça. O depoimento dos policiais afirma que o menino estava sim traficando drogas e que foram apreendidas substâncias em sua posse, além disso, o rapaz possuía passagens pela polícia. Apesar das diferentes versões da história, naquele dia o garoto foi uma vítima dos policiais por um simples motivo: **ele era negro**.

Muitas pessoas carregam consigo o estereótipo de que homens negros são perigosos, por mais que isso não se aplique à grande maioria dos indivíduos dessa cor. Pode ser que você não se considere preconceituoso, mas de qualquer forma você e eu estamos sujeitos às mesmas falhas cometidas por muitos policiais.

Em 2003, um grupo de cientistas da Universidade de Washington realizou um estudo no qual os participantes deveriam agir como policiais à paisana em uma espécie de videogame, tendo **menos de um segundo** para decidir atirar ou não em indivíduos que surgiam repentinamente na tela. Em algumas ocasiões, o indivíduo estava vestido como um policial à paisana (camisa de manga curta e bermuda) e o participante do estudo deveria apertar a tecla espaço para sinalizar segurança. Em outras oportunidades, o indivíduo que surgia na tela vestia roupas casuais (calça e camiseta) e segurava um objeto inofensivo, como um celular, assim o participante era instruído a não fazer nada. Em um terceiro cenário, o indivíduo vestia roupas casuais e estava segurando uma arma. Nesses casos, o participante deveria usar o mouse para apontar e atirar no indivíduo suspeito. Em algumas oportunidades o indivíduo era branco, em outras, negro. Anthony Greenwald, Mark Oakes e Hunter Hoffman, os cientistas envolvidos no estudo, estavam interessados em saber se a **cor do indivíduo** influenciaria na decisão dos participantes em atirar.

Os resultados desse estudo têm o poder de explicar o que pode ter acontecido com o garoto morto segurando uma marmita. Os indivíduos negros tinham uma **chance maior de serem incorretamente alvejados** em relação a indivíduos brancos, e recebiam mais tiros **mesmo quando estavam vestidos como policiais a paisana**. Os participantes do estudo mostraram uma tendência maior em **confundir um objeto inofensivo com uma arma** quando o indivíduo em questão era **negro**, além de parecerem mais inclinados a interpretar **qualquer objeto em posse de um negro como uma arma** e, assim, decidir atirar. Esses equívocos aconteceram independentemente do participante do estudo **ser ou não considerado racista** e, surpreendentemente, ser **branco ou negro**.[40]

Outro estudo que realizou uma intervenção similar foi realizado por cientistas da Universidade de Colorado, no qual os participantes vestiam uma espécie de touca elástica com eletrodos que acompanhava a atividade de seus cérebros enquanto jogavam um jogo em que deveriam **rapidamente** decidir atirar ou não em pessoas que portavam armas ou objetos inofensivos. Diferentes estímulos ativam diferentes componentes cerebrais mapeados pelos cientistas. Situações em que uma pessoa está sentindo-se **ameaçada**, por exemplo, ativam um componente chamado de P200. Já ocasiões em que uma pessoa está tentando **controlar impulsos iniciais** ativam o componente N200. A hipótese dos cientistas era a de que, se homens negros são realmente considerados pelas pessoas como ameaças, a aparição de indivíduos negros no jogo traria alta atividade no componente P200 e baixa atividade no N200, indicando dessa forma que os participantes estariam mais inclinados a atirar. E foi exatamente isso que os dados revelaram. Os participantes atiravam mais rapidamente em **negros armados** do que em **brancos armados** e decidiam **não atirar** em **brancos desarmados** mais rapidamente do que em **negros desarmados**. A atividade cerebral dos participantes acompanhou a mesma lógica, mostrando ativação mais rápida do componente P200 e mais lenta do N200 quando o indivíduo era negro, revelando uma falha na tentativa de **inibir o desejo de atirar** mesmo quando a decisão estava equivocada, ou seja, quando um personagem negro estava desarmado.[41]

Esses e muitos outros estudos descobriram que, além dos nossos estereótipos gerarem decisões imprecisas, muitas vezes também são fatais. Ter preconceito com certo grupo de pessoas, e acreditar que todos os membros daquele grupo são iguais, são maneiras **cognitivamente econômicas** de entender grupos diferentes dos nossos, organizar com grande simplicidade as milhares de informações que recebemos diariamente e, assim, poupar a energia que o cérebro tanto almeja. Estereótipos nos trazem muita informação — e grande perigo — com pouco esforço.

12

Meritoutopia

Mulheres Que (Não) São Capazes

Além de influenciar o julgamento das pessoas em relação a membros de grupos diferentes, estereótipos também podem afetar gravemente o comportamento das **próprias vítimas** de preconceito. O renomado cientista de Stanford, Claude Steele, e seus colegas, Diane Quinn e Steven Spencer, decidiram avaliar o desempenho de mulheres em problemas matemáticos, devido ao estereótipo de que **homens têm melhor performance nessa área**. Assim, os cientistas conduziram um experimento no qual um grupo aleatoriamente selecionado de homens e mulheres com habilidades avançadas em matemática deveriam resolver problemas fáceis, enquanto outro grupo resolvia problemas difíceis. Nessas condições, os cientistas descobriram que homens obtinham um desempenho significativamente melhor do que as mulheres em **problemas difíceis**, mas essa descoberta não responde à hipótese satisfatoriamente. Será que os homens conquistaram resultados melhores do que as mulheres por realmente terem habilidades superiores? Ou será que a performance das mulheres foi inferior por serem **vítimas do estereótipo?** Para testar essa hipótese, na segunda parte do estudo os cientistas informaram a um grupo de pessoas que em testes anteriores foram obtidos resultados que **demonstraram uma diferença de performance de acordo com o gênero** do participante — ativando dessa forma a lembrança de que as mulheres carregam o estereótipo de serem piores em matemática — enquanto os demais participantes foram informados que testes anteriores **não demonstraram uma diferença de performance de acordo com o gênero**. Será que ter conhecimento sobre a presença ou a ausência de diferenças de performance **de acordo com o sexo** influenciou o desempenho dos participantes? Foi exatamente isso o que os cientistas descobriram. Quando informadas sobre a ausência de diferença de gênero no teste, as mulheres obtiveram **resultados similares aos dos homens nos problemas difíceis**. Por outro lado, quando os cientistas afirmavam que havia diferença, as mulheres continuaram performando de forma **inferior** aos homens, comprovando dessa forma a influência do estereótipo no desempenho das mulheres. Outra descoberta incrível desse estudo foi esta: quando homens eram avisados sobre uma falta de diferença de acordo com o gênero, o desempenho dos mesmos foi **pior** do que quando eram informados **haver uma diferença**, mostrando que homens de certa forma podem **ganhar confiança** quando são lembrados do estereótipo. Tais efeitos, apesar de observáveis, **não foram estatisticamente significativos**.[1] Esse fenômeno é conhecido como **Ameaça do Estereótipo**, demonstrando que grupos que carregam certos estereótipos apresentam pior desempenho quando estão cientes de como as pessoas imaginam que irão performar em uma grande variedade de tarefas. Uma vez cientes de que são julgados como menos capazes por outras pessoas, as vítimas de estereótipos tendem a confirmar as crenças de outros grupos, não porque não são capazes, mas porque apresentam **alterações emocionais** que atrapalham seu desempenho.

Um trabalho revelador vindo da Universidade do Arizona nos ajuda a entender melhor a razão dos efeitos negativos que estereótipos produzem no desempenho das pessoas. Em uma investigação minuciosa, Toni Schmader e Michael Johns descobriram que vítimas de estereótipos apresentam uma **redução em sua capacidade de memória**, fazendo com que **menos recursos cognitivos estejam disponíveis** para que a pessoa possa dar o seu melhor em tarefas complexas.[2] As implicações dessa descoberta são enormes, já que o desempenho insatisfatório de mulheres e minorias no ambiente de trabalho pode dar a impressão equivocada de que esses grupos não "foram feitos" para assumir cargos mais importantes e, assim, devem permanecer sempre em níveis hierárquicos mais baixos, ativando conjuntamente a **Falácia Naturalista**. Como vimos anteriormente, a observação desse fenômeno por um leigo também pode causar uma **Profecia Autorrealizável**, já que, se um gestor acredita que mulheres e negros não têm capacidade para assumir cargos de alta hierarquia, a análise dos resultados ruins desses grupos servirá para **confirmar sua**

crença, fazendo com que o gestor **não conceda oportunidades** para esses grupos quando promoções na empresa estão disponíveis, **mantendo as coisas como sempre foram**.

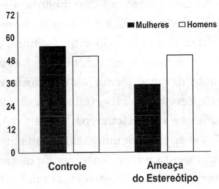

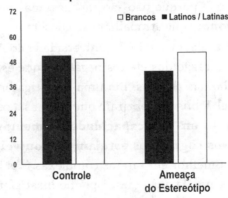

Em 1999, cientistas de Harvard realizaram um estudo analisando também o comportamento de mulheres em um teste de matemática, com uma intervenção ainda mais interessante. É de conhecimento geral o estereótipo de que asiáticos e seus descendentes apresentam habilidades superiores em matemática, no entanto as cientistas estavam curiosas para descobrir se mulheres, quando lembradas de que eram **descendentes de asiáticos**, alcançariam resultados melhores em um teste quando

Meritoutopia **265**

comparadas com mulheres asiáticas lembradas sobre seu **gênero**. E foi exatamente isto que as cientistas descobriram: as participantes lembradas de sua descendência asiática obtiveram um **ganho** em seu desempenho, mas as lembradas sobre seu gênero tiveram seus resultados **prejudicados**.[3]

Em 2000, um artigo publicado no *journal Psychological Science* com a autoria dos cientistas Talia Ben-Zeev e Michael Inzlicht, demonstrou que inclusive pistas **menos salientes** sobre estereótipos podem resultar em resultados catastróficos para indivíduos de grupos discriminados. Os cientistas fizeram mulheres resolverem uma prova de matemática em trios, sendo que em algumas ocasiões os trios eram compostos **apenas por mulheres**, mas em outras eram compostos por **uma mulher e dois homens** ou **duas mulheres e um homem**. Confirmando o efeito do estereótipo, as mulheres obtiveram **resultados piores quando realizavam a prova ao lado de homens**, mesmo quando havia apenas **um homem** no trio. Ao lado de dois homens, as mulheres respondiam corretamente apenas 55% das questões, mas, quando realizavam a tarefa em um grupo exclusivo de mulheres, acertavam em média 70% das respostas. Nesse experimento, os cientistas incluíram também um **teste de habilidades verbais** e, como não existe estereótipo de gênero nessa área, as mulheres tiveram **resultados similares**, tanto em grupos compostos **apenas por mulheres** quanto em **grupos mistos**.[4] Imagine o impacto que isso causa em mercados majoritariamente masculinos como engenharia, finanças e TI. Quanto as empresas perdem de produtividade e faturamento por causa de estereótipos? Os cientistas nomeiam esse fenômeno como **Ameaça de Identidade**, revelando que as pessoas se sentem ameaçadas quando percebem que estão sendo avaliadas como **membros de um grupo** — não como **indivíduos**.

Felizmente, existe uma solução para neutralizar a influência desse tipo de estereótipo. Joshua Aronson e Matthew McGlone criaram a hipótese de que, se um estereótipo pode prejudicar o comportamento das pessoas, um **estereótipo contrário** poderia contribuir. Durante mais de uma hora de conversa com Joshua Aronson em Nova York, entre as dezenas de assuntos que circulamos e que contribuíram massivamente para a escrita deste livro, Aronson me alertou sobre um estudo que conduziu no qual ele fez os participantes simplesmente lembrarem que eram **"estudantes

de uma universidade seleta". Essa lembrança foi suficiente para eliminar a diferença de desempenho entre mulheres e homens.[5] Aronson e uma grande comunidade de cientistas vêm desenvolvendo estratégias brilhantes para tentar eliminar ou minimizar as influências de estereótipos no desempenho de minorias. É importante que líderes, professores e governantes tenham consciência sobre o fenômeno dos estereótipos, bem como, das formas de combatê-lo.

Luiz Gaziri e Joshua Aronson em Nova York, março de 2022.

Quanto Mérito Existe na Meritocracia?

Ao conhecermos os efeitos de estereótipos no comportamento das pessoas, é importante repensarmos certas opiniões bastante comuns em nosso dia a dia. Uma delas é a de que o mundo deve seguir o princípio da **meritocracia**, ou seja, aqueles que produzem mais, merecem uma fatia maior do bolo. O conceito de meritocracia pressupõe que **todas as pessoas do mundo têm as mesmas chances de sucesso**, sendo assim, aqueles que continuam pobres ou permanecem estagnados em uma empresa estão nessa situação por falta de esforço ou de vontade: "Só continua pobre quem quer", "só não cresce profissionalmente quem não quer", dizem por aí. Já outras pessoas classificam protestos de minorias como "mimimi", dizendo conhecer mulheres, negros, gays e pessoas que tiveram uma infância pobre, mas que hoje apresentam enorme sucesso. Seria incrível se o conceito de meritocracia pura fosse verdadeiro, mas o mundo não funciona dessa forma.

De acordo com as pesquisas apresentadas recentemente, mesmo quando igualmente qualificadas, as mulheres têm menos chances de ser contratadas para uma vaga de emprego ou de serem promovidas a cargos de liderança. Por causa dos estereótipos que carregam e da apreensão causada por eles, mulheres, homossexuais e negros têm seu desempenho prejudicado em diversos tipos de tarefas, fazendo com que continuem desempregados ou ocupem apenas posições de entrada e/ou intermediárias no mercado de trabalho.

> **O mundo infelizmente não oferece as mesmas oportunidades para todos."**

No mundo da política, o discurso não é diferente. Há alguns anos, Jair Bolsonaro afirmou em uma entrevista que é totalmente contra auxílios sociais e cotas para negros e outras minorias sociais. Nessa oportunidade ele disse que toda vez que encontra um afrodescendente, pergunta a ele: "Eu sou melhor do que você?" Dizendo, logo em seguida, que **nunca** recebe a resposta de que é melhor, mas de que todos são iguais. Portanto, na cabeça de Bolsonaro e na de muitos outros brasileiros, se todos são iguais não existe a necessidade de uma raça ou classe social ser tratada de forma **diferenciada**, pois isso é justamente o que caracteriza o racismo.

Perceba que a intenção de Bolsonaro e de todos que compartilham de sua opinião **é boa**: tratar as pessoas de forma igual. No entanto, por mais que **desejemos** que todos sejam tratados com igualdade, e muitas vezes **acreditemos** que tratamos as pessoas de forma justa, existem fatores invisíveis e incontroláveis, como os estereótipos, que fazem com que tratemos minorias de forma **desigual**, fazendo com que sempre estejam em desvantagem quando comparadas com pessoas brancas, do sexo masculino, heterossexuais e em melhores condições financeiras.

Os cientistas chamam de **Viés Explícito** o comportamento de manifestar verbalmente e abertamente nosso preconceito a qualquer grupo.[6]

268 *A Arte de Enganar a Si Mesmo*

Nos dias de hoje, como mencionei, as pessoas não querem expressar abertamente seus preconceitos, por isso, a maioria delas irá agir da mesma forma que Bolsonaro, pregando tratar todos de forma similar. O que preocupa os cientistas é o **Viés Implícito**, ou seja, o preconceito interno, automático e fora da nossa consciência que praticamos sem ao menos notar. O perigo do preconceito mora justamente no viés implícito, pois, apesar de **não falarmos** da boca para fora que não gostamos de certo grupo, **acreditarmos** que somos livres de preconceitos e **insistirmos** que tratamos qualquer grupo de forma igual — o que os cientistas chamam de **Racismo Moderno** —, nas mais variadas situações do dia a dia **agimos** de forma discriminatória sem pensar.[7] Negamos o cargo de gerência a uma mulher por influência dos estereótipos que mulheres que acabaram de conceber um filho não vão querer voltar ao trabalho, preferimos o candidato branco ao invés do negro para trabalhar na empresa porque carregamos o estereótipo de que negros são preguiçosos e pouco inteligentes. Mesmo que nosso **desejo** seja realizar mudanças na sociedade, os vieses implícitos **nos impedem** de fazê-las. Somos justos da boca para fora, mas não do crânio para dentro.

▶ Kill The Poor

Em tom irônico, a banda punk Dead Kennedys diz em uma das suas mais famosas músicas, aqui em tradução livre: *"O sol brilha em um novo dia, nada mais de previdência social a pagar, favelas sem graça vão embora em um piscar, milhões de desempregados eliminados, pelo menos temos mais espaço para brincar, todos os sistemas vão matar os pobres esta noite."*

Estaríamos realmente "matando os pobres" sem saber? Será que uma pessoa que teve uma infância difícil financeiramente tem as mesmas chances de obter sucesso do que uma pessoa que nasceu na classe média? Entre os estudos que deveriam ser de conhecimento obrigatório a todos nós, cientistas das universidades da Pennsylvania, Harvard, Califórnia, Montreal e diversas outras descobriram que, com **5 anos de idade**, quanto mais pobre uma criança é, piores são suas funções em áreas do cérebro responsáveis pela memória de longo prazo, equilíbrio emocional, impulsividade e tomada de decisões. Adicionalmente, crianças que vivem na miséria têm um nível maior do perigoso hormônio **cortisol** em sua corrente sanguínea. Estudos revelam que o cortisol em excesso prejudica a tomada de decisões, resolução de problemas complexos, criatividade, planejamento futuro e outras funções cognitivas realizadas pelo córtex pré-frontal. Isso acontece pelo fato do estresse aumentar a atividade da amídala, que por sua vez, reduz o funcionamento do córtex pré-frontal. A ativação da amídala envia o comando para o organismo produzir cortisol e, como esse hormônio aumenta o nível do açúcar no sangue, o estresse é um prato cheio para o desenvolvimento de condições como obesidade, diabetes e doenças cardíacas. Com o passar do tempo, um cérebro constantemente carregado de cortisol pode ter um **aumento** considerável no tamanho da amídala, fazendo com que ela seja mais reativa, ou seja, que opere como se a pessoa estivesse sendo constantemente ameaçada.[8] Em 2015, um grupo de nada menos que 25 cientistas de instituições como Columbia, Universidade da Califórnia, Cornell, Harvard, Universidade do Sul da Califórnia, Yale, Johns Hopkins e outras publicou um estudo no prestigiado *journal Nature* que analisou a morfologia do cérebro de 1.099 pessoas entre 3 e 20 anos de idade, concluindo que indivíduos de famílias de baixa renda apresentavam um desenvolvimento cerebral inferior em áreas responsáveis pela **linguagem, leitura, funções executivas e navegação espacial**.[9]

Em março de 2022, estive no William James Hall, o famoso edifício que abriga os setores de psicologia e de neurociência de Harvard. Nesse dia, fui gentilmente atendido pela renomada neurocientista Katie McLaughlin. Em mais de uma hora de conversa, McLaughlin me bombardeou com dúzias de estudos conduzidos em seu laboratório que demonstram que a adversidade nos estágios iniciais da vida, como pobreza, fome e violência doméstica são previsores poderosos de problemas de saúde na vida adulta, como depressão, ansiedade, uso de drogas, doença cardíaca e outras condições. Isso me lembrou da quantidade de vezes que escutei pessoas dizendo que *"pobre gosta de um postinho de saúde"*. A cientista me alertou para o fato de que, como na infância o cérebro apresenta altos níveis de **plasticidade**, sendo altamente impactado pelo ambiente, existem pontos positivos e negativos nesse desenvolvimento. A plasticidade pode ajudar uma criança a aprender mais rápido, adaptar-se mais rápido a diversos ambientes e, inclusive, a ter mais facilidade em aprender novos idiomas. Por outro lado, quando uma criança cresce em um ambiente de dificuldades, seu cérebro passa por mudanças igualmente profundas no desenvolvimento, ou seja, o seu cérebro se desenvolve de forma a auxiliar a criança a se **adaptar ao ambiente negativo** em que está inserida, apresentando prejuízos no longo prazo.

Conversa com a neurocientista de Harvard, Katie Mclaughlin, no William James Hall em Cambridge, Massachusetts.

McLaughlin me exemplificou que, em um ambiente repleto de violência, por exemplo, o cérebro de uma criança se desenvolve de maneira a acreditar que a sua segurança física está em **estado constante de ameaça**, tornando-se altamente vigilante a estímulos no ambiente que signifiquem que sua sobrevivência está sob risco, mudando as funções do cérebro de maneira previsível. Em casos como esse, os circuitos do cérebro se formam para facilitar a **identificação rápida** de momentos que possam sinalizar violência, resultando em uma criança mais reativa, que presta mais atenção a "dicas" no ambiente que possam significar violência, como expressões faciais de raiva. McLaughlin e colegas da Northwestern descobriram exatamente esse padrão ao analisar a velocidade de reação da amídala de pré-adolescentes a diversas expressões faciais mostradas a eles por meros 200 milésimos de segundo. Em comparação com adolescentes que não enfrentaram adversidades, aqueles com histórico de exposição à violência e pobreza tiveram **ativações mais rápidas na amídala** ao observar expressões de raiva.[10]

A professora McLaughlin me explicou que, atualmente, equipamentos que usam ressonância magnética conseguem medir ativações cerebrais na ordem de segundos, no entanto ela me disse que essas reações acontecem em **milésimos de segundos**, demonstrando como realmente o cérebro responde a dicas de ameaça rapidamente quando lapidado em um ambiente repleto de dificuldades.

Tais descobertas são preocupantes, mas esse foi somente o início da conversa. Em seguida, a neurocientista me mostrou uma revisão sistemática de 109 estudos que havia publicado recentemente ao lado dos pesquisadores David Weissman e Debbie Bitrán da Universidade de Pittsburgh, em que algo mais grave foi encontrado. Crianças e adolescentes expostos a ameaças como violência doméstica, abusos sexuais e físicos, além de perigos em suas comunidades, apresentam **menores volumes cerebrais** em áreas como o **hipocampo**, responsável pelo aprendizado e pela retenção de memória; **amídala**, que como já vimos é uma das áreas que processa emoções negativas; e **córtex médio pré-frontal**, que exerce a função de regular emoções, comportamentos impulsivos, atenção e memória de longo prazo. Consistente com outros estudos de McLaughlin, essa revisão sistemática também encontrou evidências fortes de que a **velocidade de ativação da amídala é maior** em indivíduos criados em ambientes ameaçadores. Quando a adversidade, por sua vez, é gerada pela **deprivação** — uma falta de estimulo social e cognitivo gerada pela negligência dos pais, pela falta de atenção, pela criação em creches e outras características comuns em famílias de baixa renda —, **volumes e espessuras cerebrais reduzidos** foram encontrados em estruturas **frontoparietais** como o córtex pré-frontal dorso lateral, córtex pré-frontal dorso médio e córtex parietal superior, giro e lóbulo parietal superior, envolvidas no processamento rápido da memória de curto prazo, consciência, linguagem e controle cognitivo. Uma das áreas do cérebro envolvidas no processamento de emoções positivas e recompensas, o **estriado**, apresenta uma resposta **menos intensa** entre adolescentes que enfrentaram deprivação, incluindo oportunidades em que são expostos a possibilidades de receber recompensas e expressões faciais de felicidade.[11] *"Essas mudanças na estrutura cerebral tendem a permanecer na vida adulta, Dra. McLaughlin?"*, indaguei preocupado. A resposta que ela me deu foi um "sim" e, apesar de ambos

272 A Arte de Enganar a Si Mesmo

estarmos usando máscaras de proteção contra o coronavírus, percebi uma tristeza nos olhos da neurocientista.

As descobertas realizadas por McLaughlin e seus colegas são conhecidas como **Modelo de Aceleração do Estresse**.[12] Analisando apenas a infância e a adolescência, já conseguimos concluir que pessoas de classe social baixa tendem a permanecer na pobreza e, inclusive, a piorar suas próprias situações, já que perdem as funções cognitivas que poderiam ajudá-las a sair da situação em que se encontram. O que já é ruim pode piorar: outras evidências apontam que o cérebro de uma criança que teve uma vida mais dura também apresenta falhas no **corpo caloso**, responsável pela comunicação entre os hemisférios direito e esquerdo,[13] no **córtex pré-frontal ventrolateral** e **giro inferior frontal**,[14] nos **circuitos visuais**,[15] bem como no **cerebelo**.[16] Na fase adulta, o cérebro de uma pessoa que nasceu na pobreza tende a não apresentar um córtex pré-frontal totalmente desenvolvido, gerando prejuízos cognitivos na resolução de problemas complexos, na criatividade, na tomada de decisões e outras tarefas. A redução no hipocampo faz com que essas pessoas percam sua capacidade de aprender e de reter informações, acarretando a situação enfrentada por muitos empregadores que dizem ter de **"falar e ensinar as mesmas coisas todos os dias"** para seus funcionários mais humildes.

No curto prazo, as reduções de volume em áreas responsáveis pela memória também aumentam as chances de as pessoas com históricos adversos terem **pior desempenho** em tarefas que envolvem a resolução rápida de problemas, aqueles que todos nós enfrentamos com frequência em nosso dia a dia e que, muitas vezes, têm consequências no longo prazo. Já as mudanças no **córtex médio pré-frontal**, que é a ponte de comunicação entre a amídala e o córtex pré-frontal, assim como na própria **amídala**, fazem com que as pessoas pobres tenham uma tendência a ser mais impulsivas e apresentem dificuldades em controlar suas emoções, já que após a ativação da amídala o córtex pré-frontal não tem condições de **assumir o comando cognitivo**, acalmar o indivíduo e o inibir de comportamentos arriscados. Violência, uso de drogas, tabagismo, roubo, alcoolismo e outros hábitos ruins são facilitados pelo desenvolvimento pobre dessas regiões cerebrais. Aquele momento que muitos de nós vivenciamos, no qual o cérebro parece nos dizer *"Tem certeza de que vai fazer isto? Eu não* *faria se fosse você"*, quase não existe na vida de uma pessoa que enfrentou adversidades desde cedo.

Saindo das fases iniciais da vida, dados igualmente intrigantes sobre a vida adulta foram encontrados pelo cientista Sendhil Mullainathan da Universidade de Chicago. Em um estudo conduzido com agricultores na Índia, Mullainathan revelou que, quando próximos de uma colheita, um momento em que muitos produtores rurais estão com suas reservas financeiras esgotadas, eles apresentam **piores** resultados ao serem colocados para fazer um teste de inteligência fluída. Curiosamente, esses **mesmos agricultores** apresentam resultados superiores no teste logo após uma colheita, ou seja, quando **acabaram de receber uma grande quantia de dinheiro**.[17] Essa realidade, porém, está longe da vivida pela esmagadora maioria das pessoas de baixa renda, que estão constantemente penduradas, devendo, ou sem recurso algum para garantir sequer sua alimentação diária.

Devido a estudos como esse, em minhas consultorias na área de vendas, a sugestão que dou a todos os meus clientes é a de **eliminar comissões** para vendedores e passar a pagar um salário fixo alto para todos eles. No modelo usado pela maioria das empresas, em que o vendedor recebe um salário fixo baixo e a maior parte de sua remuneração vêm de comissões, dificilmente o vendedor conseguirá excelentes resultados, com raras exceções. Indivíduos que vivem em constante escassez **perdem** a sua inteligência, o que faz com que eles, seus filhos e netos tendam a permanecer na mesma situação.

Em outros estudos publicados no mesmo artigo, Mullainathan e seus colegas descobriram que apenas fazer uma pessoa de baixa renda se **lembrar brevemente** de sua situação financeira já faz com que elas apresentem piores resultados em diversos tipos de tarefas. Esses resultados são muito similares aos encontrados nas pesquisas sobre a **Ameaça do Estereótipo**. Com uma infância pobre, dificilmente um indivíduo tem acesso à boa alimentação, carinho dos pais, bons livros, escolas de qualidade, bons lugares para praticar esportes, oportunidades de emprego, ambientes harmoniosos em casa e na comunidade onde vive. Por outro lado, essa pessoa tem mais fácil exposição a bares, drogas e violência. A quantidade de dinheiro que uma família tem apresenta consequências no desenvolvimento cognitivo e nas condições de saúde de seus membros, pois molda o tipo de experiências a que são expostas.

Você deve se recordar do estudo que apresentou a menina Hannah para os participantes e, quando Hannah era mostrada brincando em um bairro pobre, os voluntários da pesquisa inferiam que a menina tinha resultados **abaixo da média** em relação a seus colegas de escola. Somando essa descoberta às evidências neurológicas sobre adversidade infantil, podemos concluir que uma criança pobre nasce **dois passos atrás das demais**, apresentando não somente uma capacidade cognitiva inferior, mas também sabendo que as demais pessoas irão **esperar e exigir menos delas**. Devido a essas questões, nós não podemos ficar apenas no discurso explícito de que não discriminamos, é nosso dever **fazer algo** para mudar as circunstâncias dessas pessoas. McLaughlin e muitos outros cientistas estão testando intervenções que podem mitigar esses efeitos na estrutura cerebral das crianças, como a prática de esportes, educação de melhor qualidade, auxílios financeiros, ajuda de um mentor e muitas outras.[18] E o que nós, como sociedade, estamos fazendo?

▶ Criança Feliz, Criança Infeliz

No dia 17 de março de 2022, meu destino em Palo Alto, Califórnia, era o número 401 da Quarry Road, onde fica localizado o prédio de ciências comportamentais e psiquiatria da Universidade de Stanford. Às nove da manhã, tive o privilégio de tomar um longo café com o cientista Victor Carrión, professor de medicina e diretor do *Programa de Resiliência e Estresse Pregresso* de Stanford. Mal sabia eu que nosso encontro levaria Carrión a me convidar para dar uma aula sobre felicidade para sua equipe em Stanford, a qual ministrei sob certo nível de estresse, no dia 1º de agosto de 2022. Felizmente, meu nível de estresse resultou em uma boa performance, pois, de acordo com os estudos de Carrión e de outros cientistas, a relação entre estresse e desempenho tem o formato de uma curva U invertida.[19] O cientista me informou durante nossa reunião que baixos níveis de estresse levam as pessoas ao tédio e à depressão, portanto um **nível ótimo de estresse** é necessário para que tenhamos não somente bom desempenho em tarefas, mas também para que possamos experienciar bem-estar e boa saúde. No entanto, quando o nível de estresse **passa do ponto ideal**, as pessoas passam a ficar ansiosas e a ter sua performance amplamente prejudicada.

Victor Carrión e Luiz Gaziri em Stanford — Palo Alto, Califórnia.

Carrión usou a analogia de que todos nós carregamos uma "mochila de estresse" em nossas vidas, mas que o peso da mochila para crianças que enfrentam adversidades é tão grande a ponto de fazer com que elas caiam de costas. Durante a formação do cérebro em estágios iniciais da vida, Carrión me informou que as milhões de sinapses fazem com que os caminhos cerebrais pouco usados sejam **eliminados** e com que os mais utilizados sejam **refinados**, um processo chamado de "refinação e poda".[20] Crianças que experienciam violência, pobreza e outros tipos de estresse com frequência acabam com cérebros mais atentos a situações de risco e sofrem uma desregulação no seu sistema de estresse, liberando cortisol com frequência alta.[21] Esse aumento frequente nos níveis de cortisol pode ser **tóxico** ao cérebro nos estágios de desenvolvimento inicial, prejudicando o desenvolvimento de áreas como o córtex pré-frontal, o qual já exploramos com toda a profundidade em capítulos anteriores, bem como áreas límbicas como a amídala e o hipocampo, que apresentam vários receptores de cortisol.[22] Carrión afirmou que o córtex pré-frontal funciona como um "freio" para as sensações de estresse processadas pela amídala, portanto crianças constantemente ameaçadas passam a perder a capacidade de controlar suas emoções negativas por causa da **neurotoxicidade** gerada pelo cortisol.[23]

Após anos de pesquisas, Carrión e seus colegas fundaram a ***"Cue--Centered Therapy"***, um conjunto de intervenções que podem reverter esses processos cerebrais e reestabelecer o equilíbrio no sistema.[24] Exercícios aeróbicos, ioga, *mindfulness* e qualidade do sono são apenas algumas das atividades que se mostraram altamente eficazes em trazer mudanças significativas na função e no desenvolvimento cerebral de crianças vítimas de adversidade. No mesmo sentido, Katie McLaughlin mostrou um sinal de esperança ao me apresentar um estudo que conduziu com outros colegas de Harvard e da Washington University, bem como um experimento, realizado por cientistas de diversas universidades renomadas, que testou outras intervenções para reduzir os prejuízos do estresse em crianças. Analisando imagens de fMRI de mais de 11 mil jovens em 17 estados norte-americanos, provenientes de um estudo nomeado como ABCD (*Adolescent Behavior and Cognitive Development*), McLaughlin e os coautores do estudo revelaram que a associação entre o **volume do hipocampo e o nível social** das pessoas era 36% menor em estados onde o custo de vida era alto, mas existiam **programas de auxílio de renda** mais generosos, em comparação com estados com programas menos generosos.[25] No fim, estados com custos de vida e políticas de auxílio altos apresentavam resultados similares aos de estados com custos de vida mais baixos. Números similares foram encontrados para essas mesmas associações relativas à baixa saúde psicológica, quanto maiores os benefícios, menos pessoas sofriam com essas condições. Tais estudos são correlacionais, porém, de acordo com McLaughlin, nos trazem esperança de que essas condições cerebrais sejam **mutáveis** e que exista algo que possamos fazer para mudar a realidade da sociedade.

Infelizmente, no Brasil esses tipos de programas sociais começaram a se tornar **politizados**, virando uma das grandes bandeiras de **um partido político em específico**, automaticamente fazendo com que os simpatizantes do outro lado sejam contrários à sua implementação. Da mesma forma que palestinos e israelenses avaliavam as boas propostas do "outro lado" de forma negativa, não podemos descartar programas com tamanho impacto na vida das crianças apenas porque eles ganharam força no mandato de um partido político. As crianças são ou não o futuro da nação?

O ápice da minha conversa com McLaughlin veio quando ela me apresentou um **experimento científico** realizado pela cientista Kimberly Noble, da Columbia, e colegas da NYU, Duke e das universidades da Califórnia, Wisconsin-Madison e Maryland.[26] Mil mães de baixa renda que haviam dado à luz recentemente foram aleatoriamente escolhidas para receber um auxílio mensal de **US$20,00** ou de **US$333,00** mensais em dinheiro e, assim que os bebês completaram um ano, eles tiveram a **frequência** e o **poder** de suas atividades cerebrais medidas por meio de um exame de eletroencefalograma (EEG). Atualmente, os cientistas sabem que, enquanto as crianças amadurecem, tendem a obter uma queda de poder em baixas frequências e um aumento nas frequências altas, sendo que esse padrão de aumento nas frequências altas está associado com desenvolvimentos mais robustos na linguagem, na cognição e nas habilidades socioemocionais, assim como a diminuição nas frequências baixas está correlacionada com a redução de problemas de aprendizado, de atenção e de comportamento. Como o ditado afirma que uma imagem vale mais do que mil palavras, observe as diferenças de atividade no cérebro das crianças cujas mães receberam auxílios generosos em comparação com as que receberam auxílios menores, analisando as frequências altas (Alpha, Beta e Gama) e a frequência baixa (Teta).

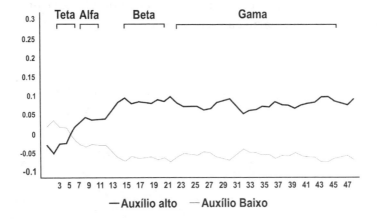

Esses resultados indicam, até o momento, que auxílios em dinheiro são **altamente efetivos** no desenvolvimento saudável do cérebro de crianças que nascem em famílias de baixa renda, contrariando a opinião que muitas pessoas têm de que aqueles que acabam na pobreza estão nessa situação por razões **genéticas**, como inteligência mais baixa. Lembre-se de que esse estudo é um experimento científico no qual se pode atribuir **causalidade** e, nesse caso, a evidência é a de que **mais dinheiro** na família causa **melhor desenvolvimento cerebral** em bebês. Não por acaso, o estudo de Sendhil Mullainathan encontrou o mesmo padrão: mais dinheiro significa mais inteligência. Na opinião de McLaughlin, esse será o mais importante estudo sobre adversidade infantil por um bom tempo. Se resultados tão positivos foram encontrados em apenas doze meses, o que o futuro reserva para crianças cujas famílias recebem benefícios como esse? No Brasil, o debate sobre a necessidade do auxílio social para famílias tem como foco a dúvida sobre se ajudar os pobres resulta em que eles prefiram ficar "encostados" no governo e percam suas habilidades em "pescar", mas a verdade é que pessoas de baixa renda não têm vara, anzol, linha, rede, barco, isca e, inclusive, não sabem onde fica o rio mais próximo.

Os cientistas autores desse estudo afirmam que o foco da nossa conversa deveria ser mais centrado no desenvolvimento das crianças. Se os jovens tiverem melhor desenvolvimento cognitivo e menor risco de desenvolver más condições de saúde, em poucas gerações podemos diminuir bruscamente os níveis de desemprego, violência e outros marcadores que pioram a vida das pessoas independentemente de seu nível econômico. Ao não agirmos, a escolha que estamos fazendo é a de não somente matar os pobres, mas também parte da sociedade.

13

Cidadão do Bem, Cidadão do Mal

Raquetes e Pistolas

A intensa polarização política em que estamos imersos, levada a 100°C por nossa facilidade em discriminar grupos diferentes dos nossos, somada com a grande desigualdade social que existe no país, pode nos conduzir a ações de grande violência. Por esse motivo, é importante que estejamos cientes dos fatores que facilitam esse comportamento — exaustivamente explorados pela literatura científica, mas facilmente simplificados pelo cérebro avarento.

Imagine que você acabou de receber **sete choques** de um colega participante de um experimento científico, significando que ele avaliou que você **teve um desempenho ruim** em uma tarefa que acabou de realizar. Em seguida é a sua vez de avaliar o desempenho do colega em uma tarefa. O cientista o instrui a dar apenas **um choque** caso seu colega tenha obtido um excelente desempenho na tarefa, mas que dependendo da sua avaliação você poderia dar até **dez choques**, dessa forma comunicando ao outro participante que o resultado dele foi **péssimo**. Como você se comportaria? Essa era a pergunta que os cientistas Leonard Berkowitz e Anthony LePage, da Universidade de Wisconsin, queriam responder e, para isso, desenvolveram um dos experimentos mais icônicos até hoje para analisar o grau de violência que uma pessoa pode alcançar depois de provocada.

Cem voluntários foram colocados na situação descrita, na qual, primeiramente, deveriam fazer uma tarefa — listar ideias que um publicitário poderia usar para aumentar as vendas de álbuns de um músico popular — e, logo em seguida, teriam suas ideias avaliadas por outro participante do estudo por meio de choques. Alguns voluntários receberam apenas **um**

choque, enquanto os demais receberam **sete choques** do outro participante. Sem o conhecimento dos voluntários, o "outro participante" era alguém associado à equipe dos cientistas, instruído sobre a quantidade de choques que deveria dar em cada voluntário. Após receberem os choques, os voluntários trocavam de lugar com o associado ao estudo, sendo responsáveis agora a administrar os choques — uma forma de revanche. É nesse ponto que o experimento começa a ficar mais interessante.

Ao serem encaminhados à sala onde deveriam dar os choques no outro participante, alguns voluntários ficavam surpresos ao ver que, em cima da mesa, próximas ao botão do choque, estavam uma **espingarda e um revólver calibre 38**. Para alguns voluntários, o cientista afirmava que as armas pertenciam ao outro participante, que estava usando-as em um experimento científico e que, portanto, deveriam ser desconsideradas. Outro grupo de voluntários foi informado que as armas haviam sido deixadas ali por "outra pessoa que deveria ter realizado experimentos naquela mesma sala". Um segundo grupo de voluntários era exposto a uma **raquete de badminton acompanhada de uma peteca** em cima da mesa onde estava o aparato do choque e, finalmente, um terceiro grupo era exposto **somente ao botão do choque**, ou seja, nenhum outro estímulo era apresentado a esses voluntários.

Lembre que alguns participantes haviam recebido apenas **um** choque, portanto estavam **calmos**, enquanto outros estavam **irritados** por terem recebido **sete** descargas elétricas. Além de analisar a **quantidade** de choques que cada voluntário administrou no outro participante, os cientistas também investigaram a **duração** de cada choque. O que você imagina que aconteceu? Como esperado, os voluntários irritados deram uma quantidade maior e estatisticamente significativa de choques no outro participante na presença de **armas em cima da mesa** em comparação com os que avistavam equipamentos de badminton e com os que não eram expostos a qualquer objeto além do botão do choque. Como você deve imaginar, em relação aos outros grupos, os participantes irritados também davam choques **mais longos** quando haviam sido expostos a **armas**. Os participantes não irritados, no entanto, **não agiram de forma mais violenta** na presença de armas.[1]

282 A Arte de Enganar a Si Mesmo

Os cientistas nomeiam esse fenômeno como **O Efeito das Armas**, demonstrando que armas servem como "dicas" para **causar** comportamentos violentos em pessoas que estão irritadas. Infelizmente "cidadãos do bem" colocados em "situações do mal" podem agir de forma não condizente com suas personalidades, caso tenham fácil acesso a armas. Como afirma Philip Zimbardo: o barril podre estraga qualquer tipo de maçã.

O efeito das armas influenciou outros cientistas a analisar o fenômeno. Estudos demonstraram que pessoas que **carregam armas em seus carros** dirigem mais violentamente, fazem mais gestos obscenos para outros motoristas e "colam" na traseira de outros carros com mais frequência. No entanto, como esse é um estudo correlacional, existe a possibilidade de pessoas naturalmente violentas comprarem armas e, portanto, pode ser a tendência violenta dessas pessoas — e não as armas — a causa desse comportamento.[2] Não que por isso o efeito das armas deva ser descartado.

Uma meta-análise que analisou 56 estudos, publicada por cientistas da Universidade do Sul da Califórnia no renomado *Journal of Personality and Social Psychology*, demonstrou que a exposição a armas pode gerar subsequentes comportamentos agressivos, **mesmo em pessoas em estado emocional neutro**, ou seja, em pessoas não irritadas.[3] Outra meta-análise, desta vez publicada por cientistas da Ohio State, da Universidade do Arkansas e da Virginia Commonwealth, analisou o comportamento de mais de 7 mil pessoas e chegou à conclusão de que a exposição a armas aumenta a facilidade das pessoas terem pensamentos **agressivos** e avaliarem outros de forma **hostil**.[4] Lembrando que, apesar de experimentos e estudos correlacionais apresentarem falhas, artigos que analisam uma grande quantidade de dados coletados por meio de várias metodologias de pesquisa — as meta-análises — são mais confiáveis.

Quando falamos de políticas públicas para facilitar o acesso do cidadão a armas, é importante levarmos essas descobertas a sério, afinal a **mera presença** de uma arma incentiva comportamentos agressivos por parte das pessoas. **Isso significa que devemos proibir a venda de armas, ou incentivar os portadores de armas a devolver seus revólveres?** De forma alguma! O cidadão deve ter o direito de comprar o que ele bem entender e, em certas situações, algumas pessoas realmente precisam de armas. No entanto, o Brasil não pode cair na tentação de liberar armas da mesma forma que os norte-americanos fazem, sem garantir que o proprietário passe por uma rigorosa checagem de antecedentes e testes comportamentais validados cientificamente. Lembre que, mesmo com essas medidas, não podemos garantir que o problema da violência com armas de fogo será solucionado, já que nosso comportamento é o resultado não somente da nossa personalidade, mas também das **circunstâncias** que vivemos. Nesse assunto, não podemos ser vítimas do **Erro Fundamental da Atribuição**. Lembre-se de que os guardas do experimento da prisão em Stanford, os voluntários da pesquisa de Stanley Milgram e a maioria dos soldados alemães da Segunda Guerra Mundial eram pessoas mentalmente sadias e, mesmo assim, as circunstâncias fizeram com que se comportassem de forma tenebrosa.

Onde Mora o Perigo

Norte-americanos são fanáticos por armas! Um levantamento recente revelou que, para cada 100 norte-americanos, existem 120 armas.[5] Esses números fazem dos EUA o país com o maior número de cidadãos armados no mundo, bem à frente do segundo colocado, o Iêmen, que possui 52,8 armas para cada 100 cidadãos.

Essa quantidade de armas faz dos EUA o país com os menores índices de criminalidade do mundo? Nem de perto. Um estudo realizado por cientistas da Universidade de Nevada e de Harvard revelou que as taxas de homicídio nos EUA são 7 vezes maiores do que as dos demais países desenvolvidos e 25,2 vezes maiores quando falamos de homicídios cometidos com armas. Na faixa de idade entre 15 e 24 anos, homicídios envolvendo armas são 49 vezes maiores nos Estados Unidos do que em países como Canadá, Espanha, Austrália, França, Itália, Japão, Holanda, Portugal, Eslováquia, Reino Unido e demais países desenvolvidos estudados.[6]

A falta de conhecimento científico, aliada ao cérebro avarento, faz com que muitas pessoas cheguem a soluções extremamente **simples** para resolver problemas enormemente **complexos**, como a violência. Muitos

284 ⯅ *A Arte de Enganar a Si Mesmo*

de nós acreditamos que existe **uma solução** para resolver o problema da violência no Brasil: facilitar a compra de armas pelo cidadão comum. Ao mesmo tempo, a maioria de nós **não acredita** que a violência em nosso país é causada apenas por **um problema**: bandidos armados.

> Se um problema não pode ser explicado por apenas uma variável, a solução para ele também não deve ser baseada no mesmo raciocínio."

A violência está correlacionada com **dezenas** de variáveis e, portanto, sua solução deve seguir uma lógica similar. Quando queremos resolver um problema composto por diversas variáveis usando apenas **uma solução mágica**, problemas ainda mais graves começam a acontecer. Para ilustrar essas situações, nada melhor do que analisarmos a realidade dos EUA.

Assim como os norte-americanos, muitos brasileiros acreditam que possuir armas em casa é uma forma de **aumentar sua própria segurança**. No entanto, um estudo publicado no *Journal of Trauma: Injury, Infection, and Critical Care* revela uma estatística trágica. Nos EUA, para **cada** caso em que uma arma foi usada legalmente para defesa pessoal em uma residência, existiram **4** casos de disparos acidentais, **7** casos de ataques ou homicídios e **11** casos de suicídio ou tentativa de suicídio. Os cientistas das universidades Emory, de Washington, do Texas e do Tennessee envolvidos nesse estudo demonstraram que existem **22 vezes mais chances** de uma arma em casa estar envolvida em acidentes, assaltos, homicídios e suicídios do que em casos de defesa pessoal.[7] Outro estudo, realizado por cientistas de Harvard e publicado no renomado *New England Journal of Medicine*, revelou que as chances de um adolescente cometer suicídio são **4 vezes maiores** em casas que possuem armas relativamente acessíveis.[8]

Essas estatísticas me lembram da quantidade de vezes que fui vasculhar o guarda-roupas do meu pai por saber que ele tinha uma arma, sem ter a mínima noção da tragédia que eu poderia causar a mim mesmo e aos meus irmãos. Felizmente, nunca a encontrei — mérito do meu pai.

Lembro-me também de um dia em que um amigo da escola levou uma arma na mochila. Estávamos na 8ª série, com 14 anos de idade, ele sacou a arma entre uma aula e outra, quando nenhum professor estava na classe, e atirou pela janela em direção a um lago que havia no colégio. Nós dois gargalhamos por horas depois do tiro. A adolescência é realmente uma época conturbada. Será que o cidadão com armas em casa está ciente dos enormes riscos que seu revólver apresenta para sua própria família?

Assuntos como política e armas são carregados de fatores emocionais que prejudicam nossos julgamentos. A corrupção do candidato em que votamos ou o fato de que armas podem aumentar a violência são facilmente refutados e racionalizados por muitos de nós, por razões explicadas intensamente neste livro. No entanto, como já percebemos analisando outros estudos, caso as pessoas sejam questionadas sobre um assunto que **não carrega valor emocional**, elas geralmente chegam a conclusões sensatas. Se perguntadas, por exemplo, se lareiras dentro de casa aumentam ou diminuem as chances de acidentes domésticos, estou certo de que quase a totalidade das pessoas responderá que lareiras aumentam as chances de acidentes: diferentemente de armas, poucas pessoas são obcecadas por lareiras. Sim, uma pessoa pode se defender de um assalto empurrando o bandido para dentro da lareira, mas sabemos que tais ocasiões são raríssimas. Da mesma forma, situações em que uma arma é usada para alvejar um invasor são muito menos frequentes do que as situações em que um adolescente encontra a arma do pai e acaba sofrendo ou causando um acidente. Já falamos disso antes, mas não custa lembrar: **devemos tomar decisões nos baseando na regra, não na exceção**.

Há alguns anos, quando o discurso de que o Brasil deveria facilitar o porte de armas para o cidadão começou a se popularizar, eu fiquei realmente esperançoso de que essa seria uma solução interessante para a redução de crimes. Eu imaginava, por exemplo, que assaltos feitos por motociclistas no trânsito seriam menos frequentes, pois, na falta de certeza sobre qual motorista estaria armado, os bandidos pensariam duas vezes antes de agir. Meu raciocínio foi similar sobre assaltos em casas. Até que, estudando sobre o assunto, tive acesso a essas descobertas e mudei de opinião. Não somente as estatísticas me ajudaram a pensar novamente sobre o assunto, mas principalmente o raciocínio mais profundo sobre cada uma das situações de assalto mencionadas acima. Em quantas oportunidades um motorista está preparado para um assalto, com a arma em punho ou em local acessível? Caso esse motorista seja abordado, ele realmente correrá o risco de pegar a arma e atirar no assaltante, ou será que entregar seus bens é a opção mais segura? Levando em consideração que assaltos por motociclistas são muitas vezes praticados por duas pessoas — ambas portam armas, mas o "garupa" é quem faz a abordagem —, o motorista colocará sua vida em risco sabendo que são dois contra um? Alguns amigos que tenho, entusiastas de armas, enviam mensagens de WhatsApp com fotos de assaltantes mortos em confrontos com motoristas, o que pode nos dar a falsa impressão de que esses casos são frequentes. Mas devemos lembrar que os **assaltantes não tiram fotos** das oportunidades nas quais eles mataram motoristas que reagiram, e muito menos **compartilham** essas fotos em grupos de aplicativos de mensagens. Além desses pensamentos, o motorista está ciente de que andar com uma arma em seu carro pode incentivá-lo a se comportar agressivamente?

Assaltos em casa seguem a mesma lógica: na apreensão causada pelo momento, o cidadão assaltado escolherá pegar a sua arma e atirar no bandido colocando sua família em risco, caso falhe? Quantos cidadãos têm treinamento apropriado para atirar com precisão em momentos de tensão, em alvos móveis? Em quantas oportunidades um assaltante decide invadir uma casa **sozinho** em relação a situações em que vários assaltantes agem juntos? E como fica o cidadão nessas ocasiões? Com uma arma em casa, quais são as chances de ele ferir **vários assaltantes** e livrar-se com sua família ilesa? Quem de nós tem ideia dos efeitos psicológicos de longo prazo causados por ter tirado a vida de outra pessoa, mesmo que em casos de defesa pessoal? Será que, ao saber que muitos cidadãos estão armados, os criminosos simplesmente desistirão de praticar crimes? Ou passarão a carregar armas ainda mais poderosas, em maior quantidade, e a praticar crimes em bandos cada vez maiores para diminuir os riscos de reação das vítimas? Contudo, uma pergunta ainda mais profunda, analisando o "mundo dos negócios", deve ser feita: para assaltantes, o custo-benefício-risco de assaltar uma residência é maior ou menor do que o de assaltar um comércio ou um banco? Na sua opinião, analisando os riscos e as vantagens financeiras, vale mais a pena invadir uma casa com uma família dentro ou entrar fora do horário de expediente em uma empresa?

Lembre-se do **Viés da Disponibilidade**: essas situações são a exceção, mas, devido aos discursos constantes de que bandidos armados irão invadir sua casa, realizados por políticos, e a cobertura desproporcional de eventos violentos realizada pela mídia, essas informações estão **mais disponíveis em nossas cabeças** e distorcem nossos julgamentos sobre as chances de se tornarem realidade.

Um artigo publicado por cientistas da Universidade da Pennsylvania e da Columbia ilustra esse fato com clareza. Ao analisar mais de 85 mil entradas, relacionadas a ferimentos com armas de fogo no setor de emergências em hospitais, de 2009 até 2017, os cientistas descobriram que 61% das mortes foram causadas por **suicídio**; 51% dos ferimentos graves em que o paciente sobreviveu foram causados por **acidentes**, sendo que 25% dos casos de morte tiveram como vítimas **crianças**; e homicídios, assaltos e ataques, **juntos**, somaram 35% das mortes.[9] Note que, apesar da mídia e de políticos exporem com frequência infinitamente maior casos de mortes provenientes de **assaltos e homicídios**, fazendo com que essas informações sejam mais facilmente lembradas por todos nós, o número de pessoas que morrem por suicídio é 74% maior do que o de vítimas de assaltos e de homicídios; e o de pessoas feridas por acidentes envolvendo armas é 45% mais alto. Tememos as coisas às quais somos expostos.

▶ Armas Não Matam Pessoas?

Sem dados confiáveis, dificilmente conseguimos tomar boas decisões. A abertura ao uso da intuição em nossos julgamentos pode sempre nos levar a caminhos complicados. Uma das intuições que vem causando prejuízos em todo o mundo é a de que "armas não matam pessoas, pessoas é que matam pessoas". É popular a intuição de que, na ausência de armas de fogo, as pessoas matarão as outras ou cometerão suicídios com facas, tijolos, cordas, remédios, arame, veneno, espetos de churrasco, entre as mais criativas formas. Mas será que as pessoas teriam tanto sucesso assim utilizando outras técnicas?

Uma das dificuldades que cientistas brasileiros encontram é a falta de dados confiáveis sobre a violência com armas em nosso país, portanto o melhor que temos é apresentar estatísticas dos EUA, não somente pelo fato do próprio governo norte-americano coletar todas as informações e disponibilizá-las ao público, mas principalmente pela razão de que aquele país apresenta um altíssimo índice de pessoas armadas, nos levando a considerar o que pode acontecer se o copiarmos.

Um estudo publicado no *American Journal of Public Health* analisou 74.550 casos de suicídios e tentativas de suicídio demonstrando que 82% das tentativas de suicídio com armas resultaram em morte, contra 61% das tentativas de enforcamento ou sufocamento, 34% de quedas e pulos, 1,5% de uso de remédios e 1,2% de cortes ou perfurações.[10] Remédios, drogas, cortes e perfurações são responsáveis por 94% dos casos de sobrevivência em tentativas de suicídio, de acordo com um estudo publicado por três cientistas de Harvard.[11] Nesse mesmo estudo, os pesquisadores demonstram que, apesar de 74% das tentativas de suicídio envolverem drogas e remédios, esse método apresentou uma taxa de fatalidade de apenas 14%. Em comparação, armas e enforcamentos juntos contam por apenas 10% das tentativas de suicídio, mas têm uma taxa de fatalidade de 67%. Na amostra desse estudo, armas de fogo foram o método de suicídio com o maior percentual de fatalidades, 91% dos casos resultaram em mortes. O artigo apresentado anteriormente, publicado por cientistas da Universidade da Pennsylvania e da Columbia, chegou a resultados similares, ilustrando que a taxa de sobrevivência em tentativas de suicídio com armas de fogo é de apenas 3%. Essas descobertas mostram que, de longe, **armas de fogo matam pessoas com uma eficácia extremamente maior do que outros métodos**.

No dia 25 de março de 2022, os primos Paris e Kuaron Harvey acabaram tendo um fim trágico em uma live no Instagram.[12] Os adolescentes estavam se exibindo com uma arma de fogo quando Paris acidentalmente atirou na cabeça de Kuaron e, posteriormente, contra si mesma. Ao investigar o caso, a polícia de Saint Louis interrogou os familiares das vítimas, que estavam celebrando um aniversário no momento em que ouviram os disparos vindos de um banheiro do apartamento. Os adolescentes não estavam discutindo no momento da live e, de acordo com os familiares, os dois se davam muito bem. Pelo que se vê no vídeo, o caso parece ter sido um acidente.

Um estudo, que analisou mortes por disparos acidentais durante **nove anos** nos EUA, comparou as estatísticas de estados com grande número de armas em relação a estados com menos armas, chegando à conclusão de que um morador em um estado repleto de armas tinha **acima de dez vezes** mais chances de morrer em um acidente com arma de fogo em relação a um indivíduo residente em um estado com menos armas.[13] Apenas para termos uma ideia, no período analisado houve 2.237 mortes acidentais nos estados mais armados, contra apenas 207 nos estados com menos armas. A maioria dos estudos similares a esse analisam a influência de outras variáveis como sexo, raça, estado civil, saúde mental, uso de drogas e educação, não encontrando correlações significativas com esses fatores, o que eleva a confiança dos pesquisadores de que a presença de armas de fogo em casa é o fator de correlação mais forte com essas trágicas situações.[14]

Além de acidentes e suicídios, armas de fogo apresentam outra estatística preocupante. De 1960 a 2000, aproximadamente 500 mil pessoas foram assassinadas **com armas** nos EUA. Para termos uma perspectiva, esse número é maior do que a quantidade de soldados norte-americanos assassinados por **qualquer método**, em **todas as guerras do século passado**.[15] Sim, mais pessoas foram assassinadas nos EUA do que a soma de militares norte-americanos mortos na Primeira e na Segunda Guerras Mundiais e nas guerras do Vietnã e do Golfo Pérsico. O percentual de homicídios cometidos com armas de fogo nos EUA é superior a 66% e no Brasil 78%.[16]

É claro que, com a intenção de matar, as pessoas podem usar vários tipos de armas, mas nenhuma delas é tão eficaz quanto as armas de fogo. Elas podem ser usadas para matar com 15 metros de distância ou com 15 centímetros, podem ferir uma ou centenas de pessoas em poucos segundos e, como exploramos, apresentam um nível de letalidade muitas vezes maior do que o de outras armas.

Durante a campanha presidencial de 2018, o então candidato a presidente Jair Bolsonaro levou uma facada e, felizmente, sobreviveu. A história poderia ter sido completamente diferente se, ao invés de uma faca, o criminoso estivesse portando uma arma de fogo. Em assaltos, por exemplo, a vítima de um caso envolvendo uma arma de fogo tem **três vezes mais chances de morrer** em comparação com assaltos praticados com facas, e **sete vezes** maior em comparação com assaltos praticados sem armas.[17] Diferentemente do caso de Jair Bolsonaro, a evidência indica que um percentual muito pequeno de homicídios são casos cuidadosamente planejados por pessoas com a intenção de matar.

Parte dessa evidência vem de um estudo feito pelo cientista Frank Zimring da Universidade de Chicago, que demonstrou que muitos casos de mortes causadas por armas e facas são similares a casos em que a vítima sobreviveu, causados por **um único ferimento**.[18] As principais questões são o local do corpo em que a vítima foi atingida, o calibre da arma e a quantidade de tempo que a pessoa levou para ser atendida por um médico. Uma pesquisa realizada com presidiários revela que a principal razão pela qual eles carregavam armas é a mesma pela qual o cidadão comum quer comprá-las: autodefesa.[19] A metade desses criminosos afirmou que portava armas não com a intenção de matar a vítima, mas, sim, para evitar o confronto com ela. Na maioria dos casos, homicídios acontecem durante discussões entre conhecidos, conflitos amorosos, dívidas e problemas familiares — cidadãos do bem matando uns aos outros.[20] No Brasil, sabemos também que muitos casos envolvem membros do tráfico de drogas.

Nos Estados Unidos, um problema em particular é o homicídio de crianças entre 5 e 14 anos, praticado com armas de fogo — **17 vezes maior** do que a média de outros países de alta renda, representando quase **75% dos homicídios mundiais** nessa faixa etária.[21] Homicídio é a terceira maior causa de mortes de crianças dessa idade nos EUA, e a segunda maior entre pessoas de 15 a 24 anos.[22] Esses percentuais são desproporcionais não apenas para as vítimas de homicídio, mas principalmente para os praticantes, já que a faixa de idade com o maior número de prisões por assassinato é a de 18 a 20 anos, seguida pela de 17 e, em seguida, a de 16 anos de idade. Inclusive, adolescentes de 15 anos têm um percentual de prisão maior do que o de qualquer cidadão acima dos 25 anos.[23] Nesses crimes, armas são usadas em 80% dos casos.

Na minha época de adolescente, "sair na mão" com outros garotos era algo comum, e as brigas terminavam quando colegas separavam os envolvidos. Depois da luta, os brigões muitas vezes se desculpavam e viravam amigos. Hoje em dia, com a presença de armas não existe a possibilidade de se desculpar, nem a de levantar o perdedor: um tiro não tem volta.

Assim como a presença de uma arma em casa aumenta as chances de acidentes e de suicídios, uma ampla gama de estudos revela que essa escolha também aumenta as chances de **homicídio**. Um estudo que analisou quase 420 casos de homicídios praticados em residências, revelou que 49,8% das pessoas morreram por ferimentos causados por balas. Em aproximadamente 30% dos casos, o autor do assassinato foi o cônjuge ou parceiro, 12% um parente, 31% um amigo ou conhecido, e em apenas 4% dos casos o autor foi um estranho. O autor dos disparos não foi identificado em 17% dos crimes. As causas desses homicídios são 44% relacionadas com discussões e brigas, 11% com triângulos amorosos e assassinatos seguidos de suicídio, 8% com tráfico de drogas e 22% dos casos ocorreram durante outra atividade criminosa como roubo ou estupro — apenas em 14% dos casos houve evidência de entrada forçada na residência.[24] Quando os cientistas verificaram outras variáveis, como gênero, raça, idade, bairro, uso de drogas, antecedentes criminais e algumas outras, a correlação entre a presença de armas em uma residência e as chances de homicídio dentro da casa continuou fortemente significativa. Surpreendentemente, os cientistas desse estudo não encontraram correlações significativas entre a presença de armas em casa e métodos de homicídio sem o uso de armas, descobrindo apenas associações fortes entre a presença de armas em uma residência com as chances de assassinato por um membro da família ou conhecido. Não foram encontradas correlações significativas entre a presença de armas em casa e homicídios causados por um invasor ou estranhos. No artigo, publicado em uma das revistas científicas mais prestigiadas da área médica, o *New England Journal of Medicine*, os autores concluem:

A Arte de Enganar a Si Mesmo

> *"Ao invés de conferir proteção, armas mantidas em casa estão associadas com um aumento no risco de homicídio praticado por um membro da família ou por um conhecido."*

Ao contrário do que um dos ídolos dos defensores de armas sugere — "mais armas, menos violência" — a evidência de centenas de estudos é completamente contrária a essa afirmação.[25] A maioria dos estudos indica uma correlação positiva **forte** entre a quantidade de armas e os índices de homicídios, crimes, suicídios e acidentes. No entanto, o cientista em você já deve ter percebido que existe uma dificuldade imensa em saber as estatísticas exatas sobre a violência com armas, já que muitos casos são invisíveis e nunca são reportados para a polícia, como um marido alcoolizado que ameaça a esposa com uma arma durante uma discussão ou o cidadão comum que evitou ser assaltado ao sacar uma arma na frente do bandido. Como em qualquer assunto, existem estudos apontando para ambas as direções, mas devemos ser cautelosos em analisar a qualidade dessas evidências. O cientista norte-americano John Lott, referência entre os defensores de armas, desenvolveu estudos que revelaram que armas reduzem crimes em 98%.[26] No entanto, como explorado até então, dezenas de outros cientistas que foram **testar as mesmas hipóteses de** Lott descobriram evidências completamente contrárias, apresentando que a quantidade de armas está positivamente correlacionada com a quantidade de crimes: **quanto mais armas, mais crimes**. É importante ressaltar mais uma vez que, no mundo da ciência, uma teoria confiável é aquela que sobrevive a provas contrárias durante décadas. No caso de Lott, quando intimado por outros cientistas para mostrar os dados de sua pesquisa que sugere que armas reduzem a violência, Lott disse tê-los perdido em um acidente com o HD de seu computador, afirmando também que os dados impressos foram deixados para trás durante uma mudança de residência. Quando então questionado para ao menos indicar o nome de seus assistentes nessa pesquisa, que poderiam confirmar os dados e até mesmo ter cópias deles, prática comum em estudos científicos, Lott disse não se lembrar de ninguém.[27] Muitos cientistas acreditam que essa pesquisa **nunca foi feita**. Além desse estudo, vários outros realizados por Lott tem dados suspeitos e metodologias com amplas falhas de acordo com análises feitas por outros pesquisadores da área.[28] Não menos grave é o fato de Lott ter confessado que, usando um pseudônimo, forjou comentários positivos sobre o seu livro no site da Amazon. Depois de tantas controvérsias, não é à toa que Lott não consegue mais posições na academia. Lembre-se de que a ciência é um mercado competitivo: a partir do momento que algum cientista realiza uma descoberta, dezenas de outros tentarão replicar o estudo para analisar a veracidade dos fatos. Caso os fatos se confirmem, os cientistas tentarão se aprofundar nas descobertas, buscando por novas particularidades para avançar nosso conhecimento sobre o assunto. Caso contrário, os cientistas irão desmascarar o salafrário. Entre a comunidade de cientistas que estuda a relação entre armas e violência, as pesquisas de Lott são consideradas como irrelevantes.[29] É importante ressaltar e lembrar o leitor que cientistas são pagos pelas universidades para realizar pesquisas e recebem seus salários independentemente dos resultados das mesmas. Na maioria dos *journals* de renome, além dos dados de qualquer artigo serem revisados por um grupo de cientistas independentes, aqueles que publicam o artigo são obrigados a informar se existem **conflitos de interesse** em sua pesquisa, como, por exemplo, a possibilidade de um dos cientistas dar consultoria para a indústria de armas. Caso o cientista oculte o conflito de interesses e este seja identificado futuramente, o artigo do cientista é retirado do *journal*, e em muitos casos ele será demitido da universidade, dificilmente encontrará outra instituição disposta a empregá-lo e terá dificuldades imensas em ter seus artigos futuros aceitos por *journals* importantes, além de perder sua licença para atuar em sua área de formação: **a ciência, diferentemente da política, não perdoa trapaceiros**.

A quantidade de estudos apontando estatísticas similares a essas é massiva, sendo documentados há décadas, o que nos proporciona grande confiança de que armas nas mãos de cidadãos, treinados ou não, são um perigo potencial. Acredito que dificilmente alguém seria a favor do ditado: **bombas nucleares não matam pessoas!** O mesmo deveria ser verdade sobre armas de fogo. Acreditar que armas de fogo ou bombas nucleares não matam pessoas é uma desculpa conveniente para não realizarmos mudanças que beneficiarão toda a sociedade.

Armas só não matariam caso todos os cidadãos fossem perfeitos: nunca bebessem, não ficassem irritados, não fossem demitidos, não ficassem revoltados com vizinhos que colocam músicas no último volume, não se importassem em levar fechadas no trânsito, torcessem todos para o mesmo time, nunca tivessem casos extraconjugais, nunca ficassem deprimidos. Perceba o quão rasa é a abordagem atual dos defensores de armas ao acreditar que a violência pode ser resumida como uma luta entre os *"cidadãos do bem x cidadãos do mal"*, já que a sua essência é a de que cidadãos do bem **nunca cometem erros**. Lembre-se do erro fundamental da atribuição: nosso comportamento não é um mero reflexo da nossa personalidade, sendo moldado também pelas circunstâncias que encontramos. E quantas circunstâncias como as ilustradas anteriormente nós vivenciamos semanalmente? Armas fazem todos esses problemas se tornarem letais, portanto, como as pessoas continuarão a cometer erros, o nosso foco como sociedade deve ser construir um mundo onde cometer esses erros é **mais difícil**.

▶ Vamos Banir Carros?

Nesta altura, você deve estar pensando que armas realmente são fatais, assim como carros, piscinas, cintos de segurança, motos, andaimes, capacetes, sorvete, bacon e whisky. Seria ingênuo de nossa parte acreditar que as pessoas um dia irão parar de consumir torresmo, chocolate, refrigerante, cigarros, motos e carros. "O ser humano não vai mudar nesse sentido" afirmou o cientista David Hemenway no dia em que o visitei na Escola de Saúde Pública de Harvard. Hemenway, que é um dos maiores pesquisadores mundiais sobre violência com armas, disse que há alguns anos os profissionais da saúde e os executivos do mercado automotivo procuravam saber "o que o motorista estava fazendo" quando sofreu um acidente fatal. Com o passar do tempo, médicos e engenheiros chegaram à conclusão de que, mesmo com a educação no trânsito, alguns motoristas continuariam a dirigir em alta velocidade, conduzir seus automóveis embriagados, deixar de usar o cinto de segurança, esquecer de ligar os faróis do carro, furar o farol vermelho e dormir no volante. A partir desse momento eles entenderam que estavam fazendo a pergunta errada! Ao invés de procurar soluções mudando o **indivíduo**, esses profissionais decidiram que era o momento de construir soluções mudando o **produto**. "O que causou o **ferimento** no motorista?", começaram a se perguntar. O foco mudou do motorista para o **automóvel**.

Há alguns anos, muitos casos de mortes no trânsito eram causados pelo dano na coluna de direção, que depois do impacto acabava esmagando o tórax do motorista, mesmo em casos de baixa imprudência. Analisando esses casos, os engenheiros desenharam uma nova peça que, quando danificada em um impacto frontal, entorta para o lado, poupando o motorista. Essa é apenas uma das melhorias que os automóveis sofreram nas últimas décadas. Equipamentos como airbags, faróis que acendem automaticamente, sensores de para-brisa, controladores de velocidade, eixos independentes, sensores de cansaço, mudanças no cockpit, cintos de segurança de três pontas, materiais que reduzem a força da inércia na lataria em um impacto, pneus mais largos, piloto automático, freios ABS, controles de estabilidade e direções elétricas **não eliminaram as mortes no trânsito**, mas tornaram elas muito **menos frequentes**. Além disso, mudanças na qualidade das estradas, ruas, sinalizações, radares e iluminações também contribuíram para a redução dos acidentes. Os **motoristas continuaram sendo os mesmos**, mas as condições para eles conduzirem seus automóveis melhoraram drasticamente. Entre 2011 e 2021, as mortes no trânsito em nosso país caíram 30% e grande parte dessa queda se deve à maior segurança dos veículos e do ambiente onde transitam.[30] É interessante notarmos que ninguém acusa as montadoras, os governos ou as concessionárias que administram estradas como "anticarros", mas toda vez que alguém propõe medidas para diminuir a violência com armas, as pessoas rapidamente as julgam como "antiarmas". O pensamento binário realmente pode ser fatal.

David Hemenway e Luiz Gaziri na Escola de Saúde Pública da Universidade de Harvard.

Durante a minha infância, nos anos 1980, uma das principais preocupações dos pais era uma combinação de açúcar com corante, com formato achatado e circular, conhecida popularmente como Bala Soft. Não encontrei nenhum estudo científico analisando a fatalidade das Balas Soft, mas o fato é que os diversos casos de engasgamento de crianças fizeram com que a fabricante mudasse o formato das balas depois de alguns anos. A agilidade estratégica das indústrias automotivas e das Balas Soft, porém, não é encontrada nos fabricantes de armas e, não surpreendentemente, um artigo publicado recentemente no *New England Journal of Medicine* demonstrou que em 2017 as **armas** assumiram o lugar dos **carros** como o principal causador de morte por ferimentos em pessoas de **1 a 24 anos de idade** nos EUA.[31]

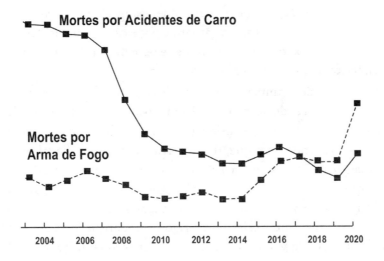

Nos últimos anos, poucas mudanças nos padrões de segurança desses produtos foram realizadas e, diferentemente de brinquedos, roupas, carros, remédios e artigos esportivos, não existe uma agência reguladora que obrigue as fabricantes a produzirem armas mais seguras. Quando conversei com Hemenway, o cientista disse que **proibir a compra de armas não vai resolver o problema da violência**, portanto devemos abordar o assunto da mesma maneira que a indústria automotiva o fez. Entre as sugestões de Hemenway para tornar armas mais seguras, estão a fabricação de smartguns que podem ter seu funcionamento bloqueado por um aplicativo, o que seria útil em casos de roubo ou de armas deixadas em casa sem a supervisão de adultos; armas que atiram somente quando o gatilho é apertado em conjunto com uma pequena pressão no punho, replicando o que indústrias farmacêuticas fizeram com tampas de remédios que se abrem somente quando além de girar a tampa uma pressão é exercida sobre ela, algo que diminuiu bruscamente os casos de intoxicação de crianças com remédios perigosos, e pode funcionar da mesma maneira para casos de acidentes com armas causados por crianças, e até mesmo evitar casos como o ocorrido com um ex-ministro da Educação, cuja arma disparou acidentalmente em um aeroporto,[32] e armas que não atiram na ausência de um carregador, evitando assim acidentes nos quais a pessoa retira o carregador da arma e acredita que assim ela está sem munição, enquanto uma bala está presa na câmara e pode causar um acidente fatal. Essas soluções são extremamente simples e podem usar tecnologias já disponíveis, basta força de vontade das fabricantes.

Outras medidas também são necessárias para diminuir os índices de violência com armas, de acordo com Hemenway. Uma delas seria dificultar a ocultação do número de série da arma, posicionando-o em locais de difícil acesso, fazendo com que, dessa forma, o mercado ilegal de armas encontrasse dificuldades; outra ação seria fazer com que as balas recebessem a "impressão" de um número de identificação quando disparadas, facilitando dessa forma a identificação da arma que disparou; e, por fim, exigir com que as fabricantes selecionem rigorosamente as lojas em que seus produtos estão sendo vendidos, cortando o fornecimento para comércios que tenham suspeitas de estar vendendo armamentos para criminosos. Certamente, punições mais severas para os que desobedecem a lei são necessárias, mas esse assunto daria um novo livro.

Até pouco tempo atrás, fumar era um comportamento que trazia status, e o cigarro era usado como símbolo de poder por autoridades e estrelas do cinema. Quando o Ministério da Saúde dos EUA levantou os primeiros dados de que cigarros aumentavam as chances de uma pessoa ter câncer, muitos deram de ombros para as estatísticas e continuaram com seus hábitos tabagistas. Inicialmente, a indústria de tabaco esperneou e resistiu às provas de que seu produto fazia mal para a saúde, não realizando mudança alguma. Alguns anos depois, cientistas descobriram não somente que havia uma relação entre tabagismo e câncer, mas também com doenças cardíacas. Com essa revelação, muitas pessoas deixaram de fumar, o que obrigou a indústria do cigarro a realizar algumas mudanças para reduzir os males causados pelo produto, como filtros mais modernos, cigarros "light", redução na quantidade de nicotina etc. Em seguida, os cientistas começaram a descobrir que o cigarro não fazia mal apenas para o fumante, mas também para aqueles que inalavam a fumaça vinda do cigarro dos outros, o fumante passivo. A liberdade individual do fumante não deixou de existir, porém tanto tabagistas como não tabagistas passaram a perceber que essa liberdade vinha com o preço de prejudicar pessoas que não

Cidadão do Bem, Cidadão do Mal ⚊ **299**

tinham relação alguma com o hábito. A partir daí, aviões, restaurantes e outros estabelecimentos passaram a ter áreas exclusivas para fumantes, e os governos começaram a obrigar as fabricantes de cigarros a colocar avisos nas embalagens e fazer campanhas publicitárias sobre os riscos de consumir o produto. Alguns anos depois, muitos países baniram o consumo de cigarros em lugares fechados, o que permanece até hoje.

Atualmente, se você perguntar para as pessoas o quão inteligente é fumar, certamente obterá da maioria a resposta de que fumar é uma péssima ideia. Da mesma forma, se as pessoas forem questionadas sobre as características de personalidade dos fumantes, dirão que são pessoas fracas, que não conseguem controlar seus impulsos. A imagem do cigarro como símbolo de poder e macheza foi substituída. O mesmo caminho é possível para as armas. Vivenciamos uma fase em que o comprador de armas acredita que elas são uma ferramenta para proteção, assim como os fumantes de antigamente acreditavam que o cigarro não fazia mal. Está na hora de mostrarmos para o cidadão que, apesar de mantermos os direitos para que ele adquira armas, é necessária a consciência de que uma arma coloca não somente a sua vida em risco, como também a de sua família e de outras pessoas.

Proibições, como qualquer adolescente pode testemunhar, faz com a nossa vontade de desobedecer para reconquistar nossa liberdade aumente, um fenômeno conhecido pelos cientistas como **Reatância Psicológica**.[33] Em qualquer momento que um indivíduo sinta que sua liberdade está sendo tirada, o seu desejo em mantê-la aumenta. O fenômeno da reatância pode ser, inclusive, uma das razões pelas quais o brasileiro comprou mais armas nos últimos anos. Sob a influência de políticos afirmando que *"querem tirar do cidadão o direito de ter armas"*, as pessoas rapidamente entram em ação para garantir sua liberdade. Como a proibição não é o caminho, as fabricantes devem correr contra o tempo e realizar mudanças para que armas se tornem menos perigosas. Já os governos devem passar a tratar a violência com armas de fogo como um problema de saúde pública, desenvolvendo estratégias preventivas para minimizar as chances dessas fatalidades ocorrerem. O porte de um revólver ainda pode ser visto como um símbolo de macheza e de força, mas também pode ser enxergado pela sociedade como um ato praticado por medrosos que não se garantem em uma luta corporal, algo usado por covardes e fracos.

Um Fenômeno com Várias Possíveis Causas

De acordo com o Anuário de Segurança Pública, a quantidade de armas de fogo no Brasil mais do que dobrou entre 2017 e 2020. Portanto, se armas não matam pessoas, o número de homicídios deveria ter uma queda, correto? E foi exatamente o que aconteceu: em 2019, o país obteve a menor média histórica desde 2007.[34] Em 2020, houve um aumento de 5,7% na quantidade de homicídios seguido de uma redução de 6,9% em 2021. Isso prova que armas nas mãos do cidadão reduzem o número de homicídios? Qual é a sua conclusão? O cidadão do bem treinado na metodologia científica sabe que não pode ser inocente em atribuir **causa a uma correlação**. Certamente, essa redução **pode** ter sido causada pelo aumento no número das armas, porém qual fator você acredita fazer mais sentido na explicação da redução dos homicídios entre 2019 a 2021: o **aumento na quantidade de armas** ou a **diminuição na circulação de pessoas devido à pandemia**?

Bares, casas noturnas, empresas e restaurantes fechados ou com limitações de ocupação, menor circulação de pessoas nas ruas, aliados a uma redução drástica no número de festas e de encontros entre amigos e familiares fazem com que a redução nos crimes não seja coincidência. Nessa estatística, parece que o pessoal do "fica em casa e a economia a gente vê depois" contribuiu fortemente para a mensagem de políticos de que o cidadão comum armado contribui para a redução da violência. É importante ressaltarmos que em algum momento o número de homicídios causados por armas de fogo poderá aumentar e, da mesma forma, não podemos garantir que a **causa isolada** desse comportamento seja o crescimento na quantidade de armas de fogo. Nos EUA, por exemplo, os homicídios aumentaram quase 30% entre 2019 e 2021, um efeito contrário ao do Brasil, lembrando que os norte-americanos possuem mais armas do que os brasileiros.[35] Uma grande comunidade de cientistas estuda as razões de comportamentos violentos e nos oferece uma visão mais ampla dos fatores envolvidos com esse fenômeno.

Um fato interessante é que o Canadá apresenta uma quantidade de armas per capita similar a dos Estados Unidos, no entanto os índices de homicídio norte-americanos são muito superiores. Curiosos com essa constatação, os cientistas canadenses da Universidade McMaster, Martin Daly e Margo Wilson, em conjunto com o cientista Shawn Vasdev, da Universidade Estadual de Nova York, descobriram que não apenas nos EUA, mas em qualquer nação — ou até mesmo bairro —, os níveis de homicídio são extremamente sensíveis à **desigualdade social**.[36]

Como sabemos, os Estados Unidos são um país com mais desigualdade do que o Canadá, assim como o Brasil é um país que sofre com esse problema. A desigualdade, além de poder causar **frustração** por bloquear o caminho das pessoas ao objetivo de conseguir estabilidade financeira, ainda aumenta a **competição** entre os indivíduos para conseguir empregos e recursos financeiros, bem como a competitividade entre homens para conseguir **mulheres** — três fatores associados a comportamentos agressivos. Indivíduos com grande dificuldade financeira podem cometer atos violentos, como assaltos, pois é a única forma que encontram para dar condições às suas famílias. Lembre-se de que as **circunstâncias** moldam o comportamento humano. Podemos até achar que indivíduos violentos praticam esses atos por serem maldosos **naturalmente**, mas é fundamental que coloquemos as circunstâncias como uma variável decisiva dessa equação. Além disso, será que esses indivíduos denominam a si mesmos como maldosos? Ou será que se julgam como pessoas bondosas que lutam contra uma **sociedade maldosa**?

Apesar da diferença entre os níveis de homicídios nos EUA e no Canadá estar correlacionada com a desigualdade social, **diferenças culturais** também podem influenciar o comportamento agressivo das pessoas. O influente cientista Richard Nisbett, da Universidade de Michigan, descobriu que em certas regiões dos EUA os residentes sofrem a influência do que ele chama de **Cultura de Honra**, a preocupação que muitos têm em manter uma reputação de serem machões e durões. Em uma pesquisa, Nisbett e outros cientistas analisaram a diferença na quantidade de homicídios relacionados a discussões que envolviam ameaças à honra dos envolvidos (como infidelidade), bem como homicídios relacionados a outros casos (como assaltos). Enquanto não foram encontradas diferenças estatisticamente significativas em homicídios relacionados a assaltos e outros crimes comparando as regiões Norte, Sul e Sudeste dos EUA, os homicídios envolvendo insultos à honra dos envolvidos eram significativamente mais prevalentes no **Sul e no Sudeste** daquele país em comparação com o Norte.[37] Para assegurar a confiabilidade dessa descoberta, Nisbett e alguns colegas prepararam um experimento.[38] Voluntários deveriam responder a um questionário e eram instruídos a deixá-lo em cima de uma mesa assim que terminassem. Para chegar até a mesa, os participantes do experimento precisavam cruzar um corredor estreito. No meio desse corredor alguém associado ao experimento fingia estar procurando algo em uma gaveta de arquivo totalmente aberta, e era obrigado a fechar a gaveta para deixar os participantes passarem. Quando os participantes retornavam da mesa e passavam novamente pelo corredor, o associado dava uma trombada em cada participante e dizia: "Idiota!" Logo em seguida, o associado se trancava rapidamente em uma sala. Confirmando as expectativas dos cientistas, após serem insultados, participantes da região Sul agiam de forma mais agressiva do que os de outras regiões, além de apresentarem um maior nível de **testosterona**, hormônio associado com comportamentos agressivos e preocupações sobre status, bem como níveis mais elevados de **cortisol**, o hormônio do estresse, que pode causar comportamentos impulsivos.

Em um ensolarado dia na região desértica de Tucson, no estado do Arizona, tive o privilégio de almoçar com Richard Nisbett. Entre as dezenas de assuntos sobre os quais conversamos, estava a **Cultura de Honra**. Nisbett me explicou que essa diferença no comportamento agressivo dos moradores do Sul e de outras regiões dos EUA se dá pela razão de muitos sulistas ganharem seus sustentos por meio da **criação de animais**, estando mais sujeitos a perder todo o seu rebanho em um instante caso sejam atacados por ladrões. Agricultores estão livres desse tipo de risco. A vulnerabilidade dos criadores de animais faz com que eles tenham que demonstrar uma macheza, alertando todos ao seu redor de que reagirão caso sejam ameaçados, até mesmo por uma piada, com o objetivo de restabelecer seu status.³⁹ O cientista de Harvard, Steven Pinker, descobriu que a violência é menor em democracias nas quais é o **governo** quem comanda a justiça e pune os infratores, livrando os indivíduos lesados de terem que praticar revanches. No entanto, pessoas originárias de culturas de honra tendem a demonstrar **falta de confiança no governo** e acreditam que são **elas mesmas** que devem resolver certas disputas, muitas vezes violentamente.⁴⁰

Em Tucson, Arizona, ao Lado do Influente Cientista Richard Nisbett.

A região Sul dos EUA foi desenvolvida majoritariamente por imigrantes escoceses e irlandeses, famosos por serem criadores de animais desde a pré-história, enquanto o Norte apresentava uma grande quantidade de imigrantes ingleses, holandeses e alemães, nações tradicionalmente agrícolas. É interessante relembrarmos que os escoceses eram guerreiros violentos, que usavam a desindividualização como ferramenta para agir de maneira ainda mais voraz. Essa característica dos escoceses, somada à herança da cultura de honra originada pela criação de animais, nos mostra

304 A Arte de Enganar a Si Mesmo

novamente que a violência dificilmente pode ser explicada por um **único fator**.

Outro elemento correlacionado com índices de violência é o calor. O cientista Craig Anderson, da Iowa State, analisou a quantidade de dias com temperaturas acima de 32°C e os índices de violência em 260 cidades norte-americanas. A quantidade de dias de calor era um preditor forte na elevação dos crimes violentos, continuando com níveis significativos mesmo após o cientista controlar fatores como nível de desemprego, idade dos moradores e renda per capita.[41] Incrivelmente, temperaturas altas não estavam associadas com a quantidade de crimes **não violentos**, o que gera uma maior segurança sobre a associação direta entre calor e violência. Na cidade desértica de Phoenix, famosa por constante calor acima de 35°C, pesquisadores descobriram que motoristas de carros **sem ar-condicionado** tendem a buzinar mais do que os que dirigem com tal conforto térmico.[42] O mundo dos esportes também não escapa dessas estatísticas, já que, em jogos com temperatura acima de 30°C, rebatedores de beisebol têm mais chances de serem atingidos por uma bolada do arremessador, assim como jogadores de futebol americano recebem punições mais frequentes por faltas agressivas durante jogos em dias de calor.[43]

Como você já sabe, devemos ser cautelosos ao interpretar estudos que acontecem fora do ambiente controlado de um laboratório. Seria o calor responsável pela maior onda de crimes, ou seria o fato de mais pessoas circularem pelas cidades em dias quentes, ficarem até mais tarde nas ruas ou consumirem maior quantidade de álcool os causadores desse fenômeno? Ao levar essas questões ao laboratório, os cientistas podem estudá-las de forma totalmente controlada e, assim, atribuir **causalidades**. Na Kansas State University, depois de aplicar um teste comportamental e de assegurar que todos os participantes estavam vestindo bermudas e camisetas, os cientistas colocaram alguns em um ambiente com temperatura de 34°C enquanto outros permaneciam em uma sala com a temperatura de 23°C. Durante 45 minutos, os participantes em ambas as condições deveriam responder a uma série de testes que analisavam suas emoções.[44] Posteriormente, os participantes deveriam indicar seu grau de simpatia a um estranho, analisando suas respostas em um teste comportamental idêntico ao que haviam feito logo no início do experimento. O "estranho" na verdade, não existia. Os cientistas manipularam os resultados do teste comportamental, sendo que, em algumas ocasiões, o "estranho" concordava com o participante em 25% das respostas, mas em outras esse percentual subia para 75%. Surpreendentemente, concordando pouco ou muito com o estranho, os participantes em condições de alta temperatura julgavam o estranho de forma mais hostil do que os participantes que realizavam a tarefa sob temperatura amena. Expostos a condições de extremo calor, os participantes também reportavam sentir-se mais **agressivos**, fatigados e tristes, bem como menos concentrados, eufóricos, afetivos e vigorosos. Nesse mesmo experimento, alguns participantes realizavam as tarefas em salas **lotadas**, e outros em salas com poucas pessoas. Os pesquisadores descobriram que, independentemente da temperatura, quanto mais gente havia na sala, maiores eram os sentimentos negativos reportados pelos participantes, indicando que outro fator causador de agressividade é a **densidade demográfica**. O trânsito intenso de veículos em cidades como São Paulo, Rio de Janeiro, Belo Horizonte e Salvador, além de poder causar agressividade devido à densidade demográfica dessas capitais, ainda é fonte de intensa frustração ao dificultar o deslocamento das pessoas na velocidade que gostariam.

Pesquisadores das universidades de Kentucky e de Michigan realizaram um experimento no qual as pessoas eram expostas a **palavras** relacionadas com calor ou frio e, posteriormente, deveriam realizar uma atividade de completar palavras.[45] Ao serem solicitadas a completar palavras com as iniciais KI_ _ , por exemplo, aquelas expostas a palavras que remetiam ao calor tinham uma probabilidade maior de completar a atividade de forma agressiva (KILL) ao invés de uma forma não agressiva (KISS). Perceba que, mesmo **não sentindo calor**, quando **lembradas** de temperaturas altas as pessoas tendem a ter acesso a pensamentos mais agressivos. Com esses experimentos, e muitos outros similares, os pesquisadores podem concluir com precisão que o **calor aumenta a agressividade** das pessoas.

Outro fator causador de agressividade que não causa surpresa é o **aprendizado**. Albert Bandura, cientista de Stanford, considerado como um dos mais importantes psicólogos de todos os tempos, desenvolveu a **Teoria da Aprendizagem Social**, demonstrando em suas pesquisas que crianças **aprendem** a ser agressivas observando o comportamento das pessoas ao redor.[46] Em seu estudo mais famoso, crianças assistiam a um adulto gritar e bater agressivamente em um boneco inflável, o qual conhecemos popularmente aqui no Brasil como "joão-bobo". O adulto dava tapas no boneco, chutava-o com força, batia nele com uma marreta e gritava violentamente com o joão-bobo. Em seguida, as crianças eram colocadas para brincar com o boneco, e o que você imagina que aconteceu? Aquelas que presenciaram o comportamento agressivo do adulto **copiaram exatamente o que viram**, como você pode analisar na figura a seguir.

Ilustração crianças agredindo um João Bobo.
Fonte: O Autor.

Entre as crianças que não assistiram ao adulto tendo comportamentos agressivos contra o boneco, **quase nenhuma** brincava de maneira violenta. A ênfase colocada em "quase nenhuma" é importante, já que sabemos que algumas crianças podem ser naturalmente mais violentas. Muitos estudos apontam para a evidência de que homens se comportam de forma mais agressiva do que mulheres, porém existem tipos diferentes de agressão.

A **agressão hostil** é aquela em que o indivíduo tem como objetivo causar ferimentos ou dor em outra pessoa, a **agressão instrumental** é aquela na qual as pessoas são violentas com as outras sem o objetivo primário de causar dor.[47] Um exemplo disso é a **agressão relacional**, que consiste em espalhar fofocas, excluir pessoas e cometer bullying com o intuito de ganhar status e respeito. Homens tendem a cometer mais atos de agressão hostil, primeiramente com o objetivo de ganhar status entre os outros machos do grupo e, assim, obter uma vantagem reprodutiva; e, em segundo lugar, para garantir que sua parceira não tenha relações sexuais com outro homem, assegurando-se assim de sua paternidade.[48] Psicólogos evolucionários defendem a hipótese de que a agressividade é geneticamente programada em homens pois ela os prepara para defender seu grupo e garantir a continuidade de seus genes. Estudos feitos nas mais variadas culturas também demonstram que a agressividade masculina começa na infância, quando meninos têm uma probabilidade maior do que as meninas de empurrar, bater e trombar.[49] Não é à toa que mais de 90% dos homicídios são cometidos por homens e, portanto, populações com **mais homens do que mulheres** tendem a ter níveis mais elevados de homicídios.[50]

Geralmente, quando mulheres utilizam a agressividade hostil, elas a fazem para defender seus filhos. Isso não significa que homens são mais agressivos do que mulheres, pois, quando tratamos de agressão instrumental, as mulheres invertem a ordem. As mulheres têm uma probabilidade maior de prejudicar as pessoas manipulando relacionamentos, falando pelas costas, excluindo pessoas e espalhando fofocas. Cientistas das universidades de Buffalo, Minnesota e Nebraska realizaram um estudo no qual crianças de 3 a 5 anos eram instruídas a usar um giz de cera para colorir uma figura, tendo sido dados um giz alaranjado e outros dois brancos. Os meninos usaram a agressão como meio de conseguir o giz colorido, enquanto as meninas fizeram fofocas e excluíram a que estava com o giz colorido, fazendo com que ela chorasse.[51]

Os resultados da pesquisa de Albert Bandura desafiaram fortemente o conhecimento dos psicólogos da época, baseado no behaviorismo — o princípio de que crianças somente aprendiam por meio de **recompensas e de punições**.[52] O cientista demonstrou que crianças também aprendem pela **observação e pela imitação**. Mais tarde, Bandura teve um papel importante na regulação de programas de televisão que poderiam ser assistidos por crianças, bem como na mudança de conteúdo dos mesmos. Felizmente, o mecanismo inverso também funciona. Quando crianças presenciam jovens agindo de maneira pacífica, mesmo depois de serem provocados, elas se comportam da mesma forma quando colocadas, posteriormente pelos cientistas, em uma situação de provocação.[53]

Muitas pessoas acreditam que a mídia influencia fortemente o posicionamento **político** das pessoas, mas não o comportamento **violento**. Porém, as evidências mostram que, nesse caso, a mídia apresenta uma influência tremenda. Um dos primeiros experimentos a demonstrar essa influência foi realizado pelos cientistas Robert Liebert, da Universidade Estadual de Nova York, e Robert Baron, da Purdue University. Nesse estudo, 136 crianças entre 5 a 9 anos de idade foram expostas a um episódio extremamente violento de um drama policial contendo duas brigas corporais, dois tiroteios, uma perseguição e um esfaqueamento. Outro grupo de crianças assistiu a um evento esportivo com saltos em altura e corrida com obstáculos. Ambos os vídeos tinham a mesma quantidade de minutos. Em seguida, as crianças eram colocadas em uma sala onde eram instruídas e lidar com um aparato conectado a outra criança em uma sala anexa. Os participantes recebiam a informação de que, na sala ao lado, outra criança estava jogando um jogo e que, caso eles apertassem o botão verde do aparato, a alavanca do jogo ficaria mais leve, ajudando o colega. Porém, caso apertassem o botão vermelho do aparato, a alavanca ficaria quente e machucaria a criança da outra sala. Os pequenos participantes também eram avisados de que, quanto mais tempo segurassem cada botão, mais leve ou mais quente se tornaria a alavanca. O experimento ainda apresentava uma terceira fase, na qual as crianças eram levadas até uma sala de brinquedos e poderiam escolher passar seu tempo brincando com uma estação espacial, uma mola maluca ou um conjunto de panelas, bem como com uma arma e uma faca de brinquedo. Como você pode imaginar, crianças que assistiram a vídeos violentos ficaram 75% mais tempo segurando o botão vermelho em comparação com as crianças que assistiram ao evento esportivo. No mesmo sentido, aquelas que assistiram ao conteúdo violento brincaram de forma mais agressiva na sala de brinquedos.[54]

Tanto presencialmente quanto em vídeo, crianças aprendem rapidamente a agir de maneira agressiva observando os estímulos ao redor, por mais que muitas pessoas não queiram acreditar nesse fato. Aumentando as evidências de que jogos mudam o comportamento das pessoas no mundo real, um grupo de cientistas armou uma situação em que, próximo a uma sala de cinema, uma mulher com o tornozelo machucado estava com dificuldades para pegar suas muletas. Pessoas que acabavam de sair de uma sessão violenta de cinema tinham **menos chances em ajudar** a mulher, em relação àqueles que assistiram a um filme não violento, e até mesmo aos que estavam esperando na fila para ver um dos dois filmes.[55] Um fato curioso no Brasil é o de um grande portal que sempre se posiciona contra a violência enquanto, ao lado das notícias colhidas no mundo real, frequentemente aparecem manchetes sobre suas **novelas** em que personagens estão portando armas ou realizando alguma maldade. Violência, verdadeira ou fictícia, causa mais violência.

Ainda mais polêmicos são os estudos realizados para analisar a influência de **videogames** violentos no comportamento de crianças. Experimentos similares aos apresentados acima, mas nos quais ao invés de assistir a um vídeo violento os voluntários devem jogar um videogame de violência, apresentam os mesmos resultados — aqueles que jogam jogos violentos, em comparação com os que jogam outros tipos de games, agem com mais violência e apresentam pensamentos mais agressivos posteriormente.[56] Em um experimento no qual alguns jovens deveriam jogar *Wolfenstein* e outros um jogo não violento, aqueles que eram recompensados por matar personagens tinham pensamentos e sentimentos mais agressivos logo em seguida.[57]

Em outro experimento realizado por pesquisadores das universidades estaduais do Iowa e de Kansas, participantes jogavam *Mortal Kombat: Deadly Alliance* em condições em que os cientistas ajustavam a quantidade de sangue do jogo entre o mais sangrento e a configuração na qual não havia sangue. Antes do jogo, os participantes tinham seus **batimentos cardíacos** medidos e respondiam a dois questionários que analisavam se sua **personalidade era agressiva** e quais eram seus níveis de agressividade naquele momento. Enquanto jogavam, os cientistas mediam

A Arte de Enganar a Si Mesmo

algumas vezes os batimentos cardíacos dos gamers e, no encerramento do experimento, além de mais uma mensuração dos batimentos cardíacos, os participantes respondiam novamente ao questionário que media os níveis atuais de agressividade, além de um questionário demográfico. Os resultados apontam que não havia diferença na **personalidade** agressiva dos jogadores, porém, depois de quinze minutos socando adversários até a morte e arrancando suas cabeças no momento de *"Fatality"*, os participantes das condições sangrentas reportavam níveis maiores de agressividade, enquanto os que jogavam em níveis de pouco sangue, ou sem sangue, obtiveram resultados posteriores similares aos iniciais, quando ainda não haviam jogado. Quanto mais sangue no jogo, mais hostilidade os jogadores reportavam no questionário final. Os batimentos cardíacos mostraram um padrão similar, com a diferença de que qualquer nível de sangue aumentava o nível de batimento cardíaco, mas permaneciam constantes para aqueles que não eram expostos a sangramentos. Sem o conhecimento dos participantes, os cientistas também mediam a quantidade de tempo que cada jogador utilizava as **armas** dos lutadores, chegando à conclusão de que em condições sangrentas os participantes usavam as armas durante mais tempo do que em condições em que não havia exposição a sangue.

Apesar de todas essas evidências, os cientistas ainda não se deram por satisfeitos e realizaram um novo experimento, no qual os jogadores eram expostos apenas à condição mais sangrenta ou a sem sangue. A diferença principal nesse segundo experimento foi que, logo depois do jogo, as pessoas deveriam realizar a tarefa, que você já conhece, de completar algumas palavras, como por exemplo KI_ _. Aqueles sob a condição sangrenta produziam mais palavras agressivas.[58]

Em uma meta-análise que envolveu mais de 37 mil participantes, cientistas da Universidade de Innsbruck demonstraram que jogos violentos, assim como jogos em que o foco é a cooperação, têm efeitos diretos em seus praticantes.[59] Estudos individuais e meta-análises mostram que, quando uma pessoa é recompensada com pontos e avanço a novas fases de um jogo por **matar** os outros e agir de forma violenta, a consequência é um aumento em sentimentos hostis, pensamentos agressivos e atos de violência, independentemente da origem cultural do jogador.[60] Ainda mais grave é o fato de que o costume de jogar videogames violentos pode fazer com que as pessoas se **habituem** com a violência, como vimos anteriormente. Cientistas demonstram que nossos corpos respondem a estímulos repetitivos, **aumentando ou diminuindo a excitação**.

No início dos anos 1970, cientistas fizeram alguns participantes assistirem a uma sangrenta luta de boxe enquanto mediam sua reação fisiológica. Aqueles que assistiam frequentemente a programas violentos na TV pareciam agir de forma indiferente à luta de boxe, apresentando baixa mudança fisiológica em sentimentos como ansiedade e excitação. Já aqueles que não assistiam a programas violentos mostraram grande mudança fisiológica, ficando extremamente agitados.[61]

Mais recentemente, cientistas de universidades holandesas e norte-americanas examinaram os padrões de ondas cerebrais de participantes que eram expostos a imagens violentas, como a de um homem colocando uma arma na boca de outro. Confirmando as descobertas de outros estudos, os participantes que estavam habituados a jogar videogames violentos tinham padrões de ondas cerebrais que indicavam insensibilidade à imagem, ou seja, com o passar do tempo o cérebro de um gamer fica acostumado com imagens fortes e agressivas.[62] Essa insensibilidade pode ter efeitos adversos em outras situações, como a desumanização, de acordo com experimentos realizados pelos cientistas ingleses Tobias Greitemeyer e Neil McLatchie. Após jogarem jogos violentos, cooperativos ou neutros por quinze minutos, os participantes deveriam responder a um questionário sobre os traços de personalidade de **ingleses** e de **imigrantes**. Aqueles expostos à violência por um curto período de tempo julgavam que os imigrantes eram **"menos humanos"** e **"mereciam menos"** do que os ingleses.[63]

Estudos longitudinais, que acompanham pessoas desde a infância até a vida adulta, apontam uma correlação positiva entre o consumo de conteúdo violento e a probabilidade de a pessoa cometer atos de violência física, verbal e relacional no futuro, encontrando efeitos significativos independentemente do nível de educação dos pais, da renda familiar e da violência no bairro onde residem.[64] Não surpreendentemente, o consumo de violência estava **negativamente correlacionado com atos de bondade e de cooperação** praticados por essas crianças e adolescentes.[65]

Uma das palavras às quais você mais foi exposto nas últimas páginas foi **frustração** — não por acaso. Leonard Berkowitz, o cientista que realizou o experimento com armas e raquetes de badminton que você conheceu há pouco, explica que **situações adversas** aumentam as chances de violência. Quando condições como fome, injustiça, dificuldade em atingir resultados, dor, humilhação, insultos, cansaço e outras geram sentimentos de **raiva**, as pessoas tendem a agir de forma mais agressiva.[66] Berkowitz e seus colegas descobriram que simplesmente fazer com que as pessoas tenham um sentimento de desconforto, pedindo para elas ficarem com os braços erguidos durante **seis minutos**, já faz com que, posteriormente, elas julguem outros mais agressivamente.[67] Em um experimento, quando os cientistas pediam a um associado para furar a fila do cinema, sujeitos que estavam em **segundo lugar** na fila agiam de forma significativamente mais agressiva do que os que estavam em **décimo segundo lugar** — quando nossas chances de atingir um objetivo são **bloqueadas** por outras pessoas, nos comportamos de forma gradualmente mais agressiva dependendo de quão próximos estamos em alcançar esse objetivo.[68] Ao analisarmos a invasão do Capitólio norte-americano em 6 de janeiro de 2021, certamente uma de suas causas foi o sentimento de frustração dos apoiadores de Donald Trump, que ganhava as eleições com certa folga enquanto apenas os votos presenciais eram contabilizados, mas que acabou sofrendo uma virada quando os votos por correio entraram na apuração. Assim como o sujeito em segundo lugar na fila tornou-se mais agressivo após ter sua vez furada por alguém, o caminho certeiro de vitória de Trump, que durou praticamente o período inteiro das apurações, ter sido bloqueado por uma mudança de cenário previsível, mas repentina, causou grande frustração em seus apoiadores, acarretando as cenas lastimáveis de violência que presenciamos naquela data.

Em consonância com esses fatos, estudos demonstram que geralmente descarregamos nossas frustrações na pessoa mais próxima, mesmo que ela **não seja a causadora da situação**. Quando um rato leva um choque em uma gaiola, por exemplo, logo em seguida ele morde um outro rato

menor.[69] Os apoiadores de Trump, apesar de serem humanos, desconta-
ram sua raiva nos policiais do Capitólio, que não tinham envolvimento
algum com os resultados das eleições. Nesse mesmo sentido, um levantamento histórico feito pelos cientistas Carl Hovland e Robert Sears, de Yale,
analisou durante 48 anos a relação entre as flutuações do preço do algodão
e a quantidade de linchamentos a negros em 14 estados do sul dos EUA.
Hovland e Sears mostraram que em momentos econômicos turbulentos
havia maior quantidade de linchamentos a negros, em relação a épocas de
prosperidade econômica.[70] Quase 50 anos mais tarde, outros cientistas demonstraram que o número de linchamentos era maior quando a recessão
acontecia logo após um longo período de crescimento econômico intenso.[71]
Quer saber qual é o maior preditor de revolta de passageiros dentro de
um avião comercial? Katerine DeCelles, da Universidade de Toronto, em
conjunto com Mike Norton, de Harvard, revelam que só é necessário fazer
com que os viajantes da classe econômica passem pela **primeira classe**
antes de chegar a seus assentos! Simplesmente lembrar às pessoas que elas
estão classificadas de forma inferior a outras é suficiente para que expres-
sem violência.[72]

Essas evidências demonstram que não descontamos nossas frustrações somente naqueles mais próximos, mas também naqueles com **menos
poder**, o que é um perigo para mulheres, negros, judeus e a comunidade
LGBTQIA+.[73] Quando nossas vidas pioram do dia para a noite, fazendo
com que estejamos em situação pior do que a dos nossos vizinhos — nossos alvos mais fáceis de comparação — aqueles com menos poder podem
sofrer consequências violentas. Ralph Catalano e um grupo de cientistas
da Universidade da Califórnia descobriram que as chances de uma pessoa
cometer atos de violência contra seus filhos e seu cônjuge, bem como usar
armas e envolver-se em uma briga são **seis vezes maiores** caso o indivíduo tenha acabado de perder seu emprego.[74]

Devemos nos atentar ao fato de que a frustração nem sempre ter-
mina em agressão, muitas vezes a forma como **interpretamos** os
momentos difíceis de nossas vidas é o que conta. A cientista Gabriele
Oettingen, da NYU, por exemplo, demonstra que pessoas levadas a refletir
sobre os **obstáculos** que enfrentarão para atingir seus objetivos acabam

se **planejando melhor** e alcançando o que almejam com mais facilidade. Por mais contraditório que pareça, Oettingen descobriu, em dezenas de experimentos científicos geniais, que pessoas induzidas somente a pensar positivo acabam tendo **menos chances** de atingir o que querem. As pesquisas de Oettingen enterram a ilusão que muitas pessoas têm de que **pensar positivo** é a solução mágica para alcançar o que queremos, mostrando que o **pensamento negativo** é o verdadeiro **segredo** para o sucesso nos mais variados objetivos.[75]

Por outro lado, os cientistas Martin Seligman e Steven Maier descobriram um fenômeno chamado de **Desesperança Aprendida**, que revela que, depois de seguidas tentativas frustradas de atingir um objetivo, o cérebro humano é configurado para parar de tentar, com o intuito de economizar energia. Assim, o indivíduo aprende que não tem controle sobre seu destino e as consequências disso são a depressão e a passividade. Em seu estudo mais famoso, Seligman e Maier descobriram que animais que recebiam choques com frequência e, inicialmente, não tinham maneiras de escapar, respondiam com desesperança, ou seja, depois de um certo tempo eles não se esforçavam mais para tentar escapar do choque, mesmo quando havia oportunidade para tal. Após um período tentando escapar da dor sem sucesso, os animais passaram a aceitar passivamente os choques, **nunca reagindo de forma violenta**.[76] Seres humanos têm a mesma configuração e, em muitas oportunidades, a sensação de **não ter controle** sobre as situações do mundo pode nos levar a crenças e ações perigosas. Linchamos o nosso próprio cérebro quando interpretamos que não temos controle sobre os acontecimentos do mundo.

14

Eu Sei um Segredo

▶ Teorias da Conspiração e Conspirações

- ➤ A vacina contra a Covid-19 tem um microchip que vai ajudar empresas como Microsoft, Amazon, Meta, Google e Apple a controlar nossas mentes.
- ➤ A China criou o coronavírus em um laboratório secreto para controlar as demais nações.
- ➤ As vacinas contra o coronavírus, produzidas pela Pfizer, Moderna, AstraZeneca e Sinovac, têm uma grande quantidade de metais que podem nos transformar em antenas 5G.
- ➤ Hidroxicloroquina é um medicamento altamente efetivo contra a Covid-19, mas a Big Pharma pagou cientistas no mundo inteiro para fabricar estudos que não comprovam a sua eficiência, com o objetivo de lucrar alto com a venda de vacinas.
- ➤ A mídia é controlada por um grupo de empresários nefastos, conhecidos como Deep State. Eles comandam o que é "verdade" e o que é "mentira", manipulando todos nós como marionetes.
- ➤ O governo norte-americano, a mídia e Hollywood são repletos de pessoas satânicas que sequestram crianças para rituais sexuais secretos em porões de pizzarias. Após esses rituais macabros, eles servem as crianças como jantar.
- ➤ Existe uma pessoa infiltrada no governo norte-americano, conhecida apenas como Q, que irá desmascarar os escândalos de pedofilia e satanismo de políticos e artistas norte-americanos. Essa pessoa provavelmente é Donald Trump. A fraude

nas eleições de 2020 foi apenas uma prova de que Trump estava desmascarando pessoas perigosas e desagradando o Deep State.

➤ "Build back better" é um termo usado constantemente por pessoas como Greta Thunberg, George Soros e outros comunistas que fazem parte do Fórum Econômico Mundial, uma instituição que quer tirar o poder dos países, acabar com a democracia e instaurar um governo único mundial.

➤ "Build back better" é também um código secreto para o "Grande Reset", um movimento dos poderosos para exterminar parte da população mundial. A pandemia da Covid-19 faz parte desse plano maligno.

➤ O vírus HIV foi inventado em um laboratório para exterminar pessoas negras.

➤ Os ataques ao World Trade Center, em 11 de setembro de 2001, não foram planejados pela Al-Qaeda, mas pelo próprio governo norte-americano para justificar a invasão de George Bush ao Iraque e ao Afeganistão, com os intuitos de controlar a indústria petrolífera do Iraque e de trazer lucro para a indústria bélica norte-americana com a invasão ao Afeganistão.

➤ O presidente norte-americano John F. Kennedy foi assassinado pelo próprio governo norte-americano, que fabricou uma história mal contada sobre um atirador solitário que sofria de distúrbios comportamentais. Um homem trabalhando sozinho nunca conseguiria assassinar o presidente. Kennedy era contra guerras e incomodava a indústria bélica.

➤ O massacre na Escola Sandy Hook, em que Adam Lanza matou 20 crianças entre 6 e 7 anos e mais 6 adultos, não foi cometido por ele. Tudo não passou de uma armação do governo de Barack Obama para aprovar, goela abaixo, leis que dificultavam a compra de armas pelos cidadãos comuns.

➤ O Holocausto não aconteceu da forma como nos ensinam na escola. Os nazistas apenas deportavam os judeus e nunca houve massacres ou campos de concentração. O Holocausto é

318 A Arte de Enganar a Si Mesmo

uma invenção dos próprios judeus, em aliança com a ONU e a União Soviética para incriminar os nazistas e continuar beneficiando apenas as pessoas da comunidade judaica, donas das maiores fortunas do mundo.

➤ Lady Di foi assassinada por ordem da família real britânica. O acidente de carro do qual a mídia afirma que ela foi vítima foi orquestrado de forma a esconder os verdadeiros motivos de sua morte. Diana não era aceita pela família real e sua separação do príncipe Charles, aliada ao seu romance com um homem de origem muçulmana, eram desonras à realeza da Inglaterra.

Em certos momentos de nossa vida, as circunstâncias podem nos trazer o sentimento de que "outras pessoas" controlam o mundo, de que poderosos escondem segredos importantes e, portanto, nosso esforço para mudar a sociedade nunca será suficiente. Situações como essas podem nos fazer responder a ameaças não apenas com violência, mas também com passividade, alimentando crenças que podem prejudicar nosso bem-estar. O cientista Joseph Uscinski, da Universidade de Miami, revela que, quando uma pequena lista com teorias da conspiração é apresentada para as pessoas, **63%** delas afirmam acreditar em **pelo menos uma**.[1] Uscinski acredita que, se a lista de conspirações fosse ampliada, **todas as pessoas seriam afetadas**. Evidências apontam que o público crente em teorias da conspiração é amplamente variado, incluindo brancos, negros, homens, mulheres, direitistas, esquerdistas, liberais, pessoas com diploma universitário, indivíduos com pouca educação formal, doutores, extremistas e moderados.[2] Então qual público está mais disposto a acreditar em teorias da conspiração? Eu e você!

No início do livro, admiti a minha mentalidade conspiratória em acreditar que o coronavírus era alguma armação da mídia ou da Big Pharma. No entanto, conhecendo os estudos que irei explorar neste capítulo, aos poucos fui entendendo por que fui vítima de pensamentos conspiracionistas e, principalmente, as ferramentas que posso usar para distinguir **conspirações** de **teorias da conspiração**. Essa distinção é fundamental para organizar nosso conhecimento.

Uma **conspiração** acontece quando dois ou mais indivíduos planejam algo em segredo para obter vantagens políticas ou econômicas, violar direitos, infringir leis, guardar segredos importantes, prejudicar um grupo de pessoas ou alterar instituições públicas.[3] Os ataques de 11 de setembro ao World Trade Center, em Nova York, e ao Pentágono, em Arlington, foram causados por uma **conspiração** envolvendo 19 membros da Al--Qaeda. Em 1932, o governo norte-americano lançou o **Estudo de Tuskegee**, com o intuito de descobrir os efeitos da sífilis não tratada.[4] Seiscentos homens negros foram escolhidos para o estudo em troca de tratamento médico gratuito — 399 estavam com a doença. No entanto, os participantes **nunca foram avisados** sobre o intuito do experimento, não foram informados sobre seu estado de saúde e muito menos medicados com penicilina quando o antibiótico se tornou o tratamento oficial para sífilis, em 1947. Esse estudo, conduzido por uma equipe de **cinco médicos e uma enfermeira**, levou 128 participantes à morte, 40 esposas a contraírem sífilis e 19 crianças a nascerem com sífilis congênita. Uma **conspiração** foi a responsável pelo início e pela continuidade desse perverso estudo.

Teoria da Conspiração é uma tentativa de explicar as principais causas de acontecimentos políticos ou sociais **importantes** com base na hipótese de que os eventos foram ou estão sendo planejados em segredo por duas ou mais pessoas poderosas para obter vantagens, infringir a lei ou cometer atos imorais em detrimento dos interesses da população em geral.[5] Também acontecem quando as pessoas tentam explicar eventos já solucionados usando versões alternativas às oficiais. A explicação de que o coronavírus foi criado em um laboratório na China como uma arma biológica é uma **Teoria da Conspiração**, assim como a hipótese de que o governo norte-americano é comandado por pedófilos que raptam crianças, as mantêm reféns em porões de pizzarias, **abusam** delas e as servem como jantar — teoria que deu origem ao movimento QAnon nos EUA. Sobre esse grupo, você se recordará do potencial de viralidade e engajamento que conteúdos que violam regras morais, como pedofilia, apresentam. Não é à toa que a QAnon conquistou uma gigantesca legião de apoiadores em questão de meses, e hoje é um dos movimentos conspiracionistas mais fortes dos EUA. Nas mídias sociais, a hashtag que os membros usam em seus posts apresenta apelo moral para qualquer ser humano: #savethechildren.

320 A Arte de Enganar a Si Mesmo

Analisando os exemplos, pode-se perceber que teorias da conspiração variam de **muito a pouco prováveis**, podendo ou não ser verdadeiras. Um dos fatores que faz com que as pessoas acreditem em alguma teoria da conspiração é que **conspirações realmente existem!** No entanto, como conspirações apresentam dificuldades de execução e imprevistos similares aos encontrados em estratégias corporativas, adicionando o fato de que manter muitas pessoas guardando segredos por longos períodos de tempo é uma tarefa impossível, **a maioria das conspirações não obtêm sucesso**. Mais sobre isso em breve.

Quando Teorias da Conspiração Surgem ou Revivem?

No fim do capítulo anterior, vimos que a sensação de falta de controle pode levar indivíduos a comportamentos violentos, assim como à depressão. No entanto, esse sentimento também está associado à crença em teorias da conspiração.

Um grupo de cientistas de três universidades norte-americanas revelou que a sensação de que a **economia está ficando pior** está associada ao percentual de pessoas que acreditam em teorias da conspiração.[6] Já um estudo realizado pelas universidades de Kontanz e de Colônia, na Alemanha, em conjunto com as de Northumbria e de City London, na Inglaterra, demonstrou que existe uma correlação entre a crença em teorias da conspiração e a sensação de falta de controle no ambiente **sociopolítico**, assim como outras pesquisas que apontam resultados similares quando as pessoas **perdem a sua fé no sistema político**, ou seja, em como decisões são tomadas pelos governantes.[7] Por conta de momentos econômicos turbulentos, quando a **frustração** dos indivíduos é alta devido às maiores dificuldades em ganhar o pão de cada dia, a conclusão de que a **sua vida não irá melhorar** — independentemente de seu esforço no trabalho, seu voto, sua participação em eventos populares ou de que partido está no poder — aumenta as chances de as pessoas acreditarem que grupos poderosos conspiram contra o bem comum para **criar** situações econômicas e políticas que os beneficiem.

É importante ressaltarmos que, como esses estudos são correlacionais, a direção contrária também é possível — a crença em teorias da conspiração **pode causar** no indivíduo a perda de interesse na política e resultar também na ideia de que a economia nunca esteve tão mal. Alguns estudos, inclusive, encontraram exatamente essa relação.[8]

Não é preciso ser um "Einstein" para imaginar que **escândalos políticos** também aumentam a quantidade de pessoas acreditando em teorias da conspiração, no entanto, como a ciência não sobrevive de intuição e sim da coleta e da análise de dados, é necessário ser um, ou melhor, uma Einstein para realizar um experimento controlado que investigue esse fenômeno. Katherine Einstein, da Boston University, e seu colega David Glick analisaram as crenças em teorias da conspiração de participantes em dois momentos diferentes: épocas com **baixos e altos níveis de escândalos políticos**.

Para verificar se nessas épocas havia diferença na quantidade de pessoas propensas a pensamentos conspiracionistas, um grupo de participantes deveria ler uma matéria jornalística sobre a queda nos níveis de desemprego, enquanto outro grupo deveria ler a mesma matéria com uma pequena adição: nela, o ex-CEO da GE, Jack Welch, afirmava que as informações oficiais sobre o nível de desemprego eram suspeitas e que o governo de Barack Obama manipulava os dados para conquistar vantagem política. Como previsto, o percentual de participantes que acreditavam que os dados de empregabilidade eram manipulados pelo governo **era maior em épocas com altos níveis de escândalos políticos**. As descobertas não param por aí: os cientistas também revelaram que, em épocas de escândalo, as pessoas reportavam confiar menos em algumas **instituições governamentais**.[9] Perceba que, em algumas ocasiões, os próprios políticos lançam dúvidas sobre a transparência de instituições governamentais e, como iremos analisar mais para frente, são eles mesmos os maiores prejudicados, pois o público politicamente moderado — aquele que pode fazer a diferença nas eleições — é o mais propenso a acreditar em teorias da conspiração e, consequentemente, a se desengajar de assuntos políticos.[10] Com as frequentes e escandalosas corrupções que vimos em nosso país nos últimos anos, uma mudança que podemos ter em breve é a criação de um nicho de eleitores desengajados.

322 ❧ *A Arte de Enganar a Si Mesmo*

De tempos em tempos, as pessoas acreditam que grupos **comunistas e esquerdistas** estão tramando estratégias para dominar o mundo. Em outros períodos, são grupos **capitalistas e direitistas** os suspeitos de conspirações para tirar vantagem de todos nós. Mas exatamente em quais períodos surgem teorias acusando cada lado da esfera política? Joseph Uscinski e Joseph Parent, da Universidade de Miami, analisaram mais de 100 mil cartas enviadas aos editores do *New York Times* e do *Chicago Tribune,* entre 1890 e 2010, chegando à conclusão de que acusações conspiratórias contra capitalistas/direitistas ou comunistas/esquerdistas surgem com maior frequência **dependendo de quem está no poder**. Quando a **esquerda está no poder**, mais cartas sobre **conspirações de esquerda e comunistas** são enviadas aos jornais, assim como mais cartas sobre planos malignos da **direita e de capitalistas** chegam às mãos dos editores dos jornais quando é a **direita quem está no comando**. Uma adição interessante a essas posições acontece quando as **eleições se aproximam**.[11] Joseph Uscinski acompanhado de cientistas das universidades de Miami, Wisconsin e St. Laurence publicaram um artigo no *journal Political Reseach Quarterly*, indicando que as pessoas passam a acreditar mais fortemente em conspirações de fraude nas urnas quando **períodos eleitorais estão próximos**.[12]

Novamente, o enfrentamento de situações de imprevisibilidade, incerteza e baixa confiança em instituições governamentais estimula estados psicológicos que aumentam as chances de acreditarmos que políticos estão armando algo para prejudicar a democracia e o bem comum. Peço ao leitor um pouco de cautela ao interpretar a frase anterior, pois não estou ratificando que políticos nunca tramam, mas sim que criam situações que podem resultar em um estado de desespero desnecessário na população, em certas ocasiões. No entanto, esse estado de alerta também é um dos benefícios de teorias da conspiração, como analisaremos em instantes.

Pensamentos conspiracionistas não aumentam somente em períodos de eleição, mas também, **logo após** esses eventos. Uscinski afirma que "conspirações são para perdedores", no sentido de que o lado perdedor sempre justifica sua derrota a trapaças praticadas pelos vencedores.[13] Como regra, as pessoas sempre acreditam que o partido oposto ao seu posicionamento está frequentemente envolvido em atividades maldosas.[14]

Direitistas acreditam que esquerdistas cometem fraudes eleitorais, e esquerdistas acreditam no contrário — a velha dissonância cognitiva gerando conforto novamente: *"Meu candidato só perdeu porque roubaram as eleições."*[15] Como revelaram os estudos de Henri Tajfel, que exploramos no Capítulo 9, qualquer característica aleatória que nos leve a crer que somos parte de um grupo faz com que, automaticamente, tenhamos uma paixão inexplicável por pessoas com a mesma classificação e passemos a prejudicar grupos diferentes em condições de competição.

Saindo do campo político, pensamentos conspiratórios aumentam em frequência logo após **eventos mundiais de grande impacto**, principalmente quando as explicações oficiais não satisfazem certas necessidades psicológicas das pessoas.[16] Logo após os ataques terroristas de 11 de Setembro, teorias da conspiração ganharam força ao desafiar as explicações do governo norte-americano de que os eventos foram causados pela Al-Qaeda. Para muitas pessoas, é impossível que um grupo de 19 pessoas originárias de um país menos desenvolvido tenha poder suficiente para atacar e causar tamanho dano na nação mais poderosa do mundo. Por causa dessa desconfiança, muitas pessoas até hoje acreditam que o governo de George W. Bush implantou explosivos nas torres do World Trade Center e planejou o ataque com os aviões ou, ainda, **deixou o evento acontecer** mesmo sabendo que a Al-Qaeda atacaria naquele dia — tudo porque o governo norte-americano tinha interesse em invadir o Iraque, por conta do petróleo, e o Afeganistão, para trazer lucro para a indústria bélica.[17] No entanto, na época do ataque, o preço do combustível nos EUA já era baixo e a ida à guerra não trouxe mudança alguma nesse sentido. Não me estenderei nesse assunto pois, nas próximas linhas, darei mais detalhes sobre como analisar se teorias da conspiração são falsas ou verdadeiras. A explicação oficial dos ataques ao WTC e ao Pentágono é clara e simples, o que é um prato cheio para a criação de teorias por pessoas que acreditam que **eventos de grande magnitude são causados por conspirações de grande magnitude**, nunca por planos envolvendo somente 19 pessoas.

Raciocínios similares a esse explicam por que diversas teorias da conspiração cercam a morte trágica da princesa Diana, ocorrida em um acidente em Paris, quando o motorista de seu namorado Dodi Al-Fayed bateu o carro em um túnel enquanto fugia de paparazzis a 170 km/h.[18] O único passageiro a sobreviver foi um dos guarda-costas de Al-Fayed, que também era o único usando o cinto de segurança. A autópsia do motorista, Henri Paul, revelou que ele havia consumido **mais de três vezes** a quantidade de álcool permitida na França, além de estar tomando antidepressivos. Para o conspiracionista, uma **princesa** morrer em um acidente de carro causado por uma combinação de alta velocidade, um motorista embriagado e a falta de uso de um cinto de segurança é um evento para lá de improvável, apesar de acidentes como esse acontecerem quase todos os dias. *"Deve haver outra explicação que estão tentando esconder do público, provavelmente envolvendo a família real"*, analisa o conspiracionista. Um acontecimento anterior à morte de Diana, que causou o maior furor, foi o assassinato do presidente norte-americano John F. Kennedy. Na mente do conspiracionista, nunca um **atirador solitário** conseguiria matar a maior autoridade do mundo e, por esse motivo, as teorias da conspiração apontam o **FBI** e a **CIA** como responsáveis pela morte de Kennedy. Porém, antes de JFK, outros presidentes norte-americanos foram assassinados da mesma maneira, e outros dois sobreviveram a ataques. Até hoje, 60% dos norte-americanos continuam acreditando que a CIA assassinou o presidente Kennedy.[19]

Para finalizar esta parte, nada melhor do que tratarmos sobre um evento de grande impacto, que trouxe alto grau de frustração, piorou brutalmente a economia, gerou escândalos políticos, diminuiu a confiança da população no sistema político, desestabilizou instituições governamentais e ainda envolveu a última variável relacionada com teorias da conspiração que iremos explorar — uma **ameaça internacional**.

A pandemia do coronavírus, de 2019 a 2022, virou o mundo de ponta-cabeça. Do dia para a noite perdemos nossa liberdade de ir e vir, fomos instruídos a usar máscaras e a praticar distanciamento social, negócios ruíram, empregos se foram, casamentos acabaram e, infelizmente, milhões de pessoas perderam suas vidas. Durante mais de um ano vivemos a insegurança aterrorizante de não saber se teríamos um medicamento capaz de curar a doença, enquanto presenciávamos familiares e amigos indo embora de uma hora para outra. Após a descoberta das vacinas, ainda ficamos mais de um ano esperando a população ser completamente vacinada para nos vermos livres dos pesadelos causados pelo coronavírus. A pandemia foi uma situação nova para todos nós e, como bem sabemos, situações como essa causam insegurança. Adicionalmente à novidade da situação, outro elemento que causou enorme dano psicológico nas pessoas foi a incerteza sobre quando a pandemia iria **acabar**.

Os acontecimentos no mundo são complexos e, muitas vezes, fogem da nossa compreensão. Esses fatos entram em choque com um dos princípios para o bem-estar do ser humano: encontrar razões rápidas e razoáveis para **explicar** qualquer acontecimento. Para todos nós, um dos maiores desconfortos cognitivos existentes é não sabermos o **fim de uma história**. O ser humano necessita de **desfecho** para ter uma sensação de **controle** sobre o seu destino.[20] Não ter essa sensação de controle, como vimos no capítulo passado, pode levar as pessoas à desesperança e fazer com que estejam mais suscetíveis a acreditar em informações fáceis e sedutoras que explicam o inexplicável. Nós temos uma preferência por situações previsíveis, por ordem e estrutura, ao mesmo tempo que detestamos a ambiguidade. A crença em teorias da conspiração traz a sensação de **recuperação do controle** para muitas pessoas.

O termo **Efeito Zeigarnik**, cunhado em homenagem à cientista russa Bluma Zeigarnik, é definido como a necessidade que o ser humano tem em concluir tarefas, mostrando que **lembramos com mais facilidade de tarefas incompletas** do que das tarefas que já completamos.[21] Zeigarnik, sob a orientação do lendário cientista Kurt Lewin, observou que garçons se lembravam com mais facilidade dos pedidos de mesas que ainda não haviam fechado a conta, em comparação com os pedidos de mesas as quais os clientes já haviam pagado. O não fechamento de uma tarefa nos causa **desconforto cognitivo** e, portanto, fica mais presente em nossa memória. Cientistas como Arie Kruglanski, da Universidade de Maryland, vêm investigando as implicações da **necessidade de desfecho** no ser humano, descobrindo que isso leva as pessoas a julgamentos imprecisos e precipitados em diversas áreas.[22]

A pandemia do coronavírus é uma dessas histórias sem um final claro, que causa grande insegurança, julgamentos ruins e a necessidade de uma explicação melhor do que a oficial, ou seja, um terreno fértil para a criação de teorias da conspiração. No entanto, uma das razões pelas quais o coronavírus é rodeado de teorias conspiratórias é o fato de que ele surgiu na **China**, um país extremamente poderoso e famoso por controlar sua população. Nas cartas enviadas ao *New York Times* e ao *Chicago Tribune*, analisadas pelos cientistas da Universidade de Miami, fica clara a evidência de que, em períodos nos quais ameaças estrangeiras estão presentes, a frequência de cartas reportando conspirações que envolvem um **inimigo internacional** aumentam.[23] A explicação oficial de que, em um mercado em Wuhan, um pangolim passou o vírus para um morcego que posteriormente virou refeição de um ser humano e desencadeou uma pandemia é muito simples na cabeça de alguém com tendência a acreditar em teorias da conspiração. Essa história não se encaixa na crença de que **grandes eventos necessitam de grandes causas**. É por todos esses motivos que a explicação de que **a China criou o vírus** em um laboratório em Wuhan e o espalhou de propósito para dominação mundial faz mais sentido para tantas pessoas. Já que essa narrativa envolve um **maligno inimigo estrangeiro**, ela casa melhor com o pensamento de que uma **pandemia** necessita de uma causa com proporções colossais, e satisfaz a nossa necessidade por fechamento em um momento de imprevisibilidade.

Observamos que existem situações nas quais a quantidade de pensamentos conspiratórios aumenta, e que os tipos de histórias conspiratórias variam previsivelmente de acordo com essas situações. Agora é hora de analisarmos o perfil do conspiracionista — você ficará surpreso.

Quem São os Conspiracionistas?

Imagine que você está participando de um jogo em um cassino e está prestes a lançar dois dados. Para ganhar o jogo, você precisa que os dados somem 11. Agora imagine que, na segunda rodada, para a sua vitória é necessário que os dados somem 3. Você acredita que, precisando de resultados tão opostos, a força com que lançaria os dados nas duas rodadas seria igual ou diferente? Você acredita que a força no lançamento dos dados influencia de alguma forma os resultados? Se a sua resposta para as duas perguntas foi **não**, você acertou apenas uma delas.

Quando o cientista James Hensli, da Universidade do Sul de Illinois, estudou o comportamento de apostadores de jogos de azar em situações como a descrita acima, ele observou que os apostadores lançavam os dados com **força** quando precisavam de um **número alto**, mas jogavam os dados com **leveza** quando precisavam de um número baixo.[24] A renomada cientista de Harvard, Ellen Langer, realizou dezenas de estudos similares a esse e descobriu, por exemplo, que, depois das pessoas **escolherem** uma **carta** ou uma **letra do alfabeto** para participar de um sorteio, elas **dificilmente trocam suas escolhas iniciais** quando têm a chance, mesmo quando informadas de que na nova situação menos pessoas estão concorrendo e, portanto, suas chances de ganhar são maiores. Aquelas questionadas se venderiam para outra pessoa a carta que escolheram, pedem **8,67 vezes mais** do que o valor que pagaram. No entanto, Langer revelou que, quando é **o cientista que escolhe** a carta ou letra do alfabeto, os participantes pedem apenas **1,96 vezes mais** do que o valor original para vender sua carta. Da mesma forma, dos participantes que tinham a opção de **escolher a letra do alfabeto** para o sorteio e, posteriormente, eram informados de que poderiam mudar para outro sorteio no qual tinham mais chances de ganhar, 68% deles preferiram **continuar** no sorteio em que já estavam. No entanto, dos participantes que tiveram suas letras **escolhidas pelo cientista**, 62% preferiram trocar para o sorteio em que havia menos participantes. Ellen Langer nomeia esse comportamento como **A Ilusão do Controle**, e seus experimentos demonstram que as pessoas precisam ter a **sensação de controle** mesmo quando estão em situações em que não existe controle algum, como em um sorteio.[25] Perceba que escolher ou não suas cartas ou letras **não muda as chances de as pessoas ganharem o sorteio**, a probabilidade de qualquer carta ou letra ser sorteada **é a mesma**, no entanto, quando uma pessoa **escolhe** a carta ou a letra, ela passa a acreditar que tem mais chances em ser a vitoriosa, pois **exerceu controle** sobre a sua escolha.

Ter controle sobre o destino é uma condição essencial para o nosso bem-estar, enquanto viver em situações de incerteza é algo extremamente estressante para o ser humano. Os dois maiores cientistas motivacionais do mundo, Edward Deci e Richard Ryan, da Universidade de Rochester, descobriram em seus mais de cinquenta anos de pesquisas que a **autonomia** é um dos três pilares da motivação — sem a sensação de que têm certo controle sobre diversos aspectos da vida, as pessoas perdem sua motivação, sua vontade de agir em direção a seus objetivos.[26] Assim como o apostador, ou como qualquer um de nós, o conspiracionista gosta de ter a sensação de controle, **mesmo quando ela é ilusória**.

Conforme vimos anteriormente, o sentimento de que a economia está ficando pior, de falta de controle no ambiente sociopolítico e de que as instituições governamentais não são confiáveis, faz com que as pessoas se sintam **impotentes**. A primeira característica de personalidade que faz com que um indivíduo tenha uma mente mais conspiratória é justamente a **sensação de falta de poder**, de que não tem **controle** sobre seu destino.[27] Em 2008, Adam Galinsky e Jennifer Whitson, cientistas da Columbia e da Universidade da Califórnia Los Angeles, publicaram os resultados de seis experimentos no renomado *journal Science*, demonstrando que, quando as pessoas sentem falta de controle, têm maior probabilidade de **encontrar padrões** em um conjunto de imagens aleatórias, ou seja, em ter pensamentos conspiracionistas.[28] Contraprovas desse fato vêm de experimentos que trouxeram um **maior sentimento de controle aos participantes** e obtiveram sucesso em **diminuir a inclinação** dos mesmos na crença em teorias da conspiração.[29]

É prudente compreendermos que quando uma pessoa conclui que todos os seus problemas pessoais e profissionais são causados por um **único grupo perverso** de pessoas poderosas, que controla em segredo tudo ao seu redor, ela começa a **recuperar** sua sensação de **controle, poder e autoestima**. Para pessoas desempregadas, que ganham mal ou que não conseguem subir na ladeira social, a crença em teorias da conspiração é uma **ferramenta sedutora para explicar o seu status**. Na cabeça do conspiracionista, sua falta de sucesso é causada por forças malignas e não por sua falta de interesse ou de preparo, assim, a crença faz com que ele **recupere seu amor-próprio** e os **recursos psicológicos que lhe foram retirados**. O **Viés do Autointeresse** prevê que todo indivíduo atribui seu sucesso a qualidades **pessoais**, mas culpa o **ambiente e as circunstâncias** por seus fracassos, assim consegue manter uma imagem positiva de si mesmo. Confirmações disso vêm de artigos que analisaram o percentual de crença em teorias da conspiração em grupos de baixo e alto status social. Como você pode imaginar, grupos de baixo status são mais predispostos a endossar teorias da conspiração do que grupos de alto status. Lembrando apenas que baixo status **não significa baixa renda**, e sim grupos que, sem motivos, são tratados de forma discriminatória.[30]

> " ▬▬▬
> Acreditar em teorias da conspiração livra as pessoas da responsabilidade de serem bem-sucedidas, imposta injustamente pela sociedade."

Ao lado de seus colegas, Jeniffer Crocker, da Universidade de Michigan, demonstrou em um estudo que negros são mais suscetíveis a acreditar que o governo conspira contra eles.[31] Por outro lado, não podemos julgar esse pensamento como irracional, pois, sabendo dos acontecimentos do estudo de Tuskegee, podemos concluir que o governo norte-americano **já conspirou** contra os negros. História não significa destino, mas, infelizmente, conspirações passadas podem levar as pessoas a piores decisões em situações de vida ou morte, como podemos concluir por meio de um estudo feito na África do Sul, que revelou que mulheres negras tinham menos chances de pedir aos seus parceiros sexuais para usar preservativos, já que muitos negros acreditam que a **AIDS é uma doença inventada** por uma conspiração para evitar que eles se reproduzam.[32] Padrões cognitivos similares são encontrados em pessoas de origem muçulmana, já que estudos revelam que muçulmanos acreditam com frequência que ataques terroristas, como o acontecido em 2002 na Indonésia, foram planejados por inteligências ocidentais para gerar uma perseguição ao islamismo.[33]

Voltando à sensação de controle, um grupo de cientistas de três universidades inglesas expôs voluntários a um vídeo no qual algumas formas geométricas se moviam em uma tela, pedindo também que respondessem a alguns questionários, incluindo um que analisava o nível de crença em teorias da conspiração. Posteriormente, os cientistas pediam aos participantes para que indicassem se acreditavam que o comportamento das formas geométricas lembrava o de seres humanos. Os resultados apontam que aqueles que percebiam uma **intencionalidade** nas formas geométricas, afirmando que uma estava **perseguindo** a outra ou que uma das formas se chocou **de propósito** contra outra, eram também aqueles que tinham níveis maiores de pensamentos conspiracionistas.[34] Indivíduos mais suscetíveis à crença em teorias da conspiração, além de perceberam padrões inexistentes, também percebem **intencionalidade** em circunstâncias aleatórias: "O coronavírus foi criado em um laboratório pela China para a dominação mundial."

Uma possível relação interessante entre falta de poder e as teorias da conspiração foi encontrada por cientistas da Universidade de Mainz, na Alemanha. Pia Lamberty e Roland Imhoff realizaram estudos correlacionais e experimentais que concluíram que pessoas com mentalidade conspiracionista têm uma **necessidade de se sentir únicas**, de **possuir informações preciosas** conhecidas por uma minoria.[35] Ao acreditarem ser portadores de informações raras, indivíduos com sentimentos de impotência e pertencentes a grupos de baixo status **reconquistam a sensação de que são poderosos e elevam sua autoestima**. Lembre-se de que um dos maiores motivadores humanos é a necessidade de manter uma imagem positiva sobre si mesmo. Não por acaso, evidências indicam que pessoas **narcisistas** — aquelas com uma visão positiva exagerada de si mesmas e que possuem alta necessidade de receber validação externa — são mais propensas a ter pensamentos conspiracionistas já que creem ter informações exclusivas.[36]

Algumas das mesmas cientistas que descobriram o componente do narcisismo na crença em teorias da conspiração também revelaram que o sentimento de **admiração a um grupo** está associado à mentalidade conspiracionista. A convicção de que o **seu grupo é especial** e de que as pessoas não dão o valor devido a ele captura a essência do **narcisismo coletivo**, algo que pode ser perigoso, já que pessoas que valorizam seus grupos demasiadamente podem espalhar explicações falhas sobre eventos importantes, prejudicar outros grupos, discriminar e fazer com que a população tome piores decisões. Consumir mídias nas quais teorias da conspiração são prevalentes também é um previsor de mentalidade conspiracionista, já que a descoberta de que outras pessoas têm novos argumentos para suportar teorias da conspiração comuns serve para fortalecer a crença do conspiracionista, bem como para gerar uma sensação de pertencimento a um grupo.[37]

Adaptação de uma imagem sobre a vacina do coronavírus que circula em grupos conspiracionistas, demonstrando o narcisismo de parte desse grupo.

Em um estudo realizado em 2018, a cientista Agnieszka Golec de Zavala, da Universidade de Londres, e o cientista político da Universidade de Minnesota, Christopher Federico, descobriram que o apoio ao ex-presidente norte-americano Donald Trump estava correlacionado ao narcisismo coletivo dos participantes e, consequentemente, ao apoio a teorias da conspiração durante as eleições de 2016. Slogans como "Make America Great Again" geram o sentimento de que o país está mal e precisa urgentemente de recuperação e, assim, ao apoiar Donald Trump, as pessoas que se sentem desvalorizadas têm a oportunidade de fazer parte de um grupo especial que colocará o país nos trilhos novamente.[38] Como mencionei antes, a crença em teorias da conspiração nem sempre leva ao desengajamento político, às vezes, o efeito é justamente o contrário. Lembre-se de que uma das formas de valorizar o nosso grupo é prejudicar intencionalmente o grupo concorrente.

Entrando em novas variáveis de personalidade, um grande corpo de estudos mostra que conspiracionistas têm maiores chances de ser **homens, solteiros, com baixo nível de escolaridade, desempregados, de baixa renda e com redes de relacionamento mais fracas**.[39] Conspiracionistas também têm menos probabilidade de trabalhar nos setores financeiro, no exército e na administração pública, exatamente os setores que são acusados de conspirar. Além disso, conspiracionistas apresentam menores chances de investir no mercado de ações. Como esses fatores são correlacionais e, portanto, podem ter **causas de ambas as direções**, pode ser a **mentalidade conspiracionista** a **causa** desses indivíduos **não procurarem empregos** em mercados onde gira mais dinheiro, não investirem no mercado financeiro, não buscarem se educar mais e terem mais dificuldades em se relacionar — assim, acabam desempregados ou em mercados que pagam menos, além de continuarem solteiros. Pode ser também que, ao se candidatar a uma vaga de emprego, o conspiracionista expresse suas opiniões na entrevista e acabe não sendo contratado, permanecendo em situações de vida mais precárias. Como alguém treinado na linguagem científica, tenho muito cuidado com as palavras que uso e, portanto, gostaria de deixar claro que, quando uma pesquisa indica que pessoas com nível baixo de educação formal são **mais suscetíveis** a teorias da conspiração, os cientistas não estão afirmando que elas são as **únicas** a ter uma mentalidade conspiratória, e nem que **todas** agem dessa maneira. Durante a pandemia do coronavírus, presenciamos médicos, engenheiros, advogados, jornalistas e professores **acreditando e espalhando** teorias da conspiração, portanto indivíduos de qualquer nível educacional e social podem ser fisgados por raciocínios conspiracionistas.

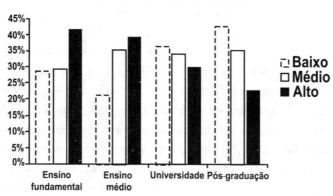

Ainda em relação aos níveis de educação formal, Karen Douglas, da Universidade de Kent, explica que pessoas com pouca escolaridade têm maiores probabilidades de enxergar **intencionalidade** em situações pouco prováveis ou simplesmente inexistentes.[40] Já Jessecae Marsh e Joseph Vitriol descobriram que pessoas que **superestimam suas habilidades** em entender fenômenos complexos têm maiores tendências em se engajar em pensamentos conspiratórios,[41] assim como pessoas com **baixo nível de pensamento analítico**,[42] de acordo com um estudo realizado por cientistas das universidades de Westminster, Viena, Konstanz e College Londres — aliás, alguém aí lembra do efeito Dunning-Kruger? Ao contrário do que essas evidências podem nos fazer acreditar, pessoas com mentalidade conspiratória não são estúpidas ou ignorantes. Mais sobre esse assunto adiante.

Uma das ferramentas mais utilizadas por conspiracionistas para defender suas posições, de acordo com o cientista John McHoskey, é o **Viés da Confirmação**, um fenômeno que analisamos com profundidade em capítulos anteriores.[43] Usando o viés da confirmação, conspiracionistas buscam apenas por evidências que provam que estão certos e descartam as que provam que estão errados. Esse fato é uma das provas de que, apesar de conspiracionistas buscarem a verdade, falta a eles a metodologia correta para tal descoberta. Cientistas, assim como conspiracionistas, estão suscetíveis a vieses que podem ofuscar suas descobertas, no entanto a metodologia científica obriga que eles criem uma **hipótese falsificável**, ou seja, que também coletem e analisem dados que possam mostrar que **estão errados**. Ainda assim, estudos científicos podem apontar em direções contrárias, e, por esse motivo, a **replicação** é um dos grandes benefícios da ciência, fazendo com que ela **corrija a si mesma** com o passar do tempo. Estudos mal formulados ou tendenciosos são **esmagados pelo acúmulo de artigos apontando em outra direção**, o que mantém cientistas enviesados ou com interesses escusos distantes da relevância no mundo acadêmico. É válido nos lembrarmos dos diversos estudos que demonstram que, quando expostas a informações contrárias as suas crenças, as pessoas passam a acreditar com ainda mais força em suas posições iniciais, inclusive na política, um terreno fértil para teorias da conspiração.[44]

E, quando tratamos de direcionamento político, Joseph Uscinski e Adam Enders recentemente publicaram um artigo analisando duas grandes amostras e **não descobriram correlações significativas** entre partidarismo e maior disposição a crenças conspiratórias, ou seja, a distribuição percentual de pessoas com baixa, média ou alta suscetibilidade em crer em teorias da conspiração é praticamente a mesma entre direitistas e esquerdistas.[45] Os cientistas descobriram, porém, que o posicionamento político prevê apenas quais **tipos de teorias da conspiração** as pessoas acreditam. Como podemos imaginar, pensamentos conspiratórios sobre **golpes da direita** têm maior aceitação por militantes da esquerda e vice-versa. E, quando tratamos de **extremismo político**, seriam os militantes radicais os mais propensos a ter altos índices de pensamentos conspiratórios? Incrivelmente, Uscinski e Parent descobriram que os níveis de crenças conspiracionistas não aumentam quando chegamos aos polos, mas sim quando chegamos ao **centro**.[46] Indivíduos que não se identificam como esquerda ou direita são os que apresentam **os maiores percentuais de pessoas com alto nível de pensamentos conspiracionistas**. Conforme dito anteriormente, quando políticos lançam dúvidas sobre instituições públicas como o TSE e o STF, eles mesmos são os maiores prejudicados, já que o eleitor moderado — que poderia fazer a diferença nas urnas — perde cada vez mais sua confiança na política, fica menos engajado, começa a acreditar mais fortemente que o mundo é comandado por um pequeno grupo secreto e maligno, perde a sensação de controle e, fatalmente, é mais sujeito a votar nulo.

Há pouco, descobrimos que a **necessidade por um desfecho** é um grande motivador cognitivo para o ser humano e, não à toa, essa característica está ligada à personalidade de pessoas com altos níveis de pensamentos conspiracionistas.[47] Perceba como a crença em teorias da conspiração casa perfeitamente com o **cérebro avarento**. Encontrar os motivos de qualquer evento impactante, local ou mundial, usando uma **única causa** faz com que o nosso cérebro economize a energia que tanto precisa, criando os atalhos cognitivos que facilitam cada vez mais que cheguemos a conclusões enviesadas que nos trazem grande satisfação pessoal.

Outros estudos surpreendentemente sugerem que a propensão em acreditar em teorias da conspiração seja, em si, um **componente de personalidade** ligado a uma **falta de simpatia a grupos poderosos e a explicações oficiais**.[48] Essa **mentalidade conspiracionista**[49] deriva do fato de que, quando uma pessoa acredita em **uma** teoria da conspiração, a tendência é que **acredite em várias outras**. O cientista Ted Goertzel, da Universidade Rutgers, publicou um artigo no *journal Political Psychology* em que analisou as crenças das pessoas sobre dez teorias da conspiração, revelando que pessoas que acreditavam que JFK havia sido assassinado pela CIA, também acreditavam que a AIDS havia sido criada em um laboratório dos EUA, que o exército norte-americano escondia naves de extraterrestres, que o FBI assassinou Martin Luther King Jr., que o governo norte-americano espalhou drogas intencionalmente nas comunidades pobres, que o Japão estava conspirando para destruir a economia norte-americana, entre outras.[50]

Percebemos que histórias sobre doenças serem desenvolvidas em laboratório e espalhadas intencionalmente não são novidade. Durante a pandemia do coronavírus, porém, além de atitudes conspiracionistas sobre a doença ter sido fabricada na China, surgiram também histórias sobre a presença de um chip na vacina, de que remédios eficientes foram descartados por cientistas maldosos para que a Big Pharma obtivesse enorme lucro com vacinas, de que os metais da vacina transformariam as pessoas em antenas de 5G, de que o coronavírus foi fabricado para desestabilizar o governo de Donald Trump, de que o vírus foi confeccionado para exterminar parte da população mundial e de que a doença era um golpe socialista com a intenção de formar uma "nova ordem mundial". Quantas pessoas ainda acreditam em várias dessas teorias? Seriam elas plausíveis? Mais sobre isso adiante.

Além de conspiracionistas acreditarem em múltiplas teorias da conspiração, também tendem a crer em teorias **incompatíveis**. Karen Douglas, Robbie Sutton e Michael Wood, da Universidade de Kent, analisaram as crenças de participantes sobre as mortes da princesa Diana e de Osama bin Laden, chegando à desconcertante conclusão de que, quanto mais as pessoas acreditavam que a princesa Diana tinha fingido sua própria morte, mais elas também acreditavam que ela havia sido assassinada. Seguindo o mesmo raciocínio, quanto mais as pessoas acreditavam que Osama bin Laden já estava morto quando os soldados norte-americanos invadiram seu esconderijo no Paquistão, mais elas também acreditavam que ele continuava vivo.[51] **Como é possível uma pessoa estar morta e viva ao mesmo tempo?** Os cientistas desse estudo concluíram que esse tipo de raciocínio falho está associado com a visão exagerada dos participantes de que as autoridades **acobertam** esses fatos e, não surpreendentemente, outros estudos mostram que a falta de simpatia por autoridades também está correlacionada com a **discriminação a grupos poderosos** como norte-americanos, capitalistas e judeus.[52]

Essa discriminação pode levar conspiracionistas a atos mais radicais como a **violência**, fato confirmado por estudos que perguntaram aos participantes o quanto eles concordavam com frases como *"a violência é, às vezes, uma maneira aceitável de expressar discordância com o governo"* e *"o uso da violência é uma forma aceitável de coibir grupos políticos extremos em nosso país a fazerem o mal"*. Apenas 59% dos indivíduos com alto grau de conspiracionismo **discordam** da primeira frase, enquanto 42% discordam da segunda, comparados com 80% e 56% de discordância dos grupos de pessoas com baixa mentalidade conspiracionista. Quando os cientistas estudaram isoladamente o grupo de pessoas com os pensamentos conspiracionistas mais **extremos**, eles descobriram que 20% deles aceitavam a violência como uma maneira de expressar discordância com o governo, em contraste com apenas 8% das pessoas com baixa mentalidade conspiracionista.[53] Você deve lembrar que pesquisas que usam questionários têm suas falhas — já que nem sempre as pessoas respondem aquilo que gostariam, pela necessidade de passar uma imagem positiva sobre si mesmas —, portanto pode ser que as pessoas mais dispostas a cometer atos de violência sejam as com maior chance de **esconder suas verdadeiras intenções**, o que mudaria as estatísticas desse estudo. É possível também que aqueles que concordam com a violência na pesquisa acabem **não agindo** de forma violenta, no entanto o fato de pessoas altamente conspiracionistas concordarem em usar violência é preocupante, já que, se 1% dos conspiracionistas agirem, veremos atos de agressividade todos os dias.

As lembranças do que aconteceu no Capitólio, em Washington, e na Praça dos Três Poderes, em Brasília, são sinais dos perigos que teorias da conspiração podem causar para a população. Em ambos os casos, enquanto a maioria dos protestantes se manifestaram de forma pacífica, grupos conspiracionistas mais radicais carregaram armas, invadiram prédios, agrediram policiais, quebraram portas e janelas, vandalizaram escritórios e mal sabemos o que mais teria acontecido — nos EUA, caso os senadores não tivessem seguido por uma rota de fuga escoltados pela polícia, e no Brasil se o ato tivesse acontecido em um dia de semana.

Relacionados a essas preocupações estão os dados de pesquisas que apontam que pessoas com a mente altamente conspiracionista são as que se opõe com mais firmeza a processos mais cuidadosos no acesso da população a **comprar armas**, superando de forma praticamente dobrada a quantidade de pessoas com mentalidade conspiracionista baixa ou média favoráveis à facilitação na aquisição de armas. O raciocínio conspiracionista segue a lógica de que, se grupos secretos estão conspirando para tirar vantagem da população e assumir o controle sobre todos nós, o melhor a fazer é comprar um **arsenal** para nos defendermos. Em maio de 2022, um ataque motivado por uma teoria da conspiração aconteceu em Buffalo, no estado de Nova York, quando um rapaz de 18 anos matou 10 pessoas em um supermercado localizado em um bairro de população negra. Payton Gendron, o autor dos disparos, acredita em uma teoria da conspiração conhecida como "A Grande Reposição", que alega que forças malignas estão conspirando para exterminar a raça branca europeia e substituí-la por pessoas de outras origens, sendo que uma das maneiras de realizar essa substituição é a entrada massiva de imigrantes nos EUA.[54] Em anos anteriores, massacres motivados por essa teoria aconteceram nos EUA e na Nova Zelândia. A mesma teoria também levou supremacistas brancos às ruas de Charlottesville, em 2017, para protestar contra negros e imigrantes. "Judeus não irão nos substituir", emanava o cântico da multidão, que carregava bandeiras com o símbolo da suástica nazista e outros artefatos racistas.[55] A única conta que os participantes desse protesto não fizeram foi esta: como seria possível uma população judaico-americana de cerca de 7,6 milhões, com uma taxa de fertilidade de 1,5 filhos por mãe,[56] substituir uma população branca europeia de 192 milhões com taxa de fertilidade de 1,6. Além disso, diferentemente de outras religiões, o judaísmo não tem missões em outros países com o intuito de conversão.

Uma pergunta final: seriam os **conspiracionistas propensos a conspirar**, se possível? Um estudo genial feito por cientistas ingleses sugere que sim. Inicialmente, os participantes deveriam completar uma escala que media seus índices de **Maquiavelismo**, indicando em uma escala entre 1 e 6 (variando de "discordo totalmente" até "concordo totalmente") suas posições em 20 perguntas, como por exemplo: "Nunca diga a ninguém a razão pela qual você faz algo a não ser que isso seja útil." Em seguida, os voluntários deveriam ler 17 frases sobre teorias da conspiração, por exemplo: "O ataque nas torres gêmeas não foi uma ação terrorista, mas, sim, uma conspiração do governo." O próximo passo era indicar em uma escala de 1 a 7 se, caso estivessem na posição dos conspiradores em cada uma das 17 situações, eles participariam das ações. Os participantes também deveriam indicar o quanto concordavam com as 17 frases, ou seja, o quanto acreditavam que a conspiração havia ocorrido, além de marcar quão plausível, interessante, coerente, convincente e necessária cada frase era.

Como previsto na hipótese dos cientistas, quanto mais os participantes concordavam com frases relacionadas a teorias da conspiração, mais afirmavam que participariam das ações caso estivessem na posição dos conspiradores. Além disso, o nível de Maquiavelismo dos participantes também estava associado com a disposição de cada um deles em participar de atos conspiratórios e na crença em teorias da conspiração. Como esse estudo é correlacional, e a causalidade pode estar em ambos os lados, pode ser que a **crença em teorias da conspiração** faça com que o indivíduo tenha maior disposição de conspirar, ou que a **disposição em conspirar** faça com que a pessoa acredite mais fortemente em teorias da conspiração. Para resolver essa questão, um experimento científico é necessário, e foi exatamente o que os cientistas fizeram em um segundo estudo. A conclusão do experimento é que a segunda hipótese aponta a direção da causa, ou seja, os conspiracionistas **projetam seu próprio comportamento** em outras pessoas: "Eu conspiraria, portanto os outros devem estar conspirando."[57]

▶ Separando o Provável do Improvável

Os anos de 2019, 2020, 2021 e 2022 foram de trabalho exaustivo para as forças do mal. Primeiramente elas fabricaram um vírus em um laboratório em Wuhan e o espalharam de propósito para exterminar parte da população mundial, criando o pânico que precisavam. Em seguida, se alinharam com médicos do mundo todo para obrigar as pessoas a ficar em suas casas, em uma tentativa de desestabilizar a economia de todos os países e de provocar a queda de presidentes capitalistas. A próxima parte do plano foi conspirar contra medicamentos altamente efetivos para combater o vírus, abrindo caminho para que os laboratórios farmacêuticos desenvolvessem uma nova vacina que traria lucros astronômicos e os ajudaria em outra parte importante do plano. O próximo passo foi envolver empresas de tecnologia como Microsoft, Google e Amazon para desenvolver um microchip que seria inserido na vacina com o intuito de monitorar a população mundial. Adiante, acordos foram feitos com fabricantes de antenas de 5G para garantir que o chip permitiria o acompanhamento em tempo real dos futuros vacinados em qualquer lugar do mundo, analisando seus padrões de comportamento, de consumo e até de pensamento. Acordos com a mídia também não ficaram para trás — as forças do mal são donas dos maiores canais de notícias do mundo, e parte do plano diabólico foi

340 A Arte de Enganar a Si Mesmo

fazer com que os jornalistas espalhassem pânico entre a população, realizando campanhas massivas para que todos se vacinassem. No entanto, uma grande ameaça ao sucesso do plano deveria sair de cena: o presidente norte-americano Donald Trump. Vendo Trump como a única pessoa capaz de impedir esse grande esquema, a temerária conspiração fraudou as eleições norte-americanas e as entregou de bandeja a um de seus membros fiéis: Joe Biden. Todo esse trabalho foi supervisionado pela ONU, Fórum Econômico Mundial, Organização Mundial da Saúde, cientistas, alguns presidentes e líderes nacionais e, é claro, pela China, com o intuito de formar um governo único global — a Nova Ordem Mundial. O plano perverso de dominação do mundo por meio da armação do coronavírus foi camuflado na Agenda 2030 da ONU, que quer reduzir a emissão de gases de efeito estufa e desacelerar o aquecimento global, que obviamente é uma farsa com dados manipulados e que tem como objetivo verdadeiro causar pânico, destruir empresas petrolíferas, empregos, economias e países capitalistas, forçando a queda de presidentes e de líderes opositores para que, finalmente, os bilionários comunistas possam assumir o controle de todas as nações.

Considerando todas as pessoas envolvidas no golpe da pandemia do coronavírus, **existem neste momento mais de 30 milhões de pessoas malignas conspirando em segredo — somente nesse plano**. Se levarmos em conta que existem outras conspirações acontecendo no mundo, qual seria o real número de conspiradores?

Cientistas chineses – 1.870.000

Cientistas no mundo – 8.800.000

Médicos no mundo – 9.200.000

Empregados de farmacêuticas no mundo – 4.400.000

Pfizer – 79.000

AstraZeneca – 83.100

Janssen – 40.000

Moderna – 2.700

Sinovac – 4.281

Butantan – 300

Microsoft – 181.000

Amazon – 1.622.000

Google – 150.028

Huawey – 195.000

Samsung – 320.000

Nokia – 92.000

Jornalistas – 600.000

Fiscais em eleições norte-americanas – 1.168.633

ONU – 37.000

Fórum Econômico Mundial – 800

Organização Mundial da Saúde – 8.000

Líderes mundiais – 195

Funcionários públicos chineses – 7.100.000

Bilionários – 2.755

De acordo com cientistas de Stanford e da Columbia, guardar segredos por muito tempo não é uma das qualidades do ser humano,[58] além disso muitos experimentos científicos demonstram que o dinheiro é um grande motivador para todos nós.[59] Portanto, deveríamos imaginar as razões pelas quais até o momento **nenhum indivíduo sequer** envolvido na conspiração do coronavírus tenha decidido **denunciar o esquema** para fechar um **contrato milionário** para a publicação de um livro, receber cachês astronômicos para dar palestras no mundo todo e desfrutar de uma fama gigantesca. Ninguém até agora? *"Claro, as forças do mal estão pagando muito bem essas pessoas para ficarem quietas"*, diria alguém com a mentalidade conspiracionista. Mas nem ao menos **uma** pessoa teve a motivação de trair o grupo e ganhar **ainda mais?** Em um grupo de 30 milhões de pessoas, **nenhuma** foi seduzida a dedurar o plano a fim de garantir riqueza para o resto da vida sem precisar trabalhar muito? Vamos supor que apenas 0,01% desses 30 milhões de indivíduos estivessem envolvidos no plano de dominação mundial, ainda assim teríamos **3 mil pessoas** conspirando em segredo. Mesmo com esse número extremamente reduzido, ainda assim ninguém até agora decidiu abrir a boca e obter enorme vantagem financeira? Nem mesmo algum funcionário que foi **demitido** de uma dessas organizações?

Deixando o coronavírus para trás, teorias da conspiração envolvendo indústrias farmacêuticas são comuns e, uma das mais disseminadas é a de que a Big Pharma esconde a cura para o câncer — já disponível — a fim de ter lucro vendendo medicamentos de uso contínuo. Analisando que, neste momento, temos mais de 4 milhões de pessoas trabalhando na indústria farmacêutica, sem contar as milhões de outras que se aposentaram ou que mudaram de segmento, conseguimos tranquilamente descartar essa possibilidade pela razão de que esse segredo seria "dedurado" mais cedo ou mais tarde. Ainda, o mercado farmacêutico é altamente competitivo, e seria raro se uma das empresas do setor, na certeza de obter uma vantagem enorme em relação aos competidores, não passasse a perna nas demais, lançando o tratamento contra o câncer e o patenteando por anos.

Em 1972, Peter Buxtun, um funcionário do governo norte-americano contratado em 1965, reportou o Experimento de Tuskegee à jornalista Jean Heller e o escândalo rendeu a capa do *New York Times*, colocando um fim no maldoso estudo.[60] Buxton havia protestado oficialmente contra a ética do estudo em 1966 e em 1968, obtendo retornos negativos do governo norte-americano. Antes de Buxton, outras **quatro pessoas** tentaram reportar os abusos do estudo à imprensa e ao governo, mas não obtiveram sucesso.

Em julho de 2022, a ex-cientista de dados do Facebook, Frances Haugen, afirmou em uma entrevista para um meio de comunicação brasileiro que o Facebook não se esforça para ser transparente e investe pouquíssimo no combate à desinformação no Brasil.[61] A ex-executiva da empresa também afirmou que os algoritmos dão mais relevância para conteúdos extremos, enquanto deveriam dar mais força ao discurso de paz; que a empresa tem dificuldades em moderar o conteúdo de vídeos, o que é preocupante pelo fato de que esse tipo de material é direcionado para a parte superior do feed e é mais consumido do que outros tipos de postagem; que discursos bons também são moderados, pois os sistemas são mal feitos; que quase 90% do investimento contra desinformação é para moderação de conteúdo em inglês; e, finalmente, que o Brasil é um dos países com maiores índices de pessoas que se tornam amigas de mais de 100 usuários todos os dias, um sinal de comportamento automatizado, falso ou coordenado — os principais perigos para a plataforma. Haugen ainda deixou clara sua preocupação com pessoas mal-intencionadas usando o Facebook: *"Elas sabem usar as falhas que existem na plataforma, as pessoas boas não."*

Seja no governo ou em empresas privadas, segredos dificilmente são mantidos, e pessoas insatisfeitas dispostas a denunciar esquemas sempre existirão, como ilustrado nessas histórias e em muitas outras como os casos do Mensalão, Petrolão, Ambulâncias Sanguessugas, do caseiro Francenildo, Enron, Watergate, Operação Carne Fraca e Bernie Madoff, para citar poucas. Guardar segredos, principalmente segredos malignos, é altamente estressante para qualquer pessoa.

O primeiro fator que separa conspirações prováveis das improváveis é a **quantidade de pessoas envolvidas**. Como mencionei recentemente, conspirações que envolvem muitas pessoas são altamente improváveis e estão fadadas ao fracasso, justamente pela dificuldade em manter todas elas **guardando segredo** por muito tempo. Em segundo lugar, conspiracionistas não se atentam ao fato do **quão difícil é executar um plano de forma perfeita**, principalmente quando ele envolve muitas pessoas, já que cada indivíduo adiciona mais complexidade à execução.[62] Uma empresa com 3 mil, 300, ou até mesmo 30 colaboradores, enfrenta extremas dificuldades em **executar à risca seus planejamentos estratégicos**, já que, mesmo em ambientes mais controlados e com menos funcionários, imprevistos invariavelmente surgem no meio do caminho, fazendo com que as companhias tenham que rever seus planos, definir novas estratégias, contratar novos colaboradores e, muitas vezes, assumir prejuízos que não estavam no orçamento. Sem mencionar o fato de que qualquer empresa está sujeita a ver funcionários fundamentais para a execução da estratégia pedirem as contas para trabalhar em outros lugares, além de ter que demitir pessoas que não entregaram os resultados planejados pela organização.

> Não existe plano perfeito no mundo corporativo, assim como não existe plano perfeito no mundo conspiratório."

No dia 2 de maio de 2011, um time composto por 23 militares das forças de operações especiais norte-americanas invadiu uma propriedade em Abbottabad, no Paquistão, e, em aproximadamente 40 minutos, matou o terrorista mais procurado do mundo: Osama bin Laden. Apesar do exército norte-americano ter construído uma réplica em tamanho real da propriedade onde bin Laden estava e a equipe designada à missão ter treinado exaustivamente a execução da operação, no dia do ataque um dos helicópteros entrou em estado de vórtice por causa do calor e acabou caindo dentro da propriedade, o que acarretou uma mudança radical nos planos da operação, já que os soldados do helicóptero que caiu tiveram que invadir a residência pelo andar térreo, enquanto os soldados do segundo helicóptero foram deixados no terreno ao lado para posteriormente invadir o complexo.

O plano original consistia em um grupo de soldados invadir a propriedade pelo jardim, descendo por cordas com o helicóptero em sobrevoo, enquanto outro grupo faria uma descida idêntica com o segundo helicóptero, pelo telhado da casa. O objetivo acabou sendo cumprido de qualquer maneira, mas esse exemplo serve para demonstrar que mesmo equipes extremamente preparadas, exaustivamente treinadas, e compostas pelos melhores profissionais da área, podem encontrar grandes imprevistos em seus planos, ainda que trabalhando em equipes reduzidas em uma operação com duração de apenas 40 minutos. Outro fato curioso do ataque ao complexo de bin Laden foi a decisão da Casa Branca em realizar a operação dias depois de a terem oficializado para diversos agentes do governo, com o temor de que um **vazamento à imprensa** colocasse tudo a perder.[63]

Outro fator que devemos levar em consideração ao analisar a probabilidade de conspirações serem reais ou não é a **possibilidade de outras pessoas descobrirem facilmente a verdade**. Se realmente existisse um chip na vacina de Covid-19, ele seria **rastreável** e certamente alguém já o teria encontrado. Qualquer prefeito de uma cidade poderia, tranquilamente, ter acesso a um frasco de vacina e colocar ele sob um teste laboratorial, descobrindo o golpe. Será que as companhias farmacêuticas e as empresas de tecnologia correriam o risco de implantar um chip na vacina sabendo que, caso fosse descoberto, elas **perderiam todos os seus outros negócios**, veriam suas ações despencarem e estariam fadadas à falência? Perceba que, mesmo que a Al-Qaeda não tivesse assumido a autoria dos ataques de 11 de setembro nos EUA, em um curto período as inteligências norte-americanas teriam acesso aos nomes dos responsáveis pelo sequestro dos aviões e teriam identificado suas ligações com o grupo terrorista. Durante a execução de um plano, e após, as chances de alguém ser pego em um esquema conspiratório são enormes, mesmo em grupos com poucos participantes.

Seguindo a mesma lógica, outro teste que podemos fazer para encontrar teorias da conspiração pouco prováveis é **analisar se os ganhos superam os riscos**. Valeria a pena para a China apostar todas as suas fichas na criação de um vírus em um laboratório para dominação mundial, sabendo que se cientistas de outras nações rastreassem a origem do vírus, ou se algum funcionário do governo denunciasse a armação, em questão de dias o país perderia **trilhões de dólares** em exportações e correria o risco de ser **atacado** em uma guerra de proporção global? Seria vantajoso e possível para George W. Bush agir em segredo para comandar milhares de pessoas a **implantar explosivos no World Trade Center**, facilitar a entrada de terroristas afegãos em aeroportos, bloquear possíveis ações das forças de inteligência norte-americanas, convencer outros membros do Partido Democrático a deixá-lo executar seu plano, e então encravar dois aviões lotados de civis inocentes nas torres gêmeas, matando mais de três mil pessoas nos edifícios, para invadir o Iraque e o Afeganistão com o intuito de controlar a indústria petrolífera, em uma época na qual os preços de combustíveis nos EUA já eram baixos? Caso uma das milhares de pessoas envolvidas no plano decidisse abrir a boca, seria o fim do Partido Democrático, da carreira política de George W. Bush, das exportações norte-americanas e da bolsa de valores, e o início da maior crise econômica, governamental e social da história daquele país. Ao mesmo tempo, analise o tamanho da complexidade de uma operação como a citada acima. São múltiplos fatores envolvidos que devem acontecer em **perfeita sincronia** para que o plano tenha êxito — conspirações verdadeiras são muito mais simples. Os benefícios de todas essas ações superam os riscos? Ao fazer essa pergunta, descobrimos com mais facilidade quais conspirações podem ser reais, e quais não passam de especulação.

Mas a Big Pharma não se beneficiou da pandemia do coronavírus? Certamente! Porém, diferentemente da mente conspiracionista que enxerga **intenção** onde não existe, os acontecimentos do mundo nem sempre são causados por algum agente maligno, e sim por fatores que muitas vezes fogem do nosso controle. O coronavírus é um desses casos e, apesar de muitas pessoas acreditarem que a pandemia foi **causada** pela Big Pharma ou, pelo menos, estendida em razão dos interesses das farmacêuticas em comercializar uma nova vacina, devemos analisar que **não é porque um mercado se beneficiou de uma situação que ele é o causador dela**. Até hoje, não conversei com ninguém que afirmou que o iFood foi o causador do coronavírus, apesar da empresa ter se beneficiado enormemente do momento pandêmico, crescendo incríveis 418%. A Honda e a Dell também cresceram 24% e 23,8% respectivamente, nos mercados de motocicletas e de computadores, altamente beneficiados pela pandemia, mas até o momento nenhuma teoria da conspiração envolveu essas companhias. Quando tratamos de Big Pharma, uma pergunta que poucos conspiracionistas fazem a si mesmos é esta: **quão poderosa** realmente é a indústria farmacêutica? Seria possível para os executivos da indústria farmacêutica exercerem seu poder e obrigar os empresários dos ramos de automóveis, tecnologia, vestuário, transporte, alimentos, construção, petróleo e demais a sofrer prejuízos gigantescos pois a Big Pharma estava desenvolvendo um vírus para infectar a maior parte da humanidade com o objetivo de lucrar enormemente com uma vacina? Para termos uma ideia dessa possibilidade, basta descobrirmos que o faturamento da Apple em 2018, antes da pandemia, foi maior do que o da Pfizer, da AstraZeneca, da Moderna e da Janssen **somados**. Já em 2021, a empresa de tecnologia faturou **136 bilhões a mais** do que a soma do faturamento das farmacêuticas.

Assim como iFood, Honda e Dell, outras empresas dos mercados de motos, computadores, móveis para escritório, aplicativos de entrega e imóveis bateram recordes de faturamento entre 2020 e 2022, continuando distantes da mente dos conspiracionistas. A ligação entre doenças e empresas farmacêuticas é fácil de se fazer, além de ser extremamente sedutora para o cérebro avarento. Mas, como acabamos de ver, ligações com outras indústrias poderiam também ser possíveis. Durante a pandemia, quando faltavam respiradores nos hospitais brasileiros, escutei em uma famosa rádio brasileira uma entrevista na qual o especialista levantava suspeitas em relação à quantidade de respiradores que a China tinha em estoque. "Qual outro país tem um estoque tão grande de respiradores?", indagou o entrevistado, dando a entender que a China havia criado o vírus para, além de vender vacinas, também vender respiradores. Essa é mais uma ligação fácil de se fazer, e também fácil de se refutar, já que a China, como o maior produtor mundial de bens, tem os maiores estoques do mundo não somente em respiradores, mas também em joões-bobos, alicates, pantufas e parafusos.

Ligações como essa são facilitadas por outro viés que prejudica as opiniões dos conspiracionistas, conhecido como **Viés do Retrospecto**, que demonstra que, uma vez que sabemos o resultado de algum evento, superestimamos a nossa capacidade em prever que ele aconteceria daquela forma e até porque deveria ter acontecido daquela forma.[64] Para facilitar, podemos renomear essa tendência como **Viés do Eu Já Sabia**. Uma vez que eu sei o resultado de um jogo de futebol, passo a ter a certeza de que já sabia que o placar seria aquele, pois previ que, quando o técnico colocou certo jogador, o time iria melhorar sua performance ou, até mesmo, sabia que seria o atacante que entrou aos 42 minutos do segundo tempo que marcaria o gol da vitória. Tendo conhecimento do placar, os torcedores **reconstroem os acontecimentos do passado** de forma que se encaixem em uma narrativa previsível, dando a eles a ilusão de que têm superpoderes de prever o futuro. Descoberto pelo cientista Baruch Fischhoff, hoje na Carnegie Mellon University, esse fenômeno tem implicações interessantes em nosso dia a dia. Em um de seus estudos, ao lado da cientista Ruth Beyth, Fischhoff perguntou a um grupo de estudantes da Universidade Hebraica de Jerusalém o que eles previam que iria acontecer na visita do então presidente norte-

348 A Arte de Enganar a Si Mesmo

-americano Richard Nixon à China e à União Soviética, em 1972. Duas semanas a seis meses **após a visita**, os cientistas pediam aos participantes para relembrarem suas previsões iniciais e, como você pode imaginar, os participantes mudaram radicalmente suas posições iniciais, afirmando ter indicado **probabilidades maiores** aos eventos que aconteceram e **probabilidades menores** aos eventos que não aconteceram.[65]

> "
> Uma vez que eu sei o que aconteceu, passo a acreditar que já sabia o que aconteceria."

No início dos anos 1990, Dorothee Dietrich e Matthew Olson, da Hamline University, pediram aos participantes de um estudo para prever como seria uma votação no senado norte-americano para a nomeação de um membro da Suprema Corte, ou seja, como seria a divisão de votos entre os partidos no senado e se o membro seria escolhido ou não. Com essas condições imprevisíveis, 58% dos alunos previram que o membro seria nomeado. Um mês após o evento, porém, já cientes dos resultados, os participantes foram solicitados e **relembrar** suas previsões dos votos e, não surpreendentemente, 78% deles afirmaram que haviam previsto que o membro seria nomeado.[66] Em teorias da conspiração, a partir do momento em que o conspiracionista imagina qual é o resultado de um evento, ele consegue ligar todos os fatos atuais ao que acredita ser a explicação. Se o conspiracionista acredita, por exemplo, que o coronavírus foi fabricado pela China, no momento que existe uma falta de respiradores no mundo todo e somente a China tem um estoque do produto, tudo começa a se encaixar e, então, o evento começa a fazer mais sentido. Fatos imprevisíveis passam a ter uma explicação simples e o conspiracionista ganha a sensação de controle que tanto precisa, além da confirmação de que tem inteligência superior e possui uma informação rara. Quando uma pessoa acredita que o coronavírus é uma tentativa dos capitalistas em dominar o mundo e fica sabendo que o Bill Gates é um dos maiores doadores de vacina para países pobres, a narrativa de que existe um microchip na vacina do coronavírus começa a ganhar sentido, assim como a crença de que o vírus foi fabricado e espalhado de propósito para controlar ou exterminar parte da população. "Eu já sabia", delira a mente do conspiracionista.

Dominação mundial é um medo que muitos conspiracionistas têm. Durante anos, teorias da conspiração envolvendo o controle total do mundo já apontaram personagens reais e imaginários como maçons, judeus, empresas de tecnologia, empresas farmacêuticas, cientistas, o Fórum Econômico Mundial, a ONU, Bill Gates, George Soros, Greta Thunberg, a Nova Ordem Mundial, os Illuminati, os Templários, o FMI, os Rockefellers, entre dezenas de outras. Com tantos grupos competindo para dominar o mundo, não é à toa que nenhum deles tenha conseguido até agora. Mas, por favor, não leve essa conclusão com sarcasmo, pois está justamente nela a explicação de que teorias da conspiração que pregam domínio mundial são altamente improváveis, já que **nenhuma pessoa ou organização é tão poderosa** a ponto de poder dominar o mundo com facilidade.[67]

Diz a lenda que, durante a Copa do Mundo de futebol de 1958, o técnico da seleção brasileira, Vicente Feola, apresentou uma jogada infalível para o Brasil derrotar a antiga União Soviética quando, em seguida, ouviu Mané Garrincha perguntar: *"Seu Feola, o senhor já combinou isso com os russos?"* A lição de Garrincha nos faz lembrar de que sempre existirá um time adversário tentando desarmar nossas jogadas de conquista do mundo. Quanto mais global é uma teoria da conspiração, maiores também são as chances de ela ser falsa. Se um plano envolvendo 23 pessoas para dominar um pedaço de terra em Abbottabad por apenas 40 minutos correu o risco de quase não dar certo por causa de um imprevisto, imagine quais são as chances de fracasso de um plano que envolve centenas ou milhares de pessoas tentando dominar todos os países. Conspirações verdadeiras são mais restritas tanto em quantidade de pessoas quanto em território. Exemplo de uma conspiração verdadeira de menores proporções que acabou sendo descoberta foi a realizada por alguns executivos da Volkswagen, que decidiram instalar um software que detectava quando seus carros estavam sob teste de níveis de emissão de carbono para mascarar os verdadeiros níveis de poluição dos automóveis, com o objetivo de que eles fossem aprovados pelos órgãos ambientais do governo norte-americano.[68]

Sim, essa conspiração é **verdadeira** e, apesar de grave, para muitos não tem emoção alguma. Muito mais excitante é ouvir uma história de que o governo norte-americano foi infiltrado por uma cabala de pessoas satânicas de esquerda que estão envolvidas no tráfico global de crianças para rituais sexuais, que acontecem secretamente em porões de pizzarias onde, posteriormente, as crianças são servidas como jantar — a narrativa que move o grupo conspiracionista norte-americano QAnon. E é exatamente o componente de **entretenimento** que faz com que as pessoas estejam sujeitas a acreditar em teorias da conspiração, de acordo com um artigo publicado no *British Journal of Psychology* por cientistas da VU Amsterdam. Esses pesquisadores revelam que teorias da conspiração provocam uma reação emocional **mais forte** nas pessoas, em comparação com a verdade, que é relativamente sem graça.[69]

Uma das falhas lógicas que aprisionam conspiracionistas, de acordo com alguns estudos,[70] é conhecida como **Falácia da Conjunção**, descoberta por Daniel Kahneman e Amos Tversky.[71] O exemplo clássico desse viés é o Problema de Linda, ilustrado da seguinte maneira:

> *Linda tem 31 anos, é solteira, comunicativa e muito inteligente. Ela se formou em filosofia e, como estudante, era profundamente preocupada com problemas como discriminação e justiça social, tendo participado também de protestos antinucleares.*
>
> *O que é mais provável?*
> *1. Linda é caixa de banco.*
> *2. Linda é caixa de banco e ativista feminista.*

Se você escolheu a opção 2, você fez como a maioria das pessoas. E, assim como a maioria das pessoas, você está errado! Perceba que "caixa de banco e ativista feminista" é uma **subcategoria** de "caixa de banco" e, portanto, uma subcategoria nunca pode ser maior do que uma **categoria**: esta é a **Falácia da Conjunção**.

Voltando à crença dos membros do QAnon, devemos confessar que um grupo de pessoas que é ao mesmo tempo **político, satanista, esquerdista, pedófilo e canibal** é para lá de peculiar, não acha?

Analisando esses estudos, conseguimos separar com mais precisão o **trigo do joio**.

▶ Filmes Iguais, Atores e Produtores Diferentes

Sem dúvida alguma, os estudos mais robustos feitos sobre teorias da conspiração foram realizados pelos cientistas Joseph Uscinski e Joseph Parent. Uma das pesquisas, citada anteriormente, analisou mais de 100 mil cartas a editores de jornais norte-americanos, cobrindo 120 anos de teorias da conspiração, podendo dessa forma categorizar as mais comuns.[72] Ao ler as linhas seguintes, o leitor pode cair na tentação de acreditar que os dados foram recém-coletados, tamanha coincidência com os fatos da atualidade. Por esse motivo, é importante verificarmos que teorias da conspiração são como filmes regravados: as histórias continuam as mesmas, enquanto os atores antigos são substituídos por novos, assim como os produtores, aqueles que divulgam o conteúdo do filme. Em mais de um século de teorias da conspiração, Uscinski e Parent relevam que os filmes aos quais assistimos têm oito categorias:

> "
> Esquerda, Direita, Comunista, Capitalista, Governo, Mídia, Estrangeiro e Outros."

Os temores de direitistas são sempre esquerdistas e comunistas, enquanto os esquerdistas temem direitistas e capitalistas. Tanto a direita quanto a esquerda acreditam que a mídia, o governo e os estrangeiros conspiram. A categoria capitalista inclui grandes empresas como bancos, instituições financeiras, petrolíferas, farmacêuticas, alimentícias, seguradoras e, claro, bilionários. Já os comunistas incluem professores, ambientalistas, antiguerras, desarmamentistas e escritores. Governo inclui instituições não afiliadas ou que não agem favorecendo a esquerda ou a direita, como CIA, FBI, polícia, empresas públicas e exército. Da mídia fazem parte canais de televisão, rádios, filmes e relações públicas, porém muitas vezes a mídia é relacionada em conspirações tanto de esquerda quanto de direita. A ONU, as instituições internacionais e os países se encaixam na categoria estrangeiro. Para finalizar, a categoria **outros** envolve cientistas, associações médicas, judeus, cristãos e demais grupos.

Teorias da conspiração contra a esquerda acusam conversões dos países ao comunismo, golpes ditatoriais, relações com países como China e Rússia, agentes secretos comunistas infiltrados no governo, políticos de esquerda que querem impor religiões à população. Já conspirações contra a direita sempre envolvem a invasão de outros países, manipulação de eleições, golpes contra a democracia, fascismo, negócios secretos com empresas para causar caos financeiro em países. Teorias envolvendo comunistas apresentam elementos como professores fazendo lavagem cerebral em alunos, comunistas incluindo doutrinas em livros escolares e escolas, socialistas infiltrados em instituições diversas. Capitalistas são vítimas de teorias da conspiração que englobam manipulações da indústria petrolífera para violar leis, milionários desenvolvendo bebês em fazendas para transplante de órgãos, farmacêuticas desenvolvendo vacinas apenas para lucrar, e empresas que controlam o governo para trapacear nas eleições.

Fraudes em eleições, favorecimentos a criminosos e assassinatos de líderes mundiais são teorias espalhadas sobre o governo. Supressão de notícias, imposição de regimes totalitários e desinformação são relacionadas a conspirações envolvendo a mídia. Teorias envolvendo países estrangeiros acusam governos comunistas de tentar destruir a igreja católica, a ONU de buscar dominar o mundo, os países de agir para manipular as eleições em outras nações e os atores estrangeiros de quebrar a bolsa de valores de outros países para os dominar. A categoria **outros** envolve conspirações relacionadas a vacinas sendo usadas para exterminar populações, maçonaria como uma conspiração internacional e católicos controlando a política.

As preocupações de conspiracionistas de ambos os extremos do espectro político, bem como de membros sem preferência partidária, são **sempre as mesmas** e vão mudando de personagens de acordo com o momento histórico. É importante notarmos o quão antigas são essas teorias da conspiração para tentarmos nos acalmar, principalmente pelo fato de que nenhuma delas se concretizou nesses 120 anos de análise.

Quando falamos dos não conspiracionistas, a preocupação de muitos é que a **internet** potencializou a divulgação de teorias da conspiração. No entanto, Usckinski e Parent examinaram perto de 3 mil histórias envolvendo teorias da conspiração na internet, utilizando o Google Alerts, e descobriram que 63% das pessoas as discutem de forma negativa, 17% neutra e apenas 19% das discussões são positivas, portanto, caso uma pessoa decida pesquisar sobre teorias da conspiração na internet, as maiores chances são dela encontrar um retrato negativo sobre as histórias. Isso significa que a internet pode inclusive **diminuir** a tendência das pessoas a acreditar em teorias da conspiração, dada a quantidade de informações que não as suportam. Além disso, os cientistas afirmam que as evidências não apontam para um crescimento na quantidade de pessoas com tendência a acreditar em teorias da conspiração, antes e depois da internet os números continuam estáveis. Outros estudos ainda indicam que teorias da conspiração não atingem indiscriminadamente todos os tipos de pessoas na internet, mas tendem a ficar concentradas nas comunidades que já acreditam nelas.[73]

354 A Arte de Enganar a Si Mesmo

Para muitos pode parecer que teorias da conspiração têm grande engajamento na internet. Cientistas que analisaram sites que espalham teorias da conspiração contra vacinas, por exemplo, descobriram que o estilo de comunicação de conspiracionistas é mais efetivo do que os de portais pró-vacina.[74] Nos sites antivacina existem links tanto para materiais anti quanto pró-vacina, dando a impressão aos usuários de que ambos os lados estão sendo discutidos de maneira igual e aberta. Adicionalmente, esses portais são mais interativos e, portanto, mais eficientes em desenvolver um senso de comunidade em seus usuários, com iniciativas como a abertura de fóruns de discussões e aconselhamentos. Já sites oficiais de campanhas de vacinação usam linguagem mais autoritária, têm interatividade limitada e oferecem apenas matérias que suportam sua posição, algo que pode fazer com que conspiracionistas fiquem ainda mais suspeitos.[75]

Em julho de 2013, o *journal Frontiers in Psychology* publicou um artigo que analisou os comentários de conspiracionistas e não conspiracionistas em quatro grandes portais de notícias, descobrindo que a grande maioria dos comentários eram feitos por conspiracionistas, sugerindo que defensores de teorias da conspiração são desproporcionalmente **mais ativos** do que não conspiracionistas, expondo com mais frequência e fervor suas opiniões em sites.[76]

Resumindo, a internet mudou apenas a forma como as pessoas comunicam teorias da conspiração, migrando do boca a boca para comunidades online, no entanto o impacto que ela causou em pensamentos conspiracionistas continuou o mesmo.

▶ Teorias da Conspiração: Boas ou Ruins?

Depois de ler este capítulo, raramente alguém acredita que teorias da conspiração podem trazer benefícios para a sociedade, porém existem pontos muito positivos gerados por elas. O primeiro deles é que teorias da conspiração encorajam governos e empresas a ser mais transparentes,[77] podendo, em alguns casos, revelar conspirações verdadeiras.[78] Portanto, teorias da conspiração podem ser vistas como um elemento importante na democracia.[79] No entanto, a falta de metodologia para responder às suas hipóteses, aliada com a ação dos mais variados vieses que foram apresentados neste livro, faz com que teorias da conspiração apresentem mais riscos do que benefícios para a sociedade.

Durante a pandemia do coronavírus, presenciamos um grupo de pessoas se recusando a tomar a vacina pela crença de que elas são experimentais, possuem um chip para controlar o comportamento das pessoas e podem causar outros danos à saúde. A vacina tem seus riscos? Sim, como qualquer outro medicamento, até os mais comuns que compramos livremente sem prescrição médica. A maioria da população, acertadamente, concluiu que os benefícios da vacina excediam seus riscos e cumpriu a meta de vacinação das duas primeiras doses. Conspiracionistas agem de forma diferente, e um grande corpo de estudos revela que, quando eles imaginam que a área médica age em segredo para benefício próprio, suas chances de não realizar consultas de rotina aumentam, assim como a procura por fontes alternativas e perigosas de medicina.[80] A recusa a vacinas também está associada com a falta de confiança na autoridade de profissionais da área médica e a confiança excessiva nas palavras de celebridades sem expertise.[81]

Estudos experimentais revelam a direção da causalidade da recusa a vacinas. Em um deles, Daniel Jolley e Karen Douglas expuseram um grupo de participantes a argumentos antivacina baseados em teorias da conspiração, um segundo grupo a informações que refutavam essas teorias, enquanto um terceiro grupo não era exposto a qualquer informação. Aqueles expostos a teorias da conspiração mostraram menos disposição a se vacinar em comparação com os outros grupos, demonstrando dessa forma que a crença em teorias da conspiração causa comportamentos que podem prejudicar a saúde do indivíduo.[82] Já um estudo conduzido na Romênia analisou os motivos pelos quais alguns pais recusavam que suas filhas tomassem a vacina contra o HPV — um vírus sexualmente transmissível que pode causar inclusive câncer — e evidenciou que esses pais temiam que vacinas eram uma tentativa de reduzir a população mundial, bem como que eram experimentais e direcionadas unicamente a gerar lucros abusivos à indústria farmacêutica.[83]

Outro estudo, feito no Paquistão, revelou as mesmas preocupações de pais em relação a vacinas, desta vez a da poliomielite. Profissionais de saúde reportavam que pais resistentes à vacinação de seus filhos acreditavam que a vacina continha sangue de porco e de macaco, ou seja, que feriam as leis do islamismo, que eram uma tentativa de esterilizar as crianças muçulmanas e também uma forma de os Estados Unidos e a CIA espionarem os paquistaneses.[84] Os estudos em questão foram realizados em 2012 e 2016, respectivamente, confirmando novamente que, em teorias da conspiração, apenas os atores e os produtores mudam com o passar do tempo, os filmes continuam os mesmos. O temor causado pela teoria da conspiração de que havia um chip na vacina do coronavírus para nos espionar, fez com que chips fossem discutidos em locais nada tradicionais. Em junho de 2022, um casal vandalizou uma clínica odontológica em Belo Horizonte alegando que um dentista havia inserido um chip no dente da mulher, que possibilitava que seus **vizinhos escutassem suas conversas**.[85]

Descobertas similares a essas vêm de estudos realizados com africanos e afro-americanos, apontando que teorias da conspiração que circulam nessas populações espalham que métodos contraceptivos são uma tentativa de promover o genocídio da população negra, fazendo com que esses indivíduos tenham maiores chances em não usar preservativos e, assim, contraírem doenças venéreas e aumentarem sua exposição ao vírus do HIV.[86] Prova adicional desse fato vem de um estudo citado anteriormente, que descobriu que, na África do Sul, mulheres que acreditam que a AIDS é uma conspiração para diminuir a população negra são 50% menos dispostas a usar preservativos.

Pensamentos similares também levam as pessoas ao negacionismo científico e a comportamentos antiecológicos. É enorme a quantidade de pessoas que acreditam que o aquecimento global é falso, não está acontecendo ou que não é causado pela ação humana. Muitos desses indivíduos são motivados pela crença de que o aquecimento global é um golpe armado por cientistas com o intuito de continuar recebendo investimentos para pesquisas, outros acreditam que as mudanças climáticas são uma maneira de os comunistas amedrontarem a população e desestabilizarem a economia para estabelecer um governo mundial (sim, mais uma vez).

Em 2014, Daniel Jolley e Karen Douglas realizaram um novo experimento similar ao conduzido sobre teorias da conspiração ligadas a vacinas, desta vez analisando pensamentos sobre mudanças climáticas. Um grupo recebeu informações de que as mudanças eram um golpe destinado a manter cientistas recebendo recursos para pesquisas, o segundo deveria ler argumentos refutando tais conspirações, enquanto o terceiro não recebia qualquer informação. Era de se esperar que o grupo que consumiu informações conspiracionistas sobre as mudanças climáticas apresentasse menor disposição em se engajar em comportamentos ecológicos posteriormente, e foi exatamente o que aconteceu.[87] O cientista Ted Goertzel sugere que, quando cientistas se distanciam de assuntos políticos e de problemas sociais, suas descobertas se tornam imunes a teorias da conspiração, garantindo boas publicações, investimentos para novas pesquisas e uma carreira duradoura. Uma vez que cientistas tocam em assuntos delicados como política, AIDS, alimentos geneticamente modificados, aquecimento global, armas e vacinas, a crítica de outros cientistas que estão longe da relevância acadêmica alimenta teorias da conspiração e aumenta as chances de a população perder sua confiança na ciência, gerando decisões perigosas.[88]

No campo da política, além de teorias da conspiração terem o poder de fazer com que políticos tomem péssimas decisões, a mentalidade conspiracionista ainda pode levar as pessoas a se tornarem **menos engajadas politicamente**. Não será novidade para o leitor descobrir que, mais uma vez, Jolley e Douglas realizaram um experimento para testar essa hipótese e descobriram que participantes expostos a teorias da conspiração envolvendo o governo demonstraram menos disposição em comparecer às urnas nas eleições.[89] Outros estudos concluem que conspiracionistas têm menor probabilidade não apenas de votar nas eleições, mas também em doar dinheiro a campanhas políticas e colocar placas de candidatos em suas casas.[90] Já em outras ocasiões, teorias da conspiração estão correlacionadas com maior engajamento político, questionamento ao status quo e desafio a elites.[91]

Esse maior engajamento político de conspiracionistas pode levá-los a comportamentos extremos. Um estudo que analisou o comportamento de grupos extremistas descobriu que são teorias da conspiração que os movem, tanto na esquerda quanto na direita, causando uma espécie de multiplicação do radicalismo, reforçando a ideologia e os processos psicológicos dos grupos.[92] Além disso, como mencionado anteriormente, conspiracionistas tendem a aceitar mais a violência como um meio de atingir seus objetivos, o que pode levar pessoas e grupos a comportamentos catastróficos.

No dia 4 de dezembro de 2016, Edgar Welch viajou seis horas de carro até Washington para ir a uma pizzaria. Ao chegar no local, Welch desceu do veículo portando um fuzil AR-15, invadiu o restaurante e procurou por um — inexistente — porão no local. Na falta do porão, Welch encontrou uma porta trancada e atirou na maçaneta para entrar no cômodo, mas não encontrou o que imaginava. Felizmente, a ação de Welch não feriu ninguém e, minutos depois, ele foi preso pela polícia. Edgar Welch foi vítima de uma teoria altamente difundida em sites conspiracionistas, que alegava que a pizzaria era um local secreto onde um grupo de pedófilos satanistas realizava rituais para abusar de crianças, mantendo-as no porão do restaurante após as sequestrarem.[93] Essa teoria da conspiração, que teve origem em um ano eleitoral, circulava ainda que a líder do grupo satanista era a então candidata a presidente, Hillary Clinton. Após atirar na porta e dar de cara com um armário com computadores, o rapaz de 28 anos, pai de duas crianças, foi preso e sentenciado a quatro anos de prisão.

Pensamentos conspiracionistas também estão correlacionados com a **discriminação**. A cientista da Universidade de Londres, Agnieszka Golec de Zavala, e sua colega Aleksandra Cichocka, da Universidade de Kent, analisaram, em uma amostra de poloneses, as crenças em teorias da conspiração relacionadas a judeus tentando dominar o mundo, e descobriram que a crença nessas teorias estava associada com um maior nível de discriminação geral a estrangeiros.[94] Já um grupo de quatro cientistas da Universidade de Varsóvia revelou que a crença em conspirações envolvendo judeus era um previsor mais forte de atitudes discriminatórias a estrangeiros do que outras variáveis relacionadas à xenofobia.[95] Outro estudo, analisando desta vez uma amostra de norte-americanos brancos, concluiu que aqueles que tiveram experiências negativas com afro-americanos tinham maiores chances de acreditar em teorias da conspiração que afirmavam que Barack Obama não nasceu nos Estados Unidos.[96] Como estudos correlacionais podem ter causalidades apontando para ambas as direções, tanto a crença em teorias da conspiração pode levar as pessoas a discriminarem quanto a discriminação em si é o que pode alimentar pensamentos conspiracionistas.

Porém, quando falamos de violência e discriminação, nada se compara ao maior massacre em curto período de tempo da história, causado por uma teoria da conspiração. Parte fundamental da forte propaganda nazista, que assumiu o poder em 1933, era a teoria da conspiração de que a Alemanha não havia sido derrotada no campo de batalha na Primeira Guerra Mundial e, sim, de que a nação havia sido traída por seus próprios cidadãos, especialmente os de ascendência judaica, que realizaram greves e manifestações trabalhistas durante a guerra, com o intuito de enfraquecer o patriotismo da nação para tentar assumir o poder. Essa teoria é conhecida como "punhalada pelas costas". A consequência dela foi o Holocausto, durante a Segunda Guerra Mundial, que tirou a vida de mais de 6 milhões de judeus.[97]

Não são poucos os prejuízos causados por teorias da conspiração, inclusive, para as empresas. As cientistas Ana Castro Leite e Karen Douglas conduziram um experimento para analisar as consequências de teorias da conspiração no ambiente de trabalho e descobriram que pessoas levadas a imaginar uma empresa conspiratória tinham maior probabilidade em pedir demissão, moderadas por uma menor satisfação com o trabalho e baixos níveis de engajamento.[98] Como exploramos anteriormente, a mente conspiracionista está fortemente associada à falta de confiança em autoridades, o que leva os indivíduos a uma sensação de falta de controle. Essas características podem fazer com que as pessoas se dediquem menos em seus trabalhos — já que todas as decisões do trabalho estão sendo fabricadas em segredo por um pequeno grupo de gestores — e, consequentemente, com que as empresas tenham menor produtividade.

Tamanha mudança de comportamento seria perceptível pelo conspiracionista, não é mesmo? Infelizmente, muitas pessoas caem em armadilhas sem ao menos perceber. Assim como as pessoas não estão conscientes de suas mudanças para os polos na política, também não sentem suas

360 A Arte de Enganar a Si Mesmo

mudanças comportamentais quando estão envolvidas fortemente com teorias da conspiração. Karen Douglas e Robbie Sutton descobriram que, quando participantes de uma pesquisa eram questionados se percebiam alguma mudança em suas atitudes após a exposição a teorias da conspiração, eles afirmavam que não.[99] No entanto, como vários experimentos apresentados neste capítulo confirmam, teorias da conspiração mudam o comportamento das pessoas velozmente e com grande impacto.

Malucos e Cientistas

Seriam os conspiracionistas malucos, bizarros, sonhadores e estúpidos? Longe disso! Devemos entender que conspiracionistas são como cientistas que querem entender o mundo, mas não possuem as ferramentas corretas para coletar dados e fazer análises livres de vieses. Questionar os acontecimentos do mundo e levantar hipóteses diferentes é justamente o que move a ciência, portanto nem toda questão levantada por conspiracionistas pode ser descartada. Além disso, julgar conspiracionistas negativamente e, pior, expô-los à ridicularização, pode piorar a situação por reforçar neles a sensação de que são um grupo desvalorizado, o que aumenta as chances de as pessoas se envolverem cada vez mais profundamente com todos os tipos de histórias sem evidências.

No mundo conspiracionista, toda vez que as evidências demonstram que a conspiração é falsa, os indivíduos **mudam o foco da conversa** ou usam **novas teorias da conspiração** para defender suas posições.[100] Logo após Barack Obama apresentar sua certidão de nascimento comprovando ser norte-americano, o foco da conversa conspiracionista mudou, alegando então que a certidão apresentada pelo ex-presidente era falsa. Depois de Edgar Welch ser preso por atirar em uma porta na pizzaria Comet, os conspiracionistas passaram a espalhar a informação de que Welch na verdade era um **ator contratado** pelos pedófilos para desviar a atenção do público, manipular a mídia e esconder a verdade sobre o grupo satanista. Quando Donald Trump foi banido do Twitter por espalhar teorias da conspiração, ao invés de repensar suas posições, conspiracionistas ficaram ainda mais convencidos de que um grupo de pessoas quer esconder a verdade da população.

A boa e velha dissonância cognitiva continua nos acompanhando até o fim deste livro.

Um fato interessante sobre teorias da conspiração é que elas são tão **generalistas** que se tornam impossíveis de não serem "comprovadas" como verdadeiras por conspiracionistas. Como exemplo, confira o meme:

Eventos mundiais, crises econômicas, redução no uso de dinheiro impresso e campanhas de vacinação são tão comuns quanto o nascer e o pôr do sol. Além disso, o que pode ser definido como um "evento mundial"? A falta de um bem de consumo vindo da França pode ser classificada como um evento mundial, assim como um vírus, uma guerra, a queda da bolsa, a falência de uma multinacional, o lançamento de um smartphone, um novo medicamento, um procedimento cirúrgico recém-descoberto, o último modelo de uma antena de transmissão de dados ou um aplicativo inovador, para encurtarmos a lista. Qualquer acontecimento, por mais mundano que seja, pode ser usado por conspiracionistas como a **prova** de que estão certos, dessa forma **toda** profecia se realiza. Uma história como: *em outubro de 2019, um pangolim e um morcego serão capturados na China e colocados na mesma caixa, fazendo com que o pangolim passe um vírus para o morcego, que será transmitido para o ser humano em um mercado popular na província de Wuhan, dando início a uma pandemia* — é algo bem mais específico, e bem mais improvável de ser profetizado por qualquer pessoa.

Efeito Barnun é como os cientistas nomeiam o fenômeno de realizar descrições tão genéricas sobre qualquer assunto que acabam soando como **pessoais** para qualquer indivíduo.[101] Vamos fazer um teste? Usando todo o poder da minha bola de cristal e sem mesmo saber quem você é, farei uma descrição precisa sobre a sua personalidade. Duvida? Aqui vai:

Você tem um desejo intenso de que as pessoas gostem de você e o admirem.

Tem um grande potencial, o qual ainda não usou a seu favor.

Disciplinado e controlado externamente, por dentro você tende a ser preocupado e inseguro.

Você prefere uma certa quantidade de mudança e variedade e fica insatisfeito quando empaca por restrições e limitações.

Você se orgulha de ser um pensador independente e de não aceitar os argumentos de outras pessoas sem provas satisfatórias.

Você tem uma tendência em ser crítico de si mesmo.

Às vezes tem sérias dúvidas se tomou a decisão correta ou se fez a coisa certa.

Às vezes você é extrovertido e sociável, enquanto em outras oportunidades é introvertido, cauteloso e reservado.

Por mais que tenha fraquezas na personalidade, você geralmente é capaz de compensá-las.

Dando uma nota de 0 a 5, o quanto essas frases descrevem sua personalidade? Em 1948, Bertram Forer aplicou um teste psicológico em seus alunos e disse que, posteriormente, todos iriam receber uma breve descrição de sua personalidade. Com as descrições individuais em mãos, cada aluno deveria dar uma nota de 0 a 5 para avaliar quão precisa era a descrição de sua personalidade. Forer obteve uma média de 4,30. O que ninguém sabia é que **todos haviam recebido a mesma descrição**: as frases ilustradas acima.[102] Em razão desse estudo, o efeito Barnum também é conhecido como **Efeito Forer**.

Contudo, a inspiração dos cientistas para nomear o fenômeno como efeito Barnum veio de um *showman* norte-americano chamado P.T. Barnum, que comandava um circo de bizarrices e organizava shows repletos de truques nos anos 1800. Barnum é creditado por ter dito a frase: "Um tolo nasce a cada minuto", justificando o motivo pelo qual as pessoas visitavam seus shows. Frases para iludir as pessoas, usando o efeito Barnum, são usadas até hoje por astrólogos, videntes, microfisioterapeutas e, claro, em horóscopos. A profecia de Barnum, de que tolos nascem a cada minuto, é genérica e se cumpre até hoje.

Voltando à mudança de alvo dos conspiracionistas, essa ação faz com que teorias da conspiração nunca estejam sujeitas à possibilidade de **falsificação**, algo que é comum no mundo da ciência. Anteriormente, você descobriu que toda vez que um cientista quer investigar um fenômeno, ele deve criar uma hipótese falsificável, também conhecida como **hipótese nula**. Isso faz com que a ciência sempre colete dados para analisar **ambos os lados de uma questão**, nunca apenas o lado que convém ao cientista. Mesmo assim, em muitas oportunidades estudos sobre determinado fenômeno apresentam resultados opostos.

Da mesma forma que os conspiracionistas, **alguns pesquisadores não querem ver suas hipóteses morrerem**, mas, no mundo científico, mesmo que um cientista queira manipular dados e mudar suas hipóteses para obter os resultados que deseja, a replicação dos estudos feita por outros cientistas faz com que apenas as hipóteses que possuem mais evidências de veracidade continuem vivas. Diferentemente da ciência, **conspiracionistas não são competidores**, não existem grupos distintos de conspiracionistas tentando explicar **o mesmo acontecimento** de formas diferentes. Além disso, conspiracionistas não têm uma **mentalidade cética** como a dos cientistas a ponto de ter crenças formadas sobre os acontecimentos do mundo, mas saber que suas crenças **podem ser falsas** e, portanto, sentirem-se obrigados a criar uma hipótese alternativa. Conspiracionistas buscam apenas confirmar que suas crenças são verdadeiras.

Em teorias da conspiração, a mudança de hipótese quando a teoria se mostra falsa e a invenção de novas teorias para explicar teorias da conspiração passadas é algo comum. Na ciência, uma teoria malfeita não sobrevive ao acúmulo de evidências contrárias.

> **Toda teoria tem anomalias, mas com o tempo a teoria científica corrige a si mesma."**

Como seria a ciência confiável se, na ausência de evidências suportando certa hipótese, o cientista a mudasse? Como seriam as nossas decisões nas mais variadas áreas, se os cientistas coletassem apenas dados que confirmam que suas hipóteses iniciais estão certas e descartassem quaisquer evidências contrárias? Onde estaria a sociedade hoje se não fosse pela ciência?

O método científico é uma ferramenta universal, um checklist prático de ações comparativas que o cientista deve utilizar para buscar a verdade. Nós, como humanos, estamos sujeitos a falhas em nossos julgamentos que podem impactar negativamente nossas vidas pessoais e profissionais.

Epílogo

Nós cobrimos muitas teorias nas dezenas de capítulos deste livro. Neles, você aprendeu o quão longe vamos para proteger nossas decisões passadas e nossas crenças, mantendo uma imagem positiva sobre nós mesmos. Que o humano, como ser "racionalizador", constrói sua própria realidade e que esse fato pode nos levar a decisões contrárias aos princípios que defendemos, bem como a descartar evidências que nos levariam a uma vida melhor. Que admitir estar errado é algo raro para todos nós, que encaramos como desperdício "jogar fora" dez anos de partidarismo político, mesmo quando descobrimos que os candidatos e os partidos que estimamos estão envolvidos em práticas desonestas, pois queremos que nossas ações presentes sejam consistentes com nossas decisões passadas e acreditamos que a inconsistência é algo negativo. Aprendemos, inclusive, que para continuar errando não é necessário ter corrido uma maratona, pois dar um primeiro passo em direção a uma posição já é suficiente para nunca mais voltarmos atrás, ainda que esse passo nos leve a um precipício. Sim, mudar de opinião é difícil!

Nas milhares de linhas desta obra, você descobriu que buscamos apenas informações que confirmam que estamos certos e descartamos as que mostram que estamos errados, e como escolhemos nos rodear de pessoas que pensam como nós para ter a certeza de que não somos maus decisores. Ao bloquearmos pessoas que pensam diferente, acabamos assumindo posições cada vez mais extremas e, quando menos percebemos, nos tornamos radicais. Uma vez inseridos no radicalismo, interpretamos informações de forma parcial, acreditando que a mídia é contra a nossa posição. Ao mesmo tempo, passamos a acreditar que a mídia influencia o comportamento do público, criando a ilusão de que somente nós somos imunes à persuasão que vem dos meios de comunicação. Ao passo que começamos a desconfiar da mídia, procuramos nos políticos uma forma de nos atualizarmos sobre mundo, caindo em um mundo de *bots*, perfis falsos e manipulação, de onde dificilmente conseguimos escapar. Por mais que acreditemos não sermos vítimas fáceis de fake news, você teve acesso a diversos estudos científicos que demonstram o contrário — a maioria de nós cai em notícias falsas, as divulga e continua acreditando que isso só acontece com os outros.

No decorrer das centenas de estudos que teve acesso, você descobriu que o cérebro humano foi moldado pela evolução para acreditar primeiro e questionar somente quando tem tempo ou motivação para tal. O cérebro tem como funções principais nos manter vivos e aumentar nossas chances de reprodução, tentando com todas as suas forças economizar o máximo de energia. Assim, além de acreditar facilmente em informações, ele também cria atalhos que facilitam as nossas decisões, mas que nem sempre nos levam a julgamentos corretos, como os estereótipos — que nos fazem julgar pessoas em questões de segundos, sem que tenhamos analisado os critérios necessários para uma avaliação mais precisa. Esses estereótipos também prejudicam indivíduos de certos grupos, que nos mais diversos desafios do dia a dia ficam imaginando que serão julgados apenas como parte desse grupo, não como indivíduos. Os estereótipos ainda nos levam à falsa impressão de que pessoas de grupos diferentes dos nossos são todas iguais e, assim, não enxergamos a diversidade que existe nesses grupos e como se assemelham ao nosso.

Humanos são animais sociais, feitos para pertencer e contribuir com grupos de pessoas similares. No entanto, a mera divisão de pessoas em grupos faz com que passemos a admirar exageradamente os membros da nossa comunidade e a prejudicar os membros de grupos competidores, mesmo que esses grupos não compitam com o nosso. Em muitos casos, sem que ao menos tenhamos consciência, ao prejudicar o grupo "inimigo" acabamos prejudicando o nosso próprio grupo. Esse fato também faz com que passemos a tratar grupos diferentes dos nossos de forma discriminatória, julgando-os como menos do que humanos. Esse julgamento é o que move guerras e que aumenta o racismo e outros tipos de violência que poderiam ser evitados. Uma vez que grupos são tratados de maneira discriminatória, injustiças sociais começam a ser criadas e mantidas, apesar de acreditarmos falsamente no conceito de que todas as pessoas têm as mesmas chances de sucesso. Injustiça social e discriminação causam nas pessoas a sensação de que seu desenvolvimento na sociedade está sendo bloqueado, podendo causar frustração e acarretar violência. Para resolver o problema da violência, o cérebro avarento chega a conclusões falhas analisando de forma superficial a questão, tentando encontrar uma solução mágica para um problema que tem várias soluções. Assim, separamos o mundo em pessoas boas e más, e passamos a acreditar que a única maneira de conter os maus cidadãos é armar o cidadão comum, o que infelizmente causa ainda mais violência e prejudica a sociedade como um todo. Devido a um erro de julgamento, acreditamos que indivíduos do bem nunca serão capazes de cometer atos do mal, porém o erro fundamental da atribuição nos ensina que as circunstâncias também direcionam o nosso comportamento, fazendo com que em momentos negativos estejamos sujeitos a cometer atos que nunca imaginaríamos possíveis.

Além da violência, momentos de frustração e de injustiça também podem gerar a sensação de falta de controle, o que leva as pessoas a acreditar em teorias da conspiração, criando uma falsa realidade de que os acontecimentos do mundo fogem de seu controle, de que um pequeno grupo perverso comanda o mundo. Teorias da conspiração existem há centenas de anos, morrem e ressuscitam, e sempre consistem nas mesmas histórias, apresentando mudanças apenas nos personagens e nas pessoas que as divulgam. A crença em teorias da conspiração leva as pessoas à desesperança e, assim, elas acabam se engajando menos no mundo da política, perdendo a confiança em instituições públicas, trabalhando em áreas de menor remuneração e encontrando nas conspirações uma forma de justificar seu status, reconquistando dessa maneira sua autoestima. A crença em teorias da conspiração também faz com que os indivíduos se sintam importantes por possuírem informações raras, juntando-se a pessoas com pensamentos similares para criar um narcisismo coletivo. Uma vez pertencentes a grupos, essas pessoas acabam se tornando mais dispostas a discriminar outros grupos e a aceitar a violência como maneira legítima de mudar as coisas. Parte da crença em teorias da conspiração vem do fato das pessoas não terem sido treinadas para pensar como cientistas: analisando os acontecimentos do mundo de forma aprofundada, procurando principalmente por outras explicações possíveis para os fenômenos e tendo humildade em mudar de opinião.

Isso nos leva novamente ao trágico acontecimento envolvendo os membros do Heaven's Gate. Como você encara informações contrárias às suas crenças? Você culpa o telescópio quando não enxerga o que quer? Que tal, começando hoje, você encarar informações contrárias às suas crenças da seguinte forma:

> Uau, eu nunca tinha ouvido isso! Que coisa fantástica, preciso pesquisar mais sobre esse assunto para atualizar meus conhecimentos."

> Nossa! Isso é completamente diferente do que eu acredito! Que oportunidade incrível para repensar meu ponto de vista. Será que estou errado?"

Este livro certamente lhe causou grande desconforto e uma vontade de se transformar em uma pessoa diferente. Por isso, permita-me apresentar uma última descoberta científica que pode resolver o que está lhe atormentando.

Na década de 1980, o cientista da Universidade de Columbia, Tory Higgins, desenvolveu a **Teoria da Autodiscrepância**, baseada na ideia de que cada indivíduo deve comparar seu **"eu atual"** com seu **"eu ideal"** e seu **"eu obrigatório"**. Higgins propõe que essa comparação tem implicações motivacionais importantes na construção da pessoa que você quer se tornar.[1]

Seu "eu atual", a pessoa que você acredita ser hoje, deve ser colocado em comparação primeiramente com o seu "eu ideal", ou seja, com a pessoa que você **gostaria** de se tornar, baseando-se nos desejos e nas aspirações que tem sobre si mesmo. A discrepância causada ao comparar seu "eu atual" com seu "eu ideal" promove o que Higgins chama de **Foco Promocional**: uma motivação pelo crescimento, uma busca por bons resultados, por algo melhor, que traz comportamentos e emoções positivas. No foco promocional, existe um sentimento de desconforto se você **não agir** e continuar sendo seu "eu atual". Em seguida, seu "eu atual" deve ser colocado lado a lado com o seu "eu obrigatório", ou seja, com o ser que está preocupado em honrar suas obrigações e suas demandas externas. Essa comparação, por sua vez, promove um **Foco Preventivo**, ou seja, uma sensibilidade maior a resultados negativos, um medo de suas aspirações não serem alcançadas, o que gera uma redução motivacional e emoções negativas como culpa ou ansiedade, causadas pela possibilidade de vivermos uma vida em que não cumprimos nossas obrigações.

É importante compreendermos que a vida ideal é aquela baseada naquilo que você **deve fazer** para virar a pessoa que você quer ser, e naquilo que você **não deve fazer** para cumprir suas obrigações morais. As perguntas que faço para encerrar nossa jornada são estas:

Até quando você continuará falsificando seu "eu ideal"? Em que momento você irá parar de mudar suas hipóteses para que elas se encaixem naquilo que já acredita? Existirá um dia em que dará um basta no seu apoio a políticos corruptos? Qual será o momento em que você assumirá definitivamente o seu "eu obrigatório" e terá humildade em mudar de opinião, mesmo que isso prejudique a imagem presente que tem de si mesmo?

Certa vez, um aluno da Universidade da Califórnia Santa Cruz perguntou ao meu estimado mentor, Elliot Aronson, o que ele achava do seu plano de passar um ano na Índia, com o objetivo de "encontrar a si mesmo". Aronson respondeu ao aluno que é sempre bacana passar um ano fora em outro país, porém o alertou de que **o ser não é algo que se encontra, o ser é algo que se constrói**. Aronson, que foi minha maior inspiração para escrever esta obra, afirma que *o ser se constrói por meio de seu comportamento, tomando decisões difíceis, sendo consciente do que está fazendo, num senso moral, a cada momento*. Aronson finaliza sua resposta com uma reflexão fundamental para a nossa vida:

> "'Quem sou eu?' é uma pergunta muito boa, mas uma ainda melhor é 'Quem eu quero me tornar?' Quando sabe quem quer se tornar, você olha conscientemente para cada decisão importante que toma e acaba se movendo em direção ao tipo de **pessoa que você quer ser**."

Já passou da hora de pararmos de usar a arte de enganar a nós mesmos e buscarmos, autenticamente, construir a pessoa que queremos ser.

Referências

Prólogo

1. Festinger, L. (1957). A theory of cognitive dissonance.
2. Kleinhesselink, R. R., & Edwards, R. E. (1975). Seeking and avoiding belief-discrepant information as a function of its perceived refutability. *Journal of Personality and Social Psychology*, 31(5), 787.
3. Westen, D., Blagov, P. S., Harenski, K., Kilts, C., & Hamann, S. (2006). Neural bases of motivated reasoning: An fMRI study of emotional constraints on partisan political judgment in the 2004 US presidential election. *Journal of cognitive neuroscience*, 18(11), 1947-1958.
4. Zaki, J., Schirmer, J., & Mitchell, J. P. (2011). Social influence modulates the neural computation of value. *Psychological science*, 22(7), 894-900.
5. Vaillant, G. E. (1995). *The wisdom of the ego*. Harvard University Press.
6. https://www.who.int/news-room/fact-sheets/detail/the-top-10-causes-of-death
7. https://twitter.com/peterubel/status/565874188574277633/photo/1
8. Tversky, A., & Kahneman, D. (1973). Availability: A heuristic for judging frequency and probability. *Cognitive psychology*, 5(2), 207-232.
9. Kayser, M. A., & Peress, M. (2021). Does the Media Cover the Economy Accurately? An Analysis of Sixteen Developed Democracies. *Quarterly Journal of Political Science*, 16(1), 1-33.
10. Rozin, P., & Royzman, E. B. (2001). Negativity bias, negativity dominance, and contagion. *Personality and social psychology review*, 5(4), 296-320.
11. https://www.cpsc.gov/Newsroom/News-Releases/1996/CPSC-Soda-Vending-Machine-Industry-Labeling-Campaign-Warns-Of-Deaths-And-Injuries
    https://www.floridamuseum.ufl.edu/shark-attacks/yearly-worldwide-summary/

Capítulo 1

1. Kunda, Z. (1987). Motivated inference: Self-serving generation and evaluation of causal theories. *Journal of personality and social psychology*, 53(4), 636.

372 ◢ *A Arte de Enganar a Si Mesmo*

2. Lewin, K. (2020). Group decision. *In: Shared Experiences In Human Communication* (pp. 168-176). Routledge.
3. Kassarjian, H. H., & Cohen, J. B. (1965). Cognitive dissonance and consumer behavior. *California Management Review*, 8(1), 55-64.
4. Mills, S. D., & Wiesen, C. A. (2021). Beliefs About the Health Effects of Smoking Among Adults in the United States. *Health Education & Behavior*, 10901981211004136.
5. Aronson, E., & Aronson, J. (2018). *The social animal.* Nova York, NY, USA: Worth Publishers, Macmillan Learning.
6. Brehm, J. W. (1956). Postdecision changes in the desirability of alternatives. *The Journal of Abnormal and Social Psychology*, 52(3), 384.
7. Gilbert, D. T., & Ebert, J. E. (2002). Decisions and revisions: the affective forecasting of changeable outcomes. *Journal of personality and social psychology*, 82(4), 503.
8. Gilbert, D. T., Pinel, E. C., Wilson, T. D., Blumberg, S. J., & Wheatley, T. P. (1998). Immune neglect: a source of durability bias in affective forecasting. *Journal of personality and social psychology*, 75(3), 617.
9. Gilbert, D., McKee, A., Spreitzer, G., & Amabile, T. (2017). *Happiness (HBR Emotional Intelligence Series)*. Harvard business press.
10. Bem, D. J. (1965). An experimental analysis of self-persuasion. *Journal of Experimental Social Psychology*.
11. Bem, D. J. (1972). Self-perception theory. *In: Advances in experimental social psychology* (Vol. 6, pp. 1-62). Academic Press.
12. Freedman, J. L., & Fraser, S. C. (1966). Compliance without pressure: the foot-in--the-door technique. *Journal of personality and social psychology*, 4(2), 195.
13. Kahneman, D., & Tversky, A. (1977). *Intuitive prediction: Biases and corrective procedures.* Decisions and Designs Inc Mclean Va.
14. Bazerman, M. H., Giuliano, T., & Appelman, A. (1984). Escalation of commitment in individual and group decision making. *Organizational behavior and human performance*, 33(2), 141-152.
15. Deutsch, M., & Gerard, H. B. (1955). A study of normative and informational social influences upon individual judgment. *The journal of abnormal and social psychology*, 51(3), 629.
16. Welsh, D. T., Ordóñez, L. D., Snyder, D. G., & Christian, M. S. (2015). The slippery slope: how small ethical transgressions pave the way for larger future transgressions. *Journal of Applied Psychology*, 100(1), 114.
17. Higgins, E. T., & Rholes, W. S. (1978). "Saying is believing": Effects of message modification on memory and liking for the person described. *Journal of Experimental Social Psychology*, 14(4), 363-378.
18. Kaplan, J. T., Gimbel, S. I., & Harris, S. (2016). Neural correlates of maintaining one's political beliefs in the face of counterevidence. *Scientific reports*, 6(1), 1-11.

Capítulo 2

1. Nickerson, R. S. (1998). Confirmation bias: A ubiquitous phenomenon in many guises. *Review of general psychology*, 2(2), 175-220.
2. Gilead, M., Sela, M., & Maril, A. (2019). That's my truth: Evidence for involuntary opinion confirmation. *Social Psychological and Personality Science*, 10(3), 393-401.
3. Kappes, A., Harvey, A. H., Lohrenz, T., Montague, P. R., & Sharot, T. (2020). Confirmation bias in the utilization of others' opinion strength. *Nature neuroscience*, 23(1), 130-137.

Referências ⩗ **373**

4. Lord, C. G., Ross, L., & Lepper, M. R. (1979). Biased assimilation and attitude polarization: The effects of prior theories on subsequently considered evidence. *Journal of personality and social psychology*, 37(11), 2098.

5. Pronin, E., Lin, D. Y., & Ross, L. (2002). The bias blind spot: Perceptions of bias in self versus others. *Personality and Social Psychology Bulletin*, 28(3), 369-381.

6. Kunda, Z. (1987). Motivated inference: Self-serving generation and evaluation of causal theories. *Journal of personality and social psychology*, 53(4), 636.

7. Herby, J., Jonung, L., & Hanke, S. (2022). A literature review and meta-analysis of the effects of lockdowns on COVID-19 mortality. *Studies in Applied Economics*, (200).

8. Yakusheva, O., van den Broek-Altenburg, E., Brekke, G., & Atherly, A. (2022). Lives saved and lost in the first six month of the US COVID-19 pandemic: A retrospective cost-benefit analysis. *PLOS ONE*, 17(1), e0261759.

   Flaxman, S., Mishra, S., Gandy, A., Unwin, H. J. T., Mellan, T. A., Coupland, H., & Bhatt, S. (2020). Estimating the effects of non-pharmaceutical interventions on COVID-19 in Europe. *Nature*, 584(7820), 257-261.

9. https://www.who.int/news-room/fact-sheets/detail/cardiovascular-diseases-(cvds)

10. Centers for Disease Control and Prevention, National Center for Health Statistics. About Multiple Cause of Death, 1999–2020. CDC WONDER Online Database website. Atlanta, GA: Centers for Disease Control and Prevention; 2022. Acessado em 21 fev. 2022.

11. Jones, E. E., & Kohler, R. (1958). The effects of plausibility on the learning of controversial statements. *The Journal of Abnormal and Social Psychology*, 57(3), 315.

12. Malhotra, D., & Bazerman, M. H. (2015). Bounded Rationality, Negotiation Perception, and Attitudinal Structuring. *Negot. J.*, *31*, 363.

13. Furby, L. (1973). Interpreting regression toward the mean in developmental research. *Developmental Psychology*, 8(2), 172.

14. Lamb, E. J., & Leurgans, S. (1979). Does adoption affect subsequent fertility? *American Journal of Obstetrics and Gynecology*, 134(2), 138-144.

15. Abell, G. O., & Greenspan, B. S. (1979). Human births and the phase of the moon. *New England Journal of Medicine*, 300(2).

16. Perkins, D. N. (1985). Postprimary education has little impact on informal reasoning. *Journal of educational psychology*, 77(5), 562.

17. Perkins, D. (2019). Learning to reason: The influence of instruction, prompts and scaffolding, metacognitive knowledge, and general intelligence on informal reasoning about everyday social and political issues. *Judgment and Decision Making*, 14(6), 624.

18. Kappes, H. B., & Oettingen, G. (2011). Positive fantasies about idealized futures sap energy. *Journal of Experimental Social Psychology*, 47(4), 719-729.

19. Oettingen, G., & Mayer, D. (2002). The motivating function of thinking about the future: expectations versus fantasies. *Journal of personality and social psychology*, 83(5), 1198.

Capítulo 3

1. Lord, C. G., Ross, L., & Lepper, M. R. (1979). Biased assimilation and attitude polarization: The effects of prior theories on subsequently considered evidence. *Journal of personality and social psychology*, 37(11), 2098.

374 A Arte de Enganar a Si Mesmo

2. Bail, C. A., Argyle, L. P., Brown, T. W., Bumpus, J. P., Chen, H., Hunzaker, M. F., & Volfovsky, A. (2018). Exposure to opposing views on social media can increase political polarization. *Proceedings of the National Academy of Sciences*, 115(37), 9216-9221.
3. Hastorf, A. H., & Cantril, H. (1954). They saw a game; a case study. *The Journal of Abnormal and Social Psychology*, 49(1), 129.
4. Kahan, D. M., Hoffman, D. A., Braman, D., & Evans, D. (2012). They saw a protest: Cognitive illiberalism and the speech-conduct distinction. *Stan. L. Rev.*, 64, 851.
5. Ross, L., & Ward, A. (1996). Naive realism in everyday life: Implications for social conflict and misunderstanding. *Values and knowledge*, 103-135.
6. Gilovich, T., & Ross, L. (2016). *The wisest one in the room: How you can benefit from social psychology's most powerful insights*. Simon and Schuster.
7. Robinson, R. J., Keltner, D., Ward, A., & Ross, L. (1995). Actual versus assumed differences in construal: "Naive realism" in intergroup perception and conflict. *Journal of personality and social psychology*, 68(3), 404.
8. Schkade, D., Sunstein, C. R., & Hastie, R. (2007). What happened on deliberation day. *Calif. L. Rev.*, 95, 915.
9. Keating, J., Van Boven, L., & Judd, C. M. (2016). Partisan underestimation of the polarizing influence of group discussion. *Journal of Experimental Social Psychology*, 65, 52-58.
10. Tesser, A., & Conlee, M. C. (1975). Some effects of time and thought on attitude polarization. *Journal of Personality and Social Psychology*, 31(2), 262.
11. Ross, L., Greene, D., & House, P. (1977). The "false consensus effect": An egocentric bias in social perception and attribution processes. *Journal of experimental social psychology*, 13(3), 279-301.

Capítulo 4

1. Vallone, R. P., Ross, L., & Lepper, M. R. (1985). The hostile media phenomenon: biased perception and perceptions of media bias in coverage of the Beirut massacre. *Journal of personality and social psychology*, 49(3), 577.
2. Hansen, G. J., & Kim, H. (2011). Is the media biased against me? A meta-analysis of the hostile media effect research. *Communication Research Reports*, 28(2), 169-179.
3. Lee, T. K., Kim, Y., & Coe, K. (2018). When social media become hostile media: An experimental examination of news sharing, partisanship, and follower count. *Mass Communication and Society*, 21(4), 450-472.
4. Weeks, B. E., Kim, D. H., Hahn, L. B., Diehl, T. H., & Kwak, N. (2019). Hostile media perceptions in the age of social media: Following politicians, emotions, and perceptions of media bias. *Journal of Broadcasting & Electronic Media*, 63(3), 374-392.
5. Kayser, M. A., & Peress, M. (2021). Does the Media Cover the Economy Accurately? An Analysis of Sixteen Developed Democracies. *Quarterly Journal of Political Science*, 16(1), 1-33.
6. Innes, J. M., & Zeitz, H. (1988). The public's view of the impact of the mass media: A test of the 'third person'effect. *European Journal of Social Psychology*, 18(5), 457-463.
7. Davison, W. P. (1983). The third-person effect in communication. *Public opinion quarterly*, 47(1), 1-15.
8. Antonopoulos, N., Veglis, A., Gardikiotis, A., Kotsakis, R., & Kalliris, G. (2015). Web Third-person effect in structural aspects of the information on media websites. *Computers in Human Behavior*, 44, 48-58.

9. McGuire, W. J. (1986). The myth of massive media impact: Savagings and salvagings. *Public communication and behavior*, 1, 173-257.

10. Bird, K. (2002). Advertise or die: advertising and market share dynamics revisited. *Applied Economics Letters*, 9(12), 763-767.

Landes, E. M., & Rosenfield, A. M. (1994). The durability of advertising revisited. *The Journal of Industrial Economics*, 263-276.

11. Kaid, L. L. (2004). Political advertising. *In: Handbook of political communication research* (pp. 173-220). Routledge.

Tyler, T. R. (1984). Assessing the risk of crime victimization: The integration of personal victimization experience and socially transmitted information. *Journal of Social Issues*, 40(1), 27-38.

West, S. L., & O'Neal, K. K. (2004). Project DARE outcome effectiveness revisited. *American journal of public health*, 94(6), 1027-1029.

12. Guess, A. M., Barberá, P., Munzert, S., & Yang, J. (2021). The consequences of online partisan media. *Proceedings of the National Academy of Sciences*, 118(14), e2013464118.

13. Kalla, J. L., & Broockman, D. E. (2018). The minimal persuasive effects of campaign contact in general elections: Evidence from 49 field experiments. *American Political Science Review*, 112(1), 148-166.

Coppock, A., Hill, S. J., & Vavreck, L. (2020). The small effects of political advertising are small regardless of context, message, sender, or receiver: Evidence from 59 real-time randomized experiments. *Science advances*, 6(36), eabc4046.

Levy, R. E. (2021). Social media, news consumption, and polarization: Evidence from a field experiment. *American economic review*, 111(3), 831-70.

14. Eibach, R. P., Libby, L. K., & Gilovich, T. D. (2003). When change in the self is mistaken for change in the world. *Journal of personality and social psychology*, 84(5), 917.

Dearing, J. W., Rogers, E. M., & Rogers, E. (1996). *Agenda-setting* (Vol. 6). Sage.

15. Iyengar, S., & Simon, A. (1993). News coverage of the Gulf crisis and public opinion: A study of agenda-setting, priming, and framing. *Communication research*, 20(3), 365-383.

16. Iyengar, S., & Kinder, D. R. (2010). *News that matters: Television and American opinion*. University of Chicago Press.

17. Tversky, A., & Kahneman, D. (1973). Availability: A heuristic for judging frequency and probability. *Cognitive psychology*, 5(2), 207-232.

18. Gerbner, G., Gross, L., Morgan, M., & Signorielli, N. (1984). Political correlates of television viewing. *Public Opinion Quarterly*, 48(1B), 283-300.

19. Evans, W. (1996). Science and reason in film and television. *Skeptical Inquirer*, 20, 45-45.

Gerbner, G. (1987). Science on television: How it affects public conceptions. *Issues in Science and Technology*, 3(3), 109-115.

Gerbner, G., Gross, L., Morgan, M., & Signorielli, N. (1994). Growing up with television: The cultivation perspective.

Haney, C., & Manzolati, J. (1980). Television criminology: Network illusions of criminal justice realities. *Reading about the social animal. San Francisco, Freeman*.

20. https://reutersinstitute.politics.ox.ac.uk/listening-what-trust-news-means-users-qualitative-evidence-four-countries#conclusion

21. https://www.smithsonianmag.com/smart-news/half-academic-studies-are-never-read-more-three-people-180950222/

22. Berger, J., & Milkman, K. L. (2012). What makes online content viral? *Journal of marketing research*, 49(2), 192-205.

376 A Arte de Enganar a Si Mesmo

23. Yi, Y. (1990). Cognitive and affective priming effects of the context for print advertisements. *Journal of Advertising*, 19(2), 40-48.

Capítulo 5

1. Krafft, P. M., & Donovan, J. (2020). Disinformation by design: The use of evidence collages and platform filtering in a media manipulation campaign. *Political Communication*, 37(2), 194-214.
   Nadler, A., Crain, M., & Donovan, J. (2018). Weaponizing the digital influence machine. *Data & Society*.
   Dan, V., Paris, B., Donovan, J., Hameleers, M., Roozenbeek, J., van der Linden, S., & von Sikorski, C. (2021). Visual mis-and disinformation, social media, and democracy. *Journalism & Mass Communication Quarterly*, 98(3), 641-664.
2. Friedberg, B., & Donovan, J. (2019). On the internet, nobody knows you're a bot: Pseudoanonymous influence operations and networked social movements.
3. Donovan, J., & Friedberg, B. (2019). Source Hacking. *Data & Society*.
4. https://www.nytimes.com/2020/10/21/opinion/q-anon-conspiracy.html
5. https://mediamanipulation.org
6. Crockett, M. J. (2017). Moral outrage in the digital age. *Nature human behaviour*, 1(11), 769-771.
   Brady, W. J., McLoughlin, K., Doan, T. N., & Crockett, M. J. (2021). How social learning amplifies moral outrage expression in online social networks. *Science Advances*, 7(33), eabe5641.
7. Nilsen, J., Donovan, J., & Faris, R. (2022). Cloaked science: the Yan reports. *Information, Communication & Society*, 25(5), 598-608.
8. Cialdini, R. B., & Goldstein, N. J. (2004). Social influence: Compliance and conformity. *Annual review of psychology*, 55(1), 591-621.
9. Vosoughi, S., Roy, D., & Aral, S. (2018). The spread of true and false news online. *Science*, 359(6380), 1146-1151.
10. Bohns, V. K. (2016). (Mis) Understanding our influence over others: A review of the underestimation-of-compliance effect. *Current Directions in Psychological Science*, 25(2), 119-123.
11. Bernstein, M. S., Bakshy, E., Burke, M., & Karrer, B. (2013, April). Quantifying the invisible audience in social networks. *In: Proceedings of the SIGCHI conference on human factors in computing systems* (pp. 21-30).
12. Ross, L., Greene, D., & House, P. (1977). The "false consensus effect": An egocentric bias in social perception and attribution processes. *Journal of experimental social psychology*, 13(3), 279-301.
13. Hovland, C. I., & Weiss, W. (1951). The influence of source credibility on communication effectiveness. *Public opinion quarterly*, 15(4), 635-650.
14. Pratkanis, A. R., Greenwald, A. G., Leippe, M. R., & Baumgardner, M. H. (1988). In search of reliable persuasion effects: III. The sleeper effect is dead: Long live the sleeper effect. *Journal of personality and social psychology*, 54(2), 203.
15. Miller N, Campbell DT. Recency and primacy in persuasion as a function of timing of speeches and measurements. *Journal of Abnormal and Social Psychology*. 1959; 59:1–9.
16. Kumkale, G. T., & Albarracín, D. (2004). The sleeper effect in persuasion: a meta-analytic review. *Psychological bulletin*, 130(1), 143.
17. Albarracín, D., Kumkale, G. T., & Poyner-Del Vento, P. (2017). How people can become persuaded by weak messages presented by credible communicators: Not all sleeper effects are created equal. *Journal of Experimental Social Psychology*, 68, 171-180.

Referências ⟩ **377**

18. Chaiken, S. (1980). Heuristic versus systematic information processing and the use of source versus message cues in persuasion. *Journal of personality and social psychology*, 39(5), 752.

  Chen, S., & Chaiken, S. (1999). The heuristic-systematic model in its broader context.

  Petty, R. E., & Cacioppo, J. T. (1979). Issue involvement can increase or decrease persuasion by enhancing message-relevant cognitive responses. *Journal of personality and social psychology*, 37(10), 1915.

  Petty, R. E., & Cacioppo, J. T. (1984). The effects of involvement on responses to argument quantity and quality: Central and peripheral routes to persuasion. *Journal of personality and social psychology*, 46(1), 69.

  Cacioppo, J. T., Petty, R. E., Kao, C. F., & Rodriguez, R. (1986). Central and peripheral routes to persuasion: An individual difference perspective. *Journal of personality and social psychology*, 51(5), 1032.

19. Gilbert, D. T., Tafarodi, R. W., & Malone, P. S. (1993). You can't not believe everything you read. *Journal of personality and social psychology*, 65(2), 221.

20. Petty, R. E., Wegener, D. T., & Fabrigar, L. R. (1997). Attitudes and attitude change. *Annual review of psychology*, 48(1), 609-647.

21. Littrell, S., & Fugelsang, J. A. (2021). The 'bullshit blind spot': The roles of overconfidence and perceived information processing in bullshit detection.

22. Gilbert, D. T., & Jones, E. E. (1986). Perceiver-induced constraint: Interpretations of self-generated reality. *Journal of Personality and Social Psychology*, 50(2), 269.

23. Jones, E. E., & Harris, V. A. (1967). The attribution of attitudes. *Journal of experimental social psychology*, 3(1), 1-24.

Capítulo 6

1. Kruger, J., & Dunning, D. (1999). Unskilled and unaware of it: how difficulties in recognizing one's own incompetence lead to inflated self-assessments. *Journal of personality and social psychology*, 77(6), 1121.

2. Anson, I. G. (2018). Partisanship, political knowledge, and the Dunning-Kruger effect. *Political Psychology*, 39(5), 1173-1192.

3. Alicke, M. D., & Govorun, O. (2005). The better-than-average effect. *The self in social judgment*, 1, 85-106.

4. Alicke, M. D., Klotz, M. L., Breitenbecher, D. L., Yurak, T. J., & Vredenburg, D. S. (1995). Personal contact, individuation, and the better-than-average effect. *Journal of personality and social psychology*, 68(5), 804.

5. Alicke, M. D. (1985). Global self-evaluation as determined by the desirability and controllability of trait adjectives. *Journal of personality and social psychology*, 49(6), 1621.

6. Svenson, O. (1981). Are we all less risky and more skillful than our fellow drivers? *Acta psychologica*, 47(2), 143-148.

7. Preston, C. E., & Harris, S. (1965). Psychology of drivers in traffic accidents. *Journal of Applied Psychology*, 49(4), 284.

8. "It's Academic." 2000. Stanford GSB Reporter, 24 de abril, pp.14-S.

9. Baumhart, R. (1968). Ethics in business.

  Baumhart, S. J. RC (1961) "How ethical are businessmen?". *Harvard Business Review* July-August.

10. Larwood, L., & Whittaker, W. (1977). Managerial myopia: Self-serving biases in organizational planning. *Journal of applied psychology*, 62(2), 194.

378 A Arte de Enganar a Si Mesmo

11. Schriber, J. B., Larwood, L., & Peterson, J. L. (1985). Bias in the attribution of marital conflict. *Journal of Marriage and the Family*, 717-721.

12. Ross, M., & Sicoly, F. (1979). Egocentric biases in availability and attribution. *Journal of personality and social psychology*, 37(3), 322.

13. College Board. (1976–1977). Student descriptive questionnaire. Princeton, NJ: Educational Testing Service.

14. Weinstein, N. D. (1980). Unrealistic optimism about future life events. *Journal of personality and social psychology*, 39(5), 806.

15. Rutter, D. R., Quine, L., & Albery, I. P. (1998). Perceptions of risk in motorcyclists: Unrealistic optimism, relative realism and predictions of behaviour. *British Journal of Psychology*, 89(4), 681-696.

16. Cooper, A. C., Woo, C. Y., & Dunkelberg, W. C. (1988). Entrepreneurs' perceived chances for success. *Journal of business venturing*, 3(2), 97-108.

17. Larwood, L. (1978). Swine flu: A field study of self-serving biases. *Journal of Applied Social Psychology*, 8(3), 283-289.

18. Cross, K. P. (1977). Not can, but will college teaching be improved? *New Directions for Higher Education*, 1977(17), 1-15.

19. Miller, D. T., & Ross, M. (1975). Self-serving biases in the attribution of causality: Fact or fiction? *Psychological bulletin*, 82(2), 213.

20. Williams, E. F., & Gilovich, T. (2012). The better-than-my-average effect: The relative impact of peak and average performances in assessments of the self and others. *Journal of Experimental Social Psychology*, 48(2), 556-561.

    Williams, E. F., Gilovich, T., & Dunning, D. (2012). Being all that you can be: The weighting of potential in assessments of self and others. *Personality and Social Psychology Bulletin*, 38(2), 143-154.

21. Clance, P. R., & Imes, S. A. (1978). The imposter phenomenon in high achieving women: Dynamics and therapeutic intervention. *Psychotherapy: Theory, research & practice*, 15(3), 241.

    Langford, J., & Clance, P. R. (1993). The imposter phenomenon: Recent research findings regarding dynamics, personality and family patterns and their implications for treatment. *Psychotherapy: theory, research, practice, training*, 30(3), 495.

22. Harvey, J. C. (1981). *The impostor phenomenon and achievement: A failure to internalize success*. Temple University.

    Bussotti, C. (1990). *The impostor phenomenon: Family roles and environment*. Georgia State University-College of Arts and Sciences.

    Langford, J. (1990). *The need to look smart: The impostor phenomenon and motivations for learning*. Georgia State University-College of Arts and Sciences.

    Topping, M. E. H. (1983). *The impostor phenomenon: A study of its construct and incidence in university faculty members*. University of South Florida.

    Dingman, D. J. (1987). *The impostor phenomenon and social mobility: You can't go home again*. Georgia State University-College of Arts and Sciences.

23. Bernard, N. S., Dollinger, S. J., & Ramaniah, N. V. (2002). Applying the big five personality factors to the impostor phenomenon. *Journal of personality Assessment*, 78(2), 321-333.

24. Fisher, M., & Keil, F. C. (2018). The binary bias: A systematic distortion in the integration of information. *Psychological Science*, 29(11), 1846-1858.

25. Bonner, S. E., Hastie, R., Sprinkle, G. B., & Young, S. M. (2000). A review of the effects of financial incentives on performance in laboratory tasks: Implications for management accounting. *Journal of Management Accounting Research*, 12(1), 19-64.

Deci, E. L. (1971). Effects of externally mediated rewards on intrinsic motivation. *Journal of personality and Social Psychology*, 18(1), 105.Ariely, D., Gneezy, U., Loewenstein, G., & Mazar, N. (2009). Large stakes and big mistakes. *The Review of Economic Studies*, 76(2), 451-469.

26. Yerkes, R. M., & Dodson, J. D. (1908). The relation of strength of stimulus to rapidity of habit-formation. *Journal of Comparative Neurology*, 18(5), 459-482.

27. Baumeister, R. F., & Showers, C. J. (1986). A review of paradoxical performance effects: Choking under pressure in sports and mental tests. *European Journal of Social Psychology*, 16(4), 361-383.

28. Howell, R. T., Kurai, M., & Tam, L. (2013). Money buys financial security and psychological need satisfaction: Testing need theory in affluence. *Social Indicators Research*, 110(1), 17-29.

29. Lepper, M. R., Greene, D., & Nisbett, R. E. (1973). Undermining children's intrinsic interest with extrinsic reward: A test of the" overjustification" hypothesis. *Journal of Personality and social Psychology*, 28(1), 129.

30. Baumeister, R. F. (1984). Choking under pressure: self-consciousness and paradoxical effects of incentives on skillful performance. *Journal of Personality and Social Psychology*, 46(3), 610.

31. Gino, F., & Pierce, L. (2009). The abundance effect: Unethical behavior in the presence of wealth. *Organizational Behavior and Human Decision Processes*, 109(2), 142-155.

32. Deci, E. L., & Ryan, R. M. (2012). Self-determination theory.

33. Pronin, E., Lin, D. Y., & Ross, L. (2002). The bias blind spot: Perceptions of bias in self versus others. *Personality and Social Psychology Bulletin*, 28(3), 369-381.

Capítulo 7

1. Kellermann, A. L., Somes, G., Rivara, F. P., Lee, R. K., & Banton, J. G. (1998). Injuries and deaths due to firearms in the home. Journal of Trauma and Acute Care Surgery, 45(2), 263-267.

2. Efron, B. (2007). Correlation and large-scale simultaneous significance testing. Journal of the American Statistical Association, 102(477), 93-103.

3. Vogt, W. P. (1993). Dictionary of statistics and methodology. Newbury Park, CA: Sage.

4. Bazerman, M. (2014). The power of noticing: What the best leaders see. Simon and Schuster.

5. Morse, J. M. (2010). "Cherry picking": Writing from thin data. Qualitative health research, 20(1), 3-3.

6. Martin, D. W. (2006). Psychology of human behavior. The Teaching Company.

7. Messerli, F. H. (2012). Chocolate consumption, cognitive function, and Nobel laureates. *New England Journal of Medicine*, 367(16), 1562–1564.

8. Fisher, M., & Keil, F. C. (2018). The binary bias: A systematic distortion in the integration of information. *Psychological Science*, 29(11), 1846-1858.

9. Christensen, L. B., & Waraczynski, M. A. (1988). *Experimental methodology*. Boston: Allyn and Bacon.

10. Berkowitz, L., & LePage, A. (1967). Weapons as aggression-eliciting stimuli. *Journal of Personality and Social Psychology*, 7(2p1), 202.

11. Diez, D. M., Barr, C. D., & Cetinkaya-Rundel, M. (2012). *OpenIntro statistics* (pp. 174-175). Boston, MA, USA: OpenIntro.

380 🔻 *A Arte de Enganar a Si Mesmo*

12. https://www.simplypsychology.org/control-and-experimental-group-differences.html

13. Lavelle, J. S. (2020). When a crisis becomes an opportunity: The role of replications in making better theories.

14. Haidt, J. (2012). *The righteous mind: Why good people are divided by politics and religion*. Vintage.

15. Hudgens, M. G., & Gilbert, P. B. (2009). Assessing vaccine effects in repeated low-dose challenge experiments. *Biometrics*, 65(4), 1223-1232.

16. Kirsch, I., & Weixel, L. J. (1988). Double-blind versus deceptive administration of a placebo. *Behavioral neuroscience*, 102(2), 319.

17. Colagiuri, B., Schenk, L. A., Kessler, M. D., Dorsey, S. G., & Colloca, L. (2015). The placebo effect: from concepts to genes. *Neuroscience*, 307, 171-190.

18. Martin, E. (2006). Survey questionnaire construction. *Survey methodology*, 13, 2006.

19. Miller, D. T., & Ross, M. (1975). Self-serving biases in the attribution of causality: Fact or fiction? *Psychological bulletin*, 82(2), 213.

20. Diez, D. M., Barr, C. D., & Cetinkaya-Rundel, M. (2012). *OpenIntro statistics* (pp. 174-175). Boston, MA, USA: OpenIntro.

21. Hedges, L. V. (1992). Meta-analysis. *Journal of Educational Statistics*, 17(4), 279-296.

22. Burnham, J. C. (1990). The evolution of editorial peer review. *Jama*, 263(10), 1323-1329.

23. Garfield, E. (2000). The use of JCR and JPI in measuring short and long term journal impact. *Croat Med J*, 41(4), 368-74.

24. https://www.theguardian.com/commentisfree/2020/jun/05/lancet-had-to-do-one-of-the-biggest-retractions-in-modern-history-how-could-this-happen

25. Horton, R. (2004). A statement by the editors of The Lancet. *The Lancet*, 363(9411), 820-821.

26. https://healthland.time.com/2010/05/24/doctor-behind-vaccine-autism-link-loses-license/

27. Frick, R. W. (1996). The appropriate use of null hypothesis testing. *Psychological Methods*, 1(4), 379.

28. McKenzie, C. R. (1998). Taking into account the strength of an alternative hypothesis. *Journal of Experimental Psychology: Learning, Memory, and Cognition*, 24(3), 771.

29. Hung, H. J., O'Neill, R. T., Bauer, P., & Kohne, K. (1997). The behavior of the p-value when the alternative hypothesis is true. *Biometrics*, 11-22.

30. https://twitter.com/neiltyson/status/1381197292728942595?lang=en

31. https://fs.blog/survivorship-bias/

32. Gallagher, R., & Appenzeller, T. (1999). Beyond reductionism. *Science*, 284(5411), 79-79.

33. Pinker, S. (2021). *Rationality: What it is, why it seems scarce, why it matters*. Penguin.

Capítulo 8

1. https://en.wikipedia.org/wiki/Jonestown

2. Baumeister, R. F., & Leary, M. R. (2017). The need to belong: Desire for interpersonal attachments as a fundamental human motivation. *Interpersonal development*, 57-89.

Referências ◤ **381**

3. Hill, K. R., Walker, R. S., Božičević, M., Eder, J., Headland, T., Hewlett, B., & Wood, B. (2011). Co-residence patterns in hunter-gatherer societies show unique human social structure. *Science*, 331(6022), 1286-1289.

4. Carter, A. J., & Nguyen, A. Q. (2011). Antagonistic pleiotropy as a widespread mechanism for the maintenance of polymorphic disease alleles. *BMC medical genetics*, 12(1), 1-13.

5. Haidt, J. (2012). *The righteous mind: Why good people are divided by politics and religion*. Vintage.

6. Nowak, M. A., & Sigmund, K. (1992). Tit for tat in heterogeneous populations. *Nature*, 355(6357), 250-253.

7. Talhelm, T., Zhang, X., Oishi, S., Shimin, C., Duan, D., Lan, X., & Kitayama, S. (2014). Large-scale psychological differences within China explained by rice versus wheat agriculture. *Science*, 344(6184), 603-608.

8. Ember, C. R., & Ember, M. (1992). Warfare, aggression, and resource problems: Cross-cultural codes. *Behavior Science Research*, 26(1-4), 169-226.

9. Kim, H., & Markus, H. R. (1999). Deviance or uniqueness, harmony or conformity? A cultural analysis. *Journal of personality and social psychology*, 77(4), 785.

10. Masuda, T., Ellsworth, P. C., Mesquita, B., Leu, J., Tanida, S., & Van de Veerdonk, E. (2008). Placing the face in context: cultural differences in the perception of facial emotion. *Journal of personality and social psychology*, 94(3), 365.

11. Gelfand, M. J., Raver, J. L., Nishii, L., Leslie, L. M., Lun, J., Lim, B. C., & Yamaguchi, S. (2011). Differences between tight and loose cultures: A 33-nation study. *Science*, 332(6033), 1100-1104.

12. Wang, W., Zhornitsky, S., Li, C. S. P., Le, T. M., Joormann, J., & Li, C. S. R. (2019). Social anxiety, posterior insula activation, and autonomic response during self-initiated action in a Cyberball game. *Journal of affective disorders*, 255, 158-167.

13. Wang, H., Braun, C., & Enck, P. (2017). How the brain reacts to social stress (exclusion)–A scoping review. *Neuroscience & Biobehavioral Reviews*, 80, 80-88.

14. Kemeny, M. E., Gruenewald, T. L., & Dickerson, S. S. (2004). Shame as the emotional response to threat to the social self: Implications for behavior, physiology, and health. *Psychological Inquiry*, 15(2), 153-160.

15. Eisenberger, N. I., Lieberman, M. D., & Williams, K. D. (2003). Does rejection hurt? An fMRI study of social exclusion. *Science*, 302(5643), 290-292.

16. Robinson, S. L., O'Reilly, J., & Wang, W. (2013). Invisible at work: An integrated model of workplace ostracism. *Journal of Management*, 39(1), 203-231.

17. Asch, S. E. (1956). Studies of independence and conformity: I. A minority of one against a unanimous majority. *Psychological monographs: General and applied*, 70(9), 1.

18. Berns, G. S., Chappelow, J., Zink, C. F., Pagnoni, G., Martin-Skurski, M. E., & Richards, J. (2005). Neurobiological correlates of social conformity and independence during mental rotation. *Biological psychiatry*, 58(3), 245-253.

19. Schultz, P. W., Nolan, J. M., Cialdini, R. B., Goldstein, N. J., & Griskevicius, V. (2007). The constructive, destructive, and reconstructive power of social norms. *Psychological science*, 18(5), 429-434.

20. Aronson, E., & Mills, J. (1959). The effect of severity of initiation on liking for a group. *The Journal of Abnormal and Social Psychology*, 59(2), 177.

21. Festinger, L., & Carlsmith, J. M. (1959). Cognitive consequences of forced compliance. *The journal of abnormal and social psychology*, 58(2), 203.

382 ⚑ *A Arte de Enganar a Si Mesmo*

22. Noel, J. G., Wann, D. L., & Branscombe, N. R. (1995). Peripheral ingroup membership status and public negativity toward outgroups. *Journal of personality and social psychology*, 68(1), 127.

23. Cichocka, A., Marchlewska, M., & De Zavala, A. G. (2016). Does self-love or self-hate predict conspiracy beliefs? Narcissism, self-esteem, and the endorsement of conspiracy theories. *Social Psychological and Personality Science*, 7(2), 157-166.

24. Byrne, D., Clore, G. L., & Smeaton, G. (1986). The attraction hypothesis: Do similar attitudes affect anything? *Journal of Personality and Social Psychology*, 51(6).
Caspi, A., & Herbener, E. S. (1990). Continuity and change: assortative marriage and the consistency of personality in adulthood. *Journal of personality and social psychology*, 58(2), 250.

25. Burgess, E. W., & Wallin, P. (1953). *Engagement and marriage* (Vol. 10). Philadelphia: Lippincott.

26. Schwartz, C. R. (2013). Trends and variation in assortative mating: Causes and consequences. *Annual Review of Sociology*, 39, 451-470.

27. Rathje, S., Van Bavel, J. J., & Van Der Linden, S. (2021). Out-group animosity drives engagement on social media. *Proceedings of the National Academy of Sciences*, 118(26), e2024292118.

28. Daly, M., & Wilson, M. I. (1996). Violence against stepchildren. *Current Directions in Psychological Science*, 5(3), 77-80.

29. Rucker, D. D., & Pratkanis, A. R. (2001). Projection as an interpersonal influence tactic: The effects of the pot calling the kettle black. *Personality and Social Psychology Bulletin*, 27(11), 1494-1507.

30. Dillard, J. P., & Anderson, J. W. (2004). The role of fear in persuasion. *Psychology & Marketing*, 21(11), 909-926.

Capítulo 9

1. Tajfel, H., Billig, M. G., Bundy, R. P., & Flament, C. (1971). Social categorization and intergroup behaviour. *European journal of social psychology*, 1(2), 149-178.

2. Ballweg, J. A. (1969). Extensions of meaning and use for kinship terms. *American Anthropologist*, 71(1), 84-87.

3. Maoz, I., Ward, A., Katz, M., & Ross, L. (2002). Reactive devaluation of an "Israeli" vs."Palestinian" peace proposal. *Journal of Conflict Resolution*, 46(4), 515-546.

4. Janis, I. L. (1973). Groupthink and group dynamics: A social psychological analysis of defective policy decisions. *Policy Studies Journal*, 2(1), 19.

5. Fraser, C., Gouge, C., & Billig, M. (1971). Risky shifts, cautious shifts, and group polarization. *European journal of social psychology*.
Esteban, J., & Schneider, G. (2008). Polarization and conflict: Theoretical and empirical issues. *Journal of Peace Research*, 45(2), 131-141.

6. King, E. B., Knight, J. L., & Hebl, M. R. (2010). The influence of economic conditions on aspects of stigmatization. *Journal of Social Issues*, 66(3), 446-460.

7. Jussim, L. (1986). Self-fulfilling prophecies: A theoretical and integrative review. *Psychological review*, 93(4), 429.

8. Hilton, J. L., & Von Hippel, W. (1996). Stereotypes. *Annual review of psychology*, 47(1), 237-271.

9. Takemura, K., & Yuki, M. (2007). Are Japanese groups more competitive than Japanese individuals? A cross-cultural validation of the interindividual–intergroup discontinuity effect. *International Journal of Psychology*, 42(1), 27-35.

Referências ▼ **383**

10. Rozin, P., Haidt, J., & Fincher, K. (2009). From oral to moral. *Science*, 323(5918), 1179-1180.
11. Hodson, G., & Costello, K. (2007). Interpersonal disgust, ideological orientations, and dehumanization as predictors of intergroup attitudes. *Psychological science*, 18(8), 691-698.
12. Leyens, J. P., Rodriguez-Perez, A., Rodriguez-Torres, R., Gaunt, R., Paladino, M. P., Vaes, J., & Demoulin, S. (2001). Psychological essentialism and the differential attribution of uniquely human emotions to ingroups and outgroups. *European Journal of Social Psychology*, 31(4), 395-411.
13. Erikson, K. (1996). On pseudospeciation and social speciation. *Genocide: War and Human Survival*, 51-58.
14. Greitemeyer, T., & McLatchie, N. (2011). Denying humanness to others: A newly discovered mechanism by which violent video games increase aggressive behavior. *Psychological science*, 22(5), 659-665.
15. Tajfel, H., & Turner, J. C. (2004). The social identity theory of intergroup behavior. In: *Political psychology* (pp. 276-293). Psychology Press.
16. University of Oklahoma. Institute of Group Relations, & Sherif, M. (1961). *Intergroup conflict and cooperation: The Robbers Cave experiment* (Vol. 10, pp. 150-198). Norman, OK: University Book Exchange.
17. Pettigrew, T. F., Tropp, L. R., Wagner, U., & Christ, O. (2011). Recent advances in intergroup contact theory. *International journal of intercultural relations*, 35(3), 271-280.
18. Aronson, E. (1978). *The jigsaw classroom*. Sage.
19. Aronson, E., & Thibodeau, R. (2006). The jigsaw classroom: A cooperative strategy for reducing prejudice. In: *Cultural diversity and the schools* (pp. 231-255). Routledge.
20. Cialdini, R. B., Borden, R. J., Thorne, A., Walker, M. R., Freeman, S., & Sloan, L. R. (1976). Basking in reflected glory: Three (football) field studies. *Journal of personality and social psychology*, 34(3), 366.
21. Cikara, M., Botvinick, M. M., & Fiske, S. T. (2011). Us versus them: Social identity shapes neural responses to intergroup competition and harm. *Psychological science*, 22(3), 306-313.
22. Fein, S., & Spencer, S. J. (1997). Prejudice as self-image maintenance: Affirming the self through derogating others. *Journal of personality and Social Psychology*, 73(1), 31.
23. Sapolsky, R. M. (2017). *Behave: The biology of humans at our best and worst*. Penguin.
24. Haney, C., Banks, C., & Zimbardo, P. (1973). A study of prisoners and guards. *Naval research reviews*, 26.
    Haney, C., Banks, C., & Zimbardo, P. (1973). Interpersonal dynamics in a simulated prison. *The Sociology of Corrections* (Nova York: Wiley, 1977), 65-92.
    Zimbardo, P. G., Haney, C., Banks, W. C., & Jaffe, D. (1971). *The Stanford prison experiment*. Zimbardo, Incorporated.
25. Ross, L. (1977). The intuitive psychologist and his shortcomings: Distortions in the attribution process. *Advances in experimental social psychology*, 10, 173-220.
    Jones, E. E., & Harris, V. A. (1967). The attribution of attitudes. *Journal of experimental social psychology*, 3(1), 1-24.
    Gilbert, D. T., & Malone, P. S. (1995). The correspondence bias. *Psychological bulletin*, 117(1), 21.Ross, L., & Nisbett, R. E. (2011). *The person and the situation: Perspectives of social psychology*. Pinter & Martin Publishers.

384 ⚑ *A Arte de Enganar a Si Mesmo*

26. Darley, J. M., & Batson, C. D. (1973). "From Jerusalem to Jericho": A study of situational and dispositional variables in helping behavior. *Journal of personality and social psychology*, 27(1), 100.
27. Milgram, S. (1963). Behavioral study of obedience. *The Journal of abnormal and social psychology*, 67(4), 371.
    Milgram, S., & Gudehus, C. (1978). Obedience to authority.

Capítulo 10

1. Diener, E. (1979). Deindividuation, self-awareness, and disinhibition. *Journal of Personality and Social Psychology*, 37(7), 1160.
   Zimbardo, P. G. (1969). The human choice: Individuation, reason, and order versus deindividuation, impulse, and chaos. *In: Nebraska symposium on motivation*. University of Nebraska press.
2. Mann, L. (1981). The baiting crowd in episodes of threatened suicide. *Journal of Personality and Social Psychology*, 41(4), 703.
3. Watson, R. I. (1973). Investigation into deindividuation using a cross-cultural survey technique.
4. Frank, M. G., & Gilovich, T. (1988). The dark side of self-and social perception: black uniforms and aggression in professional sports. *Journal of personality and social psychology*, 54(1), 74.
5. Diener, E., Fraser, S. C., Beaman, A. L., & Kelem, R. T. (1976). Effects of deindividuation variables on stealing among Halloween trick-or-treaters. *Journal of personality and social psychology*, 33(2), 178.
6. Choi, I., & Nisbett, R. E. (1998). Situational salience and cultural differences in the correspondence bias and actor-observer bias. Personality and Social Psychology Bulletin, 24(9), 949-960.
7. https://greatergood.berkeley.edu/article/item/hope_on_the_battlefield
8. Bruers, S., & Braeckman, J. (2014). A review and systematization of the trolley problem. *Philosophia*, 42(2), 251-269.
9. Greene, J. D., Sommerville, R. B., Nystrom, L. E., Darley, J. M., & Cohen, J. D. (2001). An fMRI investigation of emotional engagement in moral judgment. *Science*, 293(5537), 2105-2108.
10. Suler, J. (2004). The online disinhibition effect. *Cyberpsychology & behavior*, 7(3), 321-326.

Capítulo 11

1. Greenwald, A. G., & Banaji, M. R. (1995). Implicit social cognition: attitudes, self-esteem, and stereotypes. *Psychological review*, 102(1), 4.
2. Greenwald, A. G., Banaji, M. R., Rudman, L. A., Farnham, S. D., Nosek, B. A., & Mellott, D. S. (2002). A unified theory of implicit attitudes, stereotypes, self-esteem, and self-concept. *Psychological review*, 109(1), 3.
3. Hailey, S. E., & Olson, K. R. (2013). A social psychologist's guide to the development of racial attitudes. *Social and Personality Psychology Compass*, 7(7), 457-469.
   Cvencek, D., Greenwald, A. G., & Meltzoff, A. N. (2011). Measuring implicit attitudes of 4-year-olds: The preschool implicit association test. *Journal of Experimental Child Psychology*, 109(2), 187-200.
4. Phelps, E. A., O'Connor, K. J., Cunningham, W. A., Funayama, E. S., Gatenby, J. C., Gore, J. C., & Banaji, M. R. (2000). Performance on indirect measures of race evaluation predicts amygdala activation. *Journal of cognitive neuroscience*, 12(5), 729-738.

5. Cunningham, W. A., Johnson, M. K., Raye, C. L., Gatenby, J. C., Gore, J. C., & Banaji, M. R. (2004). Separable neural components in the processing of black and white faces. *Psychological science*, 15(12), 806-813.

6. Gauthier, D. P. (1967). Moore's Naturalistic Fallacy. *American Philosophical Quarterly*, 4(4), 315-320.

7. Camperio-Ciani, A., Corna, F., & Capiluppi, C. (2004). Evidence for maternally inherited factors favouring male homosexuality and promoting female fecundity. *Proceedings of the Royal Society of London. Series B: Biological Sciences*, 271(1554), 2217-2221.

8. Roselli, C. E. (2018). Neurobiology of gender identity and sexual orientation. *Journal of neuroendocrinology*, 30(7), e12562.

9. Hafer, C. L., & Begue, L. (2005). Experimental research on just-world theory: problems, developments, and future challenges. *Psychological bulletin*, 131(1), 128.

10. Herring, C. (2009). Does diversity pay?: Race, gender, and the business case for diversity. *American sociological review*, 74(2), 208-224.

11. Dezsö, C. L., & Ross, D. G. (2012). Does female representation in top management improve firm performance? A panel data investigation. *Strategic management journal*, 33(9), 1072-1089.

12. Talke, K., Salomo, S., & Kock, A. (2011). Top management team diversity and strategic innovation orientation: The relationship and consequences for innovativeness and performance. *Journal of product innovation management*, 28(6), 819-832.

13. Phillips, K. W., Liljenquist, K. A., & Neale, M. A. (2009). Is the pain worth the gain? The advantages and liabilities of agreeing with socially distinct newcomers. *Personality and Social Psychology Bulletin*, 35(3), 336-350.

14. Marin, J. R., Rodean, J., Hall, M., Alpern, E. R., Aronson, P. L., Chaudhari, P. P., & Neuman, M. I. (2021). Racial and ethnic differences in emergency department diagnostic imaging at US children's hospitals, 2016-2019. *JAMA network open*, 4(1), e2033710-e2033710.

15. Greenwald, A. G., Dasgupta, N., Dovidio, J. F., Kang, J., Moss-Racusin, C. A., & Teachman, B. A. (2022). Implicit-bias remedies: Treating discriminatory bias as a public-health problem. *Psychological Science in the Public Interest*, 23(1), 7-40.

16. Goldin, C., & Rouse, C. (2000). Orchestrating impartiality: The impact of" blind" auditions on female musicians. *American economic review*, 90(4), 715-741.

17. Hilton, J. L., & Von Hippel, W. (1996). Stereotypes. *Annual review of psychology*, 47(1), 237-271.

18. Macrae, C. N., Milne, A. B., & Bodenhausen, G. V. (1994). Stereotypes as energy-saving devices: A peek inside the cognitive toolbox. *Journal of personality and Social Psychology*, 66(1), 37.

19. Brown, C., & Jantzi, A. (2010). Driving while black. *Cornell University Law School*.

20. Dovidio, J. F., Gaertner, S. E., Kawakami, K., & Hodson, G. (2002). Why can't we just get along? Interpersonal biases and interracial distrust. *Cultural diversity and ethnic minority psychology*, 8(2), 88.

21. Duncan, B. L. (1976). Differential social perception and attribution of intergroup violence: Testing the lower limits of stereotyping of Blacks. *Journal of personality and social psychology*, 34(4), 590.

22. Goldberg, P. (1968). Are women prejudiced against women? *Trans-action*, 5(5), 28-30.

23. Neumark, D., Bank, R. J., & Van Nort, K. D. (1996). Sex discrimination in restaurant hiring: An audit study. *The Quarterly journal of economics*, 111(3), 915-941.

386 A Arte de Enganar a Si Mesmo

24. Jordan, A. H., & Zitek, E. M. (2012). Marital status bias in perceptions of employees. *Basic and Applied Social Psychology*, 34(5), 474-481.
25. Darley, J. M., & Gross, P. H. (1983). A hypothesis-confirming bias in labeling effects. *Journal of Personality and Social Psychology*, 44(1), 20.
26. Hebl, M. R., Foster, J. B., Mannix, L. M., & Dovidio, J. F. (2002). Formal and interpersonal discrimination: A field study of bias toward homosexual applicants. *Personality and social psychology bulletin*, 28(6), 815-825.
27. Ayres, I., & Siegelman, P. (1995). Race and gender discrimination in bargaining for a new car. *The American Economic Review*, 304-321.
28. https://www.theguardian.com/film/2022/mar/09/black-panther-director-ryan-coogler-arrested-mistaken-bank-robber
29. Frederick, S. (2005). Cognitive reflection and decision making. *Journal of Economic perspectives*, 19(4), 25-42.
30. Kahneman, D., & Frederick, S. (2007). Frames and brains: Elicitation and control of response tendencies. *Trends in cognitive sciences*, 11(2), 45-46.
31. Kleckner, I. R., Zhang, J., Touroutoglou, A., Chanes, L., Xia, C., Simmons, W. K., & Feldman Barrett, L. (2017). Evidence for a large-scale brain system supporting allostasis and interoception in humans. *Nature human behaviour*, 1(5), 1-14.
32. Fiske, S. T., & Taylor, S. E. (1991). *Social cognition*. Mcgraw-Hill Book Company.
33. Bazerman, M. H., & Schoorman, F. D. (1983). A limited rationality model of interlocking directorates. *Academy of Management Review*, 8(2), 206-217.
34. Quattrone, G. A., & Jones, E. E. (1980). The perception of variability within in-groups and out-groups: Implications for the law of small numbers. *Journal of personality and social psychology*, 38(1), 141.
35. Quattrone, G. *They look alike, they think alike, they dress alike. We don't: Ingroup/oulgroup differences in the perception of variability.* Unpublished manuscript, Duke University,1976.
36. Ostrom, T. M., & Sedikides, C. (1992). Out-group homogeneity effects in natural and minimal groups. *Psychological bulletin*, 112(3), 536.
37. Boldry, J. G., Gaertner, L., & Quinn, J. (2007). Measuring the measures: A meta-analytic investigation of the measures of outgroup homogeneity. *Group Processes & Intergroup Relations*, 10(2), 157-178.
38. Linville, P. W., Fischer, G. W., & Salovey, P. (1989). Perceived distributions of the characteristics of in-group and out-group members: empirical evidence and a computer simulation. *Journal of personality and social psychology*, 57(2), 165.
39. Swim, J. K. (1994). Perceived versus meta-analytic effect sizes: An assessment of the accuracy of gender stereotypes. *Journal of Personality and Social Psychology*, 66(1), 21.
40. Greenwald, A. G., Oakes, M. A., & Hoffman, H. G. (2003). Targets of discrimination: Effects of race on responses to weapons holders. *Journal of Experimental Social Psychology*, 39(4), 399-405.
41. Correll, J., Urland, G. R., & Ito, T. A. (2006). Event-related potentials and the decision to shoot: The role of threat perception and cognitive control. *Journal of Experimental Social Psychology*, 42(1), 120-128.

Capítulo 12

1. Spencer, S. J., Steele, C. M., & Quinn, D. M. (1999). Stereotype threat and women's math performance. *Journal of experimental social psychology*, 35(1), 4-28.

2. Schmader, T., & Johns, M. (2003). Converging evidence that stereotype threat reduces working memory capacity. *Journal of personality and social psychology*, 85(3), 440.

3. Shih, M., Pittinsky, T. L., & Ambady, N. (1999). Stereotype susceptibility: Identity salience and shifts in quantitative performance. *Psychological science*, 10(1), 80-83.

4. Inzlicht, M., & Ben-Zeev, T. (2000). A threatening intellectual environment: Why females are susceptible to experiencing problem-solving deficits in the presence of males. *Psychological science*, 11(5), 365-371.

5. McGlone, M. S., & Aronson, J. (2007). Forewarning and forearming stereotype-threatened students. *Communication Education*, 56(2), 119-133.

6. Daumeyer, N. M., Onyeador, I. N., Brown, X., & Richeson, J. A. (2019). Consequences of attributing discrimination to implicit vs. explicit bias. *Journal of Experimental Social Psychology*, 84, 103812.

7. McConahay, J. B. (1986). Modern racism, ambivalence, and the Modern Racism Scale.

8. Hackman, D. A., Farah, M. J., & Meaney, M. J. (2010). Socioeconomic status and the brain: mechanistic insights from human and animal research. *Nature reviews neuroscience*, 11(9), 651-659.

   Sheridan, M. A., Sarsour, K., Jutte, D., D'Esposito, M., & Boyce, W. T. (2012). The impact of social disparity on prefrontal function in childhood. *PLOS ONE*, 7(4), e35744.

   Lupien, S. J., McEwen, B. S., Gunnar, M. R., & Heim, C. (2009). Effects of stress throughout the lifespan on the brain, behaviour and cognition. *Nature reviews neuroscience*, 10(6), 434-445.

9. Noble, K. G., Houston, S. M., Brito, N. H., Bartsch, H., Kan, E., Kuperman, J. M., & Sowell, E. R. (2015). Family income, parental education and brain structure in children and adolescents. *Nature neuroscience*, 18(5), 773-778.

10. White, S. F., Voss, J. L., Chiang, J. J., Wang, L., McLaughlin, K. A., & Miller, G. E. (2019). Exposure to violence and low family income are associated with heightened amygdala responsiveness to threat among adolescents. *Developmental cognitive neuroscience*, 40, 100709.

11. McLaughlin, K. A., Weissman, D., & Bitrán, D. (2019). Childhood adversity and neural development: A systematic review. *Annual review of developmental psychology*, 1, 277.

12. Callaghan, B. L., & Tottenham, N. (2016). The stress acceleration hypothesis: Effects of early-life adversity on emotion circuits and behavior. *Current Opinion in Behavioral Sciences*, 7, 76-81.

13. Sheridan, M. A., Fox, N. A., Zeanah, C. H., McLaughlin, K. A., & Nelson III, C. A. (2012). Variation in neural development as a result of exposure to institutionalization early in childhood. *Proceedings of the National Academy of Sciences*, 109(32), 12927-12932.

    Teicher, M. H., Dumont, N. L., Ito, Y., Vaituzis, C., Giedd, J. N., & Andersen, S. L. (2004). Childhood neglect is associated with reduced corpus callosum area. *Biological psychiatry*, 56(2), 80-85.

14. Barch, D. M., Belden, A. C., Tillman, R., Whalen, D., & Luby, J. L. (2018). Early childhood adverse experiences, inferior frontal gyrus connectivity, and the trajectory of externalizing psychopathology. *Journal of the American Academy of Child & Adolescent Psychiatry*, 57(3), 183-190.

    Luby, J. L., Barch, D., Whalen, D., Tillman, R., & Belden, A. (2017). Association between early life adversity and risk for poor emotional and physical health in

388 · *A Arte de Enganar a Si Mesmo*

adolescence: A putative mechanistic neurodevelopmental pathway. *JAMA pediatrics*, 171(12), 1168-1175.

15. McLaughlin, K. A., Sheridan, M. A., Winter, W., Fox, N. A., Zeanah, C. H., & Nelson, C. A. (2014). Widespread reductions in cortical thickness following severe early-life deprivation: a neurodevelopmental pathway to attention-deficit/hyperactivity disorder. *Biological psychiatry*, 76(8), 629-638.

16. Bauer, P. M., Hanson, J. L., Pierson, R. K., Davidson, R. J., & Pollak, S. D. (2009). Cerebellar volume and cognitive functioning in children who experienced early deprivation. *Biological psychiatry*, 66(12), 1100-1106.

17. Mani, A., Mullainathan, S., Shafir, E., & Zhao, J. (2013). Poverty impedes cognitive function. *Science*, 341(6149), 976-980.

18. McLaughlin, K. A. (2018). Future directions in childhood adversity and youth psychopathology. *In: Future Work in Clinical Child and Adolescent Psychology* (pp. 345-366). Routledge.

19. Westman, M., & Eden, D. (1996). The inverted-U relationship between stress and performance: A field study. *Work & Stress*, 10(2), 165-173.

20. Feldman Barrett, L. (2017). How emotions are made: The secret life of the brain. *Boston & Nova York: Houghton Mifflin Harcourt.*

21. Weems, C. F., & Carrión, V. G. (2009). Brief report: Diurnal salivary cortisol in youth — Clarifying the nature of posttraumatic stress dysregulation. *Journal of Pediatric Psychology*, 34(4), 389-395.

22. Carrion, V. G., Weems, C. F., & Reiss, A. L. (2007). Stress predicts brain changes in children: a pilot longitudinal study on youth stress, posttraumatic stress disorder, and the hippocampus. *Pediatrics*, 119(3), 509-516.
    Carrion, V. G., Haas, B. W., Garrett, A., Song, S., & Reiss, A. L. (2010). Reduced hippocampal activity in youth with posttraumatic stress symptoms: an FMRI study. *Journal of pediatric psychology*, 35(5), 559-569.

23. Garrett, A. S., Reiss, A. L., Howe, M. E., Kelley, R. G., Singh, M. K., Adleman, N. E., & Chang, K. D. (2012). Abnormal amygdala and prefrontal cortex activation to facial expressions in pediatric bipolar disorder. *Journal of the American Academy of Child & Adolescent Psychiatry*, 51(8), 821-831.

24. Kletter, H., Matlow, R., Tanovic, S., & Carrion, V. (2021). Cue-Centered Therapy for Youth Experiencing Posttraumatic Symptoms. *Current Treatment Options in Psychiatry*, 8(3), 125-140.

25. Weissman, D. G., Hatzenbuehler, M. L., Cikara, M., Barch, D., & McLaughlin, K. A. (2021). Antipoverty programs mitigate socioeconomic disparities in brain structure and psychopathology among US youths.

26. Troller-Renfree, S. V., Costanzo, M. A., Duncan, G. J., Magnuson, K., Gennetian, L. A., Yoshikawa, H., ... & Noble, K. G. (2022). The impact of a poverty reduction intervention on infant brain activity. *Proceedings of the National Academy of Sciences*, 119(5), e2115649119.

Capítulo 13

1. Berkowitz, L., & LePage, A. (1967). Weapons as aggression-eliciting stimuli. *Journal of Personality and Social Psychology*, 7(2p1), 202.

2. Hemenway, D., Vriniotis, M., & Miller, M. (2006). Is an armed society a polite society? Guns and road rage. *Accident Analysis & Prevention*, 38(4), 687-695.
    Bushman, B. J., Kerwin, T., Whitlock, T., & Weisenberger, J. M. (2017). The weapons effect on wheels: Motorists drive more aggressively when there is a gun in the vehicle. *Journal of Experimental Social Psychology*, 73, 82-85.

3. Carlson, M., Marcus-Newhall, A., & Miller, N. (1990). Effects of situational aggression cues: a quantitative review. *Journal of personality and social psychology*, 58(4), 622.

4. Benjamin Jr, A. J., Kepes, S., & Bushman, B. J. (2018). Effects of weapons on aggressive thoughts, angry feelings, hostile appraisals, and aggressive behavior: A meta-analytic review of the weapons effect literature. *Personality and Social Psychology Review*, 22(4), 347-377.

5. https://www.bbc.com/news/world-us-canada-41488081

6. Grinshteyn, E., & Hemenway, D. (2016). Violent death rates: the US compared with other high-income OECD countries, 2010. *The American journal of medicine*, 129(3), 266-273.

7. Kellermann, A. L., Somes, G., Rivara, F. P., Lee, R. K., & Banton, J. G. (1998). Injuries and deaths due to firearms in the home. *Journal of Trauma and Acute Care Surgery*, 45(2), 263-267.

8. Miller, M., & Hemenway, D. (2008). Guns and suicide in the United States. *New England Journal of Medicine*, 359(10), 989-991.

9. Kaufman, E. J., Wiebe, D. J., Xiong, R. A., Morrison, C. N., Seamon, M. J., & Delgado, M. K. (2021). Epidemiologic trends in fatal and nonfatal firearm injuries in the US, 2009-2017. *JAMA internal medicine*, 181(2), 237-244.

10. Spicer, R. S., & Miller, T. R. (2000). Suicide acts in 8 states: incidence and case fatality rates by demographics and method. *American journal of public health*, 90(12), 1885.

11. Miller, M., Azrael, D., & Hemenway, D. (2004). The epidemiology of case fatality rates for suicide in the northeast. *Annals of emergency medicine*, 43(6), 723-730.

12. https://www.usatoday.com/story/news/nation/2022/03/27/kuaron-and-paris-harvey-two-young-cousins-die-accidental-shooting/7185234001/

13. CDC WISQARS (2003). Number of Deaths in the Eleven U.S. States With The Most Guns And The Five States With The Fewest Guns, 1991-2000.

14. Merrill, V. C. (2002). *Gun-in-home as a risk factor in firearm-related mortality: A historical prospective cohort study of United States deaths, 1993*. University of California, Irvine.
    Wiebe, D. J. (2003). Firearms in US homes as a risk factor for unintentional gunshot fatality. *Accident analysis & prevention*, 35(5), 711-716.

15. Hemenway, D. (2010). *Private guns, public health*. University of Michigan Press.

16. https://www.bbc.com/portuguese/brasil-57844477

17. Block, R. (1977). *Violent crime: Environment, interaction, and death*. Lexington, MA: Lexington Books.

18. Cook, P. J. (1987). Robbery violence. *J. Crim. L. & Criminology*, 78, 357.
    Zimring, F. (1967). Is gun control likely to reduce violent killings. *U. Chi. L. Rev.*, 35, 721.
    Zimring, F. E. (1972). The medium is the message: Firearm caliber as a determinant of death from assault. *The Journal of Legal Studies*, 1(1), 97-123.

19. Wright, J. D., & Rossi, P. H. (1986). Armed and considered dangerous: A survey of felonsand their firearms.

20. U.S. Department of Justice, FBI (2001). Murder Circumstances, 1997 – 2001.
    Kellermann, A. L., Rivara, F. P., Rushforth, N. B., Banton, J. G., Reay, D. T., Francisco, J. T., ... & Somes, G. (1993). Gun ownership as a risk factor for homicide in the home. *New England Journal of Medicine*, 329(15), 1084-1091.

21. Centers for Disease Control and Prevention. 1997b. Rates of homicide, suicide, and firearm-related death among children: Twenty-six industrialized countries. Morbidity and Mortality Weekly Report, 7 de fevereiro, 101–5.

Miller, M., Azrael, D., & Hemenway, D. (2002). Firearm availability and unintentional firearm deaths, suicide, and homicide among 5–14 year olds. *Journal of Trauma and Acute Care Surgery*, 52(2), 267-275.

Krug, E. G., Powell, K. E., & Dahlberg, L. L. (1998). Firearm-related deaths in the United States and 35 other high-and upper-middle-income countries. *International Journal of Epidemiology*, 27(2), 214-221.

22. Centers for Disease Control and Prevention (1996). Mortality Patterns. Morbidity and Mortality Weekly Report (MMWR), 1º de março, 161–64.

23. U.S. Department of Justice. Federal Bureau of Investigation. 2003. Crime in the United States. Washington, D.C.: U.S. Department of Justice.

U.S. Department of Justice. Bureau of Justice Statistics. 1995. Sourcebook of Criminal Justice Statistics. Washington, DC: U.S. Government Printing Office.

24. Kellermann, A. L., Rivara, F. P., Rushforth, N. B., Banton, J. G., Reay, D. T., Francisco, J. T., ... & Somes, G. (1993). Gun ownership as a risk factor for homicide in the home. *New England Journal of Medicine*, 329(15), 1084-1091.

25. Lester, D. (1988). Firearm availability and the incidence. *Acta psychiat belg*, 88, 387-93.

Miller, M., Azrael, D., & Hemenway, D. (2002). Firearm availability and unintentional firearm deaths, suicide, and homicide among 5–14 year olds. *Journal of Trauma and Acute Care Surgery*, 52(2), 267-275.

Miller, M., Azrael, D., & Hemenway, D. (2002). Firearm availability and suicide, homicide, and unintentional firearm deaths among women. *Journal of Urban Health*, 79(1), 26-38.

Miller, M., Azrael, D., & Hemenway, D. (2002). Rates of household firearm ownership and homicide across US regions and states, 1988–1997. *American journal of public health*, 92(12), 1988-1993.

Hepburn, L. M., & Hemenway, D. (2004). Firearm availability and homicide: A review of the literature. *Aggression and Violent behavior*, 9(4), 417-440.

Duggan, M. (2001). More guns, more crime. *Journal of political Economy*, 109(5), 1086-1114.

26. Lott, J. R. (2013). *More guns, less crime: Understanding crime and gun control laws.* University of Chicago Press.

27. https://www.motherjones.com/politics/2015/07/john-lott-guns-crime-data/

28. Alschuler, A. W. (1996). Two guns, four guns, six guns, more guns: Does arming the public reduce crime. *Val. UL Rev.*, 31, 365.

Webster, D. W., Vernick, J. S., Ludwig, J., & Lester, K. J. (1997). Flawed gun policy research could endanger public safety. *American Journal of Public Health*, 87(6), 918-921.

Zimmerman, F. J., & Hawkins, G. (1997). Concealed handguns: The counterfeit deterrent. *Responsive community: rights and responsibilities*, 7(2), 46-60.

Black, D. A., & Nagin, D. S. (1998). Do right-to-carry laws deter violent crime? *The Journal of Legal Studies*, 27(1), 209-219.

Dezhbakhsh, H., & Rubin, P. H. (1998). Lives saved or lives lost? The effects of concealed-handgun laws on crime. *The American Economic Review*, 88(2), 468-474.

Ludwig, J. (1998). Concealed-gun-carrying laws and violent crime: evidence from state panel data. *International Review of law and Economics*, 18(3), 239-254.

Ayres, I., & Donohue III, J. J. (2003). The latest misfires in support of the "more guns, less crime" hypothesis. *Stanford Law Review*, 1371-1398.

Ayres, I., & Donohue, J. J. (2002). Shooting down the more guns, less crime hypothesis.

29. Pridemore, W. A. (2005). A cautionary note on using county-level crime and homicide data. *Homicide Studies*, 9(3), 256-268.

Martin Jr., R. A., & Legault, R. L. (2005). Systematic measurement error with state-level crime data: evidence from the "more guns, less crime" debate. *Journal of research in crime and delinquency*, 42(2), 187-210.

Helland, E., & Tabarrok, A. (2004). Using placebo laws to test" more guns, less crime". *Advances in Economic Analysis & Policy*, 4(1), 1182.

Rosengart, M., Cummings, P., Nathens, A., Heagerty, P., Maier, R., & Rivara, F. (2005). An evaluation of state firearm regulations and homicide and suicide death rates. *Injury Prevention*, 11(2), 77-83.

30. https://agenciabrasil.ebc.com.br/geral/noticia/2021-10/em-uma-decada-brasil-reduziu-em-30-mortes-por-acidentes-de-transito

31. Lee, L. K., Douglas, K., & Hemenway, D. (2022). Crossing lines — a change in the leading cause of death among US children. *New England Journal of Medicine*, 386(16), 1485-1487.

32. https://g1.globo.com/df/distrito-federal/noticia/2022/04/26/disparo-acidental--de-arma-do-ex-ministro-milton-ribeiro-veja-regras-para-despacho-e-manuseio--de-armas-em-aeroportos.ghtml

33. Brehm, J. W., & Sensenig, J. (1966). Social influence as a function of attempted and implied usurpation of choice. *Journal of Personality and Social Psychology*, 4(6), 703.

Miron, A. M., & Brehm, J. W. (2006). Reactance theory-40 years later.·*Zeitschrift für Sozialpsychologie*, 37(1), 9-18.

34. https://forumseguranca.org.br/anuario-brasileiro-seguranca-publica/

35. https://www.thetrace.org/2021/12/gun-violence-data-stats-2021/

36. Daly, M., Wilson, M., & Vasdev, S. (2001). Income inequality and homicide rates in Canada and the United States. *Canadian Journal of Criminology*, 43(2), 219-236.

37. Nisbett, R. E. (1993). Violence and US regional culture. *American psychologist*, 48(4), 441.

Nisbett, R. E., & Cohen, D. (2018). *Culture of honor: The psychology of violence in the South*. Routledge.

Cohen, D., & Nisbett, R. E. (1997). Field experiments examining the culture of honor: The role of institutions in perpetuating norms about violence. *Personality and Social Psychology Bulletin*, 23(11), 1188-1199.

38. Cohen, D., Nisbett, R. E., Bowdle, B. F., & Schwarz, N. (1996). Insult, aggression, and the southern culture of honor: An "experimental ethnography". *Journal of personality and social psychology*, 70(5), 945.

39. Cohen, D. (1998). Culture, social organization, and patterns of violence. *Journal of personality and social psychology*, 75(2), 408.

40. Pinker, S. (2011). *The better angels of our nature: The decline of violence in history and its causes*. Penguin, UK.

41. Anderson, C. A. (1987). Temperature and aggression: effects on quarterly, yearly, and city rates of violent and nonviolent crime. *Journal of personality and social psychology*, 52(6), 1161.

Anderson, C. A. (1989). Temperature and aggression: ubiquitous effects of heat on occurrence of human violence. *Psychological bulletin*, 106(1), 74.

392 ◤ A Arte de Enganar a Si Mesmo

42. Kenrick, D. T., & MacFarlane, S. W. (1986). Ambient temperature and horn honking: A field study of the heat/aggression relationship. *Environment and behavior*, 18(2), 179-191.

43. Reifman, A. S., Larrick, R. P., & Fein, S. (1991). Temper and temperature on the diamond: The heat-aggression relationship in major league baseball. *Personality and Social Psychology Bulletin*, 17(5), 580-585.

Larrick, R. P., Timmerman, T. A., Carton, A. M., & Abrevaya, J. (2011). Temper, temperature, and temptation: Heat-related retaliation in baseball. *Psychological Science*, 22(4), 423-428.

Craig, C., Overbeek, R. W., Condon, M. V., & Rinaldo, S. B. (2016). A relationship between temperature and aggression in NFL football penalties. *Journal of Sport and Health Science*, 5(2), 205-210.

44. Griffit, W., & Veitch, R. (1971). Hot and crowded: Influence of population density and temperature on interpersonal affective behavior. *Journal of personality and social psychology*, 17(1), 92.

45. DeWall, C. N., & Bushman, B. J. (2009). Hot under the collar in a lukewarm environment: Words associated with hot temperature increase aggressive thoughts and hostile perceptions. *Journal of Experimental Social Psychology*, 45(4), 1045-1047.

46. Bandura, A., Ross, D., & Ross, S. A. (1961). Transmission of aggression through imitation of aggressive models. *The Journal of Abnormal and Social Psychology*, 63(3), 575.

Bandura, A., Ross, D., & Ross, S. A. (1963). Vicarious reinforcement and imitative learning. *The Journal of abnormal and social psychology*, 67(6), 601.

47. Berkowitz, L. (1993). *Aggression: Its causes, consequences, and control*. Mcgraw-Hill Book Company.

48. Kaighobadi, F., Shackelford, T. K., & Goetz, A. T. (2009). From mate retention to murder: Evolutionary psychological perspectives on men's partner-directed violence. *Review of General Psychology*, 13(4), 327-334.

Buss, D. M., & Duntley, J. D. (2006). The evolution of aggression. *Evolution and social psychology*, 263-286.

Buss, D. M. (1995). Evolutionary psychology: A new paradigm for psychological science. *Psychological inquiry*, 6(1), 1-30.

49. Deaux, K. (1985). Sex and gender. *Annual review of psychology*, 36(1), 49-81.

50. Hillshafer, D. (2013). The mass murder problem. *Skeptic* (Altadena, CA), 18(1), 24-33.

51. Ostrov, J. M., Woods, K. E., Jansen, E. A., Casas, J. F., & Crick, N. R. (2004). An observational study of delivered and received aggression, gender, and social-psychological adjustment in preschool:"This white crayon doesn't work…". *Early Childhood Research Quarterly*, 19(2), 355-371.

52. Skinner, B. F. (2011). *About behaviorism*. Vintage.

53. Baron, R. A. (1972). Reducing the influence of an aggressive model: The restraining effects of peer censure. *Journal of Experimental Social Psychology*, 8(3), 266-275.

Donnerstein, E. D. W. A. R. D., & Donnerstein, M. A. R. C. I. A. (1976). Research in the control of interracial aggression. *Perspectives on aggression*, 133-168.

Vidyasagar, P., & Mishra, H. (1993). Effect of modelling on aggression. *Indian Journal of Clinical Psychology*.

54. Liebert, R. M., & Baron, R. A. (1972). Some immediate effects of televised violence on children's behavior. *Developmental psychology*, 6(3), 469.

55. Bushman, B. J., & Anderson, C. A. (2009). Comfortably numb: Desensitizing effects of violent media on helping others. *Psychological science*, 20(3), 273-277.

Referências **393**

56. Anderson, C. A., & Dill, K. E. (2000). Video games and aggressive thoughts, feelings, and behavior in the laboratory and in life. *Journal of personality and social psychology*, 78(4), 772.

57. Anderson, C. A., Carnagey, N. L., Flanagan, M., Benjamin, A. J., Eubanks, J., & Valentine, J. C. (2004). Violent video games: Specific effects of violent content on aggressive thoughts and behavior. *Advances in experimental social psychology*, 36, 200-251.

   Carnagey, N. L., & Anderson, C. A. (2005). The effects of reward and punishment in violent video games on aggressive affect, cognition, and behavior. *Psychological science*, 16(11), 882-889.

58. Barlett, C. P., Harris, R. J., & Bruey, C. (2008). The effect of the amount of blood in a violent video game on aggression, hostility, and arousal. *Journal of experimental social psychology*, 44(3), 539-546.

59. Greitemeyer, T., & Mügge, D. O. (2014). Video games do affect social outcomes: A meta-analytic review of the effects of violent and prosocial video game play. *Personality and social psychology bulletin*, 40(5), 578-589.

60. Anderson, C. A., Shibuya, A., Ihori, N., Swing, E. L., Bushman, B. J., Sakamoto, A., & Saleem, M. (2010). Violent video game effects on aggression, empathy, and prosocial behavior in eastern and western countries: a meta-analytic review. *Psychological bulletin*, 136(2), 151.

61. Cline, V. B., Croft, R. G., & Courrier, S. (1973). Desensitization of children to television violence. *Journal of personality and social psychology*, 27(3), 360.

62. Bartholow, B. D., Bushman, B. J., & Sestir, M. A. (2006). Chronic violent video game exposure and desensitization to violence: Behavioral and event-related brain potential data. *Journal of experimental social psychology*, 42(4), 532-539.

63. Greitemeyer, T., & McLatchie, N. (2011). Denying humanness to others: A newly discovered mechanism by which violent video games increase aggressive behavior. *Psychological science*, 22(5), 659-665.

64. Johnson, J. G., Cohen, P., Smailes, E. M., Kasen, S., & Brook, J. S. (2002). Television viewing and aggressive behavior during adolescence and adulthood. *Science*, 295(5564), 2468-2471.

   Anderson, C. A., Berkowitz, L., Donnerstein, E., Huesmann, L. R., Johnson, J. D., Linz, D., & Wartella, E. (2003). The influence of media violence on youth. *Psychological science in the public interest*, 4(3), 81-110.

   Eron, L. D. (1987). The development of aggressive behavior from the perspective of a developing behaviorism. *American psychologist*, 42(5), 435.

   Eron, L. D. (2001). Seeing is believing: How viewing violence alters attitudes and aggressive behavior.

65. Gentile, D. A., Coyne, S., & Walsh, D. A. (2011). Media violence, physical aggression, and relational aggression in school age children: A short-term longitudinal study. *Aggressive behavior*, 37(2), 193-206.

66. Berkowitz, L. (1990). On the formation and regulation of anger and aggression: A cognitive-neoassociationistic analysis. *American Psychologist*, 45(4), 494.

67. Berkowitz, L., & Troccoli, B. T. (1990). Feelings, direction of attention, and expressed evaluations of others. *Cognition and Emotion*, 4(4), 305-325.

68. Harris, M. B. (1974). Mediators between frustration and aggression in a field experiment. *Journal of Experimental Social Psychology*, 10(6), 561-571.

69. Miller, N. E., Mowrer, O. H., Doob, L. W., Dollard, J., & Sears, R. R. (1958). Frustration-Aggression Hypothesis.

70. Hovland, C. I., & Sears, R. R. (1940). Minor studies of aggression: VI. Correlation of lynchings with economic indices. *The Journal of Psychology*, 9(2), 301-310.

394 A Arte de Enganar a Si Mesmo

71. Hepworth, J. T., & West, S. G. (1988). Lynchings and the economy: A time-series reanalysis of Hovland and Sears (1940).

72. DeCelles, K. A., & Norton, M. I. (2016). Physical and situational inequality on airplanes predicts air rage. *Proceedings of the National Academy of Sciences*, 113(20), 5588-5591.

73. Card, D., & Dahl, G. B. (2011). Family violence and football: The effect of unexpected emotional cues on violent behavior. *The quarterly journal of economics*, 126(1), 103-143.

74. Catalano, R., Dooley, D., Novaco, R. W., Hough, R., & Wilson, G. (1993). Using ECA survey data to examine the effect of job layoffs on violent behavior. *Psychiatric Services*, 44(9), 874-879.

75. Oettingen, G., & Mayer, D. (2002). The motivating function of thinking about the future: expectations versus fantasies. *Journal of personality and social psychology*, 83(5), 1198.

76. Maier, S. F., & Seligman, M. E. (1976). Learned helplessness: theory and evidence. *Journal of experimental psychology: general*, 105(1), 3.
Maier, S. F., & Seligman, M. E. (2016). Learned helplessness at fifty: Insights from neuroscience. *Psychological review*, 123(4), 349.

Capítulo 14

1. Uscinski, J. E., & Parent, J. M. (2014). *American conspiracy theories*. Oxford University Press.

2. Uscinski, J. (2018). Down the rabbit hole we go! *In: Conspiracy theories and the people who believe them* (pp. 1-32). Oxford University Press.

3. Keeley, B. L. (2019). Of conspiracy theories. *In: Conspiracy Theories* (pp. 45-60). Routledge.

4. Nix, E. (2017). Tuskegee experiment: The infamous syphilis study. *History*, 16.

5. Dentith, M. R., & Orr, M. (2018). Secrecy and conspiracy. *Episteme*, 15(4), 433-450.

6. Parsons, S., Simmons, W., Shinhoster, F., & Kilburn, J. (1999). A test of the grapevine: An empirical examination of conspiracy theories among African Americans. *Sociological Spectrum*, 19(2), 201-222.

7. Abalakina-Paap, M., Stephan, W. G., Craig, T., & Gregory, W. L. (1999). Beliefs in conspiracies. *Political Psychology*, 20(3), 637-647.
Bruder, M., Haffke, P., Neave, N., Nouripanah, N., & Imhoff, R. (2013). Measuring individual differences in generic beliefs in conspiracy theories across cultures: Conspiracy Mentality Questionnaire. *Frontiers in psychology*, 4, 225.
Goertzel, T. (1994). Belief in conspiracy theories. *Political psychology*, 731-742.
Nyhan, B., & Zeitzoff, T. (2018). Conspiracy and misperception belief in the Middle East and North Africa. *The Journal of Politics*, 80(4), 1400-1404.

8. Jolley, D., & Douglas, K. M. (2014). The social consequences of conspiracism: Exposure to conspiracy theories decreases intentions to engage in politics and to reduce one's carbon footprint. *British Journal of Psychology*, 105(1), 35-56.

9. Einstein, K. L., & Glick, D. M. (2013, August). Scandals, conspiracies and the vicious cycle of cynicism. *In: Annual Meeting of the American Political Science Association*.

10. Moore, A. (2018). On the democratic problem of conspiracy politics. *Conspiracy theories and the people who believe them*, 111-121.

11. Uscinski, J. E., & Parent, J. M. (2014). *American conspiracy theories*. Oxford University Press.

12. Edelson, J., Alduncin, A., Krewson, C., Sieja, J. A., & Uscinski, J. E. (2017). The effect of conspiratorial thinking and motivated reasoning on belief in election fraud. *Political Research Quarterly*, 70(4), 933-946.
13. Uscinski, J. E., Parent, J., & Torres, B. (2011). Conspiracy theories are for losers. *In: APSA 2011 Annual Meeting Paper.*
14. McClosky, H., & Chong, D. (1985). Similarities and differences between left-wing and right-wing radicals. *British Journal of Political Science*, 15(3), 329-363.
15. Karp, J. A., Nai, A., & Norris, P. (2018). Dial 'F' for fraud: Explaining citizens suspicions about elections. *Electoral Studies*, 53, 11-19.
16. Leman, P. J., & Cinnirella, M. (2013). Beliefs in conspiracy theories and the need for cognitive closure. *Frontiers in psychology*, 4, 378.
17. Laine, E. E., & Parakkal, R. (2017). National Security, Personal Insecurity, and Political Conspiracies: The Persistence of Americans' Beliefs in 9/11 Conspiracy Theories. *IUP Journal of International Relations*, 11(3).
    Stempel, C., Hargrove, T., & Stempel III, G. H. (2007). Media use, social structure, and belief in 9/11 conspiracy theories. *Journalism & Mass Communication Quarterly*, 84(2), 353-372.
18. Douglas, K. M., & Sutton, R. M. (2008). The hidden impact of conspiracy theories: Perceived and actual influence of theories surrounding the death of Princess Diana. *The Journal of social psychology*, 148(2), 210-222.
19. Enders, A. M., & Smallpage, S. M. (2018). Polls, plots, and party politics: Conspiracy theories in contemporary America. *Conspiracy theories and the people who believe them*, 298-318.
20. Dijksterhuis, A. P., Van Knippenberg, A. D., Kruglanski, A. W., & Schaper, C. (1996). Motivated social cognition: Need for closure effects on memory and judgment. *Journal of Experimental Social Psychology*, 32(3), 254-270.
21. Zeigarnik, B. (1938). On finished and unfinished tasks.
22. Kruglanski, A. W., & Freund, T. (1983). The freezing and unfreezing of lay-inferences: Effects on impressional primacy, ethnic stereotyping, and numerical anchoring. *Journal of experimental social psychology*, 19(5), 448-468.
23. Uscinski, J. E., & Parent, J. M. (2014). *American conspiracy theories*. Oxford University Press.
24. Henslin, J. M. (1967). Craps and magic. *American Journal of sociology*, 73(3), 316-330.
25. Langer, E. J. (1975). The illusion of control. *Journal of personality and social psychology*, 32(2), 311.
26. Deci, E. L., & Ryan, R. M. (2012). Self-determination theory.
27. Abalakina-Paap, M., Stephan, W. G., Craig, T., & Gregory, W. L. (1999). Beliefs in conspiracies. *Political Psychology*, 20(3), 637-647.
    Pratt, R. (2003). Theorizing conspiracy.
    Zarefsky, D. (2014). Conspiracy arguments in the Lincoln-Douglas debates. *In: Rhetorical perspectives on argumentation* (pp. 195-209). Springer, Cham.
28. Whitson, J. A., & Galinsky, A. D. (2008). Lacking control increases illusory pattern perception. *Science*, 322(5898), 115-117.
29. Van Prooijen, J. W., & Acker, M. (2015). The influence of control on belief in conspiracy theories: Conceptual and applied extensions. *Applied Cognitive Psychology*, 29(5), 753-761.
    Van Elk, M., & Lodder, P. (2018). Experimental manipulations of personal control do not increase illusory pattern perception. *Collabra: Psychology*, 4(1).
30. Goertzel, T. (1994). Belief in conspiracy theories. *Political psychology*, 731-742.

31. Crocker, J., Luhtanen, R., Broadnax, S., & Blaine, B. E. (1999). Belief in US government conspiracies against Blacks among Black and White college students: Powerlessness or system blame? *Personality and Social Psychology Bulletin*, 25(8), 941-953

32. Grebe, E., & Nattrass, N. (2012). AIDS conspiracy beliefs and unsafe sex in Cape Town. *AIDS and Behavior*, 16(3), 761-773.

33. Mashuri, A., & Zaduqisti, E. (2014). We believe in your conspiracy if we distrust you: The role of intergroup distrust in structuring the effect of Islamic identification, competitive victimhood, and group incompatibility on belief in a conspiracy theory. *Journal of Tropical Psychology*, 4.

34. Douglas, K. M., Sutton, R. M., Callan, M. J., Dawtry, R. J., & Harvey, A. J. (2016). Someone is pulling the strings: Hypersensitive agency detection and belief in conspiracy theories. *Thinking & Reasoning*, 22(1), 57-77.

35. Imhoff, R., & Lamberty, P. K. (2017). Too special to be duped: Need for uniqueness motivates conspiracy beliefs. *European journal of social psychology*, 47(6), 724-734.

36. Cichocka, A., Marchlewska, M., & De Zavala, A. G. (2016). Does self-love or self--hate predict conspiracy beliefs? Narcissism, self-esteem, and the endorsement of conspiracy theories. *Social Psychological and Personality Science*, 7(2), 157-166.

37. Einstein, K. L., & Glick, D. M. (2013, August). Scandals, conspiracies and the vicious cycle of cynicism. *In: Annual Meeting of the American Political Science Association*.

Udani, A., Kimball, D. C., & Fogarty, B. (2018). How local media coverage of voter fraud influences partisan perceptions in the United States. *State Politics & Policy Quarterly*, 18(2), 193-210.

Weeks, B. E. (2021). EIGHT Media and Political Misperceptions. *In: Misinformation and Mass Audiences* (pp. 140-156). University of Texas Press.

38. Golec de Zavala, A., & Federico, C. M. (2018). Collective narcissism and the growth of conspiracy thinking over the course of the 2016 United States presidential election: A longitudinal analysis. *European Journal of Social Psychology*, 48(7), 1011-1018.

39. Uscinski, J. E., & Parent, J. M. (2014). *American conspiracy theories*. Oxford University Press.

Freeman, D., & Bentall, R. P. (2017). The concomitants of conspiracy concerns. *Social psychiatry and psychiatric epidemiology*, 52(5), 595-604.

40. Douglas, K. M., Sutton, R. M., Callan, M. J., Dawtry, R. J., & Harvey, A. J. (2016). Someone is pulling the strings: Hypersensitive agency detection and belief in conspiracy theories. *Thinking & Reasoning*, 22(1), 57-77.

41. Vitriol, J. A., & Marsh, J. K. (2018). The illusion of explanatory depth and endorsement of conspiracy beliefs. *European Journal of Social Psychology*, 48(7), 955-969.

42. Swami, V., Voracek, M., Stieger, S., Tran, U. S., & Furnham, A. (2014). Analytic thinking reduces belief in conspiracy theories. *Cognition*, 133(3), 572-585.

43. McHoskey, J. W. (1995). Case closed? On the John F. Kennedy assassination: Biased assimilation of evidence and attitude polarization. *Basic and Applied Social Psychology*, 17(3), 395-409.

44. Duran, N. D., Nicholson, S. P., & Dale, R. (2017). The hidden appeal and aversion to political conspiracies as revealed in the response dynamics of partisans. *Journal of Experimental Social Psychology*, 73, 268-278.

Edelson, J., Alduncin, A., Krewson, C., Sieja, J. A., & Uscinski, J. E. (2017). The effect of conspiratorial thinking and motivated reasoning on belief in election fraud. *Political Research Quarterly*, 70(4), 933-946.

Hartman, T. K., & Newmark, A. J. (2012). Motivated reasoning, political sophistication, and associations between President Obama and Islam. *PS: Political Science & Politics*, 45(3), 449-455.

Pasek, J., Stark, T. H., Krosnick, J. A., & Tompson, T. (2015). What motivates a conspiracy theory? Birther beliefs, partisanship, liberal-conservative ideology, and anti-Black attitudes. *Electoral Studies*, 40, 482-489.

45. Smallpage, S., Enders, A., & Uscinski, J. (2017). The Partisan Contours of Conspiratorial Beliefs. *Research and Politics*, 4(4), 1-7.

46. Uscinski, J. E., & Parent, J. M. (2014). *American conspiracy theories*. Oxford University Press.

47. Marchlewska, M., Cichocka, A., & Kossowska, M. (2018). Addicted to answers: Need for cognitive closure and the endorsement of conspiracy beliefs. *European journal of social psychology*, 48(2), 109-117.

Leman, P. J., & Cinnirella, M. (2013). Beliefs in conspiracy theories and the need for cognitive closure. *Frontiers in psychology*, 4, 378.

48. Wood, M. J., Douglas, K. M., & Sutton, R. M. (2012). Dead and alive: Beliefs in contradictory conspiracy theories. *Social psychological and personality science*, 3(6), 767-773.

Imhoff, R., & Lamberty, P. (2018). How paranoid are conspiracy believers? Toward a more fine-grained understanding of the connect and disconnect between paranoia and belief in conspiracy theories. *European journal of social psychology*, 48(7), 909-926.

49. Brotherton, R., French, C. C., & Pickering, A. D. (2013). Measuring belief in conspiracy theories: The generic conspiracist beliefs scale. *Frontiers in psychology*, 279.

Imhoff, R., & Bruder, M. (2014). Speaking (un-) truth to power: Conspiracy mentality as a generalised political attitude. *European Journal of Personality*, 28(1), 25-43.

Moscovici, S. (1987). The conspiracy mentality. *In: Changing conceptions of conspiracy* (pp. 151-169). Springer, Nova York, NY.

50. Goertzel, T. (1994). Belief in conspiracy theories. *Political psychology*, 731-742.

51. Wood, M. J., Douglas, K. M., & Sutton, R. M. (2012). Dead and alive: Beliefs in contradictory conspiracy theories. *Social psychological and personality science*, 3(6), 767-773.

52. Imhoff, R., & Bruder, M. (2014). Speaking (un-) truth to power: Conspiracy mentality as a generalised political attitude. *European Journal of Personality*, 28(1), 25-43.

53. Uscinski, J. E., & Parent, J. M. (2014). *American conspiracy theories*. Oxford University Press.

54. https://edition.cnn.com/2022/05/15/us/payton-gendron-buffalo-shooting-suspect-what-we-know/index.html

55. https://time.com/charlottesville-white-nationalist-rally-clashes/

56. https://www.pewresearch.org/religion/2021/05/11/jewish-demographics/
https://www.pewresearch.org/fact-tank/2022/06/08/key-facts-about-the-quality-of-the-2020-census/

57. Douglas, K. M., & Sutton, R. M. (2011). Does it take one to know one? Endorsement of conspiracy theories is influenced by personal willingness to conspire. *British Journal of Social Psychology*, 50(3), 544-552.

58. Slepian, M. L., Halevy, N., & Galinsky, A. D. (2019). The solitude of secrecy: Thinking about secrets evokes goal conflict and feelings of fatigue. *Personality and Social Psychology Bulletin*, 45(7), 1129-1151.

59. Mason, W., & Watts, D. J. (2009, June). Financial incentives and the" performance of crowds". *In: Proceedings of the ACM SIGKDD workshop on human computation* (pp. 77-85).

Thibault Landry, A., Gagné, M., Forest, J., Guerrero, S., Séguin, M., & Papachristopoulos, K. (2017). The relation between financial incentives, motivation, and performance: An integrative SDT-based investigation. *Journal of personnel Psychology*, 16(2), 61.

60. https://theamericanscholar.org/tuskegee-truth-teller/
61. https://oglobo.globo.com/blogs/sonar-a-escuta-das-redes/post/2022/07/as-midias-sociais-sao-um-caso-unico-de-falta-de-transparencia-diz-frances-haugen--ex-funcionaria-do-facebook.ghtml
62. Pfeffer, J., & Sutton, R. I. (1999). Knowing "what" to do is not enough: Turning knowledge into action. *California management review*, 42(1), 83-108.
63. https://www.nytimes.com/2015/10/18/magazine/what-do-we-really-know-about-osama-bin-ladens-death.html
64. Roese, N. J., & Vohs, K. D. (2012). Hindsight bias. *Perspectives on psychological science*, 7(5), 411-426.
65. Fischhoff, B., & Beyth, R. (1975). I knew it would happen: Remembered probabilities of once—future things. *Organizational Behavior and Human Performance*, 13(1), 1-16.
66. Dietrich, D., & Olson, M. (1993). A demonstration of hindsight bias using the Thomas confirmation vote. *Psychological reports*, 72(2), 377-378.
67. https://www.scientificamerican.com/article/the-conspiracy-theory-director/
68. https://www.bbc.com/news/business-34324772
69. van Prooijen, J. W., Ligthart, J., Rosema, S., & Xu, Y. (2022). The entertainment value of conspiracy theories. *British Journal of Psychology*, 113(1), 25-48.
70. Brotherton, R., & French, C. C. (2015). Intention seekers: Conspiracist ideation and biased attributions of intentionality. *PLOS ONE*, 10(5), e0124125.
    Dagnall, N., Denovan, A., Drinkwater, K., Parker, A., & Clough, P. J. (2017). Urban legends and paranormal beliefs: the role of reality testing and schizotypy. *Frontiers in psychology*, 8, 942.
71. Tversky, A., & Kahneman, D. (1983). Extensional versus intuitive reasoning: The conjunction fallacy in probability judgment. *Psychological review*, 90(4), 293.
72. Uscinski, J. E., & Parent, J. M. (2014). *American conspiracy theories*. Oxford University Press.
73. Metaxas, P., & Finn, S. T. (2017). The infamous# Pizzagate conspiracy theory: Insight from a TwitterTrails investigation.
    Vermeule, C. A., & Sunstein, C. R. (2009). Conspiracy theories: causes and cures. *Journal of Political Philosophy*.
74. Grant, L., Hausman, B. L., Cashion, M., Lucchesi, N., Patel, K., & Roberts, J. (2015). Vaccination persuasion online: a qualitative study of two provaccine and two vaccine-skeptical websites. *Journal of medical Internet research*, 17(5), e4153.
75. Kata, A. (2010). A postmodern Pandora's box: anti-vaccination misinformation on the Internet. *Vaccine*, 28(7), 1709-1716.
    Moran, M. B., Lucas, M., Everhart, K., Morgan, A., & Prickett, E. (2016). What makes anti-vaccine websites persuasive? A content analysis of techniques used by anti-vaccine websites to engender anti-vaccine sentiment. *Journal of Communication in Healthcare*, 9(3), 151-163.
76. Wood, M. J., & Douglas, K. M. (2013). "What about building 7?" A social psychological study of online discussion of 9/11 conspiracy theories. *Frontiers in Psychology*, 4, 409.
77. Clarke, S. (2019). Conspiracy theories and conspiracy theorizing. *In: Conspiracy Theories* (pp. 77-92). Routledge.
78. Swami, V., & Coles, R. (2010). The truth is out there: Belief in conspiracy theories. *The Psychologist*, 23(7), 560-563.

79. Moore, A. (2016). Hayek, conspiracy, and democracy. *Critical Review*, 28(1), 44-62.
Moore, A. (2016). Conspiracy and conspiracy theories in democratic politics. *Critical Review*, 28(1), 1-23.

80. Oliver, J. E., & Wood, T. (2014). Medical conspiracy theories and health behaviors in the United States. *JAMA internal medicine*, 174(5), 817-818.

81. Chung, K. (2009). The phenomenon of the conspiracy theory has contributed substantially to the belief that vaccination is the direct cause of autism. *The Journal of the American Osteopathic Association*, 109(7), 384-6.

82. Jolley, D., & Douglas, K. M. (2014). The effects of anti-vaccine conspiracy theories on vaccination intentions. *PLOS ONE*, 9(2), e89177.

83. Craciun, C., & Baban, A. (2012). "Who will take the blame?": Understanding the reasons why Romanian mothers decline HPV vaccination for their daughters. *Vaccine*, 30(48), 6789-6793.

84. Khan, T. M., & Sahibzada, M. U. K. (2016). Challenges to health workers and their opinions about parents' refusal of oral polio vaccination in the Khyber Pakhtoon Khawa (KPK) province, Pakistan. *Vaccine*, 34(18), 2074-2081.

85. https://g1.globo.com/mg/minas-gerais/noticia/2022/06/08/video-mostra-casal--fazendo-quebradeira-em-clinica-odontologica-de-bh-apos-mulher-reclamar-de--dor-de-dente.ghtml

86. Myers, J. R., Ball, K., Jeffers, S. L., & Lawson, W. B. (2018). Medical Mistrust, HIV--Related Conspiracy Beliefs, and the Need for Cognitive Closure among Urban-Residing African American Women: An Exploratory Study. *Journal of Health Disparities Research & Practice*, 11(4).
Ball, K. (2016). Cultural mistrust, conspiracy theories and attitudes towards HIV testing among African Americans. *Journal of AIDS and Clinical Research*, 7(8).
Ford, C. L., Wallace, S. P., Newman, P. A., Lee, S. J., & Cunningham, W. E. (2013). Belief in AIDS-related conspiracy theories and mistrust in the government: relationship with HIV testing among at-risk older adults. *The Gerontologist*, 53(6), 973-984.
Hogg, R., Nkala, B., Dietrich, J., Collins, A., Closson, K., Cui, Z., & Miller, C. (2017). Conspiracy beliefs and knowledge about HIV origins among adolescents in Soweto, South Africa. *PLOS ONE*, 12(2), e0165087.
Nattrass, N., & Coovadia, H. M. (2013). The AIDS Conspiracy. *South African Journal of Science*.
Thorburn, S., & Bogart, L. M. (2005). Conspiracy beliefs about birth control: barriers to pregnancy prevention among African Americans of reproductive age. *Health Education & Behavior*, 32(4), 474-487.

87. Jolley, D., & Douglas, K. M. (2014). The social consequences of conspiracism: Exposure to conspiracy theories decreases intentions to engage in politics and to reduce one's carbon footprint. *British Journal of Psychology*, 105(1), 35-56.
Douglas, K. M., & Sutton, R. M. (2015). Climate change: Why the conspiracy theories are dangerous. *Bulletin of the Atomic Scientists*, 71(2), 98-106.

88. Goertzel, T. (2010). Conspiracy theories in science: Conspiracy theories that target specific research can have serious consequences for public health and environmental policies. *EMBO reports*, 11(7), 493-499.

89. Jolley, D., & Douglas, K. M. (2014). The social consequences of conspiracism: Exposure to conspiracy theories decreases intentions to engage in politics and to reduce one's carbon footprint. *British Journal of Psychology*, 105(1), 35-56.

90. Butler, L. D., Koopman, C., & Zimbardo, P. G. (1995). The psychological impact of viewing the film" JFK": Emotions, beliefs, and political behavioral intentions. *Political psychology*, 237-257.

400 ◤ *A Arte de Enganar a Si Mesmo*

91. Imhoff, R., & Bruder, M. (2014). Speaking (un-) truth to power: Conspiracy mentality as a generalised political attitude. *European Journal of Personality*, 28(1), 25-43.
92. Bartlett, J., & Miller, C. (2010). *The power of unreason: Conspiracy theories, extremism and counter-terrorism*. London: Demos.
93. https://www.nbcnews.com/news/us-news/pizzagate-gunman-edgar-maddison-welch-sentenced-four-years-prison-n775621
94. Golec de Zavala, A., & Cichocka, A. (2012). Collective narcissism and anti-Semitism in Poland. *Group Processes & Intergroup Relations*, 15(2), 213-229.
95. Bilewicz, M., Winiewski, M., Kofta, M., & Wójcik, A. (2013). Harmful Ideas, The Structure and Consequences of Anti-Semitic Beliefs in Poland. *Political Psychology*, 821-839.
96. Barlow, F. K., Paolini, S., Pedersen, A., Hornsey, M. J., Radke, H. R., Harwood, J., & Sibley, C. G. (2012). The contact caveat: Negative contact predicts increased prejudice more than positive contact predicts reduced prejudice. *Personality and social Psychology bulletin*, 38(12), 1629-1643.
97. https://www.annefrank.org/en/timeline/193/the-stab-in-the-back-legend/
98. Douglas, K. M., & Leite, A. C. (2017). Suspicion in the workplace: Organizational conspiracy theories and work-related outcomes. *British Journal of Psychology*, 108(3), 486-506.
99. Douglas, K. M., & Sutton, R. M. (2008). The hidden impact of conspiracy theories: Perceived and actual influence of theories surrounding the death of Princess Diana. *The Journal of social psychology*, 148(2), 210-222.
100. Boudry, M., & Braeckman, J. (2011). Immunizing strategies and epistemic defense mechanisms. *Philosophia*, 39(1), 145-161.
101. Vohs, K. D. (2007). Barnum effect. *Encyclopedia Britannica*.
102. Forer, B. R. (1949). The fallacy of personal validation: a classroom demonstration of gullibility. *The Journal of Abnormal and Social Psychology*, 44(1), 118.

Epílogo

1. Higgins, E. T. (1989). Self-discrepancy theory: What patterns of self-beliefs cause people to suffer? *In: Advances in experimental social psychology* (Vol. 22, pp. 93-136). Academic Press.

Índice

A

Abraham Tesser 80
Adam Enders 334
Adam Galinsky 328
Agnieszka Golec de Zavala 183, 331, 358
Agressão
  hostil 306
  instrumental 306
  relacional 306
Albert Bandura 305
Aleksandra Cichocka 358
Alexander Jordan 248
Ameaça
  de identidade 265
  do estereótipo 263, 273
Amos Tversky 94, 350
Ana Castro Leite 359
Anthony Greenwald 109, 259,
Anthony LePage 280
Anthony Pratkanis 109, 187
Arie Kruglanski 325
Atalhos cognitivos 61, 251, 335
Autocontrole 222
Autoestima 31, 128, 141, 206, 330
  baixa 208
  necessidade de 128
  preservar a 31
  preservar sua 91
  senso de 90
Autoimagem 182
Autonomia 328
Autopersuasão 27
Avarento cognitivo 251

B

Baruch Fischhoff 347
Bertram Forer 363
Bethany Burum 176
Bluma Zeigarnik 325

C

Carl Hovland 108, 313
Caroline Preston 127
Cass Sunstein 77
Cedric Herring 241
Cérebro
  avarento 283, 335, 368
  emocional 16
Charles Lord 54
Cherry picking 147
Claude Steele 262
Comportamentos 26, 301
  discriminatórios 183
  tendenciosos 31
  violentos 301, 320
Craig Anderson 304
Crenças 6, 33, 112
  construir 35
  enraizadas 6, 48
  falsas 63
  fervorosa 8
  políticas 50
  populares 62
  similares 77
Cristian Dezso 242
Cue-Centered Therapy 276

Cultos 4, 176
  Dorothy Martin 6, 72
  Heaven's Gate 4, 38, 72, 162, 185,
    206, 369
    Marshall Applewhite 4, 185, 224
  Templo do Povo 168, 184
    Jim Jones 168, 185
  Unarius 8
    Ernest e Ruth Norman 8
Culturas
  coletivistas 170
  individualistas 170

D

Dan Gilbert 32, 33, 113, 115, 212
Daniel Batson 213
Daniel Jolley 355, 357
Daniel Kahneman 94, 251, 350
Daniel Lin 132
Dan Kahan 74
Darryl Bem 33
David Dunning 120
David Glick 321
David Greene 81
David Hemenway 294
David Perkins 64
David Ross 242
David Schkade 77
David Weissman 271
Debbie Bitrán 271
Defesa psicológica 16, 33
Derek Rucker 187
Desconforto 75
  cognitivo 325
Desindividualização 222, 236, 303
  efeitos da 225
Desinformação 100, 229
Desumanização 197, 208, 236, 311
Diane Quinn 262
Discriminação 208, 245, 250, 336, 358
Dissonância cognitiva 5, 26, 53, 132, 179,
    219, 323, 361
DMN (Rede de Modo Padrão) 47
Dolores Albarracín 110
Dorothee Dietrich 348
Drew Westen 16, 45

E

Ed Diener 222
Edward Deci 131, 327
Edward Jones 59, 115, 117, 212, 253
Efeito
  Barnun 362
  da mídia hostil 133

  da primazia 110
  da recência 110
  das armas 282
  da terceira pessoa 91
  de desinibição online 234
  do falso consenso 82
  dormente 109, 112, 146
  Dunning-Kruger 120, 333
  melhor que a média 126
  melhor que a minha média 129
  placebo 155
  web da terceira pessoa 91
  Zeigarnik 325
Elanor Williams 129
Elizabeth Phelps 238
Ellen Langer 327
Elliot Aronson 30, 178, 199, 204, 218, 370
Emily Pronin 56, 132
Emily Zitek 248
Erro fundamental da atribuição 132, 212,
    283, 294, 368
Escalada do comprometimento 39, 182,
    218, 229
Estereótipos 196, 209, 238, 241, 246, 367
  construção de um 252
  contrário 265
  influências dos 266
Estudos correlacionais 142, 148, 282
Evidência científica 29
Experimento
  da prisão de Stanford 209
  de Tuskegee 342

F

Falácia
  da conjunção 350
  do planejamento 36
  naturalista 239, 263
Falhas cognitivas 140
Felicidade sintética 33, 53
Fenômeno
  da mídia hostil 86
  do impostor 130
Foco
  preventivo 370
  promocional 369
Frank Zimring 290
Franz Messerli 147

G

Gabriele Oettingen 69, 313
George Gerbner 96
George Quattrone 253
Gordon Hodson 197

Índice ◣ 403

Gregory Berns 176
Gregory Fischer 257

H

Harold Gerard 40
Henri Tajfel 190, 198, 323
Hipótese
  alternativa 160
  do mundo justo 240
  falsificável 334, 363
  nula 58, 160, 363
Holocausto 224, 359
Hormônio cortisol 269, 302
Howard Zeitz 90
Hunter Hoffman 259

I

Ian Anson 124
Ian Ayres 249
Injustiças sociais 367
Irvin Janis 195

J

Jack Brehm 31
Jacques-Philippe Leyens 197
James Hensli 327
Jane Ebert 32
Jane O'Reilly 174
Janet Swim 257
Jay Van Bavel 183
Jeniffer Crocker 329
Jennifer Whitson 328
Jessecae Marsh 333
Joan Donovan 100
John Cacioppo 111
John Darley 213, 248
John Dodson 130
John Innes 90
John Lott 292
John McHoskey 333
John Turner 198
Jonah Berger 97
Jonas Kaplan 48
Jonathan Freedman 34
Jonathan Haidt 153, 169
Jornalismo
  de entretenimento 98
  investigativo 19
  transformativo 97
Joseph Parent 322, 351
Joseph Uscinski 318, 322, 334, 351
Joseph Vitriol 333
Joshua Aronson 265

Judson Mills 179
Justin Kruger 120

K

Karen Douglas 333, 355, 357, 359
Karl Sigmund 170
Katerine DeCelles 313
Katherine Einstein 321
Katie McLaughlin 269, 276
Katy Milkman 97
Kimberly Costello 197
Kimberly Noble 277
Ku Klux Klan (KKK) 225
Kurt Lewin 325

L

Lee Ross 54, 75, 81, 86, 132, 194, 212
Leonard Berkowitz 312,
Leon Festinger 6, 179, 181
Leon Mann 222
Lisa Feldman Barrett 251

M

Margaret Kemeny 174
Margo Wilson 301
Mark Alicke 126
Mark Frank 224
Mark Kayser 88
Mark Lepper 54, 86
Mark Oakes 259
Martin Daly 301
Martin Nowak 170
Martin Seligman 314
Matthew McGlone 265
Matthew Olson 348
Max Bazerman 60, 145
Mazarin Banaji 237
Mentalidade
  cética 364
  conspiracionista 318, 330, 357
Meritocracia 204, 266
Merrill Carlsmith 181
Método
  perspectivo 157
  retrospectivo 157
Metodologia científica 58, 138, 142,
  300, 334
Michael Bernstein 105
Michael Inzlicht 265
Michael Johns 263
Michael Peress 88
Michele Gelfand 171
Michelle Gielan 97

Mídia 77, 89, 353
  falta de confiança na 20, 97
  importância da 19
  influência da 92
  percepções da 86
  poder de influência da 90
  problemas da 19
Mídias sociais 93, 100, 163
Mike Norton 313
Molly Crockett 103
Morton Deutsch 40
Movimento
  antivacina 141, 160
  conspiracionista 319
Muzafer Sherif 200

N

Naomi Eisenberger 174
Narcisismo 330
  coletivo 183, 330, 368
Necessidade de desfecho 325, 335
Negacionismo científico 356
Neil McLatchie 197, 311
Neurotoxicidade 276
Nikos Antonopoulos 92
Nível motivacional ideal 131
Normas sociais 234, 209, 172

O

Oath Keepers 228
Ola Svenson 127

P

Padrões cognitivos 329
Paget Gross 248
Pamela House 81
Pandemia da Covid-19 20, 29, 57, 153, 324, 332, 355
  perigos da 21
Paradigma do grupo mínimo 192
Patricia Linville 257
Pauline Clance 129
Paul Rozin 196
Persuasão 27, 111, 177
  poder de 188
Peter Coleman 98
Peter Salovey 257
Peter Siegelman 249
Philip Zimbardo 210, 222, 282
Pia Lamberty 330
Poder
  de convencimento 45
  de influência 141, 228
  do contexto 213

Polarização 72, 98, 184, 202, 280
Ponto cego
  da baboseira 115
  do viés 132
Preconceito 238
  prematuro 241
Prejuízos cognitivos 272
Processamento de recompensas 15
  neurotransmissor dopamina 15
  núcleo accumbens 16
Processo
  decisório humano 18
  de racionalização 30
Profecia autorrealizável 195, 197, 204, 263
Proud Boys 228
Pseudoespeciação 197
Pseudoparentesco 193
Psicologia
  das multidões 222
  evolucionária 252
  social 205

Q

QAnon 227, 319, 350

R

Racionalidade limitada 60
Racionalização 37, 60, 251
  de decisões 22
Racismo 252
  moderno 268
Radicais políticos 11, 57, 88, 182, 215
Ralph Catalano 313
Realismo ingênuo 75, 92, 194, 231
Reatância psicológica 299
Recursos cognitivos 246, 263
Reducionismo 165
Regiões do cérebro 14
  amídala 50, 176, 234, 238, 269
  cíngulo anterior 174
  corpo caloso 272
  córtex frontal 239
  córtex frontal medial posterior 54
  córtex médio pré-frontal 271
  córtex orbitofrontal 48
  córtex pré-frontal 269
  córtex pré-frontal dorso lateral 14, 233
  córtex pré-frontal dorsomedial 48
  córtex pré-frontal lateral 14
  córtex pré-frontal ventral direito 174
  córtex pré-frontal ventral médio 14, 234
  estriado 207, 271
  estriado ventral 15
  hipocampo 271, 276

ínsula 196
ínsula anterior 50
ínsula esquerda 14
Regressão à média 61, 155
Reid Hestie 77
Richard Nisbett 212, 301
Richard Petty 111
Richard Ryan 131, 327
Rika Kohler 59
Robert Baron 308
Robert Cialdini 177, 206
Robert Liebert 308
Robert Sapolsky 208
Robert Sears 313
Robert Vallone 86
Robert Watson 223
Robert Yerkes 130
Roland Imhoff 330
Rosa Parks 241
Rota
    central da persuasão 111
    periférica de persuasão 111
Ruth Beyth 347

S

Sally Dickerson 174
Sam Harris 48
Sarah Gimbel 48
Scott Fraser 34
Segurança financeira 131
Sendhil Mullainathan 273, 278
Sensação
    de controle 325, 327, 348
    de falta de controle 368
    de falta de poder 328
Senso
    de comunidade 354
    de valor 208
    interno de sucesso 129
Sentimento
    de impotência 330
    de irmandade 193
    de medo 188
Serena Chen 111
Shanto Iyengar 94
Shawn Vasdev 301
Shelley Taylor 251
Shelly Chaiken 111
Sistema imunológico psicológico 33, 83
Sistemas
    de responsabilidade 169
    emocionais do cérebro 50
Solomon Asch 176
Stanley Harris 127
Stanley Milgram 210, 216, 283
Steven Fein 208

Steven Maier 314
Steven Pinker 166, 303
Steven Spencer 208, 262
Susan Fiske 207, 251
Suzanne Imes 129

T

Tabagismo 27, 298
Takahiko Masuda 171
Talia Ben-Zeev 265
Tali Sharot 54
Tara Gruenewald 174
Tática de projeção 188
Ted Goertzel 335, 357
Teoria
    da aprendizagem social 306
    da autodiscrepância 369
    da autopercepção 34
    da dissonância cognitiva 6
    da identidade social 198, 206
    do contato 202
Teorias da conspiração 102, 316, 329, 352
    X conspiração 319
Tobias Greitemeyer 197, 311
Tom Gilovich 62, 75, 129, 224
Toni Schmader 263
Tory Higgins 43, 109, 199, 369
Tuskegee 329

V

Vanessa Bohns 105, 162
Victor Carrión 274
Victor Harris 117, 212
Viés
    da confirmação 52, 53, 58, 162, 333
    da correspondência 212
    da disponibilidade 18, 63, 95, 287
    da negatividade 19
    do ator-observador 230
    do autointeresse 26, 128, 156, 328
    do retrospecto 347
    do sobrevivente 164
    explícito 267
    implícito 268

W

Walter Weiss 108
William McGuire 92
W. Phillips Davison 91

Z

Ziva Kunda 56
Zona de desconforto 26

> "'Quem sou eu?' é uma pergunta muito boa, uma ainda melhor é 'Quem eu quero me tornar?' Quando você sabe quem quer se tornar é que, conscientemente, olha para cada decisão importante que toma e acaba se movendo em direção ao tipo de pessoa que você quer ser."
>
> — Elliot Aronson, Universidade da Califórnia, Santa Cruz